广播影视新视角丛书

普通高等教育"十二五"规划教材

丛书主编 孙宜君 陈 龙

影视文化概论

张智华 等编著

国防工业出版社
·北京·

内容简介

本书全面系统地阐述了影视文化的基本知识,主要内容包括:儒家文化与影视,道家文化与影视,佛教文化与影视,兵家文化与影视,武侠文化与影视,伊斯兰文化与影视,混杂文化与影视,通俗文化与影视,娱乐文化与影视,大众文化与影视,主流文化与影视,精英文化与影视,韵味、和谐与影视等。

本书内容丰富,讲解通俗易懂,不仅可以作为普通高校相关专业学生的教材,也可供影视系统从业人员及影视评论爱好者学习。

图书在版编目(CIP)数据

影视文化概论/张智华等编著. —北京:国防工业出版社,2017.2重印
(广播影视新视角丛书)
ISBN 978-7-118-08006-3

Ⅰ.①影… Ⅱ.①张… Ⅲ.①电影文化—中国②电视文化—中国 Ⅳ.①J909.2

中国版本图书馆 CIP 数据核字(2012)第 063330 号

※

国防工业出版社出版发行

(北京市海淀区紫竹院南路23号 邮政编码100048)
北京嘉恒彩色印刷有限责任公司
新华书店经售

*

开本 710×1000 1/16 印张 20¼ 字数 362 千字
2017年2月第1版第3次印刷 印数 6001—8000 册 定价 38.00 元

(本书如有印装错误,我社负责调换)

国防书店:(010)88540777　　发行邮购:(010)88540776
发行传真:(010)88540755　　发行业务:(010)88540717

"广播影视新视角丛书"编委会

学术顾问：胡正荣　中国传媒大学副校长、教授、博导，
　　　　　　　　　原中国传播学会会长
　　　　　　胡智锋　中国传媒大学《现代传播》主编、教授、
　　　　　　　　　博导，中国高校影视学会会长
丛书主编：孙宜君　陈　龙
编委会成员：(按姓氏音序排列)
　　毕一鸣　（南京师范大学新闻传播学院教授）
　　陈　霖　（苏州大学凤凰传媒学院教授）
　　陈　龙　（苏州大学凤凰传媒学院教授）
　　陈尚荣　（南京理工大学设计艺术与传媒学院博士、副教授）
　　戴剑平　（广州大学新闻传播学院教授）
　　邓　杰　（扬州大学新闻与传播学院教授）
　　胡正强　（南京理工大学设计艺术与传媒学院教授）
　　金梦玉　（中国传媒大学南广学院教授）
　　李　立　（中国传媒大学《现代传播》编辑部编审）
　　李亚军　（南京理工大学设计艺术与传媒学院教授）
　　陆　地　（北京大学新闻与传播学院教授）
　　尚恒志　（河南工业大学新闻传播学院教授）
　　沈国芳　（南京师范大学影视系教授）
　　沈晓静　（河海大学新闻传播系教授）
　　沈义贞　（南京艺术学院影视学院教授）
　　孙宜君　（南京理工大学设计艺术与传媒学院教授）
　　王宜文　（北京师范大学艺术与传媒学院教授）
　　吴　兵　（南京政治学院新闻传播系教授）
　　杨新敏　（苏州大学凤凰传媒学院教授）
　　于松明　（南京晓庄学院新闻传播学院教授）
　　詹成大　（浙江传媒学院科研处教授）
　　张兵娟　（郑州大学新闻传播学院教授）
　　张国涛　（中国传媒大学博士、副编审）
　　张晓锋　（南京师范大学新闻传播学院教授）
　　张智华　（北京师范大学艺术与传媒学院教授）
　　周安华　（南京大学戏剧影视艺术系教授）

"广播影视新视角丛书"总序

胡正荣

20世纪末以来,数字技术、互联网技术及现代通信技术飞速发展,给广播影视等传媒带来巨大的影响,传媒和科技都呈几何级数发展速度变化与增长。年龄稍长的人,可能都经历了电视的视图从黑白到彩色,广电技术从模拟信号到数字信号,节目从单调到越来越丰富的过程。如今广播影视传播的数字化、网络化、互动化已经成为现实。就通信而言,20年前,传呼机还是新潮的通信工具,现如今手机已经非常普及并开始进入3G时代。手机向着微型计算机的方向快速延展,其功能之强大已现端倪。当然,近10年来互联网对人们社会生活的影响就更大、更为深远,其中网络电视、网络音视频等视听新媒体也起到了重要作用。广播影视需要技术作为支撑,技术的进步必将给广播影视的存在形态与发展模式带来新的嬗变因素。可以预见,在媒介融合趋势的主导下,广播影视事业必将获得更快的进步,其中既有机遇,也有挑战。

对广播影视事业另一个至关重要的影响来自体制改革与媒介管理层面。自20世纪90年代中期以来,国家出台了一系列广播影视事业的管理办法,有力推动了广电体制改革,鼓励人们探索、实践新的媒介经营与管理模式。外资的进入、民营影视机构的准入、电影院线制的实施、电视节目"制播分离"制度的浮现,都有效繁荣了广播影视市场,并促使中国的广播影视事业迈上国际化的道路。于是我们有了国产大片,有了许多叫好又叫座的电视节目,更为重要、也更为内在的是广播影视机构的专业人士在经营与管理方面逐渐获得了自我意识。2011年10月举行的中共十七届六中全会对文化产业予以了高度重视,全会提出了"推动文化产业成为国民经济支柱性产业"的战略发展目标,广播影视事业作为国家文化产业的重要组成部分,必定会在这一大背景下受到积极的引导与激励,从而获得健康的、长足的发展。

所有这些,都使得广播影视在技术、产业、文化等方面不断出现新现象、新问题、新态势、新思潮、新理念。从广播影视学术研究与教学的角度来看,则出现了许多新案例与新的研究对象。传统的广播影视研究的内容、方法与范式面临挑战。在此形势下,广播影视学者理应把握住时代脉搏,将广播影视传播实践中所发生的巨大变化——从技术到产业、从理论到实践、从现象到文化——注入教学内容之中,从而让广播影视教学能够"与时俱进"。在这前提下,孙宜君、陈龙教授任总主编的"广播影视新视角丛书"的意义很自然地就凸显了出来。这套丛书很明确地将自己定位在"新视角"上。所谓"新视角",不仅意味着丛书会瞄准广播影视业界出现的新现象、新问题、新态势、新思潮,突出新案例、新材料,也意味着丛书会吸收学术界的新观点、新思维。其总体脉络则是广播影视在技术进步与体制改革背景下的发展趋势。这一点充分体现出丛书编委在编写这套教材时的新理念。

在"新视角"的主导下,这套即将陆续推出的丛书全方位地建构了广播影视本科教学的教材体系。广播电视新闻、广播电视编导、影视艺术、广告学等方面的内容悉数涵盖,涉及新闻传播学、艺术学两个学科。在编写思路上则以满足广播影视的本科教学为目标,充分体现教学特点,兼顾学理性与实用性。在体系上也较为完备,从技术(比如《影视数字制作技术》、《电视新闻摄影教程》、《电视摄像技术与艺术》等)到美学(比如《影视艺术概论》、《影视美学》等)、从理论(比如《影视传播导论》、《影视文化概论》、《广告传播概论》)到实务(比如《广播电视实务》、《广播电视经营与管理》等),涉及的课程较为全面,构架则较为严谨。所设课程尽管较多,却都不出广播影视之大范畴,这在一定程度上确保了这套丛书在选题上的集中性、在特色上的鲜明性。

求"新"并不意味着一味地赶时髦,唯新潮之马首是瞻。一味地求"新"而无视传统,必将使所谓的"新"成为无源之水,最终失去生命力,徒留空洞的外壳。唯有推陈,方能出新;唯有继往,方能开来,这是"发展"之辩证法。对广播影视的学术研究与教学来说,求"新"并非是将传统理论弃之如敝屣,实际上,新现象、新问题并没有颠覆原来的理论观点,而是对之进行了充实和发展,或者是将原来的理论观点拓展到一个更大的范畴,从而使之具有当代适用性。总之,本丛书的编写理念遵循了唯物辩证法的发展规律,求新而不忘本、追求新视角却注意保持与传统的内在贯通,将"新"建立在深入理解传统的基础上。惟其如此,丛书所彰显出来的新观念和新思维,方能做到言之有据、顺理成章。

"广播影视新视角丛书"编委成员都是来自教学一线学者。他们具有丰富教学经验;同时又在广播影视学的不同学术分支里潜心治学,可谓术业有专攻。前者保证了这套教材的针对性和实用性,后者则保证了学理性。基础理论与前沿观念结合、理论阐释与实践案例结合、学与用结合,正是这套丛书的定位。

教材为教学之本。作为这套丛书的学术顾问,我们非常期待这套教材能够积极、有效地推动中国的广播影视的教学与研究的发展。谨以为序。

前 言

影视发展与各种各样的文化血肉相连，密不可分。影视受有关文化熏陶，以有关文化作底蕴，在肥沃的文化土壤上生根发芽、成长壮大、开花结果。在世界各国都在关注文化发展的今天，"文化"一词几乎成了一个无所不包的概念。有人认为文化即社会，即人的创造，人的生存环境；也有人对"文化"作这样的诠释，"文化"有广义和狭义之分，广义的文化即人化或社会化，因此，广义的文化又可分为物质文化与精神文化，狭义的文化仅仅指精神文化，包括精神领域中的一切东西。

《影视文化概论》分上、下两编。

上编主要内容有儒家文化与影视、道家文化与影视、佛教文化与影视、兵家文化与影视、武侠文化与影视、基督教文化与影视、伊斯兰文化与影视、混杂文化与影视等。

下编主要内容有通俗文化与影视、娱乐文化与影视、大众文化与影视、主流文化与影视、精英文化与影视、韵味与影视、和谐与影视等。

张智华策划并主编本书，进行章节安排，撰写第一章、第三章、第十一章第一节、第十二章第一节、第十三章第一节和第二节、第十四章，并负责全书统稿。陈文静撰写第二章。冯晓临撰写第四章第一节。刘涛撰写第四章第二节。王兰侠撰写第五章第一节。林玉恒撰写第五章第二节。曹慎慎撰写第六章。贺玉俊撰写第七章。邓婧撰写第八章。杨洋撰写第九章。王倩男撰写第十章第一节。于凡撰写第十章第二节。郑军港撰写第十一章第二节。崔小云撰写第十二章第二节。祝莹莹撰写第十三章第三节。

该书部分章节在《电影艺术》、《南国艺传》、《电影新作》、《中国电影市场》、《电影》、《中国电视》等学术刊物上发表。

作为教材，本课程通过主题阐述、课堂讨论等方式，针对影视文化发展热点、焦点和难点问题而进行全面深入的分析与研讨。

在本课程的各单元中，我们以影视文化为重点，从学理的高度阐述影视文化发生的种种现象与问题，并在此基础上确立对于影视文化的宏观视野与微观认知。在授课方式上，采用理论讲授与案例分析相结合的方法进行，精选有代表性的影视作品进行互动式讲解,以使学生及时了解当代影视文化特点与最新发展趋势。为了增强研究生的能力,在部分单元采用教师主题导论与学生个人阐述相结合的方式,增强理论碰撞与创新思考意识。部分与实践结合紧密的教学单元,邀请与研究课题相关的电影电视业界人士进入课堂与主讲教师联合开讲。

作为教材,不是面面俱到,会挂一漏万,望方家海涵。

《影视文化概论》作为国防工业出版社出版的教材之一种,得到国防工业出版社的大力支持与帮助。感谢国防工业出版社!感谢国防工业出版社策划编辑丁福志先生和责任编辑刘小琳女士!感谢编写本书的同仁们!感谢我的家人!

张智华

2012 年 5 月

目录 Contents

上 编

第一章 儒家文化与影视 /1
 第一节 伦理文化与伦理片的发展 /2
 第二节 伦理文化与伦理剧的发展 /9
 第三节 民本思想与影视发展 /10

第二章 道家文化与影视 /15
 第一节 道家文化与影视主题内容 /16
 第二节 道家文化与影视艺术创作规律 /25

第三章 佛教文化与影视 /35
 第一节 三界说法、转世修行与影视发展 /35
 第二节 因果报应思想与影视发展 /36

第四章 兵家文化与影视 /41
 第一节 兵家文化与战争片的发展 /41
 第二节 兵家文化与军旅剧的发展 /61

第五章 武侠文化与影视 /72
 第一节 武侠文化与武侠片的发展 /72
 第二节 武侠文化与武侠剧的发展 /84

第六章 基督教文化与影视 /97
 第一节 基督教文化与电影 /101
 第二节 基督教文化在电视剧中的表现 /117

第七章 伊斯兰文化与影视——以伊朗新电影为例 /124
 第一节 伊斯兰文化与影视发展 /124
 第二节 伊朗新电影的取材特点及其成因 /132
 第三节 伊朗新电影与全球影像世界 /148

第八章　混杂文化与影视——以马丁·斯科塞斯为例 /161
　　第一节　混杂文化与马丁·斯科塞斯的成长 /161
　　第二节　"街头"电影与文化表达 /172
　　第三节　票房压力下的商业转向 /182

下　编

第九章　通俗文化与影视 /196
　　第一节　通俗文化的主要特征 /196
　　第二节　通俗文化与电影发展 /199
　　第三节　通俗文化与电视发展 /208
第十章　娱乐文化与影视 /221
　　第一节　娱乐文化与电影发展 /221
　　第二节　娱乐文化与电视发展 /229
第十一章　大众文化与影视 /247
　　第一节　大众文化与电影发展 /247
　　第二节　大众文化与电视综艺节目发展 /255
第十二章　主流文化与影视 /258
　　第一节　主流文化与电影发展 /258
　　第二节　主流文化与电视发展 /266
第十三章　精英文化与影视 /285
　　第一节　精英文化与电影发展 /285
　　第二节　精英文化与文化类电视栏目发展 /290
　　第三节　精英文化与电视访谈节目的发展
　　　　　　——从鲁豫访谈为例 /293
第十四章　韵味、和谐与影视 /301
　　第一节　韵味与电影电视发展 /301
　　第二节　和谐与电影电视 /305

参考文献 /313

作者简介 /314

上　编

第一章　儒家文化与影视

儒家思想在中国传统文化中所占比例比较大。孔孟之道强调"仁义道德",重视"礼仪廉耻"。君子要"守道"、"适道"、"学道"以及"修身齐家治国平天下",孔子认为一个有贤德的君子必须是既遵循社会规范,又遵循人格情操。由此儒学便建构起了自己一张强大的伦理纲常之规范网,把伦理纲常的种种外在规范约束纳入人格修养、心性调剂之中,于是伦理意识便深深植根于人们的物质生活与精神生活之中。

中国传统美学一直重视情与理的统一,有时甚至侧重于情感、意愿的投注,这样的审美文化积淀对于电影电视的影响,更多的时候便表现于人物命运与性格的关系、事件发展的缘由效果等方面。

儒家文化在讲求伦理,尊崇教化、道德的同时,把人与人、人与天、人与社会的"亲和"关系视为人生理想的境界。在儒家眼中,被他们所推崇备至的"乐"与"仁",各自的精神内核实际上是"同"与"和",两者进一步的融合即达到了艺术与道德统一的理想境界,道德充实了艺术的内容,而艺术则拔高和巩固了道德的力量。"伦理"和"亲和"观念,不仅决定了大部分中国人人生的主调,同时也必然深刻地进入并影响中国艺术的精神,成为一种特定的民族审美心理积淀,具体到电影电视中即呈现出一种中华民族传统而浓郁的"伦理之美"与"亲和之美"。

儒家文化与影视发展关系密切,浸润到电影的内容与形式之中,如电影《孔子》等。电影《孔子》描写孔子51岁出任中都宰相一直到其73岁病逝这段经历,突出他从政、领军、流放。历史上的孔子不是兵家,是思想家、教育家;电影《孔子》也不是战争片,却重点表现了"三大战役":"夹谷会盟"孔子巧施惊鸟记,吓退齐王千乘战车,讨回汶上三城,彰显智谋;"武子台平叛"孔子亲自擂鼓挥兵火攻、击退公山狃军,展现孔子指挥若定的军事才华和大将气度;惨烈的"齐鲁大战",孔子的弟子冉求率军取得大胜,从侧面展现了孔子的军事才能。从影片中可以看出,孔子作为儒家的代表人物,他的计谋与军事才能和兵家息息相关,但是也具备仁义礼和的儒家特色。

第一节 伦理文化与伦理片的发展

一

伦理片是一种以反映伦理、道德问题为主要内容的电影,着重表现人伦关系与人伦之理,具有较强的世俗性和大众性。伦理道德几乎是人人都会遇到的问题,因此由它们构成的故事,容易引起大众的关注和认同。

伦理片与言情片关系密切,但两者具有明显的区别,伦理片侧重于伦理、道德,言情片侧重于感情。

伦理片与伦理型文化关系非常密切,可以说是血肉相连。从总体上看,中国伦理型文化所占比例较大。《论语·学而篇》:"君子务本,本立而道生。孝悌也者,其为仁之本也舆。"《孟子·藤文公上》:"人之有道也,饱食、暖衣、逸居而无教,则近于禽兽。圣人有忧之,使契为司徒,教以人伦:父子有亲,君臣有义,夫妇有别,长幼有序,朋友有信。"这五伦成为人伦关系与人伦之理的基础与核心,父子、夫妇、长幼属于家庭伦理,君臣、朋友属于社会伦理。儒家重视"伦理",中国受儒家思想影响很大,"伦理"在中国文化中始终占据着比较重要的地位。社会的需求、国家的利益往往超过个人的自由,往往强调个人的忍让与牺牲。余纪的《中国电影伦理观念的现代性转换》、郑淑梅的《回归与重构:论当前影视作品伦理化与新内涵》等对我国伦理片作了阐述。倪震《中国电影伦理片的世纪传承》说:"体现着儒文化精神的中国伦理片,形成了以下特点:①以家庭之间人际矛盾和戏剧纠葛为贯穿的叙事结构;②以家论国,借助家庭矛盾反映时代历史变迁;③长时段的时间跨度;④悲剧化的格局;⑤贤良女性作为悲剧主人公形象。"[①]所言精辟而透彻。

中国部分导演热爱中国传统文化,具有良好的中国传统文化修养。中国传统文化与中国伦理电影传统对他们产生了较大的影响。我国伦理片长期熏陶他

[①] 倪震.中国电影伦理片的世纪传承.当代电影,2006,(1).

们,他们自然而然地创作了伦理片。他们对伦理片进行了积极的探索,给人们深刻的启示。

美国伦理片《克莱默夫妇》、《普通人》、《金色池塘》、《母女情深》、《雨人》,韩国伦理片《回家》、《冰棍》,日本伦理片《男人真命苦》等给中国伦理片的发展提供了有益的借鉴。

1949年之前,我国伦理片出现了一些杰作,取得了较高的成就,如郑正秋的《孤儿救祖》(1923年)、郑正秋的《姊妹花》(1933年)、蔡楚生的《一江春水向东流》(1947年)、费穆的《小城之春》(1948年)等。这为我国伦理片的发展奠定了坚实的基础。

新中国伦理片大致可以分为承接阶段、发展阶段、高潮阶段、变化阶段,伦理片的内涵与外延处于变化之中。

1949年—1966年为承接阶段。继承了我国伦理片的叙事方法,积极表现新中国的人伦关系与人伦之理,理想色彩较浓,基调高昂,手法比较简单。

新中国提倡自由、平等、友爱、互助等精神,新的伦理道德随之产生,相应的伦理片应运而生,以《儿女亲事》(1950年)、《我们夫妇之间》(1951年)、《花好月圆》(1958年)、《万紫千红总是春》(1959年)、《李双双》(1962年)、《两家春》、《结婚》等为代表。这些影片表现了恋爱自由、婚姻自主、男女平等、夫妻相互支持等新的伦理道德。这些伦理片对以前的伦理片有所继承,有所创新。

1966年—1976年为低潮阶段。

1977年—1986年为发展阶段。家庭伦理与社会伦理结合紧密,往往以小见大,以家庭关系反映社会问题,思想深刻,时代性与现实性强,影响巨大而深远。以谢晋的《天云山传奇》、《芙蓉镇》、《牧马人》,胡柄榴的《乡村三部曲》,赵换章的《农村喜剧系列》,谢飞、黄建中、颜学恕等导演的伦理片为代表,其中谢晋的《天云山传奇》、《芙蓉镇》、《牧马人》尤为突出。

马军骧在《谢晋电影的叙事结构和文化构型》中说:"谢晋继承了中国古代美学思想中的一个重要观念,即美服从于善。美只有体现善、高扬善的光辉,被善所利用支持时,这种美才有价值。伦理喻示——这是绝大多数中国电影工作者创作思想的基石。这种伦理结构是结构的结构——处于最深层的能动结构。其他美学原则和表现方法都从中生发开去。总的来说,谢晋电影的发展表现在他不断使自己的影片越来越多地具有确定的文化气氛和时代的文化、历史批判性质。但是,作为一种传统的延续,无论怎样变化,谢晋电影之深层结构和叙事原则都还是以伦理喻示为主轴,为最大核心和最终的逻辑规范。这种传统最初被中国观众所造就,同时,它又造就着一代又一代的观众,形成自己独特的美学观念。作为一种历史积淀,任何简单化的批评,都难以动撼它的坚固的地位,因为从根本上来讲,它融合于民族主流文化之中。"①倪震认为谢晋的电影是"体现了中国主流电影中的主要类型道德伦理片的特点,并且把这种特点发展到、推进到一个新的阶段、新的高度。"②他们的评论很有道理。

谢晋把伦理片与政治紧密结合起来,这是有意义的探索,这是一个创新。谢晋伦理片中的主要人物作为社会的人,我们在他们心灵内所看到的是社会历史多种力量的凝聚与冲突。他们不仅是一种道德化的精神面目,而且是包含政治的、情感的、人性的人物。《芙蓉镇》通过展示人物复杂性格,不仅表现了浓厚的伦理意识,而且揭示了一些社会历史本质。李国香这位极左路线在芙蓉镇的代表,是芙蓉镇上多项悲剧事件的策划者与制造者,她先是向谷燕山挑逗调情,弄得满脸羞色,满怀忌恨。作为国营饭店的经理,她对胡玉音兴隆的米豆腐摊耿耿于怀。王秋赦出场是一副蓬头垢面、破衣烂衫的无赖嘴脸。他吃白食不说,还对胡玉音的形貌垂涎三尺、口出秽语,是一个十足的、品行恶劣的好色之徒。他以后的种种政治丑行,便都成为他无赖性格的暴露。

人的伦理道德成为人物性格的重要内涵,人的伦理意识与政治意识交织在一起。胡玉音与丈夫黎桂桂勤劳致富,黎桂桂在"四清"运动中被整死,胡玉音被打成"新富农"。秦书田的恻隐之心,引起了胡玉音的爱慕之情,两人在患难中相爱、结婚。王秋赦的犬马之劳,挑起了李国香的寻欢之欲。李国香、王秋赦政治的反动与道德的堕落、人品的低劣、生活的腐败、人性的丑恶、举止的粗俗,都是浑然一体的。生性懒惰的王秋赦与狂暴之徒为伍,他在李国香脖子上挂破鞋,后来一看风云有变,又半夜三更找李国香忏悔,痛哭流涕地骂自己"不是人",直到最后双手伸向李国香的腰间……。李国香在"四清"时对谷燕山和胡玉音进行迫害,在"十年动乱"中把秦书田投入大狱。她以让王秋赦当脱产干部为诱饵,在政治上拉拢王秋赦,又与王秋赦保持不正当的两性关系。身为公社革委会主任的李国香在家里喝酒吃肉,一边洗脚一边看秦书田和胡玉音的"认罪书"。

谢晋对那些素朴的人性和情感进行礼赞,他从中去发掘民族的灵魂和伦理,他认真地思考中国的政治与传统之间的关系。积极探讨中国社会的政治与广大民众的生存方式和情感方式的关系,寻找这些政治悲剧的根源。谢晋伦理片表现"人性"、"人道主义",对传统有认同,也有批判,充分展示出人们的不满、委屈、愤怒与渴望。

谢晋伦理片继承了郑正秋《孤儿救祖记》、《姊妹花》,蔡楚生《渔光曲》、《一

---

① 马军骧. 结构与意义——谢晋电影分析. 当代电影,1989,(4).
② 倪震. 谢晋导演访问记. 当代电影,2004,(1).

江春水向东流》、费穆《天伦》、《小城之春》等伦理片的精华,有所发展,有所开拓,使我国伦理片进入一个新的高潮。"谢晋对我国电影的发展作出了很大的贡献,功不可没。讨论'谢晋模式'的意义,并不仅仅在于给谢晋本人及其电影以一个公正的评价,而更在于电影的现在和未来。道德伦理片是中国电影主要类型片之一,而谢晋电影是其代表之一。朱大可等人指出谢晋电影模式的缺陷,其实是对中国电影主要类型片——道德伦理片提出质疑,是对中国电影道德观、结构模式提出疑问与商榷,因而引起人们的深思与探索。中国电影要发展、要繁荣,就应该有更多的成熟类型,就应该有更多的成功模式。论辩使谢晋电影受到更大更多更长久的关注,类型片的得与失更清晰地呈现在人们面前。谢晋在百年电影纪念活动中荣获终身成就奖,当之无愧。"①

谢晋遵循现实主义把握生活的基本审美原则,他的伦理片体现出现实主义精神。任仲伦在《论谢晋电影》②中说:"《天云山传奇》里的宋薇与《芙蓉镇》里的黎满庚是谢晋电影中最有'反思精神'和'现实价值'的人物形象,因为他们的痛苦是一种'人性自我分裂的痛苦'"。

谢晋伦理片展现中国人的伦理现状,充分表现了伦理道德对人的熏陶与作用,对中国伦理片和伦理剧产生了较大影响。

二

1987年—1999年为高潮阶段,在叙事、视听、风格等方面均达到一个高峰。有些伦理片肯定传统伦理道德,有些伦理片反思传统伦理道德,有些伦理片挑战传统伦理道德,有些伦理片批判传统伦理道德,可谓角度新颖,畅所欲言,群星闪耀,光彩夺目。善于把有关家庭问题、社会问题置于伦理道德之中,审美趣味、价值取向与伦理道德血肉相联,这符合观众的审美习惯。

张艺谋成为中国伦理片的一个探索者,他导演了一系列新颖而深刻的伦理片,如《大红灯笼高高挂》、《菊豆》、《秋菊打官司》、《活着》、《我的父亲母亲》等,引起人们广泛而持久的关注与探讨,产生了巨大而深远的影响。他前期伦理片揭露、批判传统伦理道德中的不合理成分,后期伦理片肯定并张扬传统伦理道德中的合理成分。他在处理故事时不断地变换方式,使道德寓言、朴素情感与伦理内容水乳交融,这是一种叙事策略。这种叙事策略既加深了影片的伦理深度和感情深度,又有利于对民族精神、原始人性等的更为深刻的表现。《活着》、《我

---

① 张智华.关于"谢晋电影模式"的论争.倪震,张智华,史可扬.中国电影论辩.百花洲文艺出版社,2007.

② 任仲伦.论谢晋电影.电影新作,1989,(3).

的父亲母亲》展示出父母之间相濡以沫、同甘共苦的深厚感情,表现了子女与学生对父母和老师真诚的尊敬与爱戴。"我们中国人常说,一日为师终身为父,中国人的传统情感中有这样一种对老师的情感,尤其对自己启蒙老师的深厚情感,一生一世都会存在的。我对自己的启蒙老师有一种天然的对父亲一样的情感。"①张艺谋伦理片重点表现人情、人性与人道,对人性的挖掘比较深刻,充分展示在各种社会环境中人性的复杂性、多侧面性及其变化性,促使观众审视过去、思考现在与面对未来。张艺谋伦理片的创作历程,从一个方面反映了中国伦理片发展的道路。

有些伦理片肯定传统伦理道德的巨大力量。孙周的《心香》注重人伦亲情,颂扬尊老爱幼,表现了外公与外孙从无奈到适应再到难舍难分的关系变化。张扬的《洗澡》淡化父子冲突、夫妻别扭、社会纠纷,强调传统伦理道德可以化解有关矛盾,让大事化小、小事化了。霍建起《那山 那人 那狗》歌颂了父爱子、子敬父的精神,父子两代担任乡村邮递员,他们忠于职守,经常走在崎岖的山路上,不畏艰难险阻,保质保量完成任务,把信誉看得与生命一样重要,因而赢得了良好的口碑,他们被称为道德楷模。王朔、冯小刚的《冤家父子》表现了马林生与其一手拉扯大的儿子马车之间的关系日趋紧张,形成鸿沟,到他们逐步深深体会到彼此的重要及无法割舍的父子亲情。家在中国具有不可替代的重要作用,中国人骨子里重视亲情、向往亲情。

有些伦理片深入探讨父母与孩子的关系、夫妻感情与夫妻关系,如黄建中的《过年》,陈国星的《离婚大战》、《编外丈夫》,李少红的《红西服》等。李少红的《红西服》以社会转型期为背景,反映了下岗工人再就业的生活,用一种怜悯和理解的方式述说了人与命运的错失、人与社会的隔膜和最终人与人的沟通、夫妻之间的理解。这些伦理片充满忧患意识、历史责任感和政治激情,突出伦理道德的同时,注意表现各种人的特定生活环境、情感经历与变化趋势。人物的命运与社会的发展、历史的命运紧密地结合在一起;充满偶然性,又透露出一些必然性;从而展示了对人生与社会的深刻思考。

有些伦理片表达对家庭伦理与社会伦理的观察与思考,充满反思精神与理性色彩。夏钢的《大撒把》、胡雪杨的《留守女士》展现20世纪90年代初"出国热"中男女留守者走到一起,独特的幽默自嘲和成熟豁达给了"留守者"以温暖的怀抱,他们在"出国热"中冲破了传统伦理道德的限制。这些伦理片充满人伦激情和反思忧愤。这种反思伦理道德的精神基点,在整个社会反思刚刚开始之时,是有其独特的价值的。当人们反思日趋深化时,其投影的焦点就不应再简单

---

① 《我的父亲母亲》创作谈,张卫访问,张艺谋受访. 当代电影,2000(1).

地落在社会畸变上,而应凝聚在人们心灵深处的自我畸变与悲剧成因上了。所以,电影的反思精神就面临着新的挑战和新的突破升华。这种升华要求在反思伦理道德的同时,渗透进对人性的反思,在展示个人命运的同时,融合进对人类命运的思考。

三

2000年—2009年为变化阶段。随着改革开放深入人心,文化艺术界进一步自由活跃,伦理片发生了明显的变化,可谓百家争鸣,异彩纷呈。根据生活的复杂性、人物性格的复杂性而形成其情节结构,常常是流动、变化的。有些电影采取戏剧性情节结构,有些电影采取生活性情节结构。不仅揭示了一幅幅伦理生活的真实图画,而且沸腾着一种突破思想封闭、力求变革伦理道德的热烈愿望,表现出人道主义精神。在不同电影中当然会有不同审视生活的角度,有不同的创作个性,在题材选择与艺术表现上会形成不同的风格。有悲剧,有喜剧,有悲喜剧。有的采用写实手法,有的采用荒诞手法。有现实主义风格,有现代主义风格,有后现代主义风格。他们在伦理片中在不断探索,不断更新,把"政治性"、"娱乐性"和"艺术性"与伦理片尽可能地结合起来。重视服装、场景、道具等的准确性,反映了伦理片的精致程度与对伦理的严谨态度。

讴歌父子、母女、兄弟姐妹等亲情成为一个重点。俞钟的《我的兄弟姐妹》围绕一家四兄妹齐忆苦、齐忆甜、齐妙、齐天聚散离合的故事,表现了父爱、母爱和兄弟姐妹之情,真诚而浓郁,感染力很强。陈凯歌的《和你在一起》称颂了养父与养子之间真挚的感情。养父刘成为了培养刘小春,想方设法帮他寻找学小提琴的机会,自己到城里打工挣钱支持刘小春。他们在艰难与奋斗中加深了相互理解,刘小春对养父由感恩逐步发展为发自内心的爱,结尾的火车站小提琴演奏把父子深情淋漓酣畅地表达出来,催人泪下。张扬的《向日葵》展示了父子在性格、观念、教育方式等方面形成了一系列冲突,但父子亲情依然是重要的纽带。郑晓龙的《刮痧》通过中西文化差异与冲突来突出父子亲情,角度新颖而独特,在全球引起轰动。马俪文(马晓颖)的《世界上最疼我的那个人去了》用逆反心理与美好愿望,表现了对母爱的重视与留恋,发自肺腑,非常感人。亲情具有深刻的文化意义,是伦理道德的最高境界。这些伦理片以血脉亲情,细流润泽广大观众的心田,让人们常常品味亲情滋养的真诚与珍贵。这些讴歌父子、母女、兄弟姐妹等亲情的伦理片看似平凡,其实深入骨髓,堪称伦理片中的上品。

展示伦理道德方面的经验与教训,表现人生感受与社会见解,如《假装没感觉》、《芳香之旅》、《手机》、《谁说我不在乎》、《两个人的房间》、《姨妈的后现代生活》等。彭小莲的《假装没感觉》表现了亲戚之间的淡漠与冷酷,一对母女被丈夫/父亲抛弃后不停地搬家找房子,她们被推来推去,没有权利。彭小莲说:"这个母亲应该是一个有忍受力但又具有自己个性和选择的上海女人,她是一个非常女性化的人物,会在琐琐碎碎的生活中算计经营,有时甚至是卑微的。"①这些影片所塑造的人物在伦理道德方面所受到的挫折发人深省,令人深思。

伦理道德与婚外情的较量成为这一时期伦理片表现的一个焦点。冯小刚的《一声叹息》表现一个中年男人梁亚洲产生了一段婚外情,爱上了年轻漂亮的李小丹,婚外情与伦理道德产生了激烈的矛盾,伦理道德最后占了上风。梁亚洲对妻子宋晓英说:"握着你的手像握着我自己的手一样没感觉,但如果把你的手砍了,我会一样疼。"这形象地表明了伦理道德的巨大力量。

一些伦理片积极探讨伦理道德方面的敏感问题、复杂问题与边缘问题,如《左右》、《绿帽子》等。王小帅的《左右》展示了伦理道德与生命之间的矛盾。女主角枚竹为了救女儿合合的命,冲破传统伦理道德的藩篱,要求与前夫肖路再生一个孩子、用脐带血来给合合治病。肖路现任妻子董帆坚决反对,肖路左右为难,枚竹与肖路陷入伦理道德的尴尬困境。刘奋斗的《绿帽子》探讨中年男人崔刑警因功能障碍而遭遇妻子背叛,揭示了伦理、道德与性爱、婚姻之间复杂而微妙的关系。夫妻之间有爱无性,或者有性无爱,有的是身体的背叛,有的是心灵的背叛,有的是身心的背叛,这表明伦理片在向深处与细微之处变化。

一些伦理片演员表演比较大胆,自由奔放,表里如一、形神兼备,如李玉的《苹果》等。当然,这些伦理片在观众中引起较大反响,看法分歧较大,引起了人们的争议。

在叙事方面有所创新,有所探索,如《好奇害死猫》、《箱子》等。《好奇害死猫》、《箱子》把悬疑、惊悚、黑色幽默等元素融入伦理片之中,伦理与破案交织在一起,问号不断,扣人心弦。

这些伦理片不仅仅叙述伦理,还通过叙述重构伦理,这就是加入创作者主观情感,对既有人物、结论的再阐释。相比叙述伦理来说,重构伦理要困难得多,这当中甚至还包含着敏感的意识形态性的内容,创作者需要格外谨慎。重构的伦理仍然需要展示我们民族的文化传统,表达我们民族的集体意识,坚持中华民族的精神信仰;要有深厚的文化素养、积极的价值观和时代责任感,从这个意义上说,重构伦理除了要做到伦理性与艺术性的统一,还应达到伦理性与当代性的统一。部分伦理片达到了这一高度。

伦理片的变化历程,从一个方面反映了中国电影类型化发展的道路。伦理片是既利于中国电影的现在,又利于民族的未来。

① 彭小莲. 关于〈假装没感觉〉的创作. 电影艺术,2002(4).

第二节 伦理文化与伦理剧的发展

从总体上来说,在儒家文化熏陶下,中华民族几千年来所形成的社会结构与文化范式,是一种"宗法——专制社会结构下的伦理——政治型文化范式",在富有民族性与时代性的"深层集体心理"的驱动下,使一大批影视作品力图用人伦亲情去抚慰生活的艰辛与不幸,用伦理道德缓和情感矛盾与社会矛盾。中国电视剧这种"情感"向"伦理"让位的处理方法,使伦理剧成为一个重要的类型并受到较多观众的重视与喜爱,培养了一个日渐庞大的伦理剧观众群体,如电视剧《孔子》等受到人们的重视。

伦理文化促进了伦理剧的发展。

男大当婚,女大当嫁,这是伦理文化的一个重要组成部分。在中国,一个年龄二十几岁的人想结婚不是那么容易的,一个年龄二十几岁的人不想结婚也不是那么容易的。亲戚朋友会关心已到结婚年龄的青年男女,好事者也会关注已到结婚年龄的青年男女,想做一个自由自在、无拘无束的大龄男女很困难,单身贵族只是极少数。

2001年《不回家的男人》表现不做沟通、不思经营的婚姻导致第三者出现。《不要和陌生人说话》反映家庭暴力。

2002年《结婚十年》将一对夫妻婚后十年,也是最关键的十年,同时也是最富有戏剧性的十年,用成长的方式表现出来。在这个阶段中,很多人都避免不了成长所带来的摔打与磨砺,很多人就是在一个接一个或偶然或必然的、琐碎又繁杂甚至令人啼笑皆非的麻烦之中逐渐成长起来的。高希希敏感地察觉到这一社会心理现象,抓住了百姓的心理诉求点,用影像为我们完成了传统伦理美与亲和美在荧屏上的回归。一些几千年沉积在中国人心底的美好的东西依旧没有太大变化。在《结婚十年》中,家庭的伦理写出了很多很久远的东西,《结婚十年》从一对小夫妻的故事中发掘出我们传统伦理道德观念中的部分精髓,其中所蕴涵的温情脉脉的东方美德,抒写着重新理解和回归伦理规范与人文秩序的家庭伦理话语。

2004年《中国式离婚》通过三个家庭和一个已经离异的家庭,来展示中国人的婚姻现状,揭示不同年龄段的夫妻在婚姻契约下心灵、身体和身心的三种背叛,从而导致家庭的变化。离婚题材的电视剧往往与"第三者"交织在一起,但是《中国式离婚》讲述了一个没有第三者的离婚故事。该剧表现了第三者并不是婚姻危机的主要原因,它只是离婚的催化剂。而导致婚姻危机的是夫妻相互的猜疑,这种猜疑逐步导致婚姻的破裂。这是对中国人婚姻的深度探访。

2006年冯远征作为男主角的一部电视剧《爱了散了》表现了无性婚姻的无奈与残酷,可以说是对中国内地电视剧话题敏感性的一个较大的突破。

2007年《新结婚时代》讲述了城市女孩顾小西与从农村走出来的小伙子何建国一波三折的婚姻生活,把重点放在城市人与农村人在生活观念及习惯上的矛盾与磨合,从一个新的角度诠释了婚姻家庭生活。

2008年《金婚》表现了一对夫妻50年风风雨雨、磕磕绊绊的生活。

2010年《媳妇的美好时代》回归到真实简单的生活,细致温馨,没有那么多的大起大落,都是生活中常见的矛盾冲突,用轻松的方式展示了夫妻之间、婆媳之间、姑嫂之间的争吵。

电视剧是一种直接的、现实的、深深介入日常生活的艺术,它需要切实的生活感受,无论是历史传说,还是现实人生,观众希望看到的首先是自己生活的感知或延伸的东西,是历史或现实中的"他人"的生活故事。因而,它必须是合情合理的,合乎人的生活、合乎人情世态的最真实的面貌,从而映现出人类生活中丰富的蕴含和真情实感,伦理剧在这方面表现得比较突出。

第三节 民本思想与影视发展

儒家文化博大精深、源远流长。在历史发展的长河中,一些观念与思想已经根深蒂固,进而影响着人们的思想与行动。如"以人为本"与"天人合一"、"刚健有为"与"自强不息"、"厚德载物"与"中庸尚和"构成了儒家文化基本精神的主要内容。这种民本思想不断地影响着后人的思想、行为、态度、价值观、人生观,成为历史发展的重要思想源泉,更是中华民族的精神支柱,对社会的前进与发展起着重要的推动作用。

民本思想与爱国主义使中华民族形成强大的凝聚力。CNN主持人发表辱华言论,引起我们强烈不满与愤怒声讨。过气明星莎朗·斯通在戛纳接受采访时,发表冷血言论:四川地震是中国人因果报应。莎朗·斯通无视生命,诅咒因地震灾难而逝去的中国人,作为一个影视人她的良心与职责哪里去了?她连最起码的怜悯之心都没有,她的外表包裹着阴暗丑恶之心。莎朗·斯通是不是想炒作自己?她炒作的内容与方式都是非常错误的。莎朗·斯通错就错在丧失了人性,极大伤害了中国人的民族感情。

中国人并没有被这场突如其来的特大灾难吓倒,倒是莎朗·斯通本人遭到了报应,本该她出演的影片已经易角,其代言的品牌公司准备取消其代理资格,商场里 DIOR 专柜再也不见了莎朗·斯通的踪影,亿万中国观众恐怕再也不会在中国的土地上接受这位"名角"。

当四川地震发生后,许多外国人向中国伸出援助之手,在人力、物力、财力等方面给中国大力帮助,纷纷派出救援队来到四川灾区进行抢救工作,表现出人道主义精神和友好的态度。为什么个别外国人(当然只是指个别的外国人)总是对中国不敬,对中国总是抱有幸灾乐祸的态度?我们的努力、我们的发展为什么打动不了他们的心?生活在不同的社会环境中,其政治立场、意识形态都会不同,对一些问题和事件也会有不同的看法。但是,在巨大的自然灾害面前,人类的怜悯之心、同情之心应该是相同的。

文化背景不同,价值观不同,主要的原因还是利益不同。个别外国人太狭隘了,只考虑他们自己的利益,显示出极端的自私自利,而不考虑整个人类的利益。因此,他们别有用心地发表丧失良心的言论想达到其肮脏的目的。

面对这些,中国民众应该怎样做?怎样理性对待?我们应该给予坚决的还击、狠狠的批驳,我们应该明辨是非、自强不息。

CNN 主持人事件与莎朗·斯通事件早晚会过去,但国际上仍然会有对中国怀有敌意的个人、势力、组织,他们应该在莎朗·斯通身上得出一个明白的结论,不论在什么情况下都不要伤害中国人一颗颗善良的心,若在民族感情问题与人类基本道德上玩火,必定自焚,他们会自食其果。

中国人之间虽然有时也会有一些矛盾,但当共同灾难、共同威胁来临时,中华民族便会空前团结,无坚不摧,无往不胜,这就是中国人民坚强的精神,这就是中华民族强大的凝聚力。

地震发生后,中国人民万众一心,众志成城,一方有难,八方支援,纷纷捐款捐物支援灾区。中国文艺界人士尤其是影视人带头捐款捐物帮助灾区,如冯小刚、成龙、章子怡、王菲、汤唯、刘德华、张学友、郭富城等众多名导、明星以各种恰当的方式帮助灾民。中国的影视人在这次抗震救灾中表现出赤诚的爱心,受到人们广泛好评,为广大影视人树立了良好的形象、争夺了美好的声誉。相比之下,莎朗·斯通之流就更显得冷酷、丑陋。

在巨大自然灾难面前,影视人的影响与作用更大,因此影视人的良心与职责就更加重要。面对四川 5·12 大地震,中央电视台新闻频道、四川卫视等都作了全天滚动播出,中央电视台播音员赵普、四川卫视新闻综合频道女主播面对惨烈的灾情都流下了眼泪,树立了电视人的爱心形象,十分感人。

我们希望国际演艺界人士,尤其是影视人多做一些有利于增进各国人民之间相互了解和友好感情的事情,经常想一想影视人的良心与职责。

地处齐鲁大地、孔孟之乡的山东卫视于 2004 年提出了"情深似大海,义重如泰山"的定位,以其强烈的社会责任感和道德感,承担起了弘扬道义的责任。《天下父母》便是山东卫视在此定位下创办的大型本土化亲情谈话节目,自2004年7月在山东电视台卫星频道播出后,已播出400多期,是目前全国唯一的以弘扬中华传统"孝道与亲情"为主要内容的电视栏目。它以弘扬传统文化中的"孝"文化为宗旨,通过对不同阶层人物的访谈,来褒扬伟大的父爱母爱和敬老爱幼的中华传统美德,为观众提供一个可供借鉴和学习的优秀父母和孝顺儿女的楷模。节目开播后,在社会上引起了强烈反响,该栏目在促进家庭和睦、社会和谐以及未成年人教育等方面起到了十分重要的作用。

该栏目宗旨是弘扬亲情孝道。《天下父母》栏目的创办,与山东卫视的改版有关。在电视市场竞争日趋激烈、节目同质化现象严重的今天,各电视台纷纷立足地缘优势寻找定位,以求突破。2004年,山东卫视根据地缘优势和自身现状,提出了"情深似大海,义重如泰山"的全新的频道定位。这一定位依托齐鲁儒家文化的深厚底蕴,明确打出文化情感牌,突出强调宣扬中华民族传统美德,这为《天下父母》的创办提供了肥沃的土壤。按照《天下父母》栏目制片人的说法,"当时这个栏目,最初台里的意图,是从情感方面入手,尤其是更多的体现山东台'情深似大海、义重如泰山'的主题,通过对普通阶层人物的采访,对父爱、母爱、敬老爱幼的品德进行赞颂,为广大电视观众,提供一个可供学习的优秀父母、孝顺儿女的楷模。"栏目以频道为依托,栏目又是频道的窗口。《天下父母》的栏目定位与山东电视台的频道定位高度一致,它将齐鲁文化的重亲情、仁义的精神内核作为显性因素,直接体现其传承传统文化的坚定决心。节目基本采取一期一个主题的形式,以故事为主要内容。栏目以"沟通与理解,感动与感悟"为追求方向,"以情感人、以德育人"为创作理念,"真诚、真心、真情"为情感基点,用生动、真实的镜头和跌宕、婉转的故事,向电视观众展开一幅幅动人的画卷。典型作品列举如下:第1期的《我生雪村》;第5期的《拯救女儿》;第6期的《肥姐和她的乖女儿》;第7期的《选择坚强》;第10期的《妈妈和娘》;第14期的《慈母与恩父》;第15期的《拿什么奉献给你》;第18期的《大导演和老妈妈》;第19期的《浪子回头》;第21期的《钢琴家和他的妈妈》;第23期的《雷大妈传奇》;第24期的《忏悔》;第25期的《铁心救子》;第28期的《远在他乡的游子》;第29期的《对联背后的故事》;第37期的《叫一声妈妈》等。

在以亲情孝道为大宗旨的情况下,该栏目从内容上看大致可以分为:

(1)选择在孝敬父母方面事迹突出的儿女,以其现身说法,为观众树立孝子楷模。如《久病床前有孝子》讲述的是大连青年王希海24年全心全意照顾植物人父亲的故事,为了父亲他放弃了出国和成家,每天为父亲端屎端尿,用胶皮管亲口为父亲吸痰的细节让人振聋发聩;《拿什么奉献给你》讲述的是田世国为得尿毒症的母亲捐肾,捐完之后还不让母亲知道,并决心将秘密一直保守下去,其至情至孝的行为感天动地;在《大导演和老妈妈》这期节目里讲述的则是著名导演翟俊杰在繁忙的工作之外竭尽全力孝敬母亲的故事,他的一句"难道母亲的奶真的是用血水变成的吗?"给观众心灵以巨大震撼。

(2)选择为儿女做出巨大牺牲的父母,以其动人的故事使观众受到感化。如节目《拯救女儿》中,讲述了父亲应国荣为了延缓白血病女儿的生命,自己翻山越岭为女儿寻找草药的故事,展现了人世间比山高似海深的父爱;在《郎朗和他的父亲》这期节目中,则讲述了在钢琴家郎朗成功的路上,他的父亲为他付出的艰辛;《对联背后的故事》里讲述了一对农民夫妇为供养三个孩子上大学,每到春节时都写春联到集市上卖以贴补学费的感人故事。

(3)老吾老以及人之老,幼吾幼以及人之幼。除了对自己父母(孩子)的关爱外,《天下父母》还将这种亲情扩展到世间的大爱,讲述主人公对别的老人(孩子)奉献爱心的故事。代表性的有《401个爹娘》,讲述了山东阻谷妇女贾秀兰,无微不至地照料了敬老院里的401个孤寡老人的故事;《46个孩子一个家》中,主人公申竟下岗后经打拼致富,捐资救助了46个因贫困面临失学的儿童;在《情系红丝带》中,主人公是一位年轻的母亲,她被艾滋孤儿的生活状况所震撼,于是与朋友们成立了专门的救助中心,并向三百多个孩子奉献出了她的关爱。

(4)其他类:有群体嘉宾出现的,如《土旺村的婆媳们》;有作为一种现象进行讨论的,如《孝道调查》等。

《天下父母》栏目自2004年创办以来,不仅受到观众们的好评,也引起上级相关部门的关注。2006年4月8日,由中国电视艺术委员会主办的山东电视台《天下父母》栏目座谈会在北京召开,中宣部、广电总局的领导就《天下父母》栏目在树立社会主义荣辱观、构建和谐社会方面所做出的积极努力和成功实践,在中国电视节目的创新方面所做出的积极探索给予了高度评价和热情赞扬;该栏目连续三年获得"山东省十佳栏目"称号,2006年荣获"全国优秀电视栏目"称号;2007年、2009年连续两届荣获国家级政府奖——中国广播电视大奖"星光奖";2010年9月获中国电视领域的最高学院奖"博雅奖";2011年9月,国家广电总局向各省、自治区、直辖市广播影视局CCTV-3、中国教育电视台等发出通报,要求他们学习山东电视台《天下父母》栏目的经验,多办一些这样品位高、有教育意义的节目。国家广电总局将《天下父母》栏目的成功经验总结为四个方面:一是始终把社会主义核心价值体系作为创作的主题内涵,坚持正确的价值取向,宣传弘扬孝老爱亲这一中华民族传统美德;二是坚持以人为本,关注普通百姓,亲近普通百姓,爱护普通百姓,认真践行"贴近实际、贴近生活、贴近群众"的要求;三是坚持社会效益第一,正确看待收视率,积极探索通过策划大型活动提高栏目的知名度和影响力;四是在激烈竞争中,坚持特色立台,发挥历史文化优势,将民族精神、时代精神和新时期山东精神有机结合起来,抵制过度娱乐化。

由此可见,在当前娱乐过度的电视环境中,我国的电视界非常缺乏这类弘扬中华传统文化的电视栏目,电视媒体应该牢固树立起应有的社会责任感和职业道德,自觉抵制低俗化、商业化、过度娱乐化等不良倾向,而《天下父母》这档节目无疑在弘扬社会正气,引领社会潮流,在社会主义精神文明和物质文明建设中发挥着不可低估的重要作用。

第二章 道家文化与影视

　　道家文化与影视关系密切,其中自由精神、自然意识促进了影视的发展。

　　以老庄思想为核心的道家文化作为中国传统文化精髓之一,是中国传统文化不可或缺的一部分。道家思想的核心是"道",认为"道"是宇宙的本源,也是统治宇宙的一切运动的法则,以"道"作为该学派的思想核心和最高范畴。老子曾在《老子》二十五章中说:"有物混成,先天地生。寂兮廖兮,独立而不改,周行而不怠,可以为天地母。吾不知其名,强字之曰道,强为之名曰大"。道不仅是永恒的、循环运动的宇宙本体,也指自然界运动的过程和规律。

　　鲁迅先生曾说,中国人的根本在道家。英国近代生物化学家和科学技术史专家李约瑟在其著作《中国的科学与文明》中说,中国文化的根在道家,中国如果没有道家,就像大树没有根一样。道家思想促进了中华文明的发展,道家思想以其理论的深厚度和辩证性,以其独有的宇宙、社会和人生领悟,在哲学思想上呈现出了永恒的价值和生命力,在中国古代思想的发展中扮演着重要角色,也为中国其他文化和各种艺术样式提供了丰富的创造力源泉。

　　美学大师李泽厚说:"儒家强调的是官能、情感的正常满足和抒发,是艺术为社会政治服务的实用功利;道家强调的是人与外界对象的超功利的无为关系即审美关系,是内在的、精神的、实质的美,是艺术创造的非认识性的规律。如果说,儒家对后世文艺的影响主要在主题内容方面,那么道家则更多在创作规律方面,亦即审美方面。而艺术作为独特的意识形态,重要性恰恰是其审美规律。"[①]正如李泽厚所说,道家文化在中国的绘画、文学、雕刻、建筑等各方面的影响,超越了儒家文化,占据了绝对性的主导地位。有些学者甚至认为,中国艺术的表现,即为道家的艺术。

　　道家文化与影视关系密切,其中自由精神、自然意识对影视发展的影响

---

① 李泽厚.美的历程[M].天津:天津社会科学院出版社,2001.

很大。

作为艺术的一种新兴样式,影视艺术同样承传了道家文化的审美内涵,在创作方法和规律、艺术风格、审美观照、审美体验等多方面深受道家思想的影响。本章将重点从主题内容和创作规律两个方面来分析道家文化对影视艺术创作的影响和推动。

第一节 道家文化与影视主题内容

一

1. 道家与道教

道家哲学影响到整个中国古代哲学的发展。此外,还深深影响到中国的道教和佛教两大宗教哲学思想的发展。道教是根植于中国古代宗教和老庄之学,又受到外来佛教的刺激和影响,而发展起来的大教,成为中国传统社会的重要精神支柱之一。

道家思想和道教宗义的形成和发展有着密不可分的联系。先秦两汉道家是道教重要的思想源泉。道教推崇的"道",无疑取自于老子的宇宙本源之道,进而演化为至上冲。道教尊老子为太上老君,依托于老子和《道德经》,以《老子》五千言为诸道经之首,敷演出道教炼养的理论。道教又奉《道德经》为道教基本经典,奉《庄子》为《南华真经》,并且用老庄哲学来论证道教的神仙学,建立了道教的宗教哲学体系和理论基础。不仅神仙家合于道家,符箓科教亦归于道家。魏晋南北朝及其以后,人们统称"道"、"老"、"仙道"、"道家"者居多。唐以后直到清代,道教内外人士既时称"道教",又时称"道家"、"老学",并不对道教与道家作认真的区分。最初对老庄之学与后来的"神仙学"作区分的,是南北朝时期的佛教学者。而到现代受西方宗教学的影响,人们才开始真正区分道家与道教的深义,将道教从道家中剔除和独立出来。尽管如此,不可否认的是道教仍然在原初形成和发展过程中深受道家思想的影响。

《老子》中说,"谷神不死"、"长生久视之道"、"死而不亡者寿"、"古之善为道者,妙玄通,深不可测"等;《庄子》中说,人"不食五谷,吸风饮露,乘云气,御飞龙,而游乎四海之外",至人"大泽焚而不能热,河汉迈而不能寒,疾雷破山,风振海,而不能惊"。在老庄论著中所描绘的神仙可以入水不溺,入火不热,可以遨游太空,与天地同寿,可以辟谷服气、寒暑不侵、行及奔马,最高能到形神俱妙,任何时候都可以随时随地可以散而为炁,聚而成形,天上人间,任意寄居,不受生死的拘束等。这些对人类理想状态的描述,成为了道教构造神仙世界的思想源泉和想象蓝本。在哲学高度和思想精义上,尽管道教是民间巫术、神仙方术与道家学说相结合的产物,但道教正是由于依托于道家思想的浩瀚和玄妙,才避免使民间巫术和神仙方术停滞在低俗的幻想的泥淖中,从而凭借其厚重的思辨哲学给予的强大生命力与儒佛两派一起大放异彩。

2. 道家、道教与中国影视的主题内容

影视艺术从诞生至今短短百余年,所表现过的人类社会群像无所不包,内容大至人类社会变迁史,小到个体细腻繁复的心理描摹;广到贯穿全人类的哲学思想和共通理想,细到某一族群特定的文化内涵和宗教信仰。但是能够被稳定和频繁地运用为表现母题的内容却并不多见。

如果说西方基督教和新约、旧约里的故事是西方文学和影视艺术永恒的母题,创造出了充满宗教哲学和思辨色彩的经典电影,如《第七封印》、《七宗罪》、《黑客帝国》等,那么中国的道教就是中国影视不变的主题之一。中国道教吸取了道家文化丰厚的营养,塑造出了曼妙的天上仙境和个性鲜明、可亲可爱的仙家形象以及他们所拥有的超越现实的神奇力量。这些都为影视这种视听语言艺术提供了丰富多彩的表现内容和表现形式上的多种可能性。

翻看中国古典短篇小说《聊斋志异》(以下简称《聊斋》),就可以看出道家和道教提供给文学和影视的可贵财富。吴九成曾做过这样的描写:"翻开《聊斋志异》,你会立即感觉到一阵阵仙风扑面,一股股道气缭绕。它向人们叙说了许多脱胎于道教的神奇的故事,诸如雹神李左车撒冰降雹、吕洞宾的弟子刘海石驱妖捉怪、嫦娥被谪下凡、文昌帝君糊涂失职、关公大帝一再扬威显灵、崔真人设宴邀集群仙等。作品所描述的洞天福地和其他道教胜境,更是令人心驰神往。请看:在'水晶为阶'的广寒宫,桂树参天,花气随风,红亭美女,清水白沙;在仙女翩翩的山洞,白云绕户,光明彻照,清溪横流,石梁为桥;在洞庭仙府,则是彩环周沓,台榭环云,横藤碍路,花香袭人。综观《聊斋》,道教对它的影响几乎是无处不在,无时不有。"①《聊斋》作为中国古典短篇小说的巅峰,成功地塑造了众多的艺术典型,人物形象鲜明生动,故事情节曲折离奇,结构布局严谨巧妙。多数篇幅通过谈狐说鬼的手法,对当时社会的腐朽和黑暗进行了有力批判,在一定程度上揭露了社会矛盾,表达了人民的愿望。扎根于深厚的社会现实土壤和高远的思想深义上的《聊斋》,借离奇的人、鬼、仙三界故事和玄妙魔幻的世外幻境和幻术等的建构来填充其趣味性和大众性。道家思想和道教宗义对《聊斋》的影响在书中俯拾皆是。

---

① 吴九成.《聊斋志异》与道教[J].蒲松龄研究,1995,(3-4):316.

正是因为渗透在《聊斋》中的大众性和趣味性，使得这部古典小说顺应了当下大众流行文化特别是影视文化的基本要求和特性。当小说《聊斋》与影视视听语言结合后，小说中充满奇思妙想、趣味横生的故事，个性突出、形象鲜明的仙家人物，仙家神奇诡谲的道行方式，充满浪漫主义色彩的环境设置等就产生了奇妙的化学反应，爆发出惊人的艺术表现力和感染力。也正因此，在电影和电视艺术从无到有的短短百年时间中，《聊斋》就被两岸三地翻拍成十余版电视剧，三部电影。其中，最有影响力的当属1987年由徐克监制、程小东导演的第二版电影版《倩女幽魂》，此版改编自《聊斋》中的《聂小倩》一章。全片采取全新的特技和美术手法包装传统的聊斋故事，使本片呈现出震撼视听的效果。其中的主要角色燕赤霞爱憎分明、武艺高强，给观众留下了深刻的印象。文学小说《聂小倩》中的燕赤霞只是一名怀有异术的剑客，但在电影《倩女幽魂》中已经变身为如假包换的道士。他本是名震关东广西二十六省的辣手判官，最恨贪官污吏，因为奸臣当道，看透世事而归隐兰若寺。他说人间黑白不分，群魔乱舞，人心江河日下，他对人间彻底失望了，而兰若寺虽是鬼域，但至少黑白分明。这正是道家文化中推崇的弃仕归隐的人生理想和追求。他在电影中有长达两分钟的剑舞，借舞剑言志，抒发了满腹的激奋和满腔的豪迈之情。他一边舞剑一边纵声唱"道"：

……
道可道非常道
天道地道人道剑道
黑道白道黄道赤道
……
道可道非常道
天地道人道剑道
一道二道三道四道
东道南道西道北道
左道右道前路后路
……

尽管这个"道"和道家的"道"的深义不尽相同，但却不影响观众判断燕赤霞作为道家思想代言人的身份。在片中他作为一个"拯救者"的形象出现，拯救男女主人公于危难，提醒人们在那个荒谬混沌的时世，道家思想是救赎人世苦痛的有效针剂,正如林安梧在《道家哲学与意义治疗》中所说:对苦难的消解方式是"深刻地发现到人内在的病痛,有一种无法抹去的历史的业力,在一个时间的流衍的过程里面,几乎无能为力的。这时候怎么办?对于整个话语系统,你必须有一种更彻底的解开,而更彻底的揭开是正视整个生命的空无,整个意识存在的空无状态,这是缘起性空的真谛。"除《倩女幽魂》外,徐克的许多电影如《蝶变》、《笑傲江湖》、《蜀山》等都有关于道家归隐的暗喻和理想诉求。他的武侠电影里的人世是混乱不堪、无秩序无出路的所在,徐克在其中试图找寻重返自然、自我解脱和救赎的途径,回归与世无争、心性空灵的人生理想。

  道家的"隐",是个体对待人生指归和社会理想的一种追求,是一种"心隐",是精神的隐居和解放。2000年李安导演的电影《卧虎藏龙》,将中国古典美学精髓诠释到一个新的高度,更是将电影艺术和道家思想完美地交融展现出来。电影全片的明线虽是围绕青冥剑的得失开展,但暗线却是无法得"道"的李慕白重新经历体"道"、悟"道"并最终由其弟子玉娇龙完成得"道"(纵入武当深山)的思想历程,是李安导演对中国的道家思想深义的一次思考和体认。电影开篇武当道人李慕白出现在江南小镇,他长袖飘飘、临风而立、举止稳重、从容优雅,给人一种仙风道骨的印象;内心空明、不悲不喜、宁静致远、冲虚平和,践行着道家清淡无为的行为准则,终生追求"道"的领悟和出脱。他说:"将手握紧,里面什么也没有,将手张开,你拥有的将是一切","无知无欲,舍己从人,才能我顺人背",正是对道家"无为而治"、"无为而不为"思想的诠释,而他交出青冥剑,想从此隐退江湖的行为正是道家"出世"思想的体现。而官宦小姐玉娇龙从最初受缚于儒家礼教的约束到最终舍弃所有转而忠实心灵的解放,纵入武当深山,正式完成了膜拜道家思想,得"道"出脱的仪式。

  不仅在思想内涵上,在场景的选取和音乐的创作上,本片也尽显道家文化的神韵。电影中出现的场景如冲淡灵动江南水乡、悠远柔静竹林、云雾缭绕的山岳等就像一幅幅水墨画展现了中国传统的山水美学意境,营造了一种超凡脱俗的美感和轻盈灵动的气韵。人与自然和谐地融合在一起,也体现了道家天人合一的美学追求。在音乐上,谭盾创作的电影配乐以大提琴悠扬深沉的演奏,奠定了全片的基调,完美结合了电影的主旨表达,凸显了道家冲淡致远的思想诉求。

  正是因为暗含《卧虎藏龙》中的以道家思想为代表的中国古典精神气质,使得这部电影超越了以往单纯依靠动作取胜的武侠电影,创造了武侠电影的新高度。是中国文化向全世界范围传播和迸发的一次胜利。

  除了这两部电影,20世纪90年代红极一时的香港电影《太极张三丰》、2005年陈凯歌导演的颇受争议的电影《无极》等都是以道家思想或道教宗义为母题进行的创作。1993年由香港导演袁和平导演、李连杰主演的动作电影《太极张三丰》,将道家武当派开山祖师张三丰少年期由佛入道并成为一代宗师的故事进行了现代语境下的重新演绎。在电影中,张三丰最终领悟出道家思想的精义,并将其幻化到武术动作中,创造出惊天动地的视觉效果。如张三丰练习太极拳的一段动作镜头,为将道家思想中的"以静制动,以柔克刚"之道视觉化,袁和平调动了水、球、不倒翁、落叶等多种道具把太极拳那种柔中蕴刚、静如止水、动若翻江的美感和巨大威力表现到了极致,当真是"用意不用力,太极圆转,无使断绝。得机得势,令对手其根自断。一招一式,节节贯串,如长江大河,滔滔不绝。"不止这部电影,数量庞大的影视作品以道教人物为主要对象或重要表现对象,如《少年张三丰》、《武当张三丰》、《武当》、《倚天屠龙记》等。隐含在这些影视作品中关于道家思想的阐释和表现不仅丰富了视听语言,升华了主题思想和高度,而且还让观众重新对生命和世界进行思考和体悟。

3. 道家文化与韩国影视主题内容

不仅在中国,同属于中华文化圈的韩国在文化和艺术上也较好地传承了中国的道家文化,并深受道家思想的影响。据韩国史籍《三国史记》记载:公元三世纪时期,老子的《道德经》、列子的《列子·天瑞》已在百济、新罗社会中传播。至公元七世纪,读老庄之书,已在新罗贵族子弟中蔚为成风。到唐武德七年,中国道教正式传入朝鲜半岛,至高丽时代由于国王对道家极度地信仰和尊崇,道教达到了全盛时期,依托于道家思想的文艺创作也在此期间大量涌现。

道家思想在韩国的传承最具代表性的表现是韩国国旗的设计。韩国的国旗是太极旗,自1883年开始使用,大韩民国建国后沿用。1949年,韩国文教部正式确定韩国国旗现在的样式:旗中央是太极图案,四周配以八卦图形。从整体上看,韩国国旗外方而内圆,外刚而内柔,阴阳相生,动静相宜,体现了中国古代文化的包容精神和朴素的辩证法思想;外儒而内道,外儒而取其对事业的执着追求,对管理秩序的有条不紊;内道而取其对个体生命的身心双修,体现了利人利己的辩证原则。中间的太极图是道家取法于自然的意念核心,是火与水、日与月、动与静、陆地与海洋的系列象征,但它的基本理念还是阴与阳,正是"一阴一阳谓之道",有了这个道,就能"道生一,一生二,二生三,三生万物",因此太极所在而无所不包。周围的四卦则是易学思想的反映,易是儒家"以天意而征人事"的手段,是人为宇宙中心的思想折射。

正因为道家文化如此深刻地嵌入到韩国国民意识和文化思想中去,道家文化也相应地成为韩国影视创作的一个重要母题。2009年引起观影狂潮的韩国电影魔幻巨制《田禹治》,由韩国著名导演崔东勋创作,改编自朝鲜古典小说《田禹治传》。原著讲述了朝鲜时代真实存在的人物田禹治的故事。朝鲜初期,松京(现韩国开城)有位道术出众的道士田禹治,喜欢惩治奸诈的恶人,帮助善良的平民百姓，也常因为过多使用道术招惹麻烦。电影版《田禹治》在原著基础上，结合现代影视视听语言进行了再创作，时代背景跨越古今，讲述朝鲜法术高超的道士田禹治遭人陷害被禁锢在一幅画轴里，在500年后的现代被释放出来继续缉凶，而引发的一连串惊险滑稽的故事。

《田禹治》被称为是韩国首部以"道术"作为主要表现对象的魔幻电影，最终创造了观影人数610万人的骄人成绩。和好莱坞影片中的英雄们拥有各自的招牌本领一样，田禹治的魔法"商标"是道教仙术。但好莱坞的英雄们往往利用的是工业革命的成果——现代技术风格极强的各种武器装备去惩恶扶弱，而作为东方哲学之一的"道学"讲求的是"心理面的治愈和魔法"，道教"坐忘"式超现实想象、"存想思神"式的跨越式联想以及道教传说中无数瑰丽神奇的意向群落，都在剧情的艺术思维中发挥了重大作用。亦真亦幻与真幻莫测的故事情节、超现实的美好境界、大跨度的超常思维、神通广大的艺术形象。道士的仙术则既新鲜又富于想象力：掩盖身姿的潜伏术，坐望三千里的透视力，解开对方想法的读心术、用符咒制造幻影、施展遁甲术、穿墙术、随意穿越时空、幻化隐身、一步千里等，呈现出东方巫术的独特魅力，符合东方人文化背景和审美情趣。对西方观众来说，则展现了东方文化的独特和神韵。

此片的成功之处不仅在于展现给观众的魔幻震撼的视听感受，还有充盈于其间的道家文化和哲学内涵。画坛道士说："修道的基本是品行，其后才是为天下和睦之。"……"真正的道士不但顺应自然，而更加顺应天意。"这是道家"天人合一"的思想；田禹治从梦中醒来，听到狗妖和画坛道士的对话："人们啊，不去崇尚道家的无为，却学儒家的什么礼数，真是做梦一样，稀里糊涂啊。"这是道家反对儒家礼教，推崇无为自然的观点。此外，在影片古代部分，当画坛一行闯入愚道帮祠堂，画坛触碰挂在祠堂中的水墨山水画，顿时水墨荡漾，镜头回拉至奇峰俊秀、云海浩淼山峰，彼山彼石仍然身处墨香环绕中，顿显东方古典绘画艺术的神韵，并与道家大盈若冲、大巧若拙、冲淡自然的审美情趣相一致。因此，《田禹治》在现代语境下重新对古典道家文化进行了礼赞，不仅将其外延如道法方术等进行了艺术想象，而且对其内在精义重新进行了诠释。

20世纪80年代的39集韩国动画片《很久很久以前》，不仅在韩国也在亚洲获得了广泛而热烈的好评，给很多人留下了美好而深刻的童年记忆。该片根据朝鲜民间故事改编而成，全片由萝卜道士和白菜道士讲述一则则独立的小故事的方式开展，具有深厚的内涵和教育意义。全片借小故事告诫人们：人与人之间要友好、和睦，要助人为乐、惩恶扬善。片中的两位道士形象奇特，个性、性格搞怪可爱。一般在片首出现引出故事，片尾再次出现对故事进行总结并道出深义。出现的时候总是各自驾着一朵祥云，手柱拐杖，时不时还相互捉弄调侃一下，笑感十足。这两个道士,恐怕是世界上最可爱的道士形象了。片尾那首悠扬的韩文歌曲这样唱道:"很久很久以前,有个白菜道士和萝卜道士。白头山的白菜道士,汉拿山的萝卜道士,我们相聚在一起,听那很久很久以前的故事,我们相聚在一起,相聚在一起,听那很久很久以前的故事。"伴随着悠扬的音乐,跟随着两位可爱道士的述说,人们认知了人性的真善美,经历了思想和道德上的净化和升华。

除影视剧外,道家和道教文化在韩国电视节目中也占据着稳固的位置。最具代表性的是 2007 年韩国 MBC 电视台综艺娱乐节目《黄金渔场》分出的新枝《黄金渔场之膝盖道士》,该节目是一档明星访谈节目,演播厅被布置成韩国道士的道馆,主持人姜虎东被打扮成道士模样。节目一开播,就因其新颖的形式吸引了观众的眼球,引发了持续的收视狂潮。节目的进行方式主要是以模仿求卦问卜者到道观中求道问事的形式,每期一位来宾,来访嘉宾向主持人诉说烦恼,由主持人开导并解答烦恼。节目开场,登门造访的嘉宾打开道馆的门,总会问一句:"请问这里是膝盖着地之前就能看破一切的……(膝盖道士府邸吗)?"该节目的创意和形式非常新颖独特,演播室的环境设计温暖舒适,主持人与嘉宾隔桌对面而坐,气氛轻松融洽,沟通顺畅高效。因此来到《黄金鱼场之膝盖道士》中嘉宾往往比上其他的访谈节目更容易透露出他们的真实感受和想法。由此使得《黄金鱼场之膝盖道士》在韩国激烈的综艺节目竞争中脱颖而出,并从开播至今一直保持良好的收视率,并培养了稳固的收视群体。

由影视剧到动画片和综艺节目,道家和道教文化已经渗透到韩国影视艺术的方方面面,成为韩国影视艺术的一个重要的表现母题之一。

二、自然意识与影视主题内容

1. 道家文化中的自然意识

道家核心思想:"人法地,地法天,天法道,道法自然"。道家的第一原则是"道法自然","去甚,去奢,去泰"。即倡导人类活动应顺应自然,以自然的态度对待自然,对待他人,对待自我。也即"自然——释然——当然——怡然"。物我交融,在"物"与"我"之间寻求一种统一,取消二者的区别和界限。这种思想可以上溯到人类始初阶段,在原始社会人们尚未从自然中分离出来,而是自然界的一个有机组成部分。道家崇尚那个时期的人类与自然的亲密关系,讲求顺化自然,物我相融。

道家思想在天道自然无为、人道顺其自然的天人关系的架构中展开自身的思想体系。艺术思维即形象思维,它总是受制于某种特点的世界观和方法论。中华民族在漫长的农耕生活中形成了"天人合一"的宇宙观和世界观以及整体性、统一性和辩证性的思维模式。

道家的精髓在于,对乱世生命的忧患意识,肯定人的自然本性,关怀作为个体的人的生命及精神,抛弃了一切社会性功利与是非而注重自然人本精神,珍视自己的生命,善待自我,善待自然。与儒家学说看重人的社会性、带有浓厚的政治伦理色彩相比,道家思想则是一种重视人的自然本性、关怀个体生命、充满自然人本精神的学说。

《庄子》而乐逍遥,而泯物我,"天地与我并生,而万物与我为一。"成为中国文人在尘网中得以解脱的精神避难所,塑造了他们的独立人格。中国文人在现实和理想的矛盾中痛苦挣扎,从内心对"人为物役"的社会产生了强烈的厌恶情绪。他们体味到把个体投入到物欲横流的社会中只会招致精神的痛苦和生命的消耗,于是他们就将视线从人的社会性移向了人的自然本性,开始追求在大自然的宁静中追求一种心境与物境的融合,一种与道合一、遗世独立的胸怀和抱负。

2. 道家的自然意识与影视艺术

《老子》二十七章中说:"人无弃人,物无弃物。"道家不但追求人与人之间的平等,也讲求万物的平等。《庄子·秋水》:"无以人灭天,无以故灭命,无以得殉命,谨守而勿失,是谓反其真。"老庄心中的自然,是倡导自然、追寻自适的手段,也是人类精神的归宿。也即由此,此后山水自然便成为中国"士人心灵的栖息之地"[1]老庄道家认为天与人一样大:天大,地大,人亦大,天与地合即为自然,人与大自然具有同等重要的地位和价值,天地与人是平等的。

道家从维护个人利益的角度出发,在经济理论、社会实践方面创立了"人本"的思想观点,主张通过维护每个人的个人利益来达到社会的和谐繁荣,认为只要每一个人的利益得到应有的保障,每一个人的个人利益不受到侵犯,甚至包括自然界的动物植物的利益不受侵犯,把不受侵犯的个人利益加在一起就是社会的利益得到保障,只要每个人的利益得到了保护,整个国家才能真正的繁荣。这在当时的社会是非常具有超前性和进步性的。

历代中国文人学士借用古典诗歌抒写个体与自然的和谐长卷,留下了如此众多的文学精品,以至于外国学者在研究中国文学作品时得出了这样的结论:"综观整个中国文学,我们可以发现,中国人认为只有在自然中才有安居之地,只有在自然中才存在着真正的美。"[2]让我们从王维的《山居秋暝》来感受人与自然和谐相处的美感:"空山新雨后,天气晚来秋。明月松间照,清泉石上流。竹喧归浣女,莲动下渔舟。随意春芳歇,王孙自可留。"人掩映在山水中,不知何处

---

[1] 詹福瑞.李白诗中的"自然"意识[J].文艺研究,1999,(6).
[2] 小尾郊一.中国文学所表现的自然与自然观[M].上海:上海古籍出版社,1989:1.

是人,何处是自然,这是何等的惬意和舒畅。

道家的自然意识不仅深入到中国文化和文人的哲学系统中去,而且延展到现代社会,对现代科技发展下的产物——影视艺术产生了深刻影响,并为之提供厚实的哲学基础。随着工业社会的飞速发展,人类与自然间的矛盾越来越尖锐和炽烈,人类开始反思人与自然的关系。在这种大的社会背景下,影视担负起记录历史、参与历史的责任,开始大量地将目光集中到关注自然环境中去。

1994年5月11日在中央电视台综合频道开播的科教类节目《人与自然》,是为国人熟知的节目。该栏目的宗旨是"讴歌生命,关注环境"。栏目内容定位为介绍动植物和自然知识,并探索人与自然之间的相互影响,相互作用,探讨社会、经济、生态协调发展和可持续发展的有效途径。

《人与自然》节目的开播,是高度发展的现代社会的对于自身发展和环境保护的反省和思考。以人类文化演进历程为思想主线,以人与自然的关系为基本视角,阐释了自然、人文、科学这三者间相互渗透相互影响的关系。人与自然的和谐相处,作为我国社会主义和谐社会的基本特征,是建构社会主义和谐社会的重要内容。探讨人与自然和谐相处,是一个具有重大理论和实践意义的课题。

人与自然这一母题,不断被人类所重视,在近代成为自然与野生动物纪录片(参照朱景和在《纪录片创作》中对纪录片种类的分类)的主要表现对象。英国成为世界上制作商业性自然题材纪录片最有影响的国家,美国、法国等多个国家积极介入,所涉题材范围之广,艺术价值之高进入前所未有的新阶段。

2001年自然与野生动物纪录片《迁徙的鸟》和2005年的《帝企鹅日记》,以诗化的影视语言和对动物、人、自然三者关系深刻而真实的描写,打动了无数的观众和苛刻的奥斯卡金像奖评委。前者荣获2003年奥斯卡金像奖最佳纪录片提名,后者荣获2006年奥斯卡最佳纪录片奖,这是人与自然这一古老母题在现代商业电影中一次里程碑式胜利。这两部电影的创新点在于与以往的自然纪录片以展示奇观、传播自然知识为主的方式,而是将动物世界拟人化,将动物世界、人类世界和自然界三者的情感直接联系,将直观的动物世界升华到伦理和哲学的高度,通过动物世界来映射人与自然的辩证关系,使自然纪录片的审美功能得到了空前的发挥。

本文在第一节第三点中论述了道家文化对韩国文化和韩国影视艺术的影响。同理,道家的自然意识也同样体现在韩国影视中。韩国KBS电视台,在2007年8月5日开播了一档综艺节目《Happy Sunday—两天一夜》(简称《两天一夜》),获得了前所未有的成功和追捧。节目以"真实体验野生,走遍韩国美丽的地方"为宗旨,以寻找和发现韩国最美丽的自然景观,介绍给国民和外国观众为目的,充满强烈的民族自豪感、浓烈的自然之爱和极强的娱乐性与观赏性。

《两天一夜》于2008年、2009年、2010年连续3年获得韩国KBS演艺大赏的"观众评选最优秀节目奖",其主持成员包揽多个单项奖。此外,该节目有过连续23周30%以上的收视率记录,还多次创造了超过40%以上的高收视率,并创造过10分钟52%的收视率奇迹,开拓了韩国综艺节目历史的新时代。据收视率公司AGB的调查,在2011年6月5日播出的《两天一夜》在激烈的收视站中以25.9%的压倒性优势成为同一时代综艺节目收视冠军,超过第二名《我是歌手》12.6%的两倍。这个数据就可以看出在开播至今4年时间里,《两天一夜》一直是观众收视的首选。该节目还被翻译介绍到世界多个国家,大大增强了韩国文化的软实力,提升了国家形象并推动了一波波的旅游热潮。

《两天一夜》韩国官方网站这样写道:

我们美丽的祖国——韩国!三千里锦绣江山,既有我们熟悉的地方也有不为人知的乐土!

三千里江山,踏遍韩国的每个角落!

姜虎东等一行六人(主持人)开始了两天一夜的国内旅行,所到之处有淳朴善良的民风,更有令人耳目一新的秀丽风光。

……

该节目每一次出行拍摄都会选择韩国一个自然景观为目的地,通过六位主持人一路的探索和找寻,去发现自然景观的美妙之处。很多自然景观并不是大山名川,没有奇峰湍溪,有时是浅溪、有时是树林、有时是人迹罕至的孤岛、有时是无人问津的古建筑……但是,《两天一夜》的编导却依然能够发现它们的独到魅力和可爱之处,把自然看成是上帝的馈赠,是人类心灵的归宿。在编导的眼里,自然景观没有优劣之分,任何一个自然掠影都有弥足珍贵的美景。他们用热爱自然美的心灵和发现美的眼睛并用趣味性的表达方式表现自然之美,最终将这份热爱和美传递给观众,感染观众,这是笔者认为该节目最有艺术价值和思想高度的地方。

第二节 道家文化与影视艺术创作规律

一、道家的自由精神

道家重视人性的自由与解放。一方面是人的知识能力的解放,提出了"为学日益、为道日损"、"此亦一是非,彼亦一是非"的认识原理;另一方面是人的生活心境的解放,提出了"谦"、"弱"、"心斋"、"坐忘"等生活功夫来面对世界。道家还讲究"人天合一"、"人天相应"、"为而不争、利而不害","修之于身,其德乃真"等理论。具有独任清虚、超迈脱俗、绝礼去仁、追求返朴归真这样一种独特的精神气质。

精神自由是庄子的自由意识的支柱,构成了他的审美理想。向往自由源自于他对生命意识和审美意识的深刻领悟,标志着庄子对"个人本体"的美学关怀,对世俗的超越。庄子通过体道来超越现实人生,实现他所追求的理想人生。黑格尔也认为,宇宙间一切的核心是精神,而精神的本质是自由。正如王树人在《自由精神与具体概念》一文中指出的:"自由精神"这种事物的内在灵魂和发展动力,既不是神意,也不是庸人所理解的任性,而是体现为辩证的运动与发展。正是在追求绝对自由的人生境界这一点上,庄子哲学才在本质上蕴涵审美意味和富有艺术精神。在庄子那里,道是美,天地是美,德也是美,由道、由天地而来的人性,当然也是美。由此,体道的人生,也应即是艺术化的人生。道既是最高的艺术本质,那么艺术创作上所用的技巧(技),艺术境界上所达到的美感(美)以及艺术欣赏上所得到的快感(乐),必皆出于道、进于道。实现心灵的自由,除了通过"心斋"、"忘我"等方式外,他指出还需要在审美实践活动中使精神达到专一。庄子客观上指出了通向自由的最合适的途径——在实践中追寻自由,创造美,全身心地投入审美创造活动才能获得真正的自由。

徐复观在《中国艺术精神》中说:"西方若干思想家,在穷究美得以成立的历程和根源时,常出现了约略与庄子在某一部分相似合之点,则庄子之所谓道,其本质是艺术性的,可由此而得到强有力的旁证。"①而且他在总评自己的著作《中国艺术精神》一书中说,该书写作的目的就是要说明庄子的虚、静、明的心,实际就是一个艺术心灵;艺术价值之根源,即虚、静、明的心。②徐复观同时在"无用"与"和"两点上沟通了庄子之"游"与艺术之"自由",使"游"自然散发出了浓厚的艺术韵味。

艺术作为一种文化现象,是满足人们主观与情感的需求,也是日常生活进行娱乐的特殊方式。其本质在于不断创造新兴之美,借此宣泄内心的欲望与情绪,属于浓缩化和夸张化的生活。艺术由感而发,因情而定,文无定式,文从心出。充盈于艺术创作中的灵魂是艺术家的自由精神和自在体验。也正是艺术的这种基本属性和特殊性,使得它在发展中深受道家文化的影响。艺术创作者作为精神产品的生产者,非常富于个人浓郁的情感色彩。而这样的根本的精神需要,以某种形式从老庄思想中得到了大释放。庄子在《逍遥游》中论证的就是人类精

---

① 徐复观.中国艺术精神[M].桂林:广西师范大学出版社,2007:40.
② 徐复观.心的文化[A].利瓦伊武编.徐复观文集(第1卷)[C].武汉:湖北人民出版社,2002.

神上的自由状态,从世俗的束缚中解放出来,追求"体性抱朴"。

庄子的艺术精神,原本不在艺术创作,而是落实于人生态度上,钱穆先生对此有见道之言:"循庄子之修养论,而循至于极,可以使人达至于一无上之艺术境界。庄生之所谓无用之用,此唯当于艺术境界中求之,乃有以见其真实之义也。"(语见《老庄通辨》,三联书店,2005年版)虽然,庄子不言艺术,却对中国艺术发展产生了重要影响。尤以水墨丹青,由魏晋时人物转向山水,至宋而后山水画成为主流,受庄学影响至大。山川大地清洁秀美,不似人间污浊世界,实宜于安顿人之心灵,也宜于激发人的想象力,天然山水成为审美对象、描摹对象自在情理之中。山水画中的逸品,所表现出的空灵玄远之意境,乃是画者在忘我、丧我状态下,以"虚静之心"观照天地间"素朴之美"的影像呈现,与庄子"天地有大美而不言"的纯艺术精神正相冥契,它完全摆脱了传统笔墨技巧的束缚,进而达到人与自然谐和统一的境地。人与天地万物融为一体,由此也就获得了精神上的无限自由。所以说"山水画的出现,乃庄学在人生中、艺术上的落实。"徐着循庄学而"体道",诠释探讨"气韵生动"、"魏晋玄学与山水画之兴起"、"唐代山水画之发展及其画论"、"荆浩之笔法与山水诀"、"逸格地位之奠定"、"郭熙的山水创作体验"、"宋代的文人画论"以及"环绕南北宗诸问题",皆是从宏大处着眼,于深细处用力,见解独到,不同凡响。

与文学一脉相承,影视艺术在创作时也深受道家自由精神的影响,在多种创作理念和手法中传承了道家自由精神的神韵和精髓。

二、自由精神与影视

道家的自由精神体现在影视艺术中,表现为创作理念和手法的自由和灵动,表现为言有尽而意无穷的神韵,洒脱飘逸的视听语言,冲淡空灵的个性风格。集中体现在下面几个方面。

1. 意境

"意境"是中国古典美学的一个重要范畴,是艺术追求的至高境界。"意境"说的思想根源来自于老子的哲学。老子认为:"道"是"无"与"有"、"虚"与"实"的统一,"道"包含"象",产生"象",但是单有"象"并不能充分体现"道",因为"象"是有限的,而"道"则是无限的。因此,中国古代的艺术家们从老子"无"与"有"、"虚"与"实"的统一的美学思想出发,在艺术创作时通常都不太重视对具体对象详细逼真的描摹,他们所追求的是体现那个宇宙本源的"道"。以达到"妙"的境界。由此也推动禅宗对"境"这一观念的提出,并被艺术家们延展到艺术创造中的"意境"。由此,"意境"是属于主观范畴的"意"与属于客观范畴的"境"二者结合的一种艺术境界。在统一过程中,情理、形神相互渗透,相互制约，形成了"意境"。

童庆炳先生认为：意境是指抒情型作品中呈现的那种情景交融、虚实相生的形象系统以及其所诱发和开拓的审美想象空间。[①] 叶朗先生认为，从审美活动的角度看，所谓"意境"，就是超越具体的、有限的物象、事件、场景，进入无限的时间和空间，即所谓"胸罗宇宙，思接千古"，从而对整个人生、历史、宇宙获得一种哲理性的感受和领悟。一方面超越有限的"象"（象外之象），另一方面，"意"也就从对于某个具体事物、场景的感受上升为对于整个人生的感受。

意境的营造深入中国文艺审美观念中，成为文艺创作共同追求的最高境界。"有无虚实"在老子看来，是宇宙万物化生运行发挥作用的一般规律。这种观点也被历代文学家和艺术家化用到艺术的创作过程中，揭示了艺术创作的基本方法和基本特征。中国古代诗歌、建筑、绘画、书法等艺术都继承和发展了意境美学，这种美学观念直到今天仍然深深扎根于艺术家的创作理念里，流淌于笔下纸端。当代作家阿城的小说就以"大巧若拙的白描技法和结构形态"体现了道家美学的意境。苏丁和仲呈祥合写的另一篇论文《论阿城的美学追求》主要分析了阿城小说在人物性格、环境设置、结构形态、语言运用等方面与道家美学的关系，指出阿城的小说"既切实又空灵，既执着又通脱，既雄浑又冲淡。其悲愤往往通过旷达表现出来，其雄浑往往通过冲淡表现出来，因而冲淡之中有壮逸之气，虚静之中又复扬着耿耿不平之气。由于能空，能虚，能静，而后才能深，能实，能动，最后才能将人生中的事和理那深层的意义透底呈露于前。"对于繁琐的现实生活和浩瀚的细节的精炼概括或抽象写意，增添了艺术作品的内涵和表现形式，使审美意味更加丰富和多元。

对意境的追求和膜拜，是雕刻在中国艺术家心里的石碑。这种美学观念，不因时代和社会的变迁而消弭。在新兴的影视艺术里，仍然举目皆是意境之美。影视虽然是舶来品，但因为它在本土化的过程中吸收了中国人特有的文化、思想和情趣，所以才有蓬勃的生命力和群众基础。电影《城南旧事》的导演吴怡弓说：电影艺术可以借鉴诗的格律、节奏创造含蓄的诗的意境美。《城南旧事》的电影语言清新、温婉、蕴藉、简洁、含蓄，营造了诗意的境界和缱绻的情思。一缕淡淡的哀愁，一抹沉沉的相思，充盈在导演镜头下的京华古都、城垛颓垣、残阳驼铃、闹市僻巷，……。以景托情，情景交融。洋溢着真实的历史感和浓郁的生活气息，饱含着丰富的人生哲理。

"道"之美是一种混沌、模糊、朦胧的美，是一种无形的美、无象的美、无状的美，是一种只能意会难以言传的美。这正是中国电影在意境的营造时体现出的

---

① 童庆炳.文学理论教程[M].北京：高等教育出版社 1998：194.

意蕴和美感。特别是具有深厚文化底蕴和丰富生活阅历的中国第五代导演的作品,象征性、寓意性和个性都特别强烈,他们试图通过影片来探索民族文化的历史和民族心理的结构,在创作上往往通过对画面美感与意境的塑造来完成他们情绪的宣泄和思想的表达。1984年由陈凯歌任导演,张艺谋担任摄影的电影《黄土地》,具有深沉的历史和文化反思,风格化的视觉形象,寓言化的电影语言,形成了独有的营造意象和意境的方式,并深深影响了整个第五代导演早期的叙事倾向和风格基调。影片用大色块反复渲染连绵的黄土大地,镜头下的黄土地淳朴而坚韧,敦厚而凝重,无言而静默地伫立着,但在沉寂中却储藏着汹涌的暗流,预示着思想上觉醒后的民众无限的激情和力量。此外,张艺谋的多部电影如《红高粱》中的大片遮天蔽日的红高粱地、《菊豆》中的江南染坊、《我的父亲母亲》中的山坡树林等,也是一个个巨大的意象,通过镜头和色彩对这个意象的塑形,将自然形态的景象转化为艺术形态的意境,产生了浓郁的意境美。

《小城之春》的编剧李天济在写作电影剧本时对意境的塑造有明确的要求,他说:作为一种艺术风格的追求,我在这个剧本中想营造一种苏东坡《蝶恋花》式的"笑渐不闻声渐悄,多情反被无情恼"的意境。他主张电影要"心中存着中国画的心情"。中国电影人对电影意境的追求,使中国电影呈现出与众不同的精神气质和美学特征,以一种只可意会无法言传的美感,造就了中国影片独特的民族风格。中国现代屈指可数的著名女导演李少红的电视剧作品,以其独有的女性触角和丰富细腻的情感体验,创造了古典唯美的意境和瑰丽的视觉享受。1999年撼动国人视觉神经和审美经验的电视剧作品《大明宫词》是一篇诗化的传奇,一首流动的乐章。华丽诗意的文字,优美流畅的韵律,雅致梦幻的情趣,洞若明烛的哲理,流动悠扬的意境,使这部电视剧开辟了我国影视创作新的角度和高度。其后,李少红导演的《橘子红了》、新版《红楼梦》等电视剧作品也一以贯之地以古典文人的笔触和浪漫的情思书写视觉影像。

2. 留白和空镜头

1)留白

"留白",指的是作品中留下相应的空白。是中国传统绘画的一种极高境界,讲究着墨疏淡,空白广阔,以留取空白构造空灵韵味,给人以美的享受。"无画之处皆成妙境"是中国古典画所特有的美学观点。在文艺中是通过未说之言和言外之意留下想象的空间和余地,召唤观众的想象来填充作品的意味,给人以品味和思考。

中国文艺中的"留白"艺术与中国古代道家思想有着非常紧密的联系。老子说,"天下皆知美之为美,斯恶已;皆知善之为善,斯不善矣。有无相生,难易相成,长短相形,高下相倾,音声相和,前后相随,恒也。"(《老子·第二章》)也就是说,有和无是可以相互转化的,矛盾双方是对立与转化,互为因果的关系。《老子》的第十一章中有关空间的阐述,具有中国朴素辩证法的显著特征:"三十辐,共一毂,当其无,有车之用。埏埴以为器,当其无,有器之用。凿户以为室,凿户牖(yǒu)以为室,当其无,有室之用也。故有之以为利,无之以为用。"这段话的意思是:三十根辐条凑到一个车毂上,正因为中间是空的,所以才有车的作用。糅合黏土做成器具,正因为中间是空的,所以才有器具的作用。凿了门窗盖成一个房子,正因为中间是空的,才有房子的作用。因此"有"带给人们便利,而"无"才是最大的用处。《老子》第四十章又讲到:"天下万物生于有,有生于无。""有"与"无"两者处于相互消长且对立统一之中,其辩证关系一直影响着中国美学审美和创作观念。这"有"和"无"体现在艺术中,便是留白的韵味和情致。例如南宋马远的水墨画《寒江独钓图》,画中一只扁舟,一个渔翁独自垂钓,除四周寥寥几笔的微波外,几乎全为空白。然后,却正是因为这大面积的空白,营造出了烟波浩淼的江水和浩大的空间感,也因此更突出了"独"字,使老翁显得格外孤独,衬托了江上呼啸的寒意,给欣赏者留下了深远的意境和开阔的想象空间。

道家的精髓核心思想是:无为而无不为,以少胜多,以无胜有,追求自然之索。清代画家李方鹰在题梅花诗中说:"触目横斜千万朵,赏心只有两三枝"。这体现了因艺术形式与审美取向而显示出的审美过程中"取"与"舍"的心理定向。"取"的两三枝为实,而"舍"的千万朵便是虚。这两三枝恰恰是画中的视觉重点和精神所指,而省去的部分则成为留白的虚体部分。"留白"可以表现画面的空间感、艺术感和精神意蕴。不仅衬托画面的主体,而且扩大了画面的意境,是所谓形象的延伸。郭熙在他的画论《林泉高致》中说:"山欲高,尽出则不高,烟霞锁其腰则高矣。水欲远,尽出则不远,掩映断其派则远矣。"在影视艺术中,留白的作用也被广泛运用,最主要的表现在于画面构图和叙事上。

(1)画面构图

"留白"源自于中国古典绘画,影视艺术与绘画艺术最直接共同之处便是画面构图。在许多电影导演的画面构图中,都体现了留白的奇妙力量。苏轼说:"静故了群动,空故纳万静。"费穆也曾说过:"中国画是意中之画,而印象却是真实,用主观融洽于客体,神而明之,可有万变,有时满纸烟云,有时轻轻几笔,传出山水花鸟的神韵,取不斤斤于逼真,那便是中国画……我屡想在电影的构图上,构成中国画之风格。"[①]影视画面是一种空间布局艺术,是对画面中形、线、色彩等的安排,是画面中实体部分与空白的比例问题。香港电影导演王家卫的作品充满了个性化的画面构图风格。而对于画面留白的使用更是电影中的点睛之

---

① 费穆.关于旧剧电影化的问题[N].电影报,1942.

笔,将情感基调和人物的精神状态很好地勾勒了出来。例如2000年王家卫的作品《花样年华》,虽然故事背景是在拥挤繁华的香港,主要的拍摄地点也多在促狭的阁楼、办公室或窄细的巷道等,但王家卫却在如此窄狭的空间中制造出神来的留白之笔。例如有一场戏周先生站在巷道转角的路灯旁,他的位置在画面最左边的前景,画面右边留有约2/3的空白。如果说狭窄的实际空间是表现的是疏离而冷淡的现实社会,是人物无法逃离的生活状态,那么画面中大面积的留白则表现了人物空虚迷茫的精神状态和希冀逃离的心理。再如,苏太太在周先生离开后的一场戏,坐在房间里。她的位置在画面最右边的后景,画面左边留有约2/3的空白。周先生的离去带给苏太太心灵的偌大空洞和痛苦情绪也慢慢在画面中晕染开来。

清初《画筌》说:"空本难图,实景清而空景现。神无可绘,真境逼而神境生。"①1994年王家卫的电影《东邪西毒》更是将古典主义的留白效果发挥到极致。片中变动不居的摄影镜头,特别是广角镜头和不规则构图,营造出了荒漠中疏离、冷僻和苍怆的气氛,给人茫然和离乱的感觉。如黄药师策马奔腾而去的镜头的构图,倾斜的地面只占画面底部的一点点,上方大面积的空白是混沌昏黄的天空。这是一种表意性和表现性的构图方式,使画面充满了挥之不去的梦呓般的情绪和失衡感。而且,片中大量的大全景和大远景的使用,也使画面中孤独而渺小的人物与浩瀚的天际、广袤的沙漠形成了强烈对比,突出表现了人的孤寂伤感以及面对感情的脆弱和无力感。

(2)叙事。

影视在叙事上的留白,一部分体现在开放式的故事结局的设置上。好莱坞"经典叙事"以冲突的开始、发展、激化、爆发和解决为叙事逻辑来安排剧情。充满戏剧化的冲突,故事结构完整封闭。但有很多导演试图打破这部经典法则,通过开放式的结构来升华影片主体,找寻情感表达和哲理诱发的另一种突破口。希德·菲尔德在谈到"结局"时讲道:"希望能找到一种'正确的'结局方式……剧本结构的最好方式是让它从故事的解决中生长和演化出来……结局是需要设计和勾画出来的。它要考虑到情感,还要考虑到象征。"②1999年香港导演执导警匪片《暗战》,讲述了一个只剩四个星期生命的盗贼和一个警察在72小时之内精彩激烈的猫鼠游戏。影片的结尾,导演并未告诉观众这位深受观众同情和认同的盗贼最终的命运如何,而是通过这个警察和盗贼女友在公交车上的对话,留给了观众一个暧昧不明的答案。盗贼女友说很久没有见过男友,而这位警察

---

① 宗白华.美学散步[M].上海:上海人民出版社,1997.
② 希德·菲尔德.电影剧作者疑难问题解决指南[M].北京:中国电影出版社,2002,6:297.

回答道:"说不定他突然出现,哇,吓你一跳啊!"看到这里,为盗贼愤懑命运不公的观众终于找到了一丝丝的安慰,或许,他们心目中的这位"英雄"并未从世界上消失,而是筹备着下一次的正义之战。

罗伯特·麦基在《故事》一书中,对"开放式结局"有一个详细的概念界定:故事讲述过程中提出的大多数问题都得到了解答,但还有一两个没有回答的问题会延伸到影片之外,让观众在看完电影之后去补充。影片激发出的大多数情感将会得到满足,但还有一些情感的残余要留待观众自己去满足。在沈严执导的电视剧《中国式离婚》的结尾,林小枫终于同意和宋建平离婚,在他们的婚姻走到尽头的时候,两人深情拥吻,镜头定格在一张没有签字的离婚协议书上,全剧终。这样的结局给观众以无限的想象,到底两人冰释前嫌,还是依然无法修补感情上巨大的裂痕?在充分调动观众的情感参与性的同时,也暗示了生活和情感本来就充满了未知性,难以操控和被安排。2011年备受热捧的电视剧《裸婚时代》由第六代导演滕华弢执导,探讨了新时期年轻人的生存和情感状态。在电视剧的结尾,刘易阳失神地蹲在婚姻登记处的门外,童佳倩坐在他的旁边。两人对视,泪中含笑,笑中有泪。童佳倩最终选择了杜毅还是刘易阳,导演并没有说明,而是将决定权交给了观众,要观众调动自己的理性认知和感性思维来建构自己的故事结尾。

2)空镜头

道家崇尚自然、含蓄、冲淡、素朴,老子说:"见素抱朴,少私寡欲。"庄子说:"法天贵真,淡然无极而众美从之,素朴而天下莫能与之争。"《老子·四十一章》,云:"上士闻道,勤而行之;中士闻道,若存若亡;下士闻道,大笑之。不笑不足以为道。故建言有之:明道若昧,进道若退,夷道若,上德若谷,广德若不足,建德若偷,质直若渝,大白若辱,大方无隅,大器晚成,大音希声,大象无形,道隐无名,夫唯道,善贷且成。"道家美学对冲淡和朴素的追求,对外在表现和内在本质的辩证思考,深刻影响了中国艺术的发展和精神气质。

空镜头是指在影视画面中作自然景物或场面描写而不出现人物(主要指与剧情有关的人物)的镜头,又称景物镜头。起到交代故事发生的空间环境背景、抒发人物情绪、推动情节发展、表达编导意图和态度等作用。空镜头分为写景与写物两种,前者称为风景镜头,往往用全景或远景表现;后者又称为"细节描写",一般采用近景或特写镜头。近现代国学大师王国维说,"一切景语,皆情语也。"马致远的《天净沙·秋思》中的景物描写:"枯藤老树昏鸦,小桥流水人家,古道西风瘦马。夕阳西下,断肠人在天涯。"以景写情,平添许多韵外之致,象外之意。

影视作品中的空镜头,并不是画面的确实,而是扫尽尘纷,剔除一切繁芜的清澄,是生气的充盈。这些空镜头不是导演或摄影师随意取景,而是一种"意象"。司徒空在《与极浦书》中说,"诗家之景,如蓝天日暖,良玉生烟,可望而不可置于眉睫之前也。象外之象,景外之景,岂容易可淡哉?"这"意象"强调物我、心物、情思的融合统一,既是对客观事物内在的精神实质的把握,也是主观的精神情状的显示。并通过这两者的有机融合,熔铸成一个灵动的艺术境界,其间有诗的意蕴,有画的飘逸,也有乐的韵律,从而达到写意"畅神"的效果。"空纳万境","境由心生"。王家卫导演是一个情感写意的高手,他的许多作品如《重庆森林》、《阿飞正传》等都表达了现代都市人群特定的精神气质,构建了他特有的电影美学。他在电影中大量运用空镜头,如旺角的高楼分割出的暗蓝色天空,启德机场旁边可以看见飞机起落的公寓窗口、层层晕染弥漫的烟圈、雨后水滴荡漾的地面、电话机等。王家卫的空镜头,往往是象征和表意的。例如说《春光乍泄》里空落的走廊、高悬的楼道扶梯等,是人物空寂落寞心境的视觉外化。阿根廷长长的瀑布,表达了黎耀辉对何宝荣的留恋和思念如同瀑布一样奔腾不止;《重庆森林》中狭窄的街道中匆匆往来的人流,表达都市人的精神上的孤寂和无归宿感;《花样年华》中的时钟空镜,暗示时间的流逝和两人暗生的情愫。布满深红色窗帘的旅馆走廊,传达了人物疯狂生长的感情和对情感的压抑克制。

除了抒情和表意功能,空镜头还有交代故事发生的环境背景的功能。用空镜头来交代环境是许多影视作品在开场时经常运用的方法。2000年我国优秀的纪录电影《平衡》,以写实、犀利、深刻的笔触记录了以索南达杰和奇卡·扎巴多杰为代表的西部工委为保护藏羚羊而与盗猎分子和不公正的社会体制做斗争的故事,也如实记录了他们所作出的巨大牺牲。影片具有浓厚的现实主义风格,震撼灵魂,直指人心。影片开篇仰拍在劲风中飘扬的五星红旗和升旗的手部特写,然后伴随悠扬的藏歌和穿透人心的男低音,导演彭辉用了一组空镜头来展示青藏高原的广袤、昆仑山脉的巍峨、可可西里无人区的荒凉和贫瘠、斑头雁和藏羚羊等多种国家珍惜保护动物在可可西里的生活场景,为主人公西部工委书记奇卡·扎巴多杰的讲述和后面情节的展开提供了背景资料和认知及心理铺垫。开篇五星红旗在可可西里劲风中飘扬的空镜头,有着强烈的情感表意功能,飘扬的红旗不仅是西部工委在异常坚苦环境下坚持斗争乃至最终献出生命的精神信仰,也是导演通过电影想要向观众传达的教育思想。导演用真实的场景画面来提示观众电影内容的写实性,同时也奠定了整部电影现实主义基调以及深沉的人文精神和社会内涵。

此外,空镜头还有奠定和调节节奏、丰富画面的功能。2009年挽救韩国消沉的独立电影市场的纪录电影《牛铃之声》中就有大量的空镜头。《牛铃之声》讲述了八旬的农夫与相伴三十余年的老牛相伴相守的故事,虽是小成本的独立制片,但却因其真挚的情感和深厚的人文性,以及画面感的饱满精致成为"在冷冬里看见绿色的温暖胶片"。该片时长 75 分钟,主要人物只有老农夫妇和一头老垂的病牛,故事情节也相对简单,大多是在田间的劳作场景。电影作为一种视听艺术,构造和充实视听内容进而传达编导的拍摄初衷,在这个剧情相对单纯、缺少激烈矛盾冲突的电影中就显得异常重要。导演巧妙地运用一系列的空镜头来解决了这个问题。阳光下老牛缓行的影子、老牛下颌的铃铛、牛车上的老旧收音机、雨中的小屋、滴雨的屋檐、积水的水洼、漏雨的屋顶、田间火艳美丽的花丛、廊檐下破旧的鞋、微风拂过的麦浪、趴在墙纸上的蚂蚱等空镜头穿插在整个电影中。这些取材自然和生活的空镜头舒缓、唯美、亲切、生动,不仅奠定并控制着整部电影舒缓平和的基调和节奏,而且恰当地暗合了影片的思想主题,即在人与自然或传统文化与现代文明相独立的时候,自然之美、传统美是如此地珍贵和可爱。

总　结

综上所述,道家文化对于影视艺术的发展有着非常重要的作用。这作用不仅表现在道家文化提供给影视艺术创作丰厚广博的题材源泉、哲学基础、思想高度,而且也深远影响了影视艺术的创作方法和表现技巧。道家文化是孕育和推动中国文化和艺术发展的源头之一,也是中国影视艺术民族化和世界化的无穷宝藏。认真研究和领悟道家文化的精髓和深义,灵活利用这种独一无二的资源和优势,创作出优秀的影视作品是我国影视工作者的重要使命和明智选择。

第三章　佛教文化与影视

中国文化源远流长、博大精深,以其独特的精神品质影响着东方乃至整个世界。儒、道、佛更是成为诠释中国文化较为醒目的历史话语。儒家尚"仁",强调仁爱、中庸。道家问"道",探寻规律、法则。佛家修"空",笃信因果、轮回。

佛教文化在中国的传播有一些起伏,但总的来说根深蒂固,代代相传。九华山佛寺、普陀山佛寺、五台山佛寺、少林寺、白马寺、大相国寺、灵隐寺、柏林禅寺、大雁塔寺、小雁塔寺、黄龙寺等信徒较多,游人如织,香火很盛。这表明佛教文化渗透到很多人的生活之中,人们的信仰、修养自然而然地受到影响。

佛教文化与电影电视关系密切。佛教文化对电影电视尤其是魔幻片、魔幻电视剧影响很大。这些影视想象力丰富,往往打破时间与空间的限制。

第一节　三界说法、转世修行与影视发展

佛教认为有三界,即天上、人间与地狱。妖魔鬼怪时常混入人间作乱,佛家圣徒应该降妖捉魔,帮助众生。

电影《白蛇传说》导演程小东,主演李连杰、黄圣依、林峰、蔡卓妍、文章。白蛇与许仙的故事在民间流传很久,该片进行改造。大宋南迁,定都临安(现在的杭州),不料山林中有一批妖孽修炼成功,无恶不作,一场人间浩劫就此拉开序幕。金山寺主持法海携大弟子能忍替天行道,四处捉妖。他们先与雪妖展开一场恶战,击败雪妖。他们又遭到一群狐妖色诱围攻,不为所动,赶走狐妖。深山里历经千年修炼的白蛇耐不住山间寂寞,与青蛇变幻人形,成为美女,结伴游历人间。白蛇精化名素素,巧遇许仙,心生爱慕之情。许仙不知素素是法力高强的蛇妖,与她相爱。青蛇巧计帮助白蛇追求许仙,却与能忍不期而遇,相见恨晚。谁知蝙蝠妖出洞扰乱百姓,能忍勇敢应战,却被蝙蝠妖所伤,中了魔血,幸亏法海

35

及时赶到,救了能忍。在青蛇和一群妖友的帮助下,白蛇终于美梦成真,与许仙结为夫妻。能忍中了魔血之后,发生了变化,逐渐变得人魔不分,发现青蛇也是妖精后,更是惺惺相惜。法海在端午节追查到白蛇的行踪,巧施妙计使其现出原形——妖精。双方一场恶战,惊天动地。法海将许仙困在金山寺,白蛇、青蛇并肩杀到,人魔不分的能忍也突然而至,金山寺面临漫天巨浪的冲击。法海击败白蛇与青蛇,把白蛇镇在雷峰塔下。该片把真人表演与特技相结合,打破了时间与空间的限制,人妖混战,创造出影像奇观,产生出巨大的视听冲击力。

电视剧《白蛇传》白蛇与许仙有前世姻缘,有恩报恩,有德报德。构思巧妙而自然,天上、人间与地狱可以自由穿梭,白蛇与许仙个性独特,具有强烈的艺术感染力。

佛教认为一些重要的人物可以转世,因此在现实社会中要注重修行,修行好的人来世可以进天堂,修行一般的人来世仍然在人间继续修炼,作恶多端的人要下地狱。这些思想对人们的世界观、人生观产生了较大的影响,也对电影电视产生了重要的影响。

有关藏传佛教电视专题片不仅展示了一系列藏传佛教的活动,而且表现了灵童转世的重要环节,让人们了解一代又一代班禅是如何相传的。

有关傣文化与上座部佛教的电视专题片具有鲜明的特色。贝叶经是研究佛教,尤其是上座部佛教的一部活的历史,作为早期佛教经典的主要载体,作为佛教传播中的一种重要形式,随着佛教传播而步出印度国门,佛教成为世界性宗教之一,贝叶经的地位和重要性也越来越凸现出来。然而历史上,在我国的三大佛教流派即汉传佛教、藏传佛教以及上座部佛教中,只有上座部佛教以贝叶经的方式将许多经典延续下来,并且直至今天。可以说,贝叶经是上座部佛教的一个标志。然而,在傣族如今会制作贝叶经的人屈指可数,有关傣文化与上座部佛教的电视专题片表现傣族人制作贝叶经的同时,也将贝叶经的文化传达给观众。人们看有关傣文化与上座部佛教的电视专题片,除了追求感官的愉悦、视觉的刺激和精神放松的享受之外,也了解了不同的佛教文化和风土人情。

佛与侠的结合,既吸收了佛家的思想精髓,又借鉴了少林武功,丰富了佛教文化的表现力。电影《少林寺》、电视剧《少林寺传奇》主要表现少林寺十三棍僧救唐王李世民,击败作恶多端的王世充,惩恶扬善,普救众生。

第二节 因果报应思想与影视发展

佛教认为善有善报,恶有恶报,不是不报,时间未到,时间一到,马上就报。

做善事的将来升入天堂,做恶事的将来下地狱。

前世姻缘是因果报应思想的一种反映,这在魔幻电影与穿越剧中表现得比较明显。

穿越即穿越时间和空间,一般指某主要人物因为某些原因从所在时空穿越到另一时空。穿越电影与穿越剧鲜明标志是剧情或多或少涉及到穿越的内容。

时空穿越有两种,第一种是真实的时空穿越,时间不会超过80年。第二种是虚构的时空穿越,时间可以穿越几百年。

真实的时空穿越强调有关人物、事件之间的逻辑性,有关时空可以适当穿越,前后情节应该合情合理。例如《海角七号》,该片时间穿越60年,通过"海角七号"这个地址,把现实中阿嘉与友子正在发生的爱情故事与60年前小岛友子与其男友之间的爱情故事联系在一起。老年小岛友子仍然健在,邮递员阿嘉终于把七封信件送到她手中。该片构思巧妙,显得自然而真实。

虚构的时空穿越不强调有关人物、事件之间的逻辑性,一些影视颠覆古今时代,进行时空穿越,造成了奇异的时间与空间感受,造成喜剧效果。这些影视没有遵循故事内容与故事发生的年代背景相一致的原则,剧中人物虽然身穿古装,但是语言、眼神、动作等都是现代人的。他们生活在古代,却说着现代的话,思索着我们这个年代的问题。打破时间、空间限制,自由发挥,手法荒诞,内容丰富,思想比较深刻。看似荒诞,其实有道理。这些影视故事与手法离奇而富有变化,特色鲜明,引人入胜。在笑谈与玩乐中塑造各种人物形象,在辛酸与搞笑中展示世态人情,表现出怪诞的风格。以《武林外传》等为代表。

《武林外传》有电视剧版,也有电影版。假托明代七侠镇同福客栈发生一系列故事,塑造出一批个性鲜明的人物形象,如郭芙蓉、佟湘玉、祝无双、白展堂、吕秀才、李大嘴等。郭芙蓉善良任性,大大咧咧。佟湘玉热情泼辣,善解人意。白展堂爱面子,富有正义感,有时好冲动。吕秀才满腹经纶,胆小怕事,优柔寡断。李大嘴比较憨厚,但好吃懒做。祝无双率真自由,玩世不恭。该片中的江湖大侠并不像传闻中的那样神乎其神,他们像普通人一样有各种缺点,有的则是欺世盗名之辈,这是对所谓的侠客的揶揄与嘲讽。郭芙蓉自以为行侠仗义,替天行道,事实上她只会那一招三脚猫功夫。声名远播的"盗圣"白展堂自称武功高强,行侠仗义,其实是善良胆小之辈,说的那些江湖光辉事迹其实都是胡编乱造,并且每月会斤斤计较自己是否提薪。百无一用的秀才吕轻侯手无缚鸡之力,居然在危急关头凭借一番言语将姬无命激得自杀,不仅救了客栈全体人员,还意外获得了"关中大侠"的朝廷册封,令真正的"武林中人"相形见绌。《武林外传》适当地运用了穿越元素,主要人物穿着古装,说着现代人的话,做着现代人的事,并且把计算机、外语等元素恰当地穿插其中。这不是穿帮,而是有意地采用穿越的手法，达到搞笑、调侃、嘲讽的效果。

在感情与思想方面，《武林外传》中的人物表现出了与现代人相同的认知和期待：对于爱情的忠贞，对于幸福生活的向往，对于亲情的渴望和对于友情的珍惜；提倡诚实做人、与人为善、反暴力、戒赌，嘲讽房价疯长。《武林外传》通过一些富有意义的对话，使人物形象变得丰满，使主题得到深化，不仅使观众放松地笑，而且让观众在笑中或笑后进行思考，获得有意义的启迪。无论主角还是配角，都是南腔北调，产生了喜剧效果。陕西、天津、河南、东北等十几种方言在《武林外传》中使用，佟掌柜说的是陕西话，白展堂说的是东北话，郭芙蓉带点福建腔。这些方言具有搞笑的元素，突出了人物的个性，观众能够听懂，为该片增添了娱乐性。

《武林外传》中大多镜头是运动的，而且摇镜头特别多。无论是佟掌柜、白展堂或吕秀才在开口说话的时候，镜头几乎都是在运动，而且以缓慢的推镜头与横摇镜头居多，甚至有时在一个人说一段话的时候，推拉摇移都用上，尽管幅度不大，速度也很慢，但这种拍摄方法给人一种新鲜而怪异的视觉感受，这与《武林外传》怪诞的风格相契合。

穿越剧超出了故事情节的合理性、平民生活的日常性，陷入一种无拘无束式的自我放松和观赏消费。

电视剧《宫》表现了前世姻缘，从古代到现代，打破时间与空间的限制。《穿越时空的爱恋》、《寻秦记》，2009 年的 CCTV－8 开年大戏《神话》以及 2011 年初上映的《宫锁心玉》都是中国穿越剧的代表作。穿越剧因其故事背景的设定本身就带有喜剧色彩，现代的流行语言、行事作风和古代人的一板一眼、规规矩矩形成了强烈的喜剧冲突。另外，因为时空的不同，剧中在不同时代所表现的韵味也有所区别。所以，受众在欣赏穿越剧时既能因为现代人物和古代人物的反差而忍俊不禁，又能体味不同时代的人借助不同事物表达情感时的独特韵味。

穿越是一种显而易见的白日梦，但或许让人有点吃惊的是，穿越小说的主要原材料往往是言情、武侠、历史或者相关的通俗读物，这在某种程度上算是对既往经典通俗作品的再利用或再编码。

在"穿越小说"流行了几年之后，"穿越剧"开始风生水起。《宫》创下不凡收视率，《步步惊心》又在热播，人们纷纷猜测"穿越剧"会不会形成又一次电视剧跟风潮？

何谓穿越？首先穿越和科幻毫无关系，而是一种适合幻想者阅读的、以言情为主的文学，是言情小说在网络时代的新变种。穿越小说的主流模式是这样的：某妙龄少女无意中触动某种玄机，然后由现代"穿越"到了古代帝王贵族之家，在复杂危险的政治斗争、后宫斗争（宫斗）或家族斗争（家斗）中谈一场"多男一女"的恋爱。围绕"一女"的"多男",一般是三四个年轻英俊的,但性格有很大差异的"王爷"。穿越女们的想象力一直膨胀,会想出穿越到架空的古代王朝去,甚至穿越到自己的小说里去,还能拐个古人回现代。

穿越剧必备要素是,女主角拥有现代人的各种知识和观念,又对历史事件和历史中的典型人物非常了解,能够为毫无生机的古代社会注入新鲜血液,并让自己的人生重新洗牌。这种乾坤逆转当然会产生强烈的戏剧冲突和"作弊快感"。以现代观念在古代社会作弊,无论斗争多激烈,女主角一定会成为穿越中的女王。

人们注意到了,与其说穿越电视剧回到了历史,不如说它穿越到了由以往通俗文化构成的想象空间。例如穿越文学的几部开山之作《梦回大清》、《步步惊心》,很明显都取材于二月河的小说《雍正皇帝》,尤其是由此改编的电视剧版《雍正王朝》。它的人物形象和故事并不强调真实和历史维度,而只是借电视剧和通俗小说的典型环境和典型人物来言情。穿越电视剧在人物设置和故事推进上都体现出粗浅的一面,即穿越电视剧中往往充斥着对既往通俗文化作品的模仿、拼贴、借鉴乃至创新,也就是说,它寄生在早已深入人心的通俗文化的母体上。这在某种程度上算是对既往经典通俗作品的重述或再编码,因此穿越电视剧有时也带着比较鲜明的"解构"色彩。

在《梦回大清》、《穿越公主我最大》等电视剧中,主角经常会不由地想起了《还珠格格》中"容嬷嬷要折磨小燕子"、"紫薇与金锁被坏人毒打"的哭戏。穿越电视剧对以言情为主的通俗文化所表现出的青睐,绝非偶然。虽然它和以往通俗作品一样是白日梦,是欲望的文字载体,但穿越电视剧换了一种更直白的体验方式,以既往通俗作品为原料进行了更为粗浅的"二次编码"。女主角的全部功能,就是再次体验通俗文化形成的稳固的集体白日梦。

部分穿越电视剧是在原有故事的基础上,进行材料的再次加工和利用,其价值贫乏可想而知,就算故事再精彩也不过是原创力衰退的见证。只是对一些大众低俗口味的过度迎合,只能赢得一时一地的收视率,却很快淹没在人们的遗忘之海中。只有真正经典的电视剧作品,才能成为电视剧航行的灯塔。

部分穿越电视剧可以帮助人们提高想象力与创造力。生活于当代的主人公,因为某种变故,突然坠入时空隧道,回到了历史上的某个朝代,并同真实的历史人物发生联系。

穿越剧大多是现代的普通百姓一不小心穿越回古代,由于不同的生活年代,较大的生活方式差异,从而让他们在那个陌生的时代引发出一系列幽默诙谐的故事。例如穿越剧《步步惊心》改编自风靡一时的清代穿越小说,讲述现代白领因意外而穿越回清朝,却卷入清朝"九子夺嫡"的争斗之中。女主角马尔泰若曦,一不小心穿越到康熙年间,与几个阿哥产生了说不清道不明的暧昧情愫。在那里,因为她怪异的身份,夸张的语言,现代味十足的行为举止,在电视剧中展开了一段又一段令人捧腹大笑的故事,这种因时空交错而引发的轻松幽默,无疑是人们很好的减压、消遣方式。

第四章 兵家文化与影视

第一节 兵家文化与战争片的发展

一、兵家文化概说

说到中国文化,人们首先想到的是"儒、道、佛"三教。然而在春秋战国时期,也就是中国主流文化萌芽与形成的鼎盛时期,真正的显学却是其他四大家:墨家、纵横家、法家和兵家,当时天下大乱,最具实际价值的当然是克敌制胜的兵家文化了。到了先秦和两汉时期,兵家文化受到特别的重视,吕思勉在《先秦学术概论》一书认为:"故论先秦学术,实可分为阴阳,儒,墨,名,法,道德,纵横,杂,农,小说,兵,医十二家也。"[1]东汉之后,中国社会进入了相对平稳的发展时期,虽说在三国时期和某些历史战争段落,人们对兵家文化仍给予一定的重视,但统治阶层的注意力集中在用儒家、道家学说教导子民、安邦定国,无形中降低了兵家文化的社会地位,但兵家文化仍以自己特有的方式影响着人们的文化观念和思想意识。

狭义上,兵家是中国春秋战国时期诸子百家中的一家,有时也特指其繁盛时期,也就是在先秦汉初研究军事的学术派别。兵家研究讨论的主要是战争哲学思想,学说重点在于"用兵",即战略战术问题。但在广义上,我们把春秋战国之后的那些通晓军事的军事家、学者,也往往归入或称为"兵家"。

兵家的思想源头可以追溯到商周时期的吕尚(即史上著名的姜太公)。代表人物有春秋时孙武、司马穰苴,战国时孙膑、吴起、尉缭、公孙鞅、赵奢、白起,汉

---

[1] 吕思勉. 先秦学术概论. 2版. 上海:东方出版中心,2008:11.

初张良、韩信等。其中孙武是世界公认的最伟大的军事思想家之一,其军事思想包括以仁为本的战争观;师出有名的战争准则;"不战则已,战则必胜"的指导原则,强调重战、慎战、备战、善战;"诡道"制胜论;"知彼知己,百战不殆"的战争指导思想;"不战而屈人之兵"的"全胜"战略;因情用兵的作战思想,强调奇正用兵;选贤任能的用将之道,做到"用人不疑,疑人不用"。

《汉书·艺文志》认为"兵家者,盖出古司马之职,王官之武备也",并将兵家分为"兵权谋家"、"兵形势家"、"兵阴阳家"、"兵技巧家"四派。《汉书·艺文志》录有"兵书五十三家,七百九十篇,图四十三卷",今大多亡佚,所存亦多为权谋、形势之书,如《孙子兵法》、《孙膑兵法》等。吕思勉《先秦学术概论·兵家》谓:"阴阳、技巧之书,今已尽亡。权谋、形势之书,亦所存无几。大约兵阴阳家言,当有关天时,亦必涉迷信。兵技巧家言,最切实用。然今古异宜,故不传于后。兵形势之言,亦今古不同。惟其理多相通,故其存者,仍多后人所能解。至兵权谋,则专论用兵之理,几无今古之异。兵家言之可考见古代学术思想者,断推此家矣。"①

兵家文化最重要的载体是兵书,也就是论述军事的兵家著作,我们现在所研究的兵家文化大部分来自兵书,也有小部分来自于《老子》、《管子》、《吕氏春秋》等对军事有所论及的著作。我国的兵书数量大、内容广、种类多,最有价值的是战争谋略类,最能代表"兵家"精华与内容的兵书是北宋朝廷从当时流行的三百四十多部中国古代兵书中挑选出来的,作为武学经典颁行的兵法丛书——《武经七书》。这套书是谋略的大成、智慧的精华,是中国古代第一部军事教科书,由《孙子兵法》、《吴子兵法》、《六韬》、《司马法》、《三略》、《尉缭子》、《李卫公问对》七部著名兵书汇编而成。其中《孙子兵法》现存十三篇,为中国现存最早最杰出的兵书,历来被称为"兵经"于古今中外都影响深远。

兵家重点在于指导战争,在不得不运用武力达到目的时,"兵家将政治、经济、军事、天文、地理、国际关系等各种客观因素作为决定胜负的条件,同时又把战争的主观指导,即决策、指挥、组织、运筹等军事素质作为一项基本因素,并由此而引出争取战争胜利的一系列战法"②。兵家的实践活动与理论虽有异同,但其中包含着丰富的朴素唯物论与辩证法思想。表面上兵家文化涉及的是兵戈剑戟、攻占杀伐之类的兵学理论,但透过兵学理论不但能看到潜藏在其背后的人文意识、思维特色与文化底蕴,还能体会到兵家文化意识里的整体思维、兼容性和思辨性等诸多特征。

---

① 吕思勉. 先秦学术概论. 2版. 上海:东方出版中心,2008:94.
② 李霖. 兵家文化常识. 太原:北岳文艺出版社,2010.

正是由于以上原因,哲理性强、可借鉴性广、指导性久的兵家文化,不仅在我国的研究应用经久不衰,而且有些理论在国外也广为流传,成为许多国家制定国家战略、军事战略、乃至经济文化战略的重要依据。

兵家文化自春秋末年吴国的大军事家孙武起,以高开低走的趋势传承不绝,对社会发展起到了重大影响。广义上,"兵家文化的发展,从学术思想的角度看,大致分为三个时期:①法家化时期:公元前六世纪末—公元前二世纪末,即春秋末期—西汉初期。兵家文化在学术理论方面达到繁荣顶点。②儒家化时期:公元前二世纪末至20世纪初,即西汉中期—清末。兵家文化全面充实、成熟,并受到儒家文化的极大影响,逐渐与儒家兵文化融合。③近现代化时期:20世纪初至今,即近、现、当代。从1895年袁世凯小站练兵起,到1924年黄埔陆军军官学校成立,到1927年的"三湾改编",再到新中国成立,兵家文化最终完成了马列主义、毛泽东思想化"①。毛泽东军事思想从其理论渊源来说,是以孙子兵法为代表的中国古代军事理论的逻辑发展,有一些观点是对传统兵家文化的创造性发展,例如,"不打无准备之仗"之于"先胜而后求战","敌进我退,敌驻我扰,敌疲我打,敌退我追"之于"强而避之,怒儿挠之"等。

在本章节中,我们对兵家文化的分析论述不仅仅局限于《武经七书》选录的兵书,而是以此为基础,从更为广泛的哲学、历史、文学著作里搜寻并概括兵家文化的内容,将其与战争片的发展进行分析比较。

二、战争片概述

战争片,亦称"军事片",是以军事行动和战争为题材的影片,这些军事行动多以历史为根据或改编自历史。一类战争片通过战争事件、战役经过和战斗场面的描写,着重刻画人物的思想性格,树立英雄形象。我国的此类战争片大多塑造革命英雄主义形象,如《董存瑞》、《从奴隶到将军》等,而国外的此类战争片多颂扬杰出的军事家和著名将领,例如美国影片《巴顿将军》、苏联影片《海军上将乌沙科夫》、日本影片《山本五十六》等。另一类战争片通过人物和故事情节的描写,形象地阐释某一重大军事行动、军事思想、军事原则和战略战术,如中国影片《南征北战》、《红日》、《地雷战》等。还有一类战争片探索人与战争关系的描写,在反映爱国主义、英雄主义的同时,如实地描写战争带给人们的灾难和心灵创伤,如美国影片《拯救大兵瑞恩》,中国电影《紫日》、《红樱桃》等。

战争片是个题材概念,即那些表现战争生活的故事片。战争片中的"故事"是编导们的想象与虚构,但"故事"的背景往往与历史相关,如好莱坞战争片中

---

① 刘洋,罗雷. 兵家文化与社会主义核心价值体系建设. 中华文化,2011,(2).

的"二战片"、"越战片"之类。当然,也有大胆幻想或虚构未来战争的战争片。一般说来,卓越精湛的战争片大都拥有引人入胜的故事,而且冲突激烈、气氛紧张,在节奏上极具悬念性,富有跌宕起伏的特点。尤其是影片中的人物命运及不屈不挠的英雄主义精神,很能激起观众的感叹与联想。

"相较于其他类型影视作品,战争片耗资巨大,使用设备复杂,工作程序繁琐,制作周期漫长,是最具技术与艺术'含金量'的类型"①。许多电影人之所以选择战争题材,是因为战争最能传达人类生存处境的极限领域。有关人的一切,如命运、生与死、正义与邪恶、勇敢与懦弱乃至一个民族的兴旺与衰落等,都可经由激烈的银幕战争故事而获得生动的、富有感染力的甚至让人难以平静的表达。战争片的魅力是独特而多元的,它能使从未经历过战争的观众通过银幕而感受或体验战争,并从中接受与战争相关的精神洗礼。

第二次世界大战以后,随着电影技术的进步和电影语言的日趋丰富成熟,优秀的战争片层出不穷。时至今日,好莱坞仍热衷于战争片的创作,每年输往世界各国的好莱坞大片中,也有相当数量的战争片,其中二战片居多。好莱坞的战争片所"弘扬"的,不是美国大兵的英雄主义精神,就是充满了美国特色的爱国主义精神,或那种几乎是战无不胜的"美国精神",但影片所撑持的旗帜上又往往写着"人类"、"人性"之类,其"高明"之处则在于,他们看准了或把握住了具有普遍性的观众渴求及那种对英雄个性的崇仰心理,而且很少把意识形态的"宣传"简单明显地挂在嘴边。所以说,很多战争片虽然与"历史"相关,或往往以曾经发生过的战争作为故事背景,但影片传达过程从题旨到精神的贯穿却是现实的观念。

按战争片中战争发生的年代,战争片可分为古代战争片、中世纪战争片、近代战争片(已有热兵器但无空军)、"二战片"和现代战争片。

三、战争片中的兵家文化

战争片以战争为题材,中国历史上曾经历了多次战争,其中有屈辱的战争,也有让整个民族感到振奋的战争,无论是战争的苦难,还是因战争胜利而带来的自豪感;也无论是对于战争的觉悟与理解,还是那种积淀于民族文化意识之中的战争体验,这些都是中国电影人想象与虚构战争故事的富矿和潜在驱动力。而渗透于中国历史长河诸场战役里的兵家文化,无疑是中国电影,乃至世界电影的主要内容之一。

在不同的历史时期,兵家文化都有不同的代表人物和经典战役,这些人物和

---

① 赵宁宇. 新世纪战争片述评. 当代电影,2007,(4).

战役或多或少都在战争片中有所表现。虽然历史题材电影不像严谨的历史著作那样陈述历史的全貌,在"历史的轮廓不得更改,历史的局部允许虚构"的前提下,导演们时常以历史文学的名义展开"合理的想象","历史真实"不再是一个守得住的防线,但是战争片中的人物和战役在一定程度上仍能折射出某些当时的兵家文化。

在下面的论述中,我们依照战争片中故事发生的年代来分析中国战争片中不同时期的兵家文化,也将梳理国外电影中的中国兵家文化。

1. 古代战争片中的法家化时期兵家文化

兵家主要的代表人物都生活在这一历史时期,如孙武、司马穰苴、吴起、孙膑、尉缭等,但是在现有的古代战争片中,关于这几位人物描写的少之又少。讲述孙武生平的只有一部2010年开始筹拍,至今未有着落的3D电影《孙子兵法》;吴起只出现在香港1955年上映的粤语故事片《吴起杀妻求将》中,讲述吴起为了统领三军迎战齐兵,想杀自己的妻子齐国郡主田月娴以博得鲁庄公的信任,又于心不忍,娴为成全丈夫而自刎牺牲这样一个历史故事;司马穰苴和尉缭很少以主要人物出现在大银幕上;而孙膑斗庞涓的故事在中国流传甚广,但在电影银幕上出现的次数并不是很多,我国两岸三地都各有一部影片讲述孙膑在马陵道战胜不可一世的师兄庞涓的故事,三部影片分别是香港1965年拍摄的《马陵道》、台湾1979年拍摄的《孙膑下山斗庞涓》、大陆2011年上映的《战国》。三部影片拍摄的地域不同、年代不同,总体还是有很大区别。"在某种意义上说,任何历史故事都是当代的故事。它总是渗透着作者的主观感情和思想倾向,而每一个写作者都生活在自己的时代、自己的生活环境,他们的思想感情、文化心态也就总是限定在那个时代里和具体的生活环境里。于是,同一个孙膑与庞涓的故事也就出现了不同的孙膑与庞涓"[①]。下面主要分析一下《战国》里面的孙膑及其军事思想。

由北京星光灿烂影视文化有限公司出品的《战国》号称古装战争奇谋大片,运用了1000多个特效镜头营造冷兵器时代战争大场面,不仅将观众耳熟能详的孙庞斗法、田忌赛马、围魏救赵、马陵道之战等著名历史典故编入剧情当中,而且把三十六计巧妙地融合在剧情中,自称是三十六计谋略大全。

"三十六计",最早出自《南齐书·王敬则传》:"檀公三十六策,走为上计,汝父子唯应走耳"。此语为后人沿用,到明末清初,有人采集群书,编撰成《三十六计》,分胜战计、敌战计、攻战计、混战计、并战计、败战计六套,每套各包含六计,总共三十六计。对每计的解说,均依据古代兵家刚柔、奇正、攻防、彼己、虚实、主

---

① 张立环,果兆虎. 传统文化视域中的军事家孙膑. 电影评介,2011,(14).

客等对立关系相互转化的思想推演而成。解说后的按语,多引证宋代以前的战例和孙武、吴起、尉缭等兵家的精辟语句。《三十六计》虽然归纳编撰较晚,但无疑是对我国古代兵家计谋的总结和军事谋略学的宝贵遗产。

电影《战国》里的三十六计主要体现在以下几场戏中:

边城突袭。影片一开始,孙膑初出师门便赶上魏国攻打边城,孙膑给魏将献计,利用日食"瞒天过海"杀了齐军一个措手不及,攻下边城。齐国女将田夕历尽血战终于逃脱,后把孙膑擒至齐国,途中将其暴打。后来齐王会见他时询问到伤痕,孙膑说路遇猛兽,"指桑骂槐"教训了田夕,也为田夕解了围。雄才伟略的齐王看出门道,随后用"美人计"收抚孙膑,令其做田夕门客。

河洛大会。魏国在河洛大会上"假道伐虢",以赛马之名定边城,实则不仅没有归还之意,还要借机挑起事端。孙膑"抛砖引玉",用下等马对魏国的上等马。齐王眼见魏国强势,不敢"打草惊蛇",于是嘱咐兵士将田夕的宝马毒死,不料孙膑亲自驾马赢了魏国,让齐王始料未及。河洛大会之后,庞涓见赛马阴谋未得逞,便"顺手牵羊"将孙膑带回魏国。

兄弟相残。庞涓为了巩固自己在魏国的地位,"无中生有"嫁祸孙膑他私通齐国,施以膑刑。孙膑受刑后"假痴不癫"装疯扮傻,庞涓让庞妃为其送钥匙和放在街头流浪,"欲擒故纵",以考验孙膑是否真疯。孙膑用"苦肉计"吞掉了庞妃送来的钥匙,并拒绝田夕的营救,成功骗过庞涓。

魏都劫人。田夕为营救孙膑,先是训练外形与孙膑相似的死士,试图"偷梁换柱"将孙膑换出,后亲自出使魏国,与庞妃"上屋抽梯"密谋营救方案。两人后来与庞涓共席酒宴,通过跳采桑舞"暗渡陈仓"偷递魏国地图。田夕的诸多计策被庞涓破坏后试图"反客为主"强行劫狱,虽然被庞涓成功狙击,但无意中却促成了孙膑"调虎离山",将潜伏在庞涓战车底下的孙膑带回齐国。

智除死士。孙膑逃出魏国,齐王"借尸还魂",利用孙膑的传奇经历为军士之中振作士气,奋起反击魏国。齐国地震后,魏国"趁火打劫",派出刺客和死士"混水摸鱼"假扮灾民进入齐国,刺客刺杀孙膑失败后被幕后黑手"李代桃僵"毒死。孙膑为齐王献上"连环计",先是"关门捉贼"将死士聚在一起,再诱使死士得到情报大喝辣椒粥,成功将魏国死士一举歼灭。

围魏救赵。魏王起兵攻打赵国,孙膑禀承"远交近攻"的外交策略,力劝齐王"围魏救赵",先"隔岸观火"坐受渔翁之利。魏强齐弱,孙膑"树上开花",派一名赤膊勇士在阵前吃肉喝酒,运用山后一战旗和烽火迷惑庞涓,摆出"空城计",主力军队"金蝉脱壳",通过山洞藏兵"声东击西"杀往魏国。

伏兵马陵道。田忌运用"反间计"使魏王不再信任庞涓,先"釜底抽薪"削减庞涓兵权,又运用"借刀杀人"把庞涓派往马陵道送死,假孙膑之手除掉心头大患。孙膑在山洞中揭穿田忌暗通魏国,田忌"笑里藏刀","擒贼擒王"用刀逼住孙膑,保住形势。孙膑"以逸待劳"静待庞涓入套,庞涓选择投降,被田忌指挥士兵推下的乱石所杀。

虽然编导将三十六计融合在这七场戏中,但很多计谋,如瞒天过海、抛砖引玉、上屋抽梯、反客为主、借尸还魂、李代桃僵、树上开花、反间计等,徒有其表,未能体现出三十六计之精妙和兵家文化之深邃。片中诸多历史典故也是接木移花,与史实不符,如历史上"庞涓死于此树下"七个大字刻在树上,然后被乱箭射死,在电影中变成庞涓死于乱石;历史上的田忌赛马,电影中变成了孙膑赛马等,而且在情节设置上,导演不光架空历史,而且也不符合逻辑,诸如庞涓为何要跑去魏国当内奸?田忌为何要叛齐国?魏王为何要田忌死?等等之类的问题完全没有任何动机。更为重要的是,电影《战国》中不但没有战国时期那种尔虞我诈、你争我斗的感觉,更没有兵家的情怀和气概。

孙庞斗智是战国时期最精彩的双雄故事之一,不仅有男人心机的较量,还有对意志和人性的拷问。孙膑作为一个智圣般的人物,是能"运筹帷幄,决胜千里"的军师,有强大的智慧含量。孙膑兵法的立论基石是"战胜而强立"和"乐兵者亡","这两个命题的相互交织与制约,构成整个《孙膑兵法》的纲"①。"战胜而强立"(只有通过武力战胜别的国家,才可以立国)推崇武力的作用,但孙膑推崇的武力是属于"义战"范畴,不是穷兵黩武,所以他在强调武力的同时,不忘"乐兵者亡"(好战者必亡),认为武力与人治是相辅相成的。孙膑兵法中还强调了"战有道"、"间于天地之间,莫贵于人"、"必攻不守"、"兵势不穷"等重要观点。

可是电影《战国》中的孙膑连说话的底气都没有,胆小怕事,好色懦弱,在白雪和绿草的战场中,厌恶战争却又身不由己,还要依靠一个凭空捏造的女子来实行肉体和精神的救赎。在几场计谋戏中,孙膑也仅仅施展了一些诸如凭借日食打齐军措手不及,靠辣椒粥找出魏国刺客,安置赤膊勇士阵前吃肉喝酒迷惑庞涓等雕虫小技,全然没有历史记载中田忌赛马、围魏救赵和减灶诱敌的谋略。这样一个人际交流都困难的人物身上哪里有半点知兵知将、知己知彼的兵家大才的影子?除了胆小怕痛之外,找不到一丝"战胜而强立"和"乐兵者亡"的精髓,更遑论展现其他孙膑兵法的观点了。

国产古代战争片中,除了表现兵家代表人物的电影之外,还有一些展现其他学派兵学思想的电影,如《墨攻》讲述的是公元前370年,梁城请来墨家学说智者革离帮助梁王对峙赵国军队的故事,墨家的兵学主张是"兼爱非攻",攻是守

---

① 张学儒. 中国兵学文化. 北京:北京大学出版社,1997,(87).

的手段,守是攻的目的。而电影《墨攻》也较好地诠释了墨者最高的道德要求:用战争来反对战争,用战争来遏制战争,守出和平,维持均衡的态势。

2. 中世纪战争片中的儒家化兵家文化

西汉之后,兵家文化儒家化,"高度重视注重仁义德礼在战争中的作用,并贯穿到军队训练和国防建设中。如诸葛亮提出,具备了仁爱信义等品德的将领才是最优秀的'天下之将'。曾国藩和胡林翼则提出,爱惜百姓是性命根本之事"①。这一时期,中华文化中重文轻武的倾向越来越严重,战争经验和理论很难得到总结推广和传承,尤其自宋代朱熹理学上位之后,兵家文化开始走向衰落,研究兵家理论的重任主要由没有实战经验的文人来承担,文人们纸上谈兵束缚了兵家文化向更高层面的理论水平发展,但是兵家文化通过文人们创作的文学作品和通俗文化得以更广泛地传播,以《三国演义》为代表的明清军事题材通俗小说和唐宋边塞诗词,成为很多中国人一生的精神食粮。

这一历史时期时间跨度很长,几乎涵盖了中国封建社会的各个朝代,各种战役和军事人物也斑斓纷呈,其中三国人物的军事思想和实践是国人最为熟悉的,也是很多影视作品取之不尽用之不竭的创作源泉。早期有20世纪50年代香港拍摄的戏曲电影《孔明三气周瑜》,大陆拍摄的《蔡文姬》(1978)和《华陀与曹操》(1983)等。近年来拍摄的电影按照拍摄时间顺序,有《三国之见龙卸甲》(2007年)、《赤壁》(2008年、2009年)、《关云长》(2011年),三部电影的导演都是香港人,分别是李仁港、吴宇森、麦兆辉和庄文强,讲述的都是三国故事,主人公分别是赵云、周瑜和关羽,按影片中故事发生的时间顺序应该是《关云长》在前,《赤壁》次之,《三国之见龙卸甲》最后。

《关云长》对观众耳熟能详的关公过五关斩六将,千里走单骑的故事进行了颠覆:刘备家眷被困曹营,关羽为存忠义甘作俘虏,被迫为曹军上阵,单人匹马斩杀敌方大将,深受曹操赏识。曹操敬重关羽,以礼待之,可是关羽却"身在曹营心在汉",对曹操所有礼遇均做出婉辞。曹操查知关羽一直心仪刘备未过门的小妾绮兰,暗施催情酒,当晚,关羽酒后恍惚中险些酿成大错,最终理智战胜情感。关羽下决心带着绮兰杀出曹营,曹操令手下为关羽放行,汉献帝秘密派遣自己的心腹孔秀、韩福、卞喜、王植等劫杀关羽,被关羽接连击毙。曹营众将因曹操对关羽一再容让,军心动摇。而曹操闻知关羽处境决定亲自护送,并趁机劝说他留下辅佐他成就统一大业,关羽被曹操诚心打动,终于答允留下。绮兰担心关曹联手成刘备劲敌,以自杀冒死劝谏,关羽救她反被其刺伤。而此时黄河渡口早已十面埋伏,汉献帝亲自率队狙击关羽,射杀了绮兰,关羽前往袁绍军中投奔刘备。

---

① 刘洋,罗雷.兵家文化与社会主义核心价值体系建设.中华文化,2011,(2).

多年之后,关羽被孙权所杀,曹操厚葬了关羽头颅,孙权厚葬了关羽身躯,刘备修关羽祠于玉泉山。

《三国之见龙卸甲》截取了赵云戎马生涯中一头一尾两次大战,写意乱世战神的传奇一生:三国浊世,魏军强势压境,初任弓手的赵云遇上同乡罗平安,两人在诸葛亮以攻为守的策略下,劫寨扰敌立下大功。长坂坡,为免罗平安遗失刘备妻儿的死罪,赵云单枪匹马杀入曹营救回幼主,一战成名,后荣升为五虎上将。时间如梭,五虎上将中的关、张、马、黄都前后辞世,两鬓斑白的诸葛亮再一次策划消灭曹魏大计,不服老的赵云坚持要做先锋大将。不料此次的劲敌竟是曹操的孙女曹婴,对赵子龙爱恨交织的罗平安把赵云最后一次出征的军机出卖给了曹婴。诸葛亮也把赵云当做诱敌之傀儡,寄望曹婴和赵云的大战,能让他暗渡陈仓,攻下魏之主城六郡。年过古稀的赵云在凤鸣山上被困,迎来人生中的终极决战,赵云战伤后卸下盔甲,策马奔向战场。

《赤壁》(上、下)的故事发生在东汉末年公元208年,丞相曹操以大汉一统天下为由,威逼汉献帝对刘备和孙权开战。曹操亲率近百万大军南下,第一站攻打驻守在新野的刘备,曹操的军队以绝对优势的兵力很快击溃了刘备的军队。刘备被迫逃离新野,关羽和张飞殿后,掩护老百姓撤退。溃败到夏口的刘军与曹军仅一江之隔,刘备派军师诸葛亮前往东吴,与孙权商讨结盟之事。面对来势凶猛的曹操大军,时年26岁的孙权和他的众文武大臣在降与战之间犹豫不定。孙权的谋士鲁肃私下里对诸葛亮说,要想说服孙权结盟抗曹,必须先说服他的军事首领周瑜。诸葛亮赶往赤壁,探望在那里训练东吴精锐水军的都督周瑜。诸葛亮和周瑜一见如故,一边抚琴,一边商讨战事。周瑜和诸葛亮一同面见孙权,力主与刘备结盟,共同抗曹。此时,曹操派人下战书,让孙权投降,遭到孙权的断然拒绝。曹操大怒,派夏侯渊率一营骑兵偷袭孙刘联军。联军预谋用火攻之计对付曹操的水军,但当下北风甚盛,稍有不慎便可能反烧到联军自己的战船。联军据此部署战术,诸葛亮根据天象预计次日风向将变,计划次日作战。周瑜指挥东吴的军队一边在陆地上从三面包围曹营,一边部署水军的战船在江边一字排开,等待东风。风向果然大变,东吴几只燃烧的战船冲入了曹操的水军营地,风借火势,曹营立刻变成了一片火海,几千艘战船被付之一炬。吴军从陆地上也开始发动攻击。曹操被打了一个措手不及,但他迅速指挥精锐的骑兵进行反扑,把东吴军赶到了江边。就在这时,刘备率兵赶到,将曹操击退,并趁势向他的要塞发起进攻。曹操差点丧命,只得落荒而逃,八十三万大军被杀得只剩下几百人。此一役孙刘联军大获全胜。天下三分由此初定!

这三部电影并没有严格地讲述历史,在《关云长》和《三国之见龙卸甲》中,对两位主人公,只是讲述了关羽和赵云的威猛勇敢,并没有太多的计谋与兵法,反而对曹操的军事思想有所体现。历史上的曹操,熟读兵书,一生征战,曾为《孙子》作注,对统一中国有功,是中国历史上少有的文武经略之才。有学者将曹操的军事思想归纳为10个方面:一是"恃武者灭,恃文者亡"的战争观;二是先计而后动;三是将贤则国安;四是重赏明罚;五是礼不可以治兵;六是兵无常形,尚奇而贵诈;七是力避多方面作战;八是重地势而不以险固为资;九是用间重密,利用矛盾;十是因粮于敌。曹操军事思想的不足之处在于杀俘、坑降,进一步发展了兵家的愚兵之道。① 在《关云长》中,曹操以"挟天子以令诸侯"图谋天下统一,命俘虏关羽前去斩杀敌方大将,与汉献帝和官兵一道下田锄草收割稻子,又使尽浑身解数挽留敌方大将关羽,体现了曹操"以战止战"、"急农兼天下"、"唯才是举"、"赏功罚罪"、"以奇取胜"的军事思想。在《三国之见龙卸甲》中,则通过虚构人物曹操之孙女曹婴在佩服赵子龙是好对手时道出兵法"不动如山岳,难知如阴阳"。此句话极有可能是诸葛亮"故军以奇计为谋,以绝智为主,能柔能刚,能弱能强,能存能亡,疾如风雨,舒如江海,不动如泰山,难测如阴阳,无穷如地,充实如天,不竭如江河,始终如三光,生死如四时,衰旺如五行,奇正相生,而不可穷"②说法的误传。此片中对诸葛亮的谋略也有所展现:赵云首战中,诸葛亮预测子夜将有雷雨交加,提出"以攻为守"的策略,罗平安率常山组大雨奇袭曹军大营,大获全胜。这场戏很好地体现了诸葛亮"先定其计,然后乃行"的作战主张。

  真正体现诸葛亮兵法的是在《赤壁》一片中。诸葛亮的军事才能,陈寿在《三国志·诸葛亮传》里认为,诸葛亮是一个优秀的政治家,是管仲、萧何式的人物,虽然"治戎为长",但"奇谋为短",是一个优秀的丞相人选。诸葛亮的军事思想主要体现在两方面:

  一是《隆中对》战略。《隆中对》是刘备等三人三顾茅庐时,诸葛亮分析了天下形势之后,提出先取荆州为家,再取益州成鼎足之势,继而图取中原的战略构想。在《隆中对》中,诸葛亮是这样分析的:刘备兴复汉室的主要敌人自然是北方的曹操集团。但曹操"已拥百万之众,挟天子而令诸侯,此诚不可与争锋"。孙权"据有国险,已历三世,国险而民附,贤能为之用,此可以为援而不可图也"。在此形势下,近期目标是"跨有荆、益,保其岩阻,西和诸戎,南抚夷越,外结好孙权,内修政理",联吴抗曹,鼎足而三。远期目标是"天下有变,则命一上将将荆州之军以向宛、洛,将军身率益州之众出于秦川","则霸业可成,汉室可兴矣"③。

---

① 张作耀. 曹操军事思想十题. 社会科学战线,1997,(6).
② 诸葛亮集. 中华书局,1960:75.
③ 诸葛亮集. 中华书局,1960:2.

二是"用兵之道,在于人和"①。"诸葛亮将儒家、道家、兵家的用人之道综合在一起,吸取孟轲'天时、地利、人和'及吴子'四和'思想,又应用'六韬'里关于'将道'某些说法,使之融为一体,提炼出'作战之道,在于人和'这一主题,这是诸葛亮对兵学的一个突出贡献"②。诸葛亮不但重视"人和",在具体指挥时,将谋略放在重要位置,"夫用兵之道,先定其谋,然后乃施其事"③,把用计和用人同等看待,知人善任。

而在《三国演义》和民间文化中,诸葛亮不但熟知天文地理,而且精通战术兵法,运筹帷幄,神机妙算,是智慧的化身。其"鞠躬尽瘁,死而后已"的精神,已成为中华民族的宝贵财富。《三国演义》中赤壁之战是奠定三国鼎立局面的决定性一战,最为人所津津乐道的不是千军万马冲锋陷阵大火燃烧的场面,而是围绕此战三方所穷极心智的互斗谋略、斗心眼。

电影《赤壁》颠覆《三国演义》,按照《三国志》将周瑜还原为第一男主角,但是很多计谋还是出自诸葛亮。层出不穷的计谋是《赤壁》的最大看点:电影开始不久就出现了计谋的使用场景。曹操大兵压境,诸葛亮命张飞率队使出"回光阵",阳光反射让曹军人仰马翻,关羽、张飞、赵云等人以一敌十,全军顺利撤退。第二次使的计谋是"空城计":曹操水军压境,却暗地派出一支2000轻骑的陆军抄袭蜀吴联军的后路,孙权之妹孙尚香带着10来个侍女,对着曹军就是一支穿云箭。曹操轻骑大军看到对方只有数十人,当然不放在眼里,于是就放马追击,却发现后路杀出了众多军马。结果落进了诸葛亮"过时"的"八卦阵"。在"八卦阵"中,计谋的使用再次被提升到了一个高度!诸葛亮和周瑜在高处掌控全局,羽扇一挥,"八卦阵"变化无穷,盾墙封闭外层的所有出入口,"关门打狗",2000曹军只有接受被全歼的命运。曹操也不甘示弱,屡次使用计谋,曹军水土不服,伤寒蔓延,曹操将病亡士兵装在船上运到联军的阵营,用"鬼兵"展开"攻心计"。探望生病的官兵时,曹操用"赢了回家"激起曹军必胜的斗志。在电影《赤壁》中,诸葛亮和周瑜安排刘备"走为上计"虚着实用,诸葛亮"草船借箭"、周瑜将计就计用"反间计"借"蒋干偷书"传假信,与"草船借箭"演绎成了"连环计",用"离间计"令曹操怒斩水军大都督蔡瑁、张允。孔尚香女扮男装深入曹营做间谍,体现了兵家"知己知彼者,百战不殆"的先知后战思想。诸葛亮借东风更是对孙子决定胜负的"经之以五事"(道、天、第、将、法)的应用与推广。已怀孕的小乔为能拖住曹操直到刮起东风,竟然只身前往曹营,使出"美人计",硬生生把

---

① 诸葛亮集. 中华书局 1960:99.
② 张文儒. 中国兵学文化. 北京:北京大学出版社,1997:258.
③ 诸葛亮集. 中华书局,1960:67.

曹操拖到了东风吹。在《赤壁》中除了对兵家文化的表现之外，更是借小乔之口读出《孙子兵法》中的"其疾如风，其徐如林，侵掠如火，不动如山。"可见孙子在三国时期的影响之大，对三国将领的影响之深。

3. 近现当代战争片中的近现代化兵家文化

1894年中国在中日甲午战争中的惨败，在我国军事思想领域引起了巨大的反响。清政府决定全面放弃湘军营制，改用西法编练新军。原广西按察使胡燏棻受命在天津附近的小站，按照西法编练"定武军"（袁世凯接任后改称"新建陆军"）。从此西方和日本的军事技术、军事制度以及军事学术方面的知识开始进入中国，兵家文化也进入到了一个新的历史时期，出现了以袁世凯为代表的北洋军军事家，以孙中山为创始人以蒋介石为代表的国民党军事家和以毛泽东军事思想为核心的共产党军事家。这一时期的中国经历了旧民主主义革命和新民主主义革命，大小战争不计其数，主要战事有新中国成立之前的反对八国联军侵略的战争、抗击英军入侵西藏的战争、辛亥革命战争、军阀间的混战、北伐战争、中国共产党领导的武装革命斗争、抗日战争、解放战争等，以及新中国成立之后的抗美援朝战争、珍宝岛对苏自卫反击战、中印边境自卫反击战和1979年对越自卫反击战。这些不同时期的战事在多部战争片中均有所展现。

在2011年辛亥革命百年之际推出的电影《辛亥革命》讲述中国帝制合法存在的最后节点上，孙中山为首的革命派，以革命推翻清政府，建立共和体制的历史故事。1910年底，孙中山在海外召集同盟会骨干，准备在广州发动起义。黄兴与徐宗汉假扮夫妇，秘密潜入广州，广州之战终因革命党人寡不敌众而告负，林觉民等一大批革命骨干壮烈牺牲，黄兴也身负重伤。武昌新军当中的革命党名单泄露，湖广总督瑞澂开始对名单上的革命党人逐一捕杀，革命党人熊秉坤、金兆龙等愤然打响了革命第一枪。《辛亥革命》很好地展现了当时的军事局面：清王朝的家天下的封建专制王朝军事力量被袁世凯的北洋军所取代，随着军事制度、训练方法的西化和官兵素质的提高，作战方式、武器、战术发生了质的变化，清廷军队的近代化建设已初见成效。而以孙中山、黄兴为代表的资产阶级革命派认识到"和平之法无可复施"，决心走武装夺取政权的道路。原本被清廷用来加强统治的新军，作为清朝的最后也是最新的一种军制，在辛亥革命中成了推翻清廷统治的主力军。

中国近代军事思想兼有封建社会和资本主义社会的印记、兼有农业文明和工业文明的印记、兼有冷兵器战争和热兵器战争甚至机械化战争的印记，反映了中国传统军事思维特色和西方现代军事思想特点。作战样式偏重于阵地战，运动战和游击战甚为少见，作战方法也比较呆板。

在中国现代战争中，以蒋介石为代表的国民党军事家，探求中国的国防问题和富国强兵之道,提出了较系统的国防建设思想和内容庞杂的军队建设思想。强调军权至上,重视军官教育培养,以绝对信仰统帅为首要纪律。但蒋介石的战略战术思想比较僵化保守,在自己力量占优势时往往低估对手,采取分进合击、长驱直入的战略,招致失败;在己方力量弱于敌军时,又容易失之于消极保守,片面拼消耗、打阵地战。国民党军队的这些战略战术在1994年拍摄的电影《铁血昆仑关》中有所体现。

《铁血昆仑关》中的战争发生在1939年,侵华日军精锐第5师团,为威胁重庆,在华南突袭登陆。中国第一支机械化部队第五军在军长杜聿明的指挥下冒雨请战,奉命抗敌于昆仑关。第五军第200师在南宁市郊失手日军,日军抢占昆仑关。就要向昆仑关发起总攻了,第200师师长戴安澜枪决了强奸民女的连长。敌我双方围绕昆仑关殊死争夺,阵地反复易手。日军第12旅团长中村正雄率部增援,被杜聿明部队包围。总攻打响,中国士兵前仆后继,与日军展开白刃战。敌人的毒气也没有能让中国军队后退;敢死队胸前绑满手榴弹冲向敌人;戴安澜在被炮弹炸伤情况下坚持指挥……1940年元旦随着红日升起,中国军队潮水般冲向敌阵,中国军旗终于插上昆仑关。昆仑关之战击毙日军五千余人及日军少将中村正雄,中华民族的抗战从此由防御转为相持。

因为政治与投资的问题,该片原来设定的多兵种作战的场面未得到展现,制作与表演略显粗糙简陋,但也较为客观地表现了国民党军队英勇抗战的士气,展现了国民党将领的军事才华。在《铁血昆仑关》中,第五军采取的是"关门打虎"的包围全歼战术,郑洞国指挥的第1师担任主攻,戴安澜统帅的第200师任辅攻。邱清泉率第22师迂回到昆仑关和南宁之间,杜聿明亲率军部直属的重炮部队、装甲部队、工程兵部队参加辅助进攻。将昆仑关变成一座孤岛。在昆仑关两得两失之后,杜聿明组织敢死队进攻昆仑关的主要据点,集中优势兵力,从外围攻击各据点,逐渐缩小包围圈,最终基本肃清了昆仑关周围敌据点和侧防机关,昆仑关里的日本精锐之师——"钢军"主力第21旅团成为瓮中之鳖!

而作为中国现当代军事领域最伟大的财富——毛泽东军事思想更是贯穿于反映共产党领导的军事行动的现当代军事片中。毛泽东从当时我国的特殊国情和战争双方的实际出发,形成了别具一格的关于战争特点的理论,不仅奠定了正确揭示战争规律和正确指导战争的基石,提供了科学研究战争特点的立场、观点和方法,而且也提供了从分析战争特点出发科学研究和指导战争的范例。

由《辽沈战役》、《淮海战役》、《平津战役》三部六集组成的"三大战役"系列电影《大决战》充分展现了毛泽东军事思想,以史诗般宏伟的气魄艺术地再现了中国解放战争中两大军事集团从1948年—1949年初,在东北、华东、华北地区进行的三大战役。1948年7月,林彪按毛泽东的意见南下攻击锦州,蒋介石对东北蒋军的撤、守犹豫不决,出于政治利害考虑,终于没有下从东北全部撤至华北的决心。1948年9月12日,在毛泽东的坚持下,辽沈战役终于打响了。10月14日,东野主力向锦州发起总攻,31小时便克锦州。接着,长春宣告解放。未几,沈阳、营口亦相继解放。三大战役中规模最大的淮海战役于1948年11月6日打响,华东野战军某部从国民党起义部队的防区悄悄进军,及时断了黄百韬兵团退路,将其围住。同时,中原野战军攻占了军事要地宿县。1948年11月16日,中央军委决定由刘伯承、邓小平、粟裕等组成淮海战役总前委,统一指挥中野和华野。经过十几天激战,黄百韬兵团被全歼。12月底,黄维兵团被全歼。1949年1月初,华野和东野对傅作义兵团展开分割包围,华东野战军对杜聿明集团发起总攻。1949年1月10日,杜聿明部被歼,杜被俘,兵团司令邱清泉被击毙。辽沈战役、淮海战役的频频告捷,让处于华北地区的傅作义集团惶惶不可终日。针对傅集团的特殊性,中央军委采取了军事打击与政治争取相结合对策。一方面我东野提前隐蔽入关,迅速插入平津线各战略要点之间,实施"隔而不围","围而不打"之巧妙部署;一方面促进其走政治解决的道路。1949年1月14日,东野攻打天津,使北平守敌欲战不能,欲逃无路,傅作义迫于压力终于同意在和平协议上签字,1月31日,北平和平解放,标志着平津战役胜利结束。

电影《大决战》如实再现了当时中国共产党采用的战略战术:辽沈战役是关门打狗,决战东北;淮海战役为中间肢解,各个突破;平津战役则是先打两头,后取中间。三大战役战略作战,中共中央制定分批歼敌的方针,把第一个歼击目标选择在东北战场。《辽沈战役》第一阶段东北野战军主力南下,打下锦州,截断了北宁线,封闭了东北与华北的陆上通道。长春守敌动摇,一部起义,一部投诚,长春顺利解放。第二阶段辽西会战,东北野战军全歼了妄图重占锦州,夺路南逃的廖耀湘兵团。第三阶段东北野战军解放了沈阳和营口,东北全境得以解放。《淮海战役》第一阶段华东野战军主力在徐州以东碾庄地区,围歼敌人黄伯韬兵团,第二阶段歼灭由豫南赶来增援而孤军突击的黄维兵团。第三阶段人民解放军发起总攻,全歼邱清泉、李弥两个兵团。《平津战役》第一阶段根据中共中央军委确定的对平、津、张实行围而不打或割而不围的作战方针,人民解放军完成了对平、津、张的战略包围和战役分割任务,使敌人失去南逃或西窜的可能,造成了解放军从容歼敌的态势。第二阶段人民解放军按照先打两头、后取中间的作战方针,先歼灭新保安之敌两个师,接着歼灭由张家口突围之敌七个师,并于1949年1月14日攻下天津。第三阶段从在中共北平地下党组织和民主党派无党派爱国人士的有力促进下,经过谈判,傅作义率部25万余人接受和平改编,北平和平解放。

在电影中我们可以看到,中国人民解放军之所以能够打败国民党军队,有多方面的原因。在解放战争初期,国民党军队拥有430万军队、几百架飞机、几百艘舰艇,还有美国的支持、有日军的遗留装备,在军事上占有绝对的优势。但常规战争的关键问题并不在于此,而在于军队的战斗力,而军队的战斗力主要取决于军事指挥系统的运作效率和将领的军事指挥才能以及兵员的军事素质。国共军队的战斗力的差距主要取决于军事指挥系统的运作效率,表面上国民政府是统一的,但国民党无法做到思想的统一,地方军阀仍然拥兵自重,局部利益明显,缺乏全局观念而各自为战,因而很难使其军事指挥系统得到有效的运作。纵观三大战役,国民党军几乎没有任何像样的主动进攻,要么被对手牵着鼻子走,如锦州之战中辽西兵团不是围魏救赵,而是直接去救锦州,结果锦州没救下来,自己也被拖住了;要么干脆坐视对手行动,不采取任何积极行动解决问题,譬如天津战役中傅作义对陈长捷的求救坐视不管。与此相反,共产党的军队在军事指挥系统和思想统一方面虽然也有分歧,但制定的战略战术会得到统一执行,所以以毛泽东思想为基础的优秀的军事指挥系统能够在短时间内最终战胜军事指挥效率很差的国民党军队也就顺理成章了。此外,毛泽东军事思想的实用性和正确性也是一个非常重要的因素,毛泽东指挥比较放手,下级能够自由发挥。解放军虽然没有那么多机动装备,但是进攻意识、运动战水平明显在对手之上,每次占据主动权。片中还多次借国共双方将领之口,提到"兵者,诡道也"、"夫未战而庙算胜者,得算多也,未战而庙算不胜者,得算少也。"、"不战而屈人之兵"这些《孙子兵法》中的内容,可见古老的兵家文化在现当代战争中的重要作用。

4. 外国战争片中的兵家文化

兵家文化的代表之作"《孙子兵法》是中国的国宝。然而,早在一千多年前,它就已经不胫而走,悄然流向东瀛,传遍世界许多国家,受到普遍赞誉,已成为全人类共同的精神财富。"①

《孙子兵法》走出国门始自盛唐时期,当时一位名叫吉备真备的日本留学生到中国拜兵学名家赵玄默为师,单独受业18年,潜心研究孙、吴兵法。开元二十三年(735年),吉备真备学成归国,并把《孙子兵法》带回日本,日本皇室视《孙子兵法》为至宝,吉备真备因此而被任用为太宰府大贰,主要负责为皇室成员讲授《孙子兵法》及中国其他兵书。后来《孙子兵法》从皇宫先后传入大江、源氏、楠木、武田等兵家和武将家族手中。其中,战国末期的著名将领武田信玄(1521—1573)对《孙子兵法》的研究和运用尤为突出,他曾命人在一面突击旗上用金丝绣上"风林火山"四个大字,以鼓励士兵像孙子在《军争》篇中所说的那样"其疾如风,其徐如林,侵掠如火,不动如山"。武田信玄对孙子十三篇非常熟

---

① 薛国安. 世界兵学双璧《孙子兵法》•《战争论》研究. 北京:西苑出版社,1998:130.

悉,最欣赏孙子的"不战而屈人之兵"、"先为不可胜,以待敌之可胜"等思想观点,并灵活地运用于作战指挥过程之中,他因此而获得了"日本孙子"的美称。他的故事被多次搬上银幕,代表之作有1969年拍摄的《风林火山》,1980年日本著名导演黑泽明拍摄的《影子武士》和1990年拍摄的《天与地》。

"风林火山"四个字代表着最强兵法,而能够将这兵法贯彻到战场上的,除了武田信玄以外,还有一位武将,他就是山本勘助。电影《风林火山》讲述武田信玄的传奇军师山本勘助的故事,从勘助利用青木大膳而得以来到武田家仕官,直到在第四次川中岛合战中战死,几乎所有情节巨细靡遗地——展现,在一次又一次的战斗之间,穿插着勘助、由布姬与信玄三人之间的奇妙情愫。

《影子武士》讲述的是男人间的忠义悲歌。日本甲斐国枭雄武田信玄选择了一个外貌气质与自己极相似的窃贼作为自己的影子武士,三方原会战后,信玄遇伏而死,为稳定政局,三年密不发丧,由影子武士以信玄身份代替。影子武士通过三年在武田家的生活和征战,深切感触到信玄的不动如山的武者气概,并在武田家找到了自己的情感和精神的归宿。但他毕竟只是一个影子武士,当身份意外败露后,被逐出武田家。1575年,信玄之子武田胜赖放弃信玄的固守甲斐的遗嘱,出兵同织田信长、德川家康联军决战于长篠,由于决策失误,加上胜赖的一意孤行,导致全军覆没,武田家25000人的"风"、"林"、"火"、"山"铁甲骑兵团在织田德川联军的齐射之下,顷刻间灰飞烟灭。当胜赖携残部遁去无踪,当火枪的硝烟渐渐散去,尸横遍野的战场上,站立起一个人——正是头戴斗笠,身著布衣的影子武士向织田的火枪阵发起了武田家的最后一次冲锋,影子武士最终倒在海边,海浪将他卷进了大海的深处,海面上浮起了曾经岿然立于甲斐山上的赫赫的武田军旗"疾如风,侍如林,侵掠如火,不动如山"。

《天与地》表现的是日本历史上著名的"川中岛之役",武田信玄和他的对手上杉谦信,在川中岛进行了五次大型战役,号称是日本古代史上最大最残烈的战役。一个是战国时代的"兵法第一"(信玄),一个是"战国最强"(景虎),一个是甲斐之虎,一个是越后之虎,堪称天与地之决斗。双方败中有胜,胜中有败,但是包括"越后之虎"在内的实力最强的四大名藩都没有能最后持牛耳而一统天下,反而是依附于强藩织田信长的、"忍"力最强的德川家康一扫六合,得天统矣。

历史上的德川幕府时期,第一本日译本《孙子兵法》付梓问世。从此《孙子兵法》的各种版本在日本公开重抄重印,形成了一个旷日持久的"孙子热"。孙子学几乎成为日本的显学。

"1772年,法国神父约瑟夫·阿米欧在巴黎翻译出版法文《中国军事艺术》丛书,包含有六部中国古兵书,《孙子十三篇》是其中的第二部。这是第一本西

方翻译的《孙子兵法》,该书扉页上写道:'中国兵法。公元前中国将领们撰写的古代战争论文章。凡欲成为军官者都必须接受以本书为主要内容的考试'。传说,拿破仑对这本书推崇备至,常在作战间隙披读。"①

而在法国电影中,《孙子兵法》也常被提及。1973 拍摄的电影《蛇》一开篇,就用字幕引用了《孙子兵法》:"故明君贤将,所以动以胜人,成功出于众者,先知也"。在这部电影里,所谓先知,指从事特务活动的间谍。这部由法国拉博埃蒂影片公司拍摄于 1973 年的反映苏联克格勃活动的间谍影片,力图突破旧间谍片局限在两国的框框,而扩大为国际性的间谍战;另一方面,也竭力避免旧间谍片大多以枪战、格斗、恐怖为主要情节的俗套,而着力表现间谍与反间谍人员之间的智斗,所以在片中制定下斗智的基调。故事讲述的是苏联驻法国使馆的二等参赞弗拉索夫从法国叛逃到美国并经过了美国的多方检查,在英国情报机关二号人物贝尔的"协助"下,他达到了他们的目的,给西方情报机关和北约组织以沉重打击,连法国反间谍局局长贝尔东都被牵涉其内,险些送命。最后,中央情报局识破了他们的计策,扣押了弗拉索夫,并在半年后美国用他换回来同样被苏联俘虏的美国飞行员。

2007 年法国拍摄的奇幻喜剧电影《时空穿越者》的主人公 Rmi Bassano 是一个生活在巴黎的小工匠,保守、冷漠、毫不起眼,并且面临家庭感情危机。忽然有一天,他掉入了另一个平行的世界,并承担起某个受压迫部落解放者的重任,在这个部落里,他展开了一场奇异的冒险。他开始不断往返于两个不同的世界,甚至将现实世界中的孙子兵法、三十六计、管理学原理带入另一个世界,以完成自己"拯救"的使命。在这个过程中,他发现了自己身上从未被挖掘过的内在力量,然而,他终究还是要回到现实世界,继续生活……

第二次世界大战结束之后,西方军政界一些首脑开始将目光投向《孙子兵法》,于是这部中国古老的兵书对现代西方一些国家的军事、政治、外交等方面都产生了一定影响。其中对西方核战略的影响尤为明显,美国也以孙子的"上兵伐谋"、"不战而屈人之兵"作为美国竞争战略的总方针。美国陆军 1982 年制定《作战纲要》时在"作战思想"部分也引用了"兵贵胜,不贵久"和"攻其无备,出其不意"。

美国电影中就有一部以《孙子兵法》英文译名命名的系列电影《The Art of War》1、2、3。

《孙子兵法 1》是一部关于谋略的影片,体现的是孙子兵法中兵不厌诈的思想。中国驻联合国大使被人冷血谋杀,特工肖恩觉察到这背后隐藏着恐怖分子

---

① 薛国安. 世界兵学双璧《孙子兵法》·《战争论》研究. 北京:西苑出版社,1998:130.

颠覆联合国的计划,正当他挺身而出试图揭露真相时,FBI的枪口却对准了他!他被指控谋杀了大使。为了阻止恐怖分子的阴谋,为了洗脱莫须有的罪名,肖不得不人间蒸发,转入地下继续与恐怖分子斗智斗勇。与联合国女翻译茱利亚一道,将使用反间计谋的联合国官员露丝及手下击败。电影中主要使用了《孙子兵法》中第十三用间:乡间、内间、反间、死间和生间。

《孙子兵法2 背叛》中,肖恩隐姓埋名之后,他前武术教练被谋杀,在参加完教练的葬礼之后,在他的朋友和一位参议员候选人的安排下,肖恩开始查找背叛与严重腐败的线索,他的任务是查明真相。但是当越来越多的人遭遇死亡的时候,肖恩意识到自己就像是在一个圈套中被人设好的诱饵,他与一场涉及出卖,而又致命的腐败案件绞在一起。电影中特别强调了孙子和孙子兵法,也强调了孙子兵法里面的不战而屈人之兵的理念,然而在残酷的现实中,只有越来越多的战斗和死亡。

《孙子兵法3 复仇》全片从头至尾都借用主人公肖恩的旁白来讲述对《孙子兵法》的解读,从"兵者,诡道也"到"知己知彼,百战不殆"。片中恢复联合国探员身份的肖恩的任务是设法阻止北韩恐怖份子得到原子弹。但任务并非想象那么简单,肖恩在枪战中救出俄罗斯军火商金的女同伙孙怡,被诬陷为杀人犯。成为通缉犯的肖恩,带着新搭档和孙怡,使出浑身解数,找遍韩国每寸地方,希望在恐怖份子破坏联合国和平高峰会之前,把他们一网打尽,没有料到孙怡竟是卧底,在最后关头,肖恩和搭档救了联合国秘书长的性命。

上述战争片以及历史的史实说明,尽管《孙子兵法》传入西方的时间并不长,但其巨大的思想价值和理论价值很快引起西方军政界的普遍重视。西方人以其特有的重直观、重实用的思维方式,摆脱了东方人离经辨志的模式,直接吸取孙子的思想精华,使之融入核战争理论和常规战争理论之中,并灵活地运用于指导当代军事斗争和作战实践,特别是高技术局部战争。

四、兵家文化对战争片创作的影响

吕思勉在《先秦学术概论》中认为"兵家之言,与道法二家,最为相近"。"至其用诸实际,必准诸天然之原理,亦与名法家言合"[1]。实际上,兵家文化"虽说言兵,但不限于军旅之事,而是拓宽视野,将经济、政治、人文意识、宗教心理、艺术以及其他相关的各种要素,统摄于一起,使人获得一种整体印象。常常通过形象而生动的例证,给人获得一种哲学与文化的教益。"[2]

---

[1] 薛国安. 世界兵学双璧《孙子兵法》·《战争论》研究. 北京:西苑出版社,1998:95-96.
[2] 张文儒. 中国兵学文化. 北京:北京大学出版社,1997.

兵家文化作为中华传统文化的重要内容,在数千年来连绵不断的军事政治斗争中不断地发展变化,至今仍保持巨大的影响。而作为以历代战争作为题材的战争片,或多或少也受到兵家文化的侵蚀和影响,不管是在作品的主要内容上,还是在计谋的细节设计上,乃至在人物的性格塑造上,无不显露出兵家文化的影响力。

我国电影诞生的最初,虽然战乱不断,然而大多数人都游离于战争之外,电影人也都在商业压力之下回避身边的战争。"9·18"事变之后,一些电影机构首先以新闻纪录片的形式,宣传抗日。1932年开始,一批以宣传抗战为主题的故事片开始出现,这些电影以保家卫国打败敌人作为第一任务,叙述的重点是如何走向战场而不是战场本身,成为鼓舞士气、激励民众的号角,也成为直刺懦弱之辈和隔岸观火者的利剑。在此之后,随着国民政府"电影检查法"的实施,以及后来"国防电影"口号的提出,中国电影战争片的创作也受到了国民党政府的限制,然而电影工作者还是用巧妙的艺术构思拍摄出一批优秀的战争片,如《大路》、《风云儿女》、《壮志凌云》、《八百壮士》等。电影人的艺术构思充分体现了兵家文化中的"兵者,诡道也。故能而示之不能,用而示之不用,近而示之远,远而示之近"。

八年抗战"为中国的战争片创作提供了丰富的题材和内容,中国战争片也正是在这场旷日持久的民族解放中获得了空前的发展,迎来了它的第一次高潮"①,创作出《保卫我们的土地》、《八百壮士》、《塞上风云》、《中华儿女》、《万里长空》等优秀作品。三年解放战争期间,"国共双方所属的电影机构,均未拍出一部从自己的角度反映这场战争的战争片"②,但这场战争却成为新中国战争片最重要的题材之一。新中国成立之后,"这种新的文化环境要求电影工作者必须以一种与过去完全不同的视角和审美来完成一种新的电影语境的建构"③。中国战争片作为主要片种,在与这种新的文化环境的磨合中,迎来了建国17年的战争片创作高潮,创作出《中华儿女》、《新儿女英雄传》、《南征北战》、《智取华山》、《董存瑞》、《英雄虎胆》、《上甘岭》、《林则徐》等优秀作品。

在这一时期中国战争片的创作,在人物性格塑造上,深受《孙子兵法》"将帅论"的影响,"为人如为将,既要有超群的智慧和才干,又要有良好的性格和情操"④;在战略战术的选择上,大多表现以弱胜强,以少胜多,充分展现了毛泽东

---

① 皇甫宜川.中国战争电影史.北京:中国电影出版社,2005:57.
② 皇甫宜川.中国战争电影史.北京:中国电影出版社,2005:84.
③ 皇甫宜川.中国战争电影史.北京:中国电影出版社,2005:96.
④ 薛国安.世界兵学双璧《孙子兵法》·《战争论》研究.北京:西苑出版社,1998:153.

军事思想中诸如"人定胜天"、"反动派都是纸老虎"等浪漫主义成分;在情感氛围的营造上,大多表现"视死如归"的革命乐观主义精神,"失去了战争中死亡威胁、恐惧、神经紧张等非常态的生命体验,丧失了切入精神删除的契机"①,"这也和战争强调我方的正义性以及敌我双方的泾渭分明等题材特点存在密切的关系。"②

在新的历史时期,中国战争片经过不断探索、改革和发展,再次迎来辉煌,但是也面临过度娱乐化的弊端。这一时期,按照"突出主旋律,坚持多样化"的创作指导方针,《巍巍昆仑》、《大决战》、《长征》、《大转折》等革命历史题材影片成为亮点;主旋律电影娱乐化成为趋势,《红河谷》、《三毛从军记》、《红色恋人》等娱乐式的战争片成为主流。

这一时期,兵家文化对我国战争片创作的影响主要体现在电影的营销策划上。《孙子兵法》中说兵家"非利不动",电影投资机构以利为本,均以利益为竞争的价值取向。在商品经济大潮中,"商场就是战场",兵谋即为商谋,电影市场也不例外。孙子曰"善用兵者,修道而保法,故能为胜败之政"。"修道"就是要想民众之所想,急民众之所急,兴民众之所喜,除民众之所恶。"修道"而取得民众支持的,就能在战争中立于不败之地。在电影市场竞争中同样要"修道",以优秀作品满足观众的需求,取得观众的信任和欢心。在近几年的大片鏖战中,以张艺谋、冯小刚等为代表的大片导演以早期作品在观众中形成的良好口碑,为自己后续作品修了光明大道。而且也多次在放映自己的作品时,限制播放其他公司的电影,颇有点孙子兵法中的"善战者,立于不败之地,而不失敌之败也",使其他的影片无法在同一档期对其形成威胁。孙子指出:"势者,因利而制权也"。即根据如何对己有利而采取适宜的措施,这对于夺取战争的胜利是十分重要的。在商业电影市场的竞争中也要"任势"和"造势",才能借势发力,近年来,为各种大型纪念日拍摄的战争片诸如《开国大典》、《建国大业》、《建党伟业》、《辛亥革命》借纪念活动之势屡获票房丰收,就是鲜明的例子。通过各种活动和新闻而"造势"也是电影公司最常用的手法。现在的战争片,尤其是大片几乎都在搞首映典礼和首映场,一系列文化与商业结合的独特新颖的营销"造势"活动,使票房直线上升。

《孙子·势篇》指出:"善出奇者,无穷如天地,不竭如江河"。在电影创作中,一般的常规方法也是难以奏效的,只有"善出奇",方法变化多端,无穷无尽,才能吸引观众。然而目前我国的战争片中,缺的就是"奇",包括形式的"奇"和

---

① 陈林侠. 中国类型电影的知识结构及其跨文化比较. 广州:暨南大学出版社,2010:42.
② 陈林侠. 中国类型电影的知识结构及其跨文化比较. 广州:暨南大学出版社,2010:63.

内容的"奇"。尤其是现阶段,不管是献礼的系列战争大片,还是注重商业票房的战争片,都缺乏必要的叙事修辞,缺乏丰富的故事内容,缺乏立体的人性网络,看似"完成了政治任务,但很难在艺术上有个人性突破"①。所以在日益加剧的电影竞争大潮中,在应对好莱坞电影的冲击时,如何更广泛地运用《孙子兵法》的谋略,使中华古老的谋略文化成为中国电影人手中制胜的法宝,是摆在当下的一个难题。

应该说,战争给人类社会带来了巨大的灾难,同时也给人类的正义与进步创造了辉煌及史诗性的光荣,尤其是崇仰敬慕英雄的情结,更成为置身于"现实"中的社会群体推动历史前行与创造新的文明的一种精神力量。

"二战"结束后的世界虽无"大战"发生,但局部战争或"冷战"却从来没有停歇过,依然有炮火,依然有硝烟,依然有战争阴谋,依然有战争的威胁与恫吓。虽然伴随着军事科技(无论是打击还是防御)的日益现代化,一个新的军事时代的呈现也已成为一种"现实",而人们对"战争"的理解,更是发生了难以想象的变化,以至恐怖活动也被认定为一种战争方式——不过,无论战争的方式发生怎样的变化,战争仍然是战争,或仍将是这个世界的一种客观存在。所以说,我们确无任何理由可以认为,战争片中的"战争"已经与今天的"太平盛世"无关了(且不说今天是否"太平"的问题)。相反,我们仍可以从战争片中感受到战争与现实、与人类生存处境的关系,或从中获得相应的提醒:我们能不能打赢下一场可能发生的战争。至于选择何时发生的战争,或何种规模、何种方式的战争,甚至是打赢的战争还是打输的战争,其实并不是很重要的,重要的是影片的战争观念,是如何最终的传达与表现,无论是精神、情感、价值观,还是提醒或启示。

第二节 兵家文化与军旅剧的发展

一、兵家文化与军旅题材电视剧

兵家重"武",崇尚武力和权谋。

千百年来,神州大地上狼烟四起,合久必分,分久必合。战争成为接近并认识华夏历史时一个绕不开的动力要素,关于战争的学说、观念与行动构成了兵家文化的主体内容。在中华文明延续至今的军事与政治图景中,兵家文化逐渐兴

---

① 陈林侠. 中国类型电影的知识结构及其跨文化比较. 广州:暨南大学出版社,2010:158.

起、变化并不断发展,它浸染了历代将士的鲜血,经历了诸侯列强的纷争,见证了山河朝代的更替。谈及兵家文化,不能不提到有关作战和处事的战略和计谋,尤其是将战略和计谋具体化、书面化、实践化的《孙子兵法》《孙膑兵法》《六韬》《吴子》《尉缭子》等著作,无论是克敌制胜的兵法理论,还是震撼人心的战争故事,都渗透着浓重的兵家文化气息。进一步审视兵家文化的精神内核,它所浓缩的不仅是关于战争本身的军事/政治话语,同时是关于历史与价值的文化认知方式,因此成为中华文化非常重要的组成部分。可见,兵家文化实际上是一种与作战密切相关的文化类型,是兵家在作战思想与战争文化的独到思考基础上形成的理念、风俗、谋略、行为与习惯。

兵家文化蕴涵了丰富的系统论思想和辩证法思维。就其系统论观点而言,兵家文化强调对战略规律、部署、决策、指挥、统筹、技能等作战环节的一体观念和全局思想,即每个战略部分环环相扣、层层推进、互为一体,唯有借助其"合力作用"方能取得最佳战绩。因此,集体主义、群体意识等文化意志也成为兵家文化极力推崇的精神内容;就其辩证法思维而言,兵家文化综合考虑政治、经济、文化、地理、国际关系等外在客观要素对于战争成败的深层影响,不仅强调作为"将能"与"将才"的主体决策的核心地位,同时强调外在因素对整个战略战术的重要影响;不仅强调"知己",同时强调"知彼";不仅强调"远交",同时强调"近攻";不仅强调"居安",同时强调"思危";不仅强调"避实",同时强调"击虚";不仅强调"三军",同时强调"将军";不仅强调"攻城",同时强调"攻心"……

目前,军旅题材电视剧备受关注,它从不同的话语维度接近、诠释并演绎兵家文化的精神内核。何谓军旅题材电视剧,目前学界莫衷一是,概念界定上存在很大差异。究其原因,"军旅"这一概念本身有广义和狭义之分。在《现代汉语词典》中,对于"军旅"的界定为:"书面意为军队,也指军事,如军旅生涯";在《辞海》中,对军旅的解释为"军队,包括部队、作战和战争、军事"。由此可见,广义上的"军旅"包括军人、部队、战争、军事等一切与军队有关的事务,狭义上的"军旅"则指的是军队和军队生活,亦即我们通常所说的军旅生涯,主要体现为以下四大题材。

第一,军事演习题材。军事演习题材主要展现最新的军事装备和惊心动魄的演练场景,体现军队建设方面的巨大进步和成就,展示军人的飒爽英姿和高科技作战能力。当原本遥不可及的模拟战场和军事演习场面被搬上荧屏,这极大地满足了观众的欣赏趣味,拓展了观众的认知视野,激活了观众的想象空间。此类有代表性的电视剧包括《垂直打击》《突出重围》《砺剑》《导弹旅长》《DA师》《长空铸剑》《沙场点兵》等。

第二,军人生活情感题材。军人生活情感题材主要是以和平年代为背景,展现军人这一特殊群体不为人知的一面,主要包括他们特殊的战友情、亲情与爱情等,让观众看到了一群铮铮铁骨的侠骨柔情,或巾帼英雄的爱恨情长,让我们了解到这些看起来既特别又普通的军人们丰富的内心世界。此类有代表性的电视剧包括《士兵突击》、《我是特种兵》、《我的团长我的团》、《和平年代》、《女子特警队》、《历史的天空》、《激情燃烧的岁月》、《军歌嘹亮》、《铁色高原》、《光荣之旅》、《大校的女儿》等。

第三,战争题材包括红色经典题材。所谓红色经典题材,主要指在毛泽东《在延安文艺座谈会上的讲话》(1942年)精神指导下创作的反映中国共产党领导下的社会政治运动和普通工农兵生活的作品。这类题材军旅电视剧指的是将"红色经典"文艺作品改编成电视剧,通过影像展现在电视屏幕上,反映中国共产党的艰苦奋斗历程,表现共产党人的英勇事迹,从而唤起观众对那段历史的回忆与向往。红色经典题材电视剧包括《红岩》、《林海雪原》、《英雄虎胆》、《霓虹灯下的哨兵》、《小兵张嘎》、《闪闪的红星》、《江姐》、《洪湖赤卫队》、《红日》等。

第四,军旅情景喜剧。军旅情景喜剧取材于军营中的日常生活,以普通的军营官兵为主要人物,用情景喜剧的表现形式,把战士们生活中的一些小矛盾、小问题,通过讽刺、夸张、调侃等手段,使其变成充满幽默、睿智的喜剧情节,令人看后忍俊不禁。这类作品以它简单紧凑的叙事节奏,活泼健康的青春色彩以及兵味十足的军营气息,把看似枯燥的军营生活演绎得妙趣横生。军旅情景喜剧包括《炊事班的故事》、《水兵俱乐部》、《卫生队的故事》等。

纵观这些军旅题材电视剧,作战谋略、爱国精神、民族气魄与英雄主义成为流淌其中的最为鲜活的气质内涵,无论是以《突出重围》、《砺剑》、《导弹旅长》为代表的军事演习类,还是以《亮剑》、《永不磨灭的番号》、《我的团长我的团》为代表的军事传奇类,抑或以《士兵突击》、《我是特种兵》、《DA师》为代表的现实军旅类,又或者是以《敌营十八年》、《乌龙山剿匪记》、《林海雪原》为代表的红色经典翻拍类,在回顾历史、缅怀先烈,展现新时代军人风貌的同时,也或多或少、或深或浅地表现出了兵家文化的博大精深。

二、军旅题材电视剧中的兵家文化

电视剧是一门叙事艺术,讲故事的技巧尤为重要。军旅题材电视剧大多共享了"经典好莱坞叙事模式":时代呼唤——英雄出场——经历挫折——达成目标。"时代呼唤/灾难发生"强调叙事推进的背景和框架,进而为"英雄出场"提供以合理性和正当性。这里的"英雄"既可以是个体,也可以是团体,他们的出场往往伴随着时代的呼唤,尤其是在民族危难、天降大任之时,中华儿女踊跃入伍。当然,现代军旅剧中的英雄往往出身贫瘠,他们从现实中走来,是不折不扣的普通人,有着普通人不可避免的弱点,他们的出场并非服务于某种崇高的精神信仰,而是出于个人微小甚至"自私"的目的而走进兵营。《士兵突击》中许三多入伍完全是为了有口饭吃,《我是特种兵》中小庄的入伍则是因为曾经暗恋的一个女孩。"经历挫折"环节则将英雄置于极度残酷的环境中,他们不得不面对重重困难或者情感考验,通过对身体和意志的双重历练而不断逼近一个看似不可能的终极目标,要么凯旋而归,要么舍生取义。通过分析军旅题材电视剧的整个叙事链条,我们不难看出,尤其是在"历经挫折"和"达成目标"环节,战争与谋略成为两个最核心的叙事元素,兵家文化所推崇的武力与权谋往往贯穿始终,勇与谋、攻与守、战与和等兵家思想被体现得淋漓尽致。通过对叙事脉络的有效布局,观众情绪被巧妙地整合进电视剧的叙事脉络中,而且跟随情节变化同步起伏,这无疑提升了军旅题材电视剧的戏剧性和可看性。

不同于"以人写事"的革命历史题材电视剧,现代军旅题材电视剧侧重"以事写人","战争"与"人"交相呼应,不可分割。人作为一个重点书写的对象被推置幕前,人是一切叙事的起点,也是所有意义的落点。所有的战事安排无非是为了烘托并见证个体的成长与进步,所有宏大价值的最终落点都指向了一个个鲜活的个体。他们或者挑战身体极限以练就军队所要求的肌肉和速度,或者背水一战以使自己的宏大信仰不断提纯,或者舍生取义完成对某种宏大目标的终极提升。而在这个过程中,如何有效地运用各种兵家思想和谋略来克敌制胜,最终跟过去那个软弱的、不完美的自己彻底决裂,这便成为军旅题材电视剧最基本的话语取向。可见,军旅题材电视剧的话语落点依然是人,人是行为主体,是行为性格的携带者,是武力谋略的执行者,是故事情节的推动者,是兵家文化的体现者。

纵观各种类型的军旅题材电视剧,兵家文化大多作为一个积极的、在场的、生产性的话语元素参与叙事。具体来说,军旅题材电视剧中的兵家文化主要体现在三个方面:①军事思想与战争谋略;②军队作风与管理思想;③军人气质与民族精神。

1. 军事思想与战争谋略

军事思想与战争谋略是兵家文化最核心的话语内容,尤其是以《孙子兵法》为代表的兵家思想特别强调对"战略"的重视,即战略较之战术更为重要,这也引申出兵家思想最为宝贵的"谋略论"。同时,兵家思想强调实际功效,强攻也好,用计也罢,所有的手段都服务于一个简单而清晰的目标:胜利。可见,兵家文化注重实际功效这一价值取向与科学主义、理性主义话语不谋而合,这也是为什么诸如经济学、管理学等人文社会学科对孙子兵法情有独钟。

在军旅题材电视剧所铺设的叙事框架中,战略的重要性被极大地放大和渲染,兵家思想的"谋略论"以一种直观而逼真的方式被体现得入木三分。可以说,中国古代兵家管理思想中最丰富的内容当属有关战略与计谋的讨论,而且这些战略与计谋大都被提炼为一个个规律性的原则,具有极强的适用性与操作性。许多战略与计谋都成为脍炙人口的成语或格言流传于世,例如"知彼知己,百战不殆"、"居安思危"、"出其不意"、"无懈可击"、"以逸待劳"、"同舟共济"、"有备无患"、"先计后战"、"焚舟破斧"、"远交近攻"、"巧能成事"、"避实击虚"、"以众击寡"、"终而复始"、"倍道兼行"、"兵贵神速"、"置之死地而后生"、"三军可夺气,将军可夺心"、"密察敌之机,而速乘其利,复疾击其不意"、"故用兵之法,十则围之,五则攻之,倍则战之,敌则能分之,少则能逃之,不若则能避之"等。这些著名的兵家文化思想在军旅题材电视剧中比比皆是。

在《亮剑》中,日本的山本特种部队为了展示其非凡的战斗能力,特别安排一个由高级军官组成的观摩团在战场观摩。当战斗打响,八路军根本无法抵挡山本特种部队的正面进攻,在此千钧一发之际,李云龙当机立断,转战敌后,率军包剿了日军观摩团。当山本队长从电台中得知这一消息时,随即下令撤军,并苦笑道:"没有了观众,也就没有表演。"可见,正是李云龙的一招"釜底抽薪"之计,八路军总部得以转危为安,图4-1为《亮剑》剧照。

图4-1 电视剧《亮剑》剧照

在《永不磨灭的番号》中,日军在黄村设下埋伏,迅速发起了新一轮火攻,独立团深陷敌军的炮火之中,损伤惨重,包括吸铁石等人在内的多名战士身负重伤。危机时刻,李大本事和陈锋迅速做出决定,他们率兵"另辟蹊径",成功摧毁了山下指挥的日军炮兵阵地,这使得深陷黄村的残余部队得到喘息的机会,并顺利撤离,脱离虎口。可见,"围魏救赵"的战略智慧在这场危机中被体现得淋漓尽致,图4-2为《永不磨灭的番号》剧照。

图4-2　电视剧《永不磨灭的番号》剧照

在《红日》中,在与沈振新的对决中,张灵甫立下军令状,24小时内攻下涟水城。沈振新从电台中也确认了这一消息,他巧用离间计,从俘虏口中得知张灵甫的进攻目标是东门。当天晚上,沈振新命令石东根的敢死队从东门强攻,试图吸引对方主力,随即率领大部队从北门冲出去,谁知却陷入了张灵甫的包围之中。原来,张灵甫"看似示行于东门,实则决战于北门",包括俘虏的情报和电台里的消息,都是他一手策划的,这一"声东击西"的兵家思想帮他取得暂时的优势。

在《垂直打击》中,曹百原和杨亿所率领的兵团角逐战中也上演了兵家常用的"将计就计"和"以逸待劳"之计。杨亿将特战大队兵分两路,一路明攻,一路暗取,双管齐下。因为曹百原的部下谷振川的保温杯里被安装了电子跟踪装置,他的行动被杨亿一方牢牢锁定。于是,谷振川将计就计,借助保温瓶制造军队行动假象,以此吸引杨亿一方的注意力,然后出其不意,攻其不备。当杨亿正要开展进攻时,才发现已经上当,原来被假信号误导,此时曹百原的部队指挥所已经成功转移。

在《我是特种兵》中,一次红军与蓝军的军事对抗所上演的正是"金蝉脱壳"之计。红军的电磁信号被严重干扰,失去了跟总部的联络,增援队伍全部被歼灭,十万火急之际,小庄用一个学生证安全从蓝军高中队的眼皮下溜走,陈排同样金蝉脱壳,逃过一劫,两人随即潜入蓝军大本营,最终顺利完成任务,图4-3为《我是特种兵》剧照。

在《双枪李向阳之再战松井》中,松井暗施计捉了上官宏和崔富贵,想以他们为人质诱骗李向阳上钩。在李向阳愁眉不展时,章雯自告奋勇献上一计——调虎离山。章雯当日用电台做诱饵吸引松井出城。李向阳和老侯分头行动,老

图 4-3 电视剧《我是特种兵》剧照

侯在日军草场放火,李向阳趁机进城救人,最终凯旋而归……

2. 军队作风与管理思想

军队总是给人们呈现出某种统一的、标准的形象气质——刚强坚毅的眼神、干净整洁的卧具、整体划一的队列、铿锵有力的口号、干练硬朗的行动、井然有序的节奏,这便是唯独属于军人这一特殊群体的气质面貌。从这个意义上讲,军队所展示的是一种群像,一种接受纪律规约的群像,一种与服从、命令、秩序密切相关的群像。军队讲求的是标准、是集体、是统一、是无我,大凡那些与这种群像风格相异的行为与身体都被视为不完美的、有待改造的、无人认领的、需要被抛弃的,因此必须接受军纪军规的打磨和规训,以使其符合这种群像所必须的各种指标和参数。那迷彩下难以辨认的面孔,那军装下无需度量的肌肉,都以不同的方式阐释了这种群像背后的军事作风和管理思想。

兵家管理思想特别强调纪律在军事战争中的重要性,而纪律的使命就是对那些试图"破坏"这种群像风格或者"影响"群像气质的姿态和身体进行改造和修复,将原本感性的、动物性的身体改造为一个理性的、社会性的、服务于某种精神目的的身体。兵家思想讲求军姿和仪表,讲求一个完全符合标准的、彰显男性气质的身体,这既是力量与意志的起点,也是终点。例如《我是特种兵》中,小庄之所以能从一个桀骜不驯的纨绔子弟成长为一名勇敢的战士,是因为在严格的训练与考验中,他逐渐地抛弃了一切不合军纪要求或者影响军容军貌的习气与弱点。小庄训练结束后,他不假思索地躺在床上,床上留下的褶皱是军队所不允许的,随之而来的便是一系列无以逃避的惩罚;小庄在加入侦察连的过程中,历经重重来自肉体的折磨和考验,这一过程被特种兵称为"除锈"。

兵家文化强调集体主义和群体意识的表达，追求人与人、人与自然的和谐发展，这在军旅题材电视剧中得到了很好的体现。一方面，军队本来是一个集体组织，一个群体概念，从这个意义上来说，军旅剧的题材本性就决定了其相比于其他剧种来说，更关注于对集体主义的表达；另一方面，即使是对某位人物的侧重关注，也往往是将其置于"组织"所铺设的大环境和大背景之中，集体之于个体的积极意义被诠释地淋漓尽致，正如《士兵突击》中钢七连众兄弟对许三多的正面改造，《我的团长我的团》中整个"团队"对一个个"散兵"的积极影响。同样，《我是特种兵》中，刚到新兵连的小庄性格叛逆、争强好胜、不受管教，老班长为了"惩治"他的傲慢，特别强调军队中"一人犯错，全体受罚"这一"集体观念"。小庄为了不连累战友，独自一人承担了45千米的长跑。当他刚刚跑上山头，就发现所有的战友一起跟上来了，小庄瞬间倍感温暖，他相信，兵营里没有孤单、没有抛弃，这一刻，小庄终于懂得了"集体"这个词的真正意义。正如小庄独白中给出的回答：在那一瞬间，我感到一种前所未有过的感动，似乎一切的苦和累都变成了享受，如果说军队有什么是值得怀念的，那么和战友曾经同甘共苦的青春，就是你一生最难忘的回忆。

兵家认为，"和"既是人们对世界秩序的终极定义，也是将领与士兵之间军事关系的理想状态。兵家文化讲求"兵贵其和，和则一心。兵虽百万，指呼如一"、"千人如一，则得千人之力；万人异心，则无一人之用"、"上下同欲者胜"，这些重要的战略话语正是对"集体"、"团结"等兵家管理思想的隐性注释。纵观军旅题材电视剧的叙事机制，集体主义观念重点体现在"将"与"兵"之间的关系刻写维度。一方面，军旅题材电视剧强调将领在战略行动中的决定意义。孙子认为："夫将者，国之辅也，辅周则国必强，辅隙则国必弱。"黄石公同样指出："夫将拒谏，则英雄散。策不从，则谋士叛。善恶同，则功臣倦。"曾国藩对将领的功能概括如下："带兵之人，第一要才堪治民；第二要不怕死；第三要不急于名利，第四要耐受辛苦。"……《历史的天空》中的姜大牙、《亮剑》中的李云龙、《士兵突击》中的袁朗、《我是特种兵》中的高中队、《我的兄弟叫顺溜》中的陈大雷、《我的团长我的团》中的龙文章等将领无不很好地体现了兵家思想所要求的将领形象。

另一方面，军旅题材电视剧特别强调对"群体英雄"理念的深刻阐释，这同样是兵家文化关于集体主义观念的另一种微妙解读。兵家思想认为："夫统帅专一，则人心不分；人心不分，则号令不二；号令不二，则进退可齐；进退可齐，则气势自壮。故机宜不可以远决，号令不可以两从"、"以身先人，故其兵为天下雄"。本质上讲，军旅题材电视剧重点刻写的依然是一种英雄主义理念，英雄无疑成为一个需要被特别书写的叙事符号，而大部分影视作品中的英雄往往是个人化的,他们从平凡中走来,坚定地接受使命,然后孤独地上路,最后完成一个不可能完成的任务。然而,当下大部分军旅题材电视剧在话语方式上的一个重要转变便是从"个人英雄"到"群体英雄"的书写。例如《我是特种兵》中,整个狼牙特别突击队的战士都是英雄,他们通力合作,所呈现出的是一个由特定精神意志凝结在一起的英雄团队。《士兵突击》中的史今、伍六一、成才、高城、袁朗、吴哲是配角,也是主角,他们每个人都支撑起独立的叙事线索,当这些人的命运与许三多的成长"相撞"时,便共同搭建了一个指向群体英雄神话的叙事网络。《女子特警队》中,整部剧所塑造的是一群可爱可敬的女兵形象,纵观几位女兵之间的叙事关系,她们之间只是一种最朴素的交织关系,而不是依附关系或压制关系。《炊事班的故事》中的胖洪、大周、小毛、老高、小姜、帅胡等人共同演绎了一段妙趣横生的军旅生活,他们个个"身怀绝技",我们已经很难区分谁是主角,谁又是配角。《我的团长我的团》的基本编剧思路就是消解、是颠覆、是解构,这是一种典型的去本质主义叙述理念,英雄从鲜亮的神坛上走下来,他们成为一群失梦的溃兵,他们大胆地直面人性的弱点与缺陷,所勾勒出的依然是一道诠释团队和勇气的群像轮廓……

3. 军人气质与民族精神

中国传统军事思想讲求"利害论","合利而动"、"正合奇胜"、"慎战谋攻"、"赏罚分明"等兵家主张都是对"利害论"的精妙解读,而"利"的终极落点是克敌制胜、是防患于未然、是对国家利益的捍卫。军旅题材电视剧都有意无意地设置或假想了一个强大的敌人,一个危及国家利益的敌人,一个必须清除的敌人。如此一来,军队的战争行为被合法化了,杀戮变成了对坏人的惩治、对秩序的守护、对国家的忠诚。这种有关"敌我之争"的话语导向无疑是对"利害论"的隐性注解,英雄的行为根本上还原为对某种崇高的精神信仰的敬畏,而这种精神信仰往往体现为国家意志和民族精神,它不仅流淌在个体为国效力、自强不息的精神血液中,同时内化为个体不畏艰难、躬身践行的原始动力,他们"以国家的名义"、"以民族的名义"卑微而倔强地坚持着、挣扎着,抽象的宏大内容在此完成了对微观个体的隐性压制:个体的意义被置于国家与民族的利害逻辑中,为了国家与民族利益,一切牺牲都是无须深究的、甚至是理所当然的。在国家意志面前,个体意志是微小的、单薄的,是一个需要被宏大叙事验证的、并接受宏大叙事考验的存在物。关于英雄的传奇实际上只是国家话语或民族精神在微观领域的一个单边刻写而已。

正是在这一特殊的逻辑语境中,民族精神以一种可感可触的方式在个体跌倒、流泪、挣扎的奋斗图景上逐渐显现。英雄短短数十载的生命历程,难道不是一个民族数千年历史长河的一个缩影吗?英雄经历的磨难,换回的荣誉,这一路上的磕磕绊绊，映射的不正是一个民族生生不息的精神气质吗？《敌营十八年》中的江波、《高山下的花环》中的梁三喜、《红岩》中的江姐、《女子特警队》中的耿菊花、《士兵突击》中的许三多、《永不磨灭的番号》中的李大本事、《我是特种兵》中的小庄，这些英雄一方面在努力还原一个军人所必须具备的精神意志，另一方面也在不遗余力地渲染并书写一个民族的精神气质。例如在《女子特警队》中，耿菊花，这位来自农村女孩，她老实、憨厚、善良、吃苦耐劳，没有香皂和洗发水，不跟别人攀比，但从不感到自卑。她似乎比别人笨，但午休时分独自一人在训练场上苦练。在《我是特种兵》中，即便小庄离开兵营成为电视圈的名人，任何一个细微的瞬间都有意无意地提醒他：他依然是一个军人，依然是狼牙特种部队的一员。在部队需要的时刻，他都会义无反顾地冲锋向前，正如在电视剧结尾时刻，小庄不假思索地离开了新闻发布现场，踏上了拯救老苗的征程……这样的例子在军旅题材电视剧中比比皆是，他们自强不息、以身作则、为了国家和民族的利益赴汤蹈火，所有这些属于军人的气质和精神正是兵家文化非常重要的构成内容。

兵家文化虽然以兵学为主要研究对象，但其终极目标依然是对某种象征理想状态的世界秩序的守护和敬畏，即追求和平。兵家文化"重人"，重视人的道德修养，强调人的主体意识，军队的职责是保家卫国，为人类争取和平的发展环境。从这个意义上来说，军旅题材电视剧在满足公众对军旅生活的想象之际，竭力倡导热爱和平、反对战争的人本理念，这一理念同样也内化为我们时代的军人气质和民族精神。相对于其他战争题材电视剧对战争本身的过度关注和执着渲染，军旅题材电视剧大多抛弃了对战争和暴力的血腥展示，而是侧重对军旅生活和军人情感的表现，无论是以《DA师》、《突出重围》、《导弹旅长》、《垂直打击》为代表的军事演习题材，还是以《女子特警队》、《激情燃烧的岁月》、《士兵突击》、《我是特种兵》为代表的军旅生活题材，抑或是以《炊事班的故事》为代表的谐趣幽默的军旅喜剧，都弱化了对战争过程的直接展示，转向对军队建设的关注，对士兵成长的关注，对军人形象的关注。这里，枪林弹雨的战争被弱化，退居其次，取而代之的是官兵积极进取、顽强拼搏的精神以及维护和平、抵制外敌的使命。可以说，热爱和平、以人为本的理念在我国军旅题材电视剧中得到了充分的体现。

总之，中国兵家文化是一个优秀的资源宝库，它以不同的话语方式进入现代社会的诸多领域，成为诠释并演绎现代生活非常重要的话语资源，不仅有效地整合进经济学、管理学等人文社会学科的思想体系中，同时也成为诸多艺术作品竞相汲取与提炼的内容符号。某种意义上讲，军旅题材电视剧通过对兵家文化的积极接受而极大地增强了其悬念感和戏剧性，这无疑提升了剧作叙事的想象空间以及观众接受的消费潜力。就当前军旅题材电视剧的发展而言,如何更好地挖掘、体现、演绎并发展兵家文化,这依然是一个需要长期思考的命题。其实,中国兵家文化博大精深,犹如一座储量丰富的知识宝藏,当前军旅题材电视剧虽然有效挖掘了兵家文化的军事思想与战争谋略,但不得不承认,这种挖掘依然是有限的、不完整的、需要持续提升的。单就兵家文化的"谋略论"而言,当前军旅题材电视剧更多地关注"运筹帷幄论"、"将领决定论"、"随机应变论"和"兵不厌诈论",而对于"柔武取胜论"、"奇正互补论"、"宏观取势论"和"战备粮草论"等兵家战略思想却较少涉及,这方面的整合研究依然需要不断地探索和实践。

第五章 武侠文化与影视

第一节 武侠文化与武侠片的发展

进入21世纪以来,经济全球化成为了一种时代潮流。电影作为一种文化产业,无疑处于这种时代潮流的中心地带。同时,国际间文化交流的加强,也使得表达人类情感的电影艺术成为重点观众对象。正如好莱坞的西部片一样,中国武侠电影作为一种独特的电影类型,是中国文化、中国精神的一种张扬与展示,以其无可比拟的武艺和神韵逐步走向世界,走向世界电影节。

一

武侠电影在中国的兴起、发展,有其深远的历史背景和文化背景。陈默教授在《刀光侠影蒙太奇——中国武侠电影概论》一书中曾指出:"武侠文化支流,则是有关武侠的实录、传奇、抒情与幻设(虚构),具体存在于中国历史的史传、诗歌、戏剧、小说,及20世纪的电影之中。"①武侠文化不可忽视的贡献,是滋养了当今社会最重要的武侠叙事艺术的载体——武侠电影。武侠电影的文化原型、艺术母题、题材形式、类型规范方面都来自武侠文化提供的沃土。

中国武侠文化源远流长,中华民族自古就崇尚武侠精神。梁启超先生曾说过:"中国民族之武,其最初之天性也!"漫长的史前时代,恶劣的生存条件,频繁的战争打斗,形成了中国初民独特的生活方式,自然而然,习武占据了人们社会生活的重要位置。尚武传统为侠的产生提供了深厚的历史根基。先秦时代,人

---

① 陈默. 刀光侠影蒙太奇——中国武侠电影概论[J]. 北京:中国电影出版社,1996:16.

们对剑有一种特别的情结,好剑之风大肆风行。这种对剑的崇拜心理为武侠的产生提供了心理依据。春秋、战国时期,战乱缤纷,人心动荡,思想自由奔放,为武侠的产生提供了有利的社会环境。而且,按照鲁迅的说法是"孔子之徒为儒,墨子之徒为侠"。墨家的主张和行动以及对任侠精神的模仿和宣扬,促进了侠士的产生。《韩非子·五蠹篇》有云:"儒以文乱法,而侠以武犯禁!"这是最早将"武"、"侠"二字相提并论的古代文献。总体说来,"武侠文化之源,当然还是中国历史中侠的现实存在。最早的侠,产生于先秦时代,兴盛于战国,秦、汉后渐衰,但流风不绝。"①

侠士不但在历史上真实存在过,更在中国的文学著作中实现了不朽。侠文化已经植根于中华民族深层的心理结构,构成民族的文化心理,形成了一种集体无意识。而且,侠文化广泛地影响着历代文人才子的文学创作。《史记·游侠列传》中记载的汉代郭解的史事,就可以看作是一篇有情节、有性格、叙述生动的武侠故事。"今游侠,其行虽不轨于正义,然其言必信,其行必果,已诺必诚,不爱其躯,赴士之困厄。即已存亡死生矣,而不矜其能,羞伐其德,盖亦有足多者焉。"②司马迁的这句话,在一定程度上评价了侠士的人格特征。他的情感倾向使侠的故事有了文学色彩,他的价值观念使侠的存在真正获得了文化的意义。在诗歌创作中,武侠题材也是年轻气盛的诗人关注的对象。从曹植的《白马篇》中的"扬弦破左的,右发摧月支。仰手接飞猱,俯身散马蹄",到李白的《侠客行》中的"十步杀一人,千里不留行。事了拂衣去,深藏身与名",再到陆游的《剑客行》的"世无知剑人,太阿混凡铁。至宝弃泥沙,光景终不灭",武侠英雄越来越引起人们的浮想联翩。在小说领域,唐传奇中那些具有神秘色彩的惩恶扬善的故事,成为武侠小说的最初形式。明代的白话小说中侧重于灵怪和豪侠题材的,渐渐发展成为未定型的武侠小说。"直到清代侠义公案小说出现,浓墨重彩地集中描绘江湖侠客、绿林豪杰的争斗,武侠小说才正式定型,开创了中国小说创作的新局面。"③经过民国以来的旧派武侠小说的摸索和沉淀,20世纪50年代中期新派武侠小说在香港盛行。新派武侠小说将武侠、历史、言情三者相结合,融传统公案与现代推理为一体,形成了崭新的写作风格和叙事方式。金庸、梁羽生、古龙创作的武侠小说被奉为经典武侠文本。武侠文化主要通过叙事艺术来流传和发展。作为叙事艺术的小说,实际上是武侠文化的"大户"。

武侠文化是中国民族传统文化的特产。日本的武士是特定时代的产物,西

---

① 陈默. 刀光侠影蒙太奇——中国武侠电影概论[J]. 北京:中国电影出版社,1996:16.
② 司马迁. 史记·游侠列传[M]. 天津:百花文艺出版社,1991.
③ 倪骏. 中国武侠电影的历史与审美研究. 中央戏剧学院博士学位论文,2005.

方的骑士不属于特定的阶层,而中国的侠士与此大不相同。它是"一种精神传统的产物"。侠究竟是什么?为什么侠在中国顺其自然地成为一个极具合理性和正面性的形象?侠的特征是什么呢?"在行为上,侠仗义疏财、打抱不平、锄强扶弱;在品格上,侠信守诺言、急公好义、公正勇敢、助人为乐;在理论上——即侠及侠文化的精神支柱和理论依据——是'替天行道'。"①这样说来,侠士便是正义的化身,"物不平则鸣",所以侠士总是路遇不平,拔刀相助,也因此受到人们思想观念的接受和内心深处的期许。人们对侠客抱有极大的幻想,对侠客拯救弱势群体的仁心义举寄托了很大的希望,并满足于这样的虚拟的精神世界。久而久之,对侠的心理梦幻成为务实又好虚的中华民族的文化心理根源。当然,侠的理想性和神化色彩,十分有效地保证了侠的正面形象和教化典范,进而保证了侠的积极的文化意义和引导作用。中国文化博大精深,富有丰富性和复杂性,侠文化的发生和发展不可避免地受到了更加广泛意义上的中国文化的影响和限制。侠与儒的结合,形成了武侠文学中"剑胆琴心"和"刚柔并济"的人物形象;侠与道的结合,对于塑造主人公潇洒飘逸的风骨和出神入化境界有重要意义;侠与佛的结合,既吸收了佛家的思想精髓,又借鉴了少林武功,丰富了侠气的表现力;侠与俗世结合,利于扩大侠的活动空间,生动地表现多姿多彩的民族文化;侠与风雅的结合,展现了武侠文化的文化气度,为武侠文化增色不少。

经过对武侠文化源流的梳理,我们清楚了武侠文化产生和发展的历史文化背景及心理背景。对武侠文化的本质、特征以及与中国文化的关系的分析,我们了解了武侠文化的精神结构。由此可知,武侠文化是很富有张力的。虽然它的发展时间较为久远,但并非一成不变的,而是具有时代性和创造性。到了20世纪,武侠文化的主要呈现方式之一便是武侠电影。在对武侠文化的整体把握之后,在武侠电影的观影经验基础上,我们会意识到"武侠电影只是中国侠文化的一个现代支流"②,以及武侠文化对武侠电影的重要意义。

二

武侠电影作为中国特色的影响巨大的类型片种,在中国电影史中占据重要的地位。1928年的《火烧红莲寺》,如一声春雷,开启了中国武侠电影的春天。武侠电影渐渐成为中国商业电影的一大台柱,成为一种成熟的电影类型。即便如此,关于"武侠电影"的概念,学界始终没有定论。陈默教授曾提到过一个顾名思义的说法:"所谓武侠电影,即'有武有侠的电影',亦即是以中国的武术功

---

① 陈默.刀光侠影蒙太奇——中国武侠电影概论[J].北京:中国电影出版社,1996:52.
② 陈默.刀光侠影蒙太奇——中国武侠电影概论[J].北京:中国电影出版社,1996:15.

夫及其独有的打斗形式,及体现中国独有的侠义精神的侠客形象,所构成的类型基础的电影。"这个说法,虽然有些泛泛,却也指出了武侠电影的内核和要义——"武"和"侠"。"武"是浅层的、外在的表达形式,是以武打动作为形式的人物的肢体语言;"侠"是深层的、内在的文化意蕴,是以伦理道德为诉求的人物的精神气质。"武"为"侠"除暴安良,赢得正义;"侠"为"武"积攒力量,升华灵魂。总之,"武"与"侠"的完美结合,才能造就一部优秀武侠电影。大而化之,本文在此把武侠片、功夫片、武术片、武打片、侠义片、武术题材影片、侠义题材影片等各种相关的武侠电影,统归为武侠电影的行列。

  武侠电影从产生至今,历经了80多年的沧桑。截至目前,武侠电影经历了五次发展的高潮。① 武侠电影的第一次浪潮出现于1928年—1931年,主要集中在上海。中国处于半封建半殖民地状态,民不聊生。于是,武侠电影匡扶正义、驱除强暴的主题成为民众于痛苦中寻求希望的寄托。第二次浪潮发生于20世纪60年代初—20世纪70年代末,主要集中在香港地区。武侠电影的数量增多,水平也大幅提高,《独臂刀》、《精武门》、《猛龙过江》、《大醉侠》、《侠女》、《醉拳》等一系列影片青史留名。以张彻、胡金铨、李小龙、袁和平、成龙、徐克为代表的电影人为武侠电影的发展做出了杰出的贡献。至此,武侠电影已形成了三种类型:"其一,以特技技术为主要表现方式的神怪武侠片;其二,以喜剧性的表演与武打动作相结合的谐趣武侠片;其三,以纪实手段展现真实武功的技击武侠片。"②第三次浪潮发生于1982年—1989年的大陆,电影《少林寺》为先声夺人。此时,电影的商业价值和娱乐价值逐渐凸显,武侠电影在大陆开始复苏。武侠电影的第四次浪潮出现在20世纪90年代初期。武侠电影为取得过去的辉煌,开始重新配置人力、财力和文化资源,创作呈现两岸三地河流的趋势。主题依然是惩恶扬善,但是爱情、戏谑等元素开始融合进来。《武状元苏乞儿》、《新碧血剑》、《方世玉》、《青蛇》、《新龙门客栈》、《笑傲江湖》、《东方不败》及其相关的武侠系列片促进了武侠电影的发展。第五次浪潮始于2000年,标志是摘下了第73届奥斯卡最佳外语片桂冠的《卧虎藏龙》。它给低迷不前的中国电影指出了一条明路。许多电影导演纷纷拍摄大投入、大制作、大阵容的武侠大片。《英雄》、《蜀山传》、《天地英雄》、《无极》、《夜宴》、《七剑》、《墨攻》、《满城尽带黄金甲》、《剑雨》、《叶问》等电影,你方唱罢我登场,成为倍受人们关注的时代作品。经过80多年的跌宕起伏,武侠电影在中国电影界独树一帜,成绩骄人。"武侠片在中国电影史上,其规模之大,参与者之众,产量之多,形态、趣味之丰

---

① 参照贾磊磊先生在《中国武侠电影史》中的武侠电影的分期结论.
② 贾磊磊.中国武侠电影史[J].北京:文化艺术出版社,2005:130.

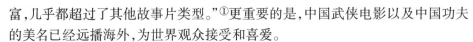

富,几乎都超过了其他故事片类型。"①更重要的是,中国武侠电影以及中国功夫的美名已经远播海外,为世界观众接受和喜爱。

纵观武侠电影发展的足迹,我们会发现,虽然每一时期的武侠电影都有自己的立意和追求,但是却有共同的特殊规范。"拆解这一特殊的规范,我们会发现它的基本元素有三,一是武,二是侠,三是传奇。"②"武"是武侠电影的第一要素。武侠电影其实是由武术和功夫组成的武打场面构成的。小说作品中的高超武功,如"降龙十八掌"、"六脉神剑"以及"乾坤大挪移"之类的武功,经过电影的特技、光效和音效,创造出了形象逼真的艺术情境。在《十面埋伏》中,由章子怡饰演的小妹在青翠的竹林中与官兵展开了厮杀。他们各自盘踞在高高的竹竿上,以削断的竹节为武器,不断向对方法发起攻击。他们时而在竹叶上飞驰,时而在竹子之间跳跃,时而顺着竹子倒挂下行,总之小妹和众官兵的武功十分了得。另外,小妹所使用的"飞刀"也让人叹为观止。它们可以自由地穿越障碍物而直击目标。刀法准确,而且速度极快,让人避之不及。

"侠",在武侠电影中是仁义诚信、济世救人的侠客。侠客不限出身地位,不分男女老少,只要有公平和正义的精神的,都属于侠客的行列。正义的涵义在不同时代、不同的地点有不同的规定,侠客的形象也因此变化着。在《锦衣卫》中,侠客是锦衣卫头号高手青龙(甄子丹饰)。他为阻止当朝司礼太监贾精忠和庆亲王的夺权阴谋而遭受不断的追杀。在《七剑》中,武侠是侠医傅青主(刘家良饰)、武元英(杨采妮饰)、韩志邦(陆毅饰)、世外高人晦明大师的大弟子楚昭南(甄子丹饰)、二弟子杨云聪(黎明饰)、三弟子辛龙子(戴立吾饰)以及四弟子穆郎(周群达饰)。为了保护武庄仅存的反清力量,他们拿着七剑与满清军队抗衡。在《霍元甲》中,霍元甲勇战外国武士,维护了民族形象,振兴了中国武术,得到了人们的敬仰和尊重。

将"武"和"侠"有机结合在一起的结构方法是"传奇"。在武打场面的渲染下,它以非常态、非现实的故事形式将侠义精神包裹起来。武侠电影在这样的叙事中,不在乎历史的真不真,而是凸显动作的美不美,强调主旨的善不善。无论是20世纪90年代展映的《黄飞鸿系列》,还是2000年以后的《陆小凤系列》,不论是发生在明末的《锦衣卫》,还是发生在民国时期的《叶问》,我们都无法对电影故事的真实性提出严苛的要求。我们从电影里所得到的,不是对历史的回顾,而是对人性的褒扬。因此,即使武侠电影的剧情在历史层面是失真的,却也掩盖不住内涵中人性的光辉。

---

① 贾磊磊. 中国武侠电影史[J]. 北京:文化艺术出版社,2005.
② 陈默. 武侠电影漫谈. 当代电影,1994,(4).

三

中国武侠电影有着极为顽强的生命力和广泛的包容力。中国武侠电影从近现代的武侠小说的故事内容中找到了自己的叙事模式和内在品格,从文明戏和改良京剧的舞台形式中找到了自己的表现形态,从西方动作电影的商业运作中找到了自己的生存策略。在不断的摸索中,它终于完成了自己的历史定位,成为高度类型化的电影。这么多年来,武侠电影总是吸引着人们的目光,它的艺术魅力究竟何在?

1. 深厚浓郁的人文气息

中国的武侠文化经过历史的沉淀,已经深深地扎根在了中国人的心中。深受武侠文化影响的武侠电影,从诞生之日起,骨子里就带有了武侠文化的特征。武侠文化中所颂扬的侠士形象和侠义精神成为民族文化的理想人格和时代特征的理想精神。这种精神所迸发出来的拯救天下苍生的旷世情怀以及传扬武林文化的满腔热血,成为武侠电影贯穿始终的内在支撑点。而那些武侠英雄也就成为武侠电影的主要角色。2009年出品的《十月围城》与以往的武侠电影不同,可谓是"说武不武而胜于武"、"说侠不侠而胜于侠"。为了保卫孙中山,成功制定救国大计,众人如众星拱月般拼死护卫孙中山。这些民众都是普通人,是社会底层的贩夫走卒而非职业侠客。而且,他们也不是因为有革命者的思想境界才走到一起的。同时,在保卫孙中山的中心动作轴线上,父子情、夫妻情、兄弟情的温暖缓缓地在电影中渗透出来。对情感叙事的用心打造,使整部影片凸显了一群不平凡的草根人物以及他们的心路历程。人性主题盖过社会政治主题,成为新时期的催泪武侠片。

武侠文化是中国传统文化的重要组成部分。在普遍的文化交流中,儒家、道家、佛家等文化在一定程度上也丰富了武侠文化的内涵。侠士则因所属文化流派的不同而呈现出了不同的人格魅力。《剑雨》的问世,代表着传统武侠电影的回归。它所构筑的意想世界以及情与义之间的冲突,给喜欢传统武侠电影的观众带去了美的享受。杨紫琼所饰演的女侠角色,给江湖这个男性的世界增添了一抹妩媚和浪漫的亮色。更重要的是,影片故事与佛禅思想的结合营造了一种超脱和空灵的氛围。其中,陆竹与细雨过招,指出消除其剑术中的破绽可用的四招为:"藏巧于拙,用晦而明,寓清于浊,以屈为伸"。这些剑术也成为曾静最后打败转轮王的关键。这几句话,于波澜不惊之间道破了人生的禅机,引发观众对人生的深入思考。

观众在观看武侠电影时,总有一股似曾相识的感觉在心间荡漾。因为武侠电影已经深深地打上了民族的烙印,武侠电影内在蕴藏的文化气息是每个中国人都知晓的味道。这种民族认同感也温暖着侨居海外的华人。凡是有华人的地方，就会有中国武侠电影。而且，"越是民族的，就越是世界的"。所以，中国武侠电影能以自己的民族特色而走向世界，与世界上其他民族的电影对话。

2. 通俗易懂的叙述视角

当今时代，大众文化成为文化的主流。电影艺术也难以独善其身，由大雅之堂走向平常百姓家。创作大众喜闻乐见的电影成为电影人共同的目标。民众因为生活压力比较大，去影院寻求的只是一时的审美愉悦，所以更能接受通俗性强的电影。而武侠电影正好可以满足观众疲惫之后需要休憩的生理和心理需求。而且，它可以满足不同层次的观众的欣赏口味。

每一种类型片，有公式化的情节、定型化的人物和图解式的视觉形象。中国武侠电影在不断发展的历史过程中，自身形成了一套独特的叙事体系和价值体系，成为了一种类型片。它有自己的相对固定的传奇模式，大体上有复仇、夺宝、争霸、复国、除魔、查案、造反等模式。每一种模式都有自己的亮点，既可以单独使用，也能混合使用。它们有各自的戏剧冲突，主线却是武侠与坏人的对抗过程。总之，武侠电影讲述的就是"善有善报，恶有恶报"的传奇故事。由中央电视台电影频道出品的系列电影《镖行天下》有针对性地将目标观众定位为喜欢武侠、心理年轻的观众，以男性为主。《镖行天下》的剧情流畅紧凑，跌宕起伏，一波三折，使用了讲好故事的一般策略，充分调动了观众的观赏情绪。镖局的主人王氏父子身怀武功，心向正义，在运镖的过程中遭遇了一次次的袭击，但是总是虎口脱险，揪出幕后黑手并给予惩戒。英雄主义的气概，锄强扶弱的霸气，扫除邪恶的痛快，让观众着实过了一把侠气瘾。

细究武侠电影的发展历史，我们可以发现，武打场面的精心设计和细腻处理，总能给武侠电影赢得头彩。因为这是能特别"出戏"的地方，也是始终受观众青睐和期待的地方。刀光剑影、你进我退的打斗场面，可以带给观众非同寻常的视觉快感。这些经典化的武打动作设计形成了武侠动作电影的视觉奇观，并把武侠文学中的抽象描述的想象动作转化成了武侠电影中形象直观的可视动作。2010年上映的《苏乞儿》让观众大开眼界。在此片中，人们看到了又快又狠的五毒神功、凌空腾跃的轻功、铮铮作响的棍棒交战以及摇摆不定的醉拳。当然，苏灿对生活和武术的热爱，就在练武和比武的细节中体现了出来。

通过对叙事模式的把握，观众很快找到自己的兴奋点，很快进入观看的激情状态。而且，惩恶扬善的结局也很符合观众的心理期待，让观众在心理上彻底释然和放松。观众兴致而来，兴尽而返，达到了最好的观影效果。

3. 亦真亦幻的虚拟时空

观众除了希望能够不费力气地放松身心，还渴望能够将身心放飞到一个远离现实世界的地方去。在武侠电影中,他们实现了真正的满足。武侠电影所营造的是一个并不存在的电影时空。在这个时空中,有伸张正义、不畏强权的英雄,他救人于水火,置自身于不顾;有旷世难寻、高超绝伦的武功,它可以成就霸主之名;有代代流传、富有灵性的武器,它成为众人追逐的对象。总之,这个时空曾经是那么虚无缥缈,就像桃花源一样不可寻觅。但是,观众在观影时,摆脱了肉体的束缚,实现了时空的跨越,与影片中侠士一起,手持长剑,指向那需要讨伐的敌人。观众压抑的心灵也在正义的维护中得到了解放。

艺术虽然高于生活,但还是源于生活。再虚幻的图景,也构筑于社会现实基础之上。电影艺术不仅能够表现现实,也能够再现现实。武侠电影中人物、服饰、武术造型、武器、环境造型等元素皆出自于现实中演员、化装、特效、道具和实景等。甚至,很多故事的历史背景来源于曾经发生过的历史史实。《英雄》的历史背景是秦王要一统天下,建立大秦王朝。结果很多仁人志士,其中不乏多才多艺、武功高超的侠士,对此心怀怨恨,希望杀掉秦王。故事就此展开。《狄仁杰之通天帝国》则发生在武则天的周朝统治时期。武则天建立统治以后,接连发生了几起心腹官员自焚的现象。于是,武则天放出关在狱中的狄仁杰,要求其对此展开调查并查出真凶。无论《英雄》和《狄仁杰之通天帝国》的武打怎样令人惊叹,情节怎样曲折,也是对现实生活的提炼与夸张。

福柯曾说过:"重要的不是文本叙述的年代,而是叙述文本的年代。"虚幻却又真实的感觉并不是毫无缘由的,它建立在当下的现实基础之上,源于观众的文化心理与现实实况的落差。观众认同了这个真实的虚幻世界,并在这个世界里满足了内心需求。

四

艺术总是在变与不变中求得发展。王国维曾说过:"一代有一代之文学。"电影也是如此。正如世界电影史上诸多类型影片一样,中国武侠电影没有固步自封、一劳永逸,在不同的社会历史时期,在不同的政治经济体制下,它有着不同的艺术特色和精神内涵。正所谓"变则通,通则久",在不断地变化和创新中,中国武侠电影一次次迸发出似火的创作和观看热潮。进入21世纪后,武侠电影在第五次高潮的推动下,取得了斐然的成绩。但是,光环覆盖下的问题,也不容忽视。总之,与传统武侠电影相比,21世纪武侠电影已经发生了嬗变。

1. 叙事主题

传统武侠电影有一个共同的特点,即讲述侠士为除暴安良而与恶势力拼死抗争的故事。受中国传统文化影响,传统武侠电影的主题与传统文化的伦理道德同构。生必报恩复仇,心怀家国天下,追求忠孝两全,维护人间正义,宣扬爱国主义、民族主义,是传统电影较为鲜明的主题。在叙事方式上,武侠电影则成功地将宏观的社会主题与微观的伦理主题糅合在一起。张彻"阳刚电影"写侠义,胡金铨豪情热血论江湖,袁和平谐趣喜剧融会侠义动作,徐克涉猎古今、重构江湖,清晰的主题贯穿电影始终。在《笑傲江湖》系列中,江湖义士们所维护的是武林正派的正统地位和武林风气,遏制的是邪教的嚣张和无义之举。在《方世玉》中,方世玉同恶势力相抗争,既是为了营救刑场上的父亲,也是为了捍卫民族尊严。在《双旗镇刀客》中,孩哥为了保护好妹和双旗镇,守护自己的爱情,承担男子汉的责任,杀掉了向他寻仇的"一刀仙",最后带着好妹远走他乡。

相比之下,21世纪武侠电影要么没有明确的主题,陷入了玄之又玄、不可名状的境地;要么主题先行,侠义主题却渐渐退色。倍受人们称赞的《卧虎藏龙》,在主题方面些许令人遗憾。"《卧虎藏龙》是赞颂东方文化中的隐忍,还是对叛逆精神的颂扬,是为师复仇,还是侠客对晚辈的爱护,好像都有。"①《卧虎藏龙》的侠义精神也淹没在了李慕白、俞秀莲、玉娇龙、罗小虎四人错综复杂的关系中。《英雄》中的侠士残剑、飞雪、如月、长空还有无名为了刺杀秦王,最大程度地做出了自己的努力,甚至献出了自己的生命。结果,所有的努力和付出,所有的理想和追求,就在秦王的寥寥数语中土崩瓦解。侠义精神在强权面前竟然如此不堪一击,电影的主题和意义也相对地消失殆尽。而《十面埋伏》在主题方面更是苍白空洞。原本的武侠大戏,由于小妹与金捕头的爱情戏份的增加,竟然演变为浪漫的爱情悲剧。

21世纪武侠电影没有了家国忠义的叙事主题,这就意味着缺失了侠义精神的文化传统。对于忠实的武侠电影观众来说,这是一份难以接受的损失。

2. 叙事策略

美国好莱坞类型电影重要的成功经验是好电影要有好故事。武侠电影是故事片,所以一个完满的故事对武侠电影十分重要。同时,有了明确的主题,在一定程度上就有了明确的情节结构。传统武侠电影在总体上采用的是二元对立的叙事方式。在正邪势不两立的争斗中,多数故事的结局是正义战胜邪恶,武侠英雄功成名就,全身而退;或者是武侠英雄悲壮死去,万事尘埃落定。同时,在故事展开的过程中,生动的细节渐渐呈现出来。地域特色、民族特色、时代特色、行业特色都在生活情景中有所体现,丰富了电影的表现力。最具有代表性的是黄飞鸿系列电影。所有的影片都有特定的民俗场面,有的是舞狮比武,有的是广东特色小菜,有的是粤剧表演,十分有趣。而且,影片划定了一个二元对立的人物谱系。黄飞鸿代表善良、正义的一方,他的对立面则代表着叛逆或侵略的一方。在

---

① 赵洪义. 新世纪武侠电影与传统武侠电影之比较. 长春工业大学学报(社会科学版),2007(3).

善恶对抗中,观众体验到了中国武术的精神和中国传统文化的精神。

而21世纪的武侠电影则摆脱了单调的二元对立的叙事方式,使电影进入多元化的存在状态。它淡化了善与恶的冲突和对抗,人们无法直接辨别出人物行动的对错。同时,很多影片倾向于将纪实性的武打动作转化成了富有诗意的舞蹈展示,形成了具有东方意境美的场面。在《卧虎藏龙》中,李慕白与碧眼狐狸是绝对的善恶对立,却不是影片的重点。李慕白、俞秀莲、玉娇龙、罗小虎关系相互交织,没有绝对的对立关系,占据了影片的大块篇幅。李慕白死去时,观众为之悲伤;可是,玉娇龙纵深跳下悬崖时,观众也会为之惋惜。《英雄》中飞雪与如月在树林中打斗的情景给人印象深刻。满树的黄叶,两人头披青丝、身着红衣,在林间慢速地飞驰、雀跃。刀剑碰撞之间,黄叶、红裳、青丝随之飘舞,这简直不是武打场面,而是典雅的中国古典舞。

但是,21世纪武侠电影模糊了时间概念,脱离了世俗生活,将武侠人物置于一个不真实的空间中。这势必引起民俗文化和历史感的丢失,厚实电影底蕴的细节也随之消失。观众也失去了本应具有的熟悉感,而无法进入电影的预设情境。《十面埋伏》中,只见两个捕头和一个小妹以及艺馆、竹林、稻田,其他皆不见。它远离了人烟,也远离了时代。《无极》的时间被抽离了出来,停滞在一个没有历史背景的地方,只有一群矛盾的人和一个孤立的时代,除此之外,人们一无所知。

3. 人物形象

在不断的丰富完善中,传统武侠电影的主人公渐渐成长为性格鲜明、有侠义精神的人物形象。他视功名利禄如粪土,一无所求;他爱憎分明,骁勇善战;他一诺千金,竭诚报效国家,为民族而战;他一切以大局为重,忍痛抛却儿女私情;他有计谋,有勇气,有时也会上当受骗;他有梦想,也有失落……他是正义的化身,同时也是一个有血有肉普通人。在他身上,虽然难以抹去二元对立的价值体系,但是"人物形貌的脸谱化和性格的类型化已成为武侠电影创作的一个重要特征"。①《笑傲江湖》中的令狐冲潇洒倜傥、正直不阿,《方世玉》中的方世玉机智多谋、聪明伶俐,《倚天屠龙记》中的张无忌憨态可掬、善良温柔,都给人留下了深刻印象。但是,面对邪恶时,他们绝对会毫不犹豫地挺身而出。他们身上的武侠气息和对江湖世界的梦想才是其最主要的性格特征。

但是,在21世纪武侠电影中,创作者为使人物形象不再模式化,在人物身上添加了太多累赘的"饰品"而适得其反,过犹不及。被贴上标签的英雄人物不恰当地出现在影片中,言行与影片中的历史语境格格不入,甚至超出了影片本身所

---

① 贾磊磊. 舞之舞——中国武侠电影的形态与神魂[J]. 河南:河南人民出版社,1998;87.

赋予他的性格。概念化、抽象化、空洞化成为21世纪武侠电影中人物形象的特点。《无极》中的昆仑,有着独特的性格和追求,却又甘为人奴。他这种混乱和矛盾的性格与观众潜在的传统道德相背离,无法得到观众的认同和理解。《十面埋伏》中,两位捕头为了一个小妹而再三地大打出手,甚至丢掉了自己的本职工作。他们既不是英雄,也不是坏人,变得不伦不类。这就是塑造地较为失败的人物形象。

4. 类型元素

当今社会有着多元化的文化形态。这些文化在融合、渗透中寻求各自的发展。在电影艺术中,类型电影本来是独立发展的文化单元,但是相互之间的借鉴却有效地增加自身的活力。21世纪武侠电影在故事的讲述中,也融合了许多新的叙事元素。它将爱情片、喜剧片、科幻片中的故事用于自己的故事中,并统一在武侠片的传统主题下。当武侠与爱情、喜剧、魔幻等内容结合时,电影的艺术趣味猛然提高。《镖行天下系列》将众多商业元素,如爱情、英雄主义、悬疑、武打等,有机地融合在一起,组成十个连环曲折、引人入胜的系列故事。《十月围城》将文戏进行武拍,将动作、悬疑、剧情结合,既有外部行动,又有内部感情,增加了影片故事发展脉络的合理性。这样,影片就把观众的观赏点从生理层面的痛快提升到了心理层面的感悟。

5. 影像风格

传统武侠电影的武打场面,采拍于演员非专业的花拳绣腿或武术专业人士的强硬功夫,给人"真实武打"或"仿真实武打"的感觉。后来,利用钢丝吊人的方法,实现了"飞来飞去"的效果。21世纪之前的电影的影像风格总体上是写实的,所采用的特技也处于较为低级的水平。回顾传统武侠电影,我们不禁感叹:虽然神怪武功和钢丝特技那么荒诞粗糙,但是武打的精神内涵始终未离开影片的侠义主题。在实体接触的搏击中,在奋力拼杀的吼声中,我们也感受到了正义的力量和生命的活力。由李连杰主演的《少林寺》,武功动作给人极强又极真实的力量感。影片中很多的搏击动作都是演员自己亲力而为,没有替身演员,也没有防护措施。

21世纪以来,数字技术给创作者的想象力穿上了飞翔的翅膀,不可思议地扩展着电影的表现力和感染力,创造了非比寻常的视听奇观。在这种条件下,当代的武侠电影所追求的美学原则也不再是客观、真实的武打动作,而是用各种特技手段制造出来的武林绝技。"如果说,过去武侠电影对数字技术的采用还只是限于某个动作、某些层面的话,那么,在《蜀山传》中,数字技术已经完全'渗透'到整部影片的各个叙事情节之中。进而从总体的视觉风格上改变了中国武侠电影的历史面貌。"①可见,21世纪的中国武侠电影拥有了由数码技术开创的新样式。

与此同时,武侠电影的发展遭遇了新的瓶颈。影像奇观华美形式的背后,却是内容的苍白无奇,武侠文化的淡化消解。导演沉溺于雕镂画栋的细节中,却忽视了对影片的整体把握;醉心于技术主义之下的奇形怪状,却忘却了武侠精神的真正含义。在观众享受完武侠电影的视听盛宴之后,如果回头想想,难免有所疑问,片中的人物究竟为何打来打去。而武侠电影无法回答这个它本意交代清楚却悄然回避、顾左言它的问题。立足于中国传统文化,表达武侠精神,并落脚于社会主流,这才是武侠电影最终旨归。

五

中国武侠电影是最具中国文化特色的类型电影之一,走过了80余年的风风雨雨,才取得今天的地位和成就。迈进21世纪以后,中国武侠电影徘徊在十字路口,不知路在何方。其实,我们可以从朱熹的一句古诗中找到想要的答案。"问渠那得清如许,为有源头活水来。"要想让中国武侠电影在21世纪走得更远,我们可以回归最近的源头,汲取营养。

武侠文化颇具时代性,不断寻找着自己的艺术载体。明清以后,武侠小说成为武侠文化最好的载体。在21世纪的今天,武侠小说仍有着广大的读者群。它滋养了武侠文化最新的载体——武侠电影,自己也因此获得了新生。武侠电影在不断前行的路途上,渐渐偏离了武侠文化的轨道,丢失了武侠小说的营养。如果它重新回到武侠小说的怀抱,就可以得到最直接的给养。我们可以从金庸小说中得到有效的启发。金庸小说的艺术魅力用四个词组就能概括:"传奇与求真"、"侠义与人性"、"武功与艺术"、"娱乐与文化"②。具体说来,在曲折离奇的故事中,蕴藏大量的历史信息和社会文化知识;主人公是个有血有肉、有情有义、个性鲜明的生命个体;武功的创造源于丰富的想象力,同时也融汇了大量的琴棋书画等艺术方面的创意;娱乐性使作品充满轻松的乐趣,却不失高雅的文化品味。把握好这几个方面的关系,中国武侠电影就抓住了长线发展和深度发展的关键。中国武侠电影真正的造物者是那些创新而不失文化传统、理性而不失艺术感性、娱乐而不失文化内涵、商业而不失艺术追求的电影人。

综上所述,我们了解了中国武侠文化与中国武侠电影可谓是"源与流"的关系,中国武侠小说又与武侠电影有着直接的密切关系。但是,归根到底,它们之

---

① 贾磊磊. 中国武侠电影史[J]. 北京:文化艺术出版社,2005:183.
② 陈默. 武侠电影漫谈. 当代电影,1994,(4).

间是一种共生关系,如此方能形成一种生生不息的文化潮流。中国武侠电影以自己独特的艺术形式将中国武侠文化的意味推向了更远、更广的地方。于是,我们在解读一种影像的符号系统时,实际上是在解读一种文化的意义和价值系统。所以,在走向世界、走向未来的路途上,中国武侠电影只要勇敢、坚定地扬起中国武侠文化的风帆,肯定会取得更辉煌的成就!

第二节　武侠文化与武侠剧的发展

张艺谋的武侠大片《英雄》上映时曾有这样一句广告语:侠义恒久远,英雄永流传。江湖心未老,侠客梦不醒。只一句便道破了中国人一直以来未曾中断的武侠梦想,极具民族特色的武侠文化也成为中国传统文化中值得深思的一种文化现象。从司马迁到金庸、从《英雄》到《武侠》,以及当前大量充斥荧屏的武侠电视剧,国人对武侠梦的演绎越来越风起云涌,武侠世界已经成为中国人精神世界不可缺少的一个部分。武侠文化越来越引起人们兴趣不断去品读和深思的同时,活跃于电视荧屏之上的武侠电视剧也成为解读武侠文化的一个重要文本。

一、武侠文化释义

武侠文化首先是一种特殊的文化。关于文化的定义,曾有人做过统计,多达400余种。这个数字是否真实,我们无从考究,也没有必要加以考证。因为,人们对文化的不同理解,以及在理解过程中达成的一致或是形成的分歧本身就是一种文化现象。然而,根据当前最具权威性的《中国大百科全书》的论述,文化有广义和狭义之分,广义的文化指人类创造的一切物质产品和精神产品的总和,而狭义的文化专指语言、文学、艺术以及一切意识形态在内的精神产品。

按照文化的定义我们不难给武侠下一个定义,当然,它也有广义和狭义之分。广义的武侠文化指以武为手段,以侠为目的的一切物质产品和精神产品的总和。它应包括围绕武术展开的技术、制度、精神三个层次的内容;狭义的武侠文化是指以武为手段,以侠为目的的语言、文学、艺术及一切意识形态在内的精神产品。简单地说包括武侠、武侠游戏、武侠艺术(武侠小说和武侠影视)和武侠伦理四部分的内容。

本书在论述武侠文化的时候,选择从狭义文化的层面去理解。即武侠文化是华人界特有的一种流行文化,体现于武侠类作品的盛行,乃至影响到小说,漫画,影视,电子游戏,音乐等各种媒体。武侠文化以各式侠客为主角,神乎其神的武术技巧为特点,刻画宣扬侠客精神。武侠文化是一种中国特有的社会、历史、文化现象,它承载的是中国武术文化,体现的是中国的伦理与精神道德文化。

二、从侠说起

首先,我们想探究的是,中国武侠文化诞生的缘由是什么?在传统文化中,"武力"、"武功"等以"武"为中心的概念反映的是人们征服社会的渴望,"侠客"、"侠义"等以"侠"为中心的概念反映的是对完善道德的期盼。"武"的最高境界是"神武不杀","侠"的最高境界是"欲除天下不平事",两者的终极目的都是建立一个理想的社会,因此,"侠"与"武"是相联系的,但"侠"比"武"更重要,"侠"是灵魂,"武"是躯壳,"侠"是目的,"武"是达成"侠"的手段,两者在行为方式、道德追求、文化理想等方面和谐地统一起来。由此观之,武侠,顾名思义,有武有侠,以武行侠而已。所以,论及武侠文化,势必要从"侠",从侠文化开始说起。

最早的侠,见于《韩非子·五蠹》,"儒以文乱法,侠以武犯禁。"至司马迁的《史记》,专给游侠写了列传——《游侠列传》。其中,对游侠的评价是:"今游侠,其行虽不轨于正义,然其言必信,其行必果。"可以说,这是整个侠文化的总纲。班固的《汉书》亦写有《游侠传》。游侠往往凭自己的力量、自己的眼光,个人的意气、个人的判断来决定是非和生杀。所以普通人往往将愿望寄托在侠客身上。春秋战国时期,社会动荡,学派林立,纷争不断,这是出现侠这一历史现象的历史依据。游侠在春秋战国时期已有令人瞩目的活动,但却因"儒墨皆排摈不载",很难为世人所知。也有可能有记载,却因种种原因亡佚。然而在正史之外,像《左传》一类典籍和野史中并不乏游侠内容的记载。汉初,强秦灭亡,社会变动剧烈,游侠纷起。东汉末期,政权腐败,社会动荡,一批州郡大僚和豪强地主开始不受中央政府的约束。从这些人身上可以看到游侠的影子,他们是所谓公族豪侠的来源。两晋时期,社会矛盾突出,出现流民暴动高潮,在暴动的流民中也可以看到游侠活动的踪迹。在以后历朝历代的各种史料记载中,从来都不乏侠的身影。他们来自不同的社会阶层,但却有一些共同的信念和行动方式,如:助人为乐、忠于知己、诚实守信、言出必行、允诺必践、伸张正义等。

那么到底,何谓"侠"?"所谓侠,就是路见不平、拔刀相助,即'打抱不平';所谓义,就是正直、正派、正气,肝胆相照,舍死忘生。侠义,合起来就是侠肝义胆。为了国家,为了民族,为了正义,为了事业,甚至仅仅为了报答个人的知遇之恩,就可以赴汤蹈火,在所不辞。"[①]可见,在侠的评判体系里,侠义精神成为侠最重要的内在品质,也成为武侠文化的重要精髓。

---

① 袁良骏.论武侠文化.汕头大学学报(人文社会科学版),2007,23(1).

三、武侠文化的精髓

1. 侠义精神

侠义崇拜已成为普遍性的民间文化心态,侠义精神也演化为一种民间传统美德。侠义精神是侠之为侠的一个永恒的行为动机,是武侠文化的基本内核,更是平民大众现实生活需要与理想化期待的综合产物,是人们面对现实社会种种情态时的一个心灵参照,是传统武德中流光溢彩的无限风光,也是为习武者所设计的实现人生价值的理想境界。要对包蕴了丰富文化内容的侠义精神作出一个简明的概念表述,殊非易事。它是一个比较抽象的道德概念,简单地说它有两方面的内容:一方面是突出民族大义,保家为国无私服务于社会的奉献精神,它是侠义精神的外在行为;另一方面是对武侠们秉性的要求。这部分内容也是武侠备受推崇之所在,立身正直、善恶分明、锄强扶弱、济困扶危重义轻利、守信践诺、见义勇为、仗义行侠、济世救民、鞠躬尽瘁、死而后已等的精神品质,是侠义精神的内在动因。侠义精神的两方面结合,就形成了传统武林中的特有气质,一种完美的人格象征。这也是武侠文化在作为现实业已消失的现代社会依然保持强大生命力的原因。

2. 武侠伦理

武侠伦理是武侠文化中思想道德的价值取向,是武侠人物道德伦理规范的要求,是武侠文化的精华之所在。武侠行为和武侠艺术中的侠士,是武侠伦理的结合体和载体。武侠伦理不仅仅是武侠人物的行为准则,更成为中华民族广大民众意识深处的最高伦理价值和行为标准。中国传统文化中深厚的武侠文化传统意识,则已经积淀成为中华民族集体潜意识的一部分,深深植根在中国人的民族性格当中。如其中的以儒家思想为主体的伦理道德体系,敬养父母、克己复礼;己立立人、己达达人;义利结合,诚信守正等,对弥补现代人伦理道德的缺失大有裨益。[①]

四、武侠的文化渊源

中国武侠的产生与中国传统文化有着密切的联系,这一点在学界应当没有异议。只是,对于武侠的文化源流是归属于中国传统文化系统中的儒家墨家还是道家,还是与这些传统文化都有关系,学界长期以来就有着不同的看法,不同的学者对武侠的归属做了不同层面的研究,但是观点各异,有的主张侠出于儒,有的以为侠出于墨,也有的认为是出于儒墨两家,各执其辞,莫衷一是。主张侠出于墨者以冯友兰为代表,主张侠出于儒者以章太炎为代表,钱穆则主张侠与儒

---

① 谷春雨,冯艳华. 人文视野下的武侠文化审视. 搏击·武术科学,2007,4(6).

墨皆有联系。我们认为,武侠文化作为"一种非常具有中国特色的文化形式,它既不同于西方的骑士文化,又不是日本的武士文化;它不属于中国的传统文化主流系统,但却以自己独特的支流文化形态而存在,并影响着中国显性的主流文化系统。"① 武侠文化不属于哪一个具体的文化系统主流,却又直接或者间接的保留着它们的文化基因,所以,在讨论侠与中国传统文化时,我们没有必要把侠限定在某一个学派或者职业上,他们是一群人,有着侠义原则和侠义行为并逐渐通过这种原则和行为形成一种文化,渗透在不同地域和人群之中,从这个意义上来讲,侠与武侠文化是中国传统文化共同结合的产物:

首先,儒家对武侠文化的影响是很深远的。我们知道,儒家倡导积极入世,为了济世救民,不计成败得失,不问荣辱安危,不折不挠。从"士不可以不弘毅,任重而道远"、"知其不可为而为之",以至"杀身以成仁",表现的正是入世为民的执着和决心。儒家把"道"置于政治权威"势"之上,不愿"枉道以从势"。在这种认识基础上,孟子强调"富贵不能淫,贫贱不能移,威武不能屈"的"大丈夫"气节。古代武侠赤胆忠心、尊师敬长、光明正大、仁义并举、入世为民等伦理道德正是在儒家这种人格力量的感召之下形成的。

墨家对侠的人格理想和行为方式也有巨大的影响。韩非子多次将孔、墨与儒、侠并称,这说明在当时的人眼里,墨、侠具有很多相似的地方,以至于常常被混为一谈。实际上,在东周春秋战国时期,两者是不相同的,但二者却也确实存在相似之处,例如在行为方式上二者都是以武立世,重视自身的高超本领;而在思想上,墨家尚力尚强,即通过自身力量改造社会内容,这也与侠的匡扶正义,力求公正,同情弱小,渴望平等的道义理想相对照。

道家更是与武侠文化有着千丝万缕的联系,例如道家追求自由个性和顺其自然的原则与游侠逍遥于世蔑视法礼的性情想通,道家非体制与法律的主张,也与游侠"以武犯禁"自由潇洒的江湖行为相结合。其次,道家高度的幻想和丰富的想象世界,以及远离现实的间离特征,以一种相对抽象的宗教形态,为侠文化的演绎提供了一个玄妙且漫无边际的广阔天地,武侠小说中,很多侠者都愿意归隐山林或许就来自道家的隐世思想。再次,道家的武功与侠文化中的武的构成有密切关系。在传统武术中有一个比较普遍的说法,就是少林为外家正宗、武当为内家正宗、峨眉为女家正宗,三派之中,武当是纯粹的道家,而峨眉的祖师先入道家,后入佛门,算是半个道家。在中国普遍流行的武侠小说和影视剧中,以武当为代表派别的道家武功,是整个武林江湖不可或缺的构成内容。并且,道家的哲学思想也不同程度地融进了武侠的武学之中。

---

① 田治国,刘桥. 武侠的文化渊源与历史存在. 搏击·武术科学,2009,6(1).

武侠文化由最早的侠文化发展变形而来,在这一发展过程中曾出现过三次武侠高潮。第一次是19世纪末和20世纪初,即清末民初,侠义小说向武侠小说蜕变,初期的武侠小说尽力保持、发扬侠义小说的优良传统,并尽力将侠义精神用之于振兴中华、抵御外侮的反帝爱国斗争,表现了鲜明的时代特色,语言也由文言过渡为白话。如陈景韩的《刀余生传》(1904年)、李亮丞的《热血痕》(1907年)、宣樊的《剑绮缘》(1910年)等便是初期武侠小说的优秀代表。遗憾的是,这些作品并没有受到人们的重视,更未引起社会轰动,在言情小说、黑幕小说的热潮中,慢慢枯萎。

大约十年以后,伴随着平江不肖生《江湖奇侠传》、《近代侠义英雄传》,赵焕亭《奇侠精忠传》等长篇武侠小说的发表以及武侠电影《火烧红莲寺》的拍摄、放映,才掀起了第一个武侠小说的狂潮。据不完全统计,从1923年—1949年,二十余年间,武侠作者数百人,长篇武侠小说即不下千余部,总字数约三亿多。在这个狂潮中,虽然一些优秀武侠作品保持并发扬了古代侠义小说及清末民初的一些武侠小说的优良传统,侠字当头,义字为先,而且努力贴近现实生活,绝大多数武侠作品走上了"剑仙小说"之路。

从新中国成立到20世纪70年代末改革开放之初,武侠小说在内地遭禁,但在港澳台地区照样流行。特别在20世纪50年代中期,梁羽生发表《龙虎斗京华》、金庸发表《书剑恩仇录》之后,以金庸、梁羽生、古龙、温瑞安等为代表的新武侠小说风靡一时,构成了第二个武侠小说创作和流布的高潮。改革开放之后,海外新武侠小说蜂拥而至,第一个狂潮时期的武侠小说也获得了一印再印,加之影视改编推波助澜,便形成了新一轮的影响更为巨大的武侠创作、传播高潮。

经历三次发展高潮之后,一方面是人们对于武侠文化一直不曾中断的热爱和追捧,一方面是人们开始反思武侠文化的历史和现今,看到了武侠文化一路走来发生的些许变化,客观公正的分析这种变化背后的深层次影响,并把其放在当下的社会历史环境中进行重新考量和认知,指出武侠文化存在的历史局限性,例如其重然诺、轻生死、知恩图报、士为知己者死的侠义主张有着浓重的封建色彩;以武犯禁,容易触犯刑律,自定规则、目无法制等都影响社会稳定;武侠人物为一己私利如成为"武林盟主"这样的目标不择手段而显示出的偏执的个人价值观以及狭隘的个人道德观;武侠文化中起死回生、甚至邪术巫祟等严重背离科学……尽管,在现今社会,武侠文化也许并不那么符合现代人的审美,我们需要做的是批判的吸收,"取其精华,去其糟粕",但有人指出百年来的武侠文化从总体上说变成了侠文化的扭曲与变形,武侠文化的泛滥成灾对我国传统文化构成了一场深重的灾难,或许就有些夸张了。

作为我国传统文化的重要组成部分,武侠文化也有其独特的文化使命,而这种文化使命的完成则是以武侠小说、武侠游戏、武侠影视剧为载体的,而武侠文化与电视剧相结合,便产生了几十年来在电视荧屏上始终热度不减的武侠电视剧。

五、武侠文化与电视剧的发展

如果说武侠电影是武侠文化与电影的联姻,那么武侠电视剧就是武侠文化与电视剧的完美结合了。在世界众多的电视剧类型中,武侠电视剧是真正的中国原创,在表现形式上它展示各种武术技击的方式,在主题内涵上则蕴含了我国传统的民族文化,而且在华人乃至全球范围内产生了较为显著的影响力和市场价值。虽然,武侠电视剧的整体发展不过近五十年的时间,但历年来出品的聚集却数量庞大、风貌各异,激荡过无数人的侠肝义胆,成为我国电视荧屏上一种独特且不可或缺的存在,受到观众的热烈追捧。

武侠电视剧在精神内核上以"侠义"为中心,往往以正义战胜邪恶来抚慰观众,现实与非现实手法结合,创造出惊心动魄的场面、华美壮丽的影像、以及超常的人物、高难度的武打动作,利用高度发展的摄影摄像技术增强叙事效果,重视塑造人物、挖掘人物内心。作为电视剧的一个特殊类型,武侠电视剧同样与我国深厚的传统文化尤其是有着浓厚文化底蕴的"侠文化"有着极为密切的联系,武侠电视剧也是中国武侠文化传统的一种发展和延伸。

在这种延伸和发展中,武侠电视剧的表现形式和拍摄技巧等也随着时代发展而日新月异。进入21世纪,市场经济的大发展为武侠电视剧的繁荣发展带来了巨大的空间和活力,却也意味着面临着前所未有的挑战。随着电视荧屏上的武侠电视剧越来越多元,引起的人们关于武侠文化的讨论甚至争议也越来越多。徘徊在十字路口的武侠电视剧,该如何选择未来的发展道路,是一个值得探究的问题。

1. 武侠电视剧释义

老武侠、新武侠多种多样,人们对武侠片的理解因其观念复杂而见仁见智,武侠电视剧则可以看作是对武侠片的一个很好的延伸,它在以动作来伸张正义的同时,还被赋予了大量的情节和语言来塑造人物并表现剧集的主题思想。但对于武侠电视剧的定义,学界目前并没有一致的意见。有人将"武侠剧"划分在历史题材电视剧中,认为武侠电视剧是"从金庸、古龙、梁羽生等人的武侠小说改编过来的史剧"[1],也同时提到一种"功夫史剧":"以展示武术、武打功夫为主"[2],以及"神话传说史剧":"以神话传说为题材的史剧"[3]等。然而,武侠与历

---

① 曾庆瑞. 中国电视剧艺术学学科论. 北京,中国传媒大学出版社,2008:31.
② 曾庆瑞. 中国电视剧艺术学学科论. 北京,中国传媒大学出版社,2008:31.
③ 曾庆瑞. 中国电视剧艺术学学科论. 北京,中国传媒大学出版社,2008:31.

史、神话等题材电视剧存在较大差别,有必要进行分类研究,如果将其简单看作史剧或神话剧都不是很准确,因为对于武侠剧来说,重点是"以武行侠"的主题,即便是其中出现某一段历史甚至是神话背景,也都是艺术创作的需要,观众都既不应看作是历史的客观再现,也不应批评其是胡编乱造或天方夜谭,否则就会造成对武侠文化的误读。

目前将武侠电视剧明确提出,并加以较为完整论述的是中国传媒大学出版的《中国电视剧艺术类型论》:"即是以描写武侠人物的侠义行为、命运情感为主要内容的电视剧,其中对武打动作的表现,对武侠人物活动的独特背景——江湖的表现,以及对江湖儿女的快意恩仇的行为表现是武侠电视剧区别于其他电视剧的显著特点。"①此外,参考武侠电影的相关研究成果,武侠电视剧则是一种"以武侠文化为原型,容舞蹈化的中国武术技击(表演)与戏剧化的叙事情节为一体的类型"②电视剧。因此,从广泛意义上讲,武侠电视剧包括了武打、功夫、侠义等在内的一系列以武术技击为表演方式、以侠义精神为主旨的电视剧。

2. 武侠电视剧分类

几十年来,武侠电视剧不断发展和更新,从内容和精神上可以大体将其分为以下几大类:

(1)重视武打动作的呈现,追求娱乐效果。主要展示武打动作和场面的惊心动魄,以吸引观众的眼球为目的,轻视审美诉求,追求感官刺激,完成娱乐目的。但有些打斗场面过于血腥和暴力,如《路客和刀客》。

(2)展示武打动作,有很多武打场面,但更强调武德和人物的内力,突出侠义精神和武侠伦理甚至民族感情,重视报恩、复仇观念,提倡光明磊落,如《少林寺》。而像《陈真》、《霍元甲》这样的武侠电视剧主演以爱国者的形象出现,将侠之精神与家国情怀相联系,用侠之道维护民族尊严,赋予武侠片以新的内涵,让人精神为之一振。

(3)武侠与情爱相生相伴,塑造更为美好的侠客形象,侠客重义也重情,表达一种美好的理想。如《天龙八部》里的乔峰与阿朱的故事,《倚天屠龙记》里的张无忌和赵敏的姻缘,《射雕英雄传》里的杨过和小龙女的传奇爱情等。

(4)强化或美化武侠动作,突出一种思想。侠客们在比剑的时候往往姿势优美,舞剑更似剑舞,具有类似舞蹈的表演特征,给观众以无尽的美感。例如《八大豪侠》中的侠客,他们拯救他人、国家,超越生命的有限性,在关键时刻甚至把理想和信念置于生命至上,构筑起生命的无限高度。

---

① 吴素玲. 电视剧艺术类型论. 北京:中国传媒大学出版社,2008:69.
② 贾磊磊. 中国武侠电影史. 北京:文化艺术出版社,2005:19.

3. 中国武侠电视剧发展概述

前面我们论及,"武侠文化"是中国传统文化不可或缺的重要组成部分。"侠"早在春秋战国时期就已经出现,然而经历几千年风霜雨雪,武侠文化早已长成一棵参天大树,将根系深深扎于中国人心中。20世纪初,伴随新武侠小说的风起云涌,流传了几千年的武侠文化第一次跳出文字而以影像的方式来到人们面前,从此便一发不可收拾,先是电影,后是电视,网络时代又迎来了无数武侠网络游戏。

1) 香港武侠电视剧

"中国武侠电视剧诞生于20世纪60年代的香港地区",它的产生有其特定的社会历史条件。首先是,武侠电影的出现和发展,为武侠电视剧的诞生奠定了基础。从1928年上海明星影业公司拍摄第一部武侠电影《火烧红莲寺》开始,大屏幕上的武侠之风便以大火燎原之势迅速占据影坛。但随着抗战的全面爆发,武侠电影热潮由于不合时宜,逐渐冷却。五四以后,伴随人的解放,武侠电影重又兴起,但武侠精神的价值取向开始由朝廷转向江湖,表现自由逍遥的侠客风骨。新中国成立后,由于意识形态和文艺政策的影响,中国电影的制作中心由上海转向香港。其次是,以金庸、古龙、梁羽生为代表的新武侠小说的出现为武侠电视剧的创作提供了素材和土壤。1976年,金庸武侠小说《射雕英雄传》的同名电视剧在香港佳艺电视台播出,收视率直线上升。作为"第一个吃螃蟹"并尝到甜头的佳艺电视台,随后在接下来的几年中接连改拍了金庸的四套著作:《神雕侠侣》、《碧血剑》、《雪山飞狐》、《鹿鼎记》。此外,作为当时三大电视台之一的无线电视台(其他两大电视台为"佳艺"和"丽的")也不甘落后,同年即拍摄了长达一百集的《书剑恩仇录》、《陆小凤》,1978年陆续播出《小李飞刀》、《倚天屠龙记》、《一剑震神州》,1979年又制作了《楚留香》和《刀身》等一系列作品。

20世纪80年代初,香港武侠电视剧迎来自己的"辉煌期"。从1982年黄日华、汤镇业版《天龙八部》开始,无线电视台几乎每年都有佳作问世,如1983版《射雕英雄传》、刘德华、陈玉莲版的《神雕侠侣》,梁朝伟领衔的《鹿鼎记》等,无线电视台几乎把金庸的作品全部改拍了一遍。到20世纪90年代,香港武侠电视剧的发展已不如从前,较为值得注意的只有1993年—1994年推出的一系列前传、改变性质的金庸剧。虽然这一时期的翻拍武侠电视剧不如20世纪80年代那样让观众印象深刻,但却多了很多改编的内容,电视剧不再完全忠实于原著,而是开始在内容、形式两个层面开始有所创新,1995年版的《神雕侠侣》,1996年版的《笑傲江湖》等剧集中都有所体现。2000年以后,虽然香港地区也出现了《大唐寻龙传》、《寻秦记》等一些玄幻类武侠电视剧,但其影响力却已大不如前。

2）台湾武侠电视剧

相较于香港，台湾武侠电视剧似乎有些"难产"。20世纪80年代初期的台湾电视台主要依靠引进香港电视剧来争夺收视，正值辉煌期的香港武侠剧理所当然的成为当时最具魅力的节目形态，受到观众的热切追捧。制作于1979年的《楚留香》是最早在台湾播放的香港武侠电视剧，尽管当时播放的是经过剪辑的版本，却并不影响其引起极大轰动。直到1999年，完整版的《楚留香》才在台湾地区播放，再度引起收视热潮。

在香港武侠电视剧接连在台湾受到热捧的形势下，为争夺本土电视剧的收视份额，台湾开始一边继续引进多部香港电视剧，一边开始自己制作并逐渐进入武侠剧"自制"的黄金时代。当时台湾也主要有三家电视台，每家电视台都有其代表性的武侠剧制作人："台视"的陈明华，"中视"的周游，以及"华视"的韦辛。1984年"台视"推出台湾第一部武侠电视剧《铁血杨家将》，而拥有台湾武侠电视剧的"泰斗"韦辛的"华视"则陆续播出了《小李飞刀》、《萧十一郎》、《大侠沈胜衣》等一系列由他编写或制作的剧集，且收视率一档比一档强，由此也确立了"华视"的"武侠王国"地位。之后，台湾武侠电视剧又迎来"周游王朝"，女制作人周游拍摄的武侠剧有着琼瑶式的爱情故事、喜欢以俊男美女搭配出演情侣，也注重套招形式和气氛营造，周游的武侠剧风格鲜明，被称为"武侠文艺戏"。20世纪90年代开始，另一位重要的女制作人杨佩佩开始走进台湾武侠剧观众的视野，她的大部分作品都曾在内地反复播放，1993年版的《倚天屠龙记》是她倾注心血最多，也是她最成功的武侠剧代表作。在杨佩佩之后，台湾武侠电视剧也逐渐丧失影响力。

3）大陆武侠电视剧

前面我们谈到，香港最早产生武侠电视剧的一个重要印象因素是，新中国成立后，由于文艺政策和意识形态的作用，武侠文化被认为是封建思想的余孽和帮凶而受到严厉抵制，中国的电影制作中心也由上海转向香港，为香港武侠电视剧的诞生奠定了基础。然而在党的十一届三中全会以后，香港新派武侠小说与流行歌曲、通俗电视剧一起伴随改革开放的春风进入大陆民众的视野，其中的武侠电视剧更是培养了第一批武侠观众，也带动了中国大陆武打片的出现。20世纪80年代以来，中国大陆的武侠电影掀起了长达十余年的创作热潮，武侠电影层出不穷，作为影视剧另一分支的武侠电视剧却所拍甚少。中国大陆地区的首部武侠剧是1983年由山东电视台推出的改编自文学名著《水浒传》的《武松》，充满写实风格的打斗场面曾让当时的观众趋之若鹜。不过，细数那时在大陆电视荧屏上炙手可热的绝大部分还是来自香港、台湾的引进剧，其中尤以改编自金庸小说的武侠电视剧最为受欢迎，不断出现高收视率。直到20世纪90年代中期，大陆荧屏依赖港台武侠剧的状况才得以改观,出现了红极一时的《白眉大侠》以及《甘十九妹》、《浪子大钦差》、《少年包青天》(第一、二部)等,但这些片并没有带来真正属于武侠剧的一片蓝天,直到武侠剧的发展进入2003年。从这一年开始,武侠剧才开始真正走向繁荣,从2003年的《火帅》、《逆水寒》、《少年黄飞鸿》到2005年的《中华英雄》、《仙剑奇侠传》、《长剑相思》、《魔界》都取得不错的成绩。这一时期许多新的武侠片出现,真可谓是百花齐放。如2006年有《七剑下天山》、《功夫状元》、《神雕侠侣》,2007年有《幻影神针》、《少林寺传奇》、《大人物》,2008年有《鹿鼎记》、《精武陈真》、《李小龙传奇》、《浣花洗剑录》,2009年有《大唐游侠传》、《仙剑奇侠传三》、《倚天屠龙记》,2010年有《神话》,2011年又有了新版《水浒》。武侠电视剧从它诞生的那一刻起,就再也没有离开过观众的视野。

4. 武侠电视剧的当下处境

武侠电视剧在经历了几十年的发展之后,取得了长足进步的同时也明显地暴露出许多问题,有必要引起人们的关注和重视。

(1)"新瓶"装"旧酒",武侠电视剧面临题材重复,翻拍变味的尴尬境地。

武侠电视剧是伴随香港五六十年代以金庸和梁羽生为代表的中国新派武侠小说的兴起而诞生的,并从新派的武侠小说那里找到了可以借鉴和使用的文学基础,早期的武侠剧作品几乎无一例外地翻拍自武侠小说,直到今天,我们能看到的武侠电视剧不仅绝大多数改编自武侠小说,而且几乎在历史上都被电影和电视拍摄过不止一个版本。新版又总是因为演员演技不敌旧版,或者改编的太离谱而引起观众非议不断。重拍,尤其是重拍经典并不一定是错误的,但经典之所以定位经典,就意味着其本身有着无可替代的意义。可是,一个非常明显的事实是,像金庸、古龙、梁羽生的作品,没有哪一部是只被拍过一次的。从香港佳艺电视台1976年拍摄《射雕英雄传》开始,金庸所有的武侠小说几乎无一例外的被搬上两岸三地的电视荧幕,并被不厌其烦的翻拍,一次次以不同的面容展现在观众面前,成为电视荧屏上一道独特的风景。这其中,尤以香港改编的金庸武侠剧数量最多,时间跨度也最长。而进入21世纪以来,中国大陆也也再次掀起了拍摄金庸武侠剧的热潮,改编金庸武侠小说几乎成了武侠电视剧的一种创作定势。在这样的形势下,一时间《笑傲江湖》、《射雕英雄传》、《天龙八部》等又一次占据了电视荧屏的大片江山,这在电视剧发展史尤其是重拍片当中是绝无仅有的,一时间收视和评论的热潮波涛汹涌,蔚为壮观。

翻拍是影视剧的一个重要方面,但是,一味的翻拍,尤其是同一题材的不断重拍将成为制约武侠电视剧发展的重大障碍。一面是武侠电视剧不断从以往的武侠小说和电视剧中寻找创作素材,却越来越失去了原作的味道,令观众厌烦;

另一面却是国人从未停下在那些江湖侠客的故事里寻找现实给不了的慰藉。横亘在两者之间的鸿沟，靠翻拍和丢弃原作的胡乱改编填不平、靠导演和编剧也填不平。新的原创，新的题材，才是解决问题的关键。

在世界范围内，以动作为主导类型的电影其源流从不仅仅局限于小说的改编。当代电影还从舞台剧、连环画甚至社会新闻里寻找自己的创作素材，使相同的电影类型在沿袭经典叙事模式的同时在题材上可以不断翻新。在我国，以武侠文化为依托的武侠电影同样在题材开采上广开源流，而我国武侠电视剧的创作多年来对相同题材存在破坏性开采现象，始终没有取得突破性的进展。中国的武侠电视剧缺少真正"原创"的东西，就是那种专门为电视剧量身定做、适合在电视上讲述同时符合现代人审美期待的武侠新故事。它的故事内容、暴力程度、演员阵容、包括风格样式等都适应电视剧的特点，也符合现代观众的审美口味，而不应当把整个武侠电视剧的创作基点放在金庸、古龙等几个被神化了的武侠小说家身上，更不应把评价武侠电视剧好坏的标准放在改变是否成功这样一个片面的标准之上。虽然沧月、王晴川等大陆新武侠作家还需要继续成长，虽然类似《仙剑》这样舍弃武侠小说却出乎意料成功的剧作还不多，虽然《寻秦记》和《神话》的穿越叙事类剧集还只是少数，可至少，它们让我们看到了原创所能带给武侠电视剧的巨大动力，这是一种鼓舞，更是一种期待。

（2）"侠"者千人一面，叙事风格老旧。

"侠是什么样的侠？"武侠电视剧《白眉大侠》的片尾曲里曾问过这样一个问题。尽管，没有人专门就此做过回答，但武侠电视剧却不止一次将"侠"形象地呈现给观众。即，武侠电视剧中的"侠客"形象往往遵循着一定的规律，剧中侠客侠女一般都具有儒者风范、文武双修、深明大义，并且还要武功高强、有高超的智慧和强大的自主性。"千人一面"的侠客形象很容易使观众产生审美疲劳，丧失新鲜感。

传统武侠故事的产生，往往离不开江湖二字。所有的故事情节都将在纷争不断的江湖中展开，或者是对武功的崇拜，或者是对权力的欲望、又或者有着别样的恩怨情仇……可以说，武侠电视剧的故事内容往往是确定的，那就是"以血还血，以命抵命"，这种传统武侠艺术的叙事模式，也成了武侠电视剧永不改弦更张的一种叙事逻辑。尽管武侠电视剧不能够彻底摆脱这种延续了几千年的传统，但却可以在表现的形式和内容上有所创新，寻找与观众当下的文化境遇相契合的点。在电视剧在市场准则的刺激和要求下，不断走向娱乐化和商业化的时候，没有人会对过时的东西感兴趣，况且电视观众在对电视剧的观赏过程中存在着一种自我身份认同的文化确认过程，这一过程伴随着观众对电视节目形态和视觉内容的审视。然而，在追求时尚和新锐早已成为一种生活方式的今天，没有

人愿意把自己放置于一个落伍、过时、陈旧的世界里。所以,武侠电视剧想要寻求好的发展,势必要将武侠电视剧的创作与观众的喜好和理想联系起来,寻求新的形式和视听风格,打造符合当下观众审美期待的侠客形象。而在这方面,根据新生代小说家黄易的小说改编而成的电视剧《寻秦记》,还有红极一时的同样以穿越为载体的《神话》或许可以为我国的武侠剧创作找到一条新的出路。

《寻秦记》把武侠结合于科幻、战争,主人公以穿越时空的方式回到战国时代,并且剧中的主人公也不再是传统意义上的侠客形象,而是更是多的体现了现代人对于成功的理解,通过个人的奋斗最终成为卓越人才的理想,使整部剧充满了时代感,更贴近现代人的生活和生存状态,便于观众的身份认同。而《神话》则是用一种独特的叙事视角,即古代时空和现代时空交织并行,使观众既可以欣赏到荡气回肠的壮丽古代史诗,又可以感受现代世界里谜团重重、步步紧逼的解谜追踪。

(3) 暴力主宰下的"文化原罪"和精神的丧失。

前面提到"以血还血、以命抵命"是我国武侠电视剧继承我国传统武侠文化而来的一种永不改弦更张的行为逻辑和叙事逻辑。这是因为,暴力往往是武侠电视剧解决问题的最终方式,甚至是这类题材作品化解矛盾冲突的唯一方式。这是这种以武打为重心的电视剧必须恪守的规则,也是武侠电视剧与生俱来的"文化原罪"。这种以武力和暴力解决问题的方式,显然是与现代社会的价值取向相悖的,不利于社会稳定秩序的建立。武侠电视剧甚至武侠文化也因此而受到相当一部分学者的重新审视和批判。有人就指出武侠电视剧所承载的武侠文化宣扬暴力,没有和平精神;侠客往往自定规则,目无法律;夸大仇恨、冤冤相报以及武侠人物往往有着偏执的个人价值观和狭隘的道德观等。电视剧是建立在"市场决定论"之上的,作为一种文化产品或是商业化的娱乐形式,武侠电视剧因其与生俱来的暴力基因往往给社会带来不利影响。所以,武侠电视剧有责任采取一种善恶对立、是非分明的价值体系来关照暴力的合理性,区分正义的暴力和非正义的暴力,让观众看到用暴力解决问题的合理性,同时又不将电视剧里的江湖直接等同于现实世界。

武侠电视剧是武侠文化除文字和电影以外的又一种呈现方式。但在一味的改编和翻拍中,传统武侠的精神似乎也在不停地离我们远去。因为相比于文学的无限韵味和天马行空的想象,影视语言任何具象的传达都显得不是那么恰切,演员选择的粗糙往往导致人物形象与原著中的形象差别极大,更不用说小说中仙风道骨的境界更是无法靠影视语言来创造。此外,技术的进步,让电视剧制作者兴奋无比,他们往往把武侠巨作的动作提高到了前所未有的技术层面,越来越多的特技效果给人们带来了视觉盛宴,却带走了精神的丰盈。因为,武侠电视剧强调的还是真正的武术以及隐匿其中的侠义精神,视觉刺激代替不了精神世界对"侠"的渴望。例如,新版《神雕侠侣》中,小龙女动不动就在天上飞来走去的出场设计,杨过和小龙女跳双人舞似的练功镜头,虽然很美,但武打场面的失败无疑是致命的,韵味明显不足,也难怪招来《神雕侠侣》没有请来一位武术指导,而是请了一个舞蹈指导的传言。

5. 结束语

作为一种维系中国人武侠梦想的电视剧样式,武侠电视剧的意义除了电视剧都有的商业价值外,还有作为武侠文化载体的重大的文化价值。在高速发展的现代社会,当人们越来越少了阅读小说的闲心和时间时,电视将承担起更多的传承责任。当武侠电视剧在市场经济的带动下有了更多活力和更多元化的发展的时候,也引起了观众对武侠文化更为理性的审视。因此,武侠电视剧在面对这一挑战的时候,除了注重奇特精彩的武打设计外,也要注重新题材的挖掘、人物形象的塑造、故事内容和戏剧情节的铺陈及讲述,以及叙事和风格上的创新,不断增强作品商业性、娱乐性的同时,也要注重文化性的保持和加强。这种建立在市场观念上的兼容主义和创新主义策略,或许能促使中国武侠电视剧迎来一次突破性的发展。

第六章 基督教文化与影视

正如文学世界与基督教文化如影随行一样,电影与电视艺术的发展也同样不能摆脱基督教文化的渗透。基督教文化是西方文明的根源之一,它直接影响着西方人的情操、信念、价值观、思维方式及社会历史等意识形态的发展。在全球化语境下,东西方文化能够得到深入交流,这也让我们有了更多的机会去研究西方影视作品中有关基督教文化的专题。但由于本章篇幅有限,不可能做到全面细致,仅能对基督教文化在电影和电视剧中的渗透与表现做以初步、常识性的考察、描述与介绍,目的在于引起更多研究者的关注,从而为更深入的研究做一点铺垫。

基督教与佛教、伊斯兰教并称世界三大宗教,是今天世界上传播最广、信徒最多的宗教。按照基督教经典的说法,基督教的创始人是耶稣,他于公元1世纪30年代开始在巴勒斯坦地区传教。早期的基督教是作为群众运动产生的,教会成员以下层民众为主,因此这一阶段的基督教受到了罗马帝国多次大的迫害。后来随着基督教的传播,社会知识阶层和较富裕者不断入教,再加上教会所提倡的忍辱负重、博爱等主张受到执政者的重视,最终于公元392年,基督教被定为罗马帝国的国教,并逐渐成为中世纪欧洲封建社会的精神支柱。公元1054年,基督教分裂为东正教和天主教。16世纪教会内部爆发宗教改革运动,天主教又一分为二,陆续派生出一些脱离天主教会、被统称为"新教"的一些新宗派。从此,近代基督教的三大派系——天主教、东正教和新教基本定型,信仰天主教国家主要有法国、意大利、西班牙、葡萄牙以及南美洲国家;新教主要分布在英国、德国和北欧一些国家,东正教主要集中在南欧和东欧。其中,美国比较特殊,它的北部由于最早来的是清教徒所以以新教徒居多,而南部由于原先主要是法国和西班牙的殖民地所以以天主教徒居多。也就是说,引领世界的国家都是基督文明的国家。

为什么这么说呢?不妨先来看看历史。古希腊是西方文明的发源地,是哲学、艺术的故乡,科学与哲学在希腊人的襁褓里诞生,议会制民主也在古希腊的摇篮里酝酿,希腊因为理性与民主的原因成为当时世界上最文明的代表,在区区几万人的希腊军队打败了几十万血腥的波斯大军以后,变得越发骄傲起来,觉得人的理性可以度量一切,自己的需求可以成为任何行动的借口,目空一切,最后骄傲的希腊人却被"野蛮的"古罗马击败。从此古罗马成为最强的帝国,但是当如此发达的古罗马文明遭遇基督教之时,先是抗拒、迫害基督教信徒,但随着时间的发酵,从平民到皇帝竟然都开始信仰基督教,而当初在古罗马传教的竟是三个来自加利利原先不识字的农民,这匪夷所思的奇迹就确确实实发生了。

其实,人类文明的精华与基督教脱不了干系。从中世纪哥特式的建筑,到罗马教会确立了法的概念,孕育出了现代文明的雏形,从文艺复兴人性的光辉,到堪称经典的十七十八世纪古典音乐、从文艺复兴的建筑与雕塑再到19世纪的工业革命;从英国的《大宪章》到法国的大革命、从美国的立国到现代科学的发展,这所有的灵感皆来自圣经,例如达芬奇创作的《最后的晚餐》,米开朗基罗留下的《创世纪》、《最后的审判》以及《大卫》雕塑等。

(1)《圣经》的来源及内容。两希文化是指希腊文化和希伯来文化。作为西方文化的两个渊源,它们始终是互为表里,相辅相成,共同铸就了西方的思想和文化传统。从历史上看,西方自从中世纪开始,希伯来传统下延的基督教文化就结合希腊文化中的新柏拉图主义开始成为精神生活的征途。

较早提出两希文化概念的,可推19世纪英国的诗人和批评家马修·阿诺德(Matthew Arnold)。阿诺德在他的名著《文化与无政府状态》中,把文化定义为光明和甜美,因甜美而光明。在此书的第四章"希伯来主义和希腊主义",阿诺德认为西方文化有两种大致是互为对立的力量。"对立"不是形容它们的性质,而是说它们在历史上和人类的思想行为上,表现为不同的形态,而且由此将整个世界一分为二。

《圣经》(the Bible)是希伯来文化的圣典,一方面作为西方文化的圣典,它是阿诺德定义文化的"光明"和"甜美",一方面也在普及的层面上,深深浸润在西方人的日常生活之中。

《圣经》通常是指被基督徒奉为权威的书卷集。在英文中,人们有时也使用其他的术语来称呼它,如 Sacred Scripture 或者 Holy Scripture,在基督徒的作品中经常会遇到这些词。尽管如此,用来指称这些书卷的术语中,最被人们广泛接受的仍是 Bible。Bible 这个不平常的词需要进行解释。像现代英语中的许多词汇一样,"Bible"这一单词也是来源于希腊语(ta Biblia),其字面含义是"这些书"。这个希腊短语是复数的,用来指称被基督徒视为权威的书卷或作品的结集。

《圣经》分为两个部分,分别称为《旧约》和《新约》。《旧约》包括二十三卷,开头是创世记,结尾是玛拉基书。旧约几乎全部是用希伯来语写成的,希伯来语是以色列民族的语言。也有一些篇幅较短的章节使用的是亚兰语,亚兰语是古代近东地区在外交中广泛使用的国际语言。旧约本身包括许多不同种类的作品,其中最主要的有五卷律法书、历史书和先知书三类。

　　① 五卷律法书,有时也称为摩西五经,因为人们惯常认为这五卷书主要是由摩西所写。在一些更具学者气质的著作中,它们有时被称为"摩西五书",来源于希腊文"五"与"书"。

　　五卷律法书分别为:创世记、出埃及记、利未记、民数记、申命记。其内容包括:世界的创造,对以色列人的呼召,以色列人的早期历史(包括出埃及)。五卷律法书的记述结束于以色列人即将穿过约旦河、进入应许之地。这些书卷的最重要主题就是,上帝将律法赐予摩西,以及这件事对以色列人生活的意义。

　　② 历史书,包括约书亚记、士师记、路得记、撒母耳记上、撒母耳记下、列王纪上、列王纪下、历代志上、历代志下、以斯拉记、尼希米记、以斯帖记。这些书卷记述了上帝选民的历史等各个方面,从进入迦南应许之地,到被掳巴比伦的耶路撒冷人的归回。

　　历史书详细地记录了许多历史事件,包括征服迦南美地、以色列王国的建立、大卫王和所罗门王的伟大统治、以色列由单一国家分裂为两个部分(北部的以色列国和南部的犹大国)、以色列被亚述人摧毁、犹大被巴比伦人击败及民众被掳、被掳后的回归和圣殿的重建。这些书卷按照历史顺序排列。

　　③ 先知书是旧约的重要组成部分,搜集了被圣灵感动、想让人们知道上帝旨意的一些人所写的作品,这些作品跨越时期较长。旧约中包括十六卷先知作品,通常分为两类。大先知书共有四卷,分别是以赛亚书、耶利米书、以西结书、但以理书。其后是十二卷小先知书,它们是何西阿书、约珥书、阿摩司书、俄巴底亚书、约拿书、弥迦书、那鸿书、哈巴谷书、西番雅书、哈该书、撒迦利亚书、玛拉基书。使用"大"和"小"这两个字,并不是用来指哪类先知书更为重要,而是用来说明书的长度。先知书也大致按历史顺序排列。

　　其他类型的书卷有智慧书,包括约伯记、箴言、传道书。这些书卷讲述怎样才能获得真智慧的问题,经常提供具有智慧的实际事例。

　　对于基督徒而言,《新约》具有特别的重要性,因为它陈述了基督教福音的基本事实和基本信仰。《新约》共有二十七卷书,篇幅比《旧约》短了许多,全部用希腊文写成。其中包括四卷福音书:马太福音、马可福音、路加福音、约翰福音。"福音"的本义是"好消息"。四卷福音书记述了耶稣基督的生平和他的教导。

《新约》接着记述了基督教的扩展。福音书中所记载的事件在当时是怎样被人们接受的？福音是如何从巴基斯坦传到欧洲的？《新约》的第五卷书把这些问题的答案告诉了我们。这卷书的全名是"使徒行传"，通常简称为"行传"。

在《新约》中，还收录了许多书信，是早期教会领袖写给个人或教会的书信。这些书信经常对基督教教义和实践的要点进行澄清，对那些面对异教群体或世俗政权敌意的基督徒进行鼓励。

《启示录》是新约的最后一卷。传统上认为，其作者是使徒约翰，新约中的约翰福音和三封约翰书信也是出自他的手笔。在风格上，《启示录》与《旧约·但以理书》的后半部分类似，是启示性的，书中广泛运用了具有象征性和高度形象化的语言。这卷书的目的很明确，就是通过说明罪恶和迫害终将被战胜、苦难和伤痛将不复存在，对处于苦难中的基督徒予以鼓励。

（2）基督教教义。基督教是以耶稣基督为中心的一种生活方式，理解世界的方式是这种生活方式的一个组成部分，包括如何理解上帝的属性、人类的起源和命运、人死后的世界等。这一系列核心信念奠定了基督徒生活方式的哲学基础，并支撑着与之相适应的生活方式。因此，为了正确地理解基督教，理解基督徒的信念是至关重要的。

著名的"使徒信经"在西方教会中被广泛地用作对基督教信仰主要观点的简洁概括，它于二世纪形成，于六七世纪定型。"使徒信经"是最古老、最简单的信经，但它并不是教会的唯一信经，所有的基督教会，无论是东方的还是西方的，无论是天主教还是新教，都承认其作为教义标准的权威性。这段简短的信经浓缩了基督教信仰的核心精华，如果将其展开，则涉及了上帝论、基督论、圣灵论、救赎论、教会论、末世论等一系列重大的系统神学内容。

（3）基督教与文化习俗。现如今，基督教文化习俗通过影视剧的传播可以将其影响力渗透到世界各地。人们常说，即便是一个从来没有去过美国也并不了解基督教的人，只要看过了几部美国电影或电视剧，自然而然就会对一些基督教习俗和仪式有所了解。这不得不归功于电影和电视剧在传播各国文化中所承担的独特作用。因为在美国影片中，宗教仪式无处不在。

例如，我们在电影中时常能看到与主教相关的传统颜色是紫色，与此同时，紫色在古代世界也是一种社会地位的象征，这一点被基督徒用来表达主教在基督教群体内外的重要性。再如1997年的《我最好朋友的婚礼》(My Best Friend's Wedding)、1999年的《逃跑新娘》(Runaway Bride)、2008年的《27套礼服》(27 Dresses)等影片中都完整展现了基督教婚礼的场面：在亲朋好友的注目中，身穿白色婚纱的新娘在父亲的引导下缓缓走向教堂的圣坛。牧师向并列的新郎新娘祝福并念出结婚誓言:"主啊,我们来到您的面前,目睹祝福这对进入神圣婚姻殿堂的男女……"而牧师问新郎新娘的那段话更是脍炙人口:"你是否愿意这个男子成为你的丈夫(妻子)并与他缔结婚约?无论好坏、贫穷还是富贵、疾病还是健康,都爱他(她),照顾他(她),尊重他(她),接纳他(她),永远对他(她)忠贞不渝直至生命的终结?"

此外,为婴儿施洗、到教堂作弥撒、向神父忏悔、吃饭之前祷告、睡觉之前祷告……凡此种种,美国人生活中的宗教仪式我们都可以在电影中找到。

第一节 基督教文化与电影

梳理西方电影的发展脉络,就会发现内容涉及基督教文化精神的作品,在整个欧洲、北美,乃至其他地区,都有相当数量的存在。其中有的电影作品,在电影史上还占有重要地位。这不但是基督教文化不断延伸的表现,也是电影艺术在其自身发展中的一个重要侧面。

自1899年乔治·梅里爱招募五百多名演员拍摄《圣女贞德》,1916年美国电影之父格里菲斯斥巨资拍摄《党同伐异》起,凡是在西方电影史上占有一席之地的著名导演,大都涉足过宗教题材的创作,或者直接在作品中探讨宗教信仰问题。倘若列出这些导演的名字,得到的将是一个长长的名单:欧洲导演如卡尔·德莱叶、弗立茨·朗格、布努埃尔、罗贝尔·布莱松、英格玛·伯格曼、费德里科·费里尼、皮埃尔保罗·帕索里尼、弗朗科泽·菲莱利、塔尔科夫斯基、让·吕克·戈达尔、基耶斯洛夫斯基、拉斯·冯·提尔;美国导演如约翰福特、希区柯克、乔治·斯蒂文森、马丁·斯科塞斯、史蒂芬·斯皮尔伯格……

在电影理论界,我们所熟悉的安德烈·巴赞在其《摄影影像的本体论》中提出,一切艺术背后都是以宗教冲动为出发点的,人类"用逼真的临摹物替代外部世界的心理愿望",是"人类保存生命的本能"。他将这种心理愿望归结为"木乃伊情结"。巴赞论证说,古埃及宗教信仰宣传以死抗生,他认为肉体不腐则生命永存,因此这种宗教迎合了人类心理的基本需求:与时间抗衡。因为死亡无非是时间获得了胜利,这种理论表述与基督教文化有着深入而内在的联系。

在社会文化领域,欧洲设有专门的宗教电影节,如"国际天主教电影节",这是由"国际天主教影视协会"创办的(The International Catholic Film Office),拥有很广泛的社会文化影响,《马太福音》(The Gospel According to Saint Matthew,1964年)、《蒙特利尔的耶稣》(Jesus of Montreal,1988年)等著名影片就曾在这个电影节上得到肯定和奖励。① 一些国际知名的电影节,也同样会设置与基督教题材相关的奖项,不过根据参展影片的不同,这种特定奖项不一定每届都会评,如第56届意大利威尼斯国际电影节就曾评出"天主教人道主义精神奖",并将该奖颁给电影《上帝之子》。

一、以圣经故事为原型

基督教的产生已有近两千年的历史,它不仅促进了西方各民族的文化交流,而且渗透到哲学、法学、科学、艺术等各个领域。西方艺术尤其受到了基督教的深远影响,基督教的世界观,以及基督教的经典——《圣经》中的题材、故事,甚至表现手法,都成为各个门类艺术家创作的重要契机和丰富题材。文学、音乐、建筑、绘画等传统艺术是这样,19世纪诞生的新兴艺术——电影也不例外。

加拿大知名文学教授和批评家诺斯诺普·弗莱认为,原型是文学中可以独立的交际的单位,它可以是意象、主题、象征、人物或情节,也可以是结构单位,只要它们在不同的作品中反复出现,且具有约定性的联想②。《圣经》作为西方文化的最重要的源头之一,一直是各种艺术形式的原型来源。

1.《十诫》、《埃及王子》的"出埃及记"原型

在旧约中,亚当和夏娃偷吃禁果被赶出伊甸园、诺亚方舟与大洪水、巴别塔、摩西的生平和十诫等都是我们所熟知的圣经故事,电影导演们自然也不会错过这些好题材。

1956年,西席·迪米尔拍摄了《十诫》(The Ten Commandments),影片生动描述了摩西带领希伯来人走出埃及,前往耶和华应许他们的"流着奶和蜜的迦南美地"定居的故事,并讲述了"十诫"③的由来,图6-1是《十诫》的剧照。该片被美国国家电影保护局列为政府收藏作品,并获得当年奥斯卡多项提名大奖。与之内容相同的,还有1998年圣诞期间"梦工厂"出品的动画电影《埃及王子》(The Prince of Egypt),据了解,这部耗资一亿美元,历时四年出品的动画片曾邀请数百位历史及宗教学者担任顾问。

熟悉《圣经》的观众很容易就能看出,《十诫》、《埃及王子》都取材于《出埃及记》。有人说,以色列的真正历史是缘起于"出埃及"。这是说,希伯来文化很

---

① 侯军. 基督教与西方电影[M]. 北京:文化艺术出版社. 2006,12:3.
② 诺斯诺普·弗莱. 伟大的代码:圣经与文学[M]. 郝振益,等,译. 北京:北京大学出版社,1998.
③ 《旧约 出埃及记》第二十章讲述了十条诫命,包括:崇拜独一上帝而不可敬拜别神;不可制造和敬拜偶像;不可妄称上帝的名;谨守安息日为圣日;须孝敬父母;不可杀人;不可奸淫;不可偷盗;不可作假见证陷害人;不可贪恋别人的妻子财务。十条诫命中,前四条集中在宗教敬拜生活领域,后六条则涉及到日常生活中与他人的关系问题,与世俗的道德法律相通。

可能最初是来自不同民族、不同文化背景人种的混杂型文化，唯其通过其最初先辈的出埃及事件，以色列同上帝之间才产生了独特的关系。希伯来文化，也由此开始彰显出它自己的鲜明特征来。这一切见于《旧约》，也是摩西五经的第二卷书《出埃及记》。

图 6-1 《十诫》中的摩西形象

我们知道，在西方的现代社会，尤其是在美国，基督徒构成了一个巨大的观众市场，营销业、广告业、电影业的从业者都必须考虑基督徒的敏感。如果某种类型的广告被基督徒视为冒犯，就会大量减少这个在数量上和经济上都很重要的群体购买数量，而理解基督教可以帮助人们冒犯这个数量庞大的重要客户群。① 因此，影片《埃及王子》在还未出片名之时，便用黑底白字郑重声明，"由《出埃及记》改编，虽然对其进行了艺术加工，但仍保留了故事原有的精神、价值与尊严。该故事是全球亿万人信仰的基础，摩西的神圣事迹在出埃及记中有所描述。"由此看出，即便是在高科技处理下的惊人视听效果背后，好莱坞电影仍旧牢牢维系和强化着传统的信仰与价值观。

《旧约·出埃及记》写到，在法老统治的埃及，因为人口暴涨，皇室担忧以色列人造反，就命令接生婆，如果发现妇女生下的是男孩，就让他们把男婴投到河里；如果是女孩，就可以活下来。有位希伯来妇女生了一个男婴，见他俊美，就把他藏了 3 个月。直到不能再藏了，就把他放入了一个抹上石漆的蒲草箱中，然后恋恋不舍地将箱子放入尼罗河之中。箱子顺流而下一直漂到了皇宫附近，正巧法老的女儿在小河边散步发现了这个箱子，她打开箱子看到了这个漂亮的小男孩，就收下他做养子，取名摩西，图 6-2 是《旧约·出埃及记》的剧照。

---

① 麦格拉斯. 基督教概论[M]. 马树林, 孙毅, 译. 北京：北京大学出版社, 2003：2.

图6-2 法老的女儿发现蒲草箱里的婴儿

在《埃及王子》中,除了尊重原故事之外,还新添了许多戏剧冲突。起初,摩西并不知道自己的身世,他以为自己就是法老女儿所生,于是天天与兰姆西斯混在一起,过着无忧无虑的生活,对于奴隶们的悲苦也视而不见。直到有一天,他得到了亲生姐姐的提示,才得知自己是希伯来人,于是一看到埃及皇室对待奴隶的残酷,他就感到悲叹与不忍,图6-3是《埃及王子》海报。

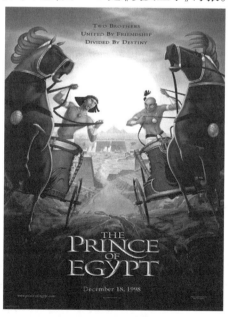

图6-3 《埃及王子》海报

有一次,为了救一位被鞭打的老人,他竟失手打死了一个埃及护卫。于是他仓惶出逃,来到了米甸。没过多久,法老去世了,兰姆西斯即位成了埃及的新法老。摩西原以为兰姆西斯会使希伯来人的生活得以改善,却没想到情况反而更加恶化,建宫殿、修金字塔,兰姆西斯无处不在奴役着希伯来人。这时以色列的神耶和华出现,赐予摩西力量让其带领苦难的希伯来人从埃及人的奴役下走出来,在经过一番苦难之后希伯来人被摩西解放。

2.《保镖》中的"该隐和亚伯"原型

电影《保镖》中,惠特尼·休斯顿扮演的黑人女歌手梅伦就是亚伯的原型,而她的姐姐妮基则是该隐的原型。电影巧妙地移植了《旧约》中"该隐杀弟"的故事,并赋予故事新的形式和内容,图6-4是《保镖》海报。

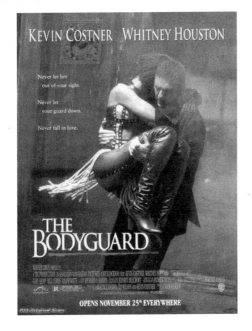

图6-4 《保镖》海报

在《旧约·创世纪》第四章,讲述了该隐和亚伯的故事。该隐是亚当和夏娃生下的第一个儿子,亚伯是他们的第二个儿子。该隐是种地的,亚伯是牧羊的。该隐在给耶和华祭献时遭到了冷遇,耶和华喜欢亚伯献上的祭品。于是,该隐非常愤恨,垂头丧气,把亚伯骗到田间,趁机袭击并杀死了亚伯。该隐因此而受到了耶和华的诅咒和惩罚,驱逐出了人类社会。该隐的罪行被认为是原罪的继续和第一次体现,他也因此而成了人类历史上的第一个谋杀犯。

在电影《保镖》的情节发展过程中,"幕后黑手"一直是故事的悬念,而当真相揭开时,观众才恍然大悟,原来姐姐妮基才是雇凶杀人的始作俑者,她的动机正是嫉妒妹妹的财富、地位、名气以及拥有的爱情,这与"该隐和亚伯"一章中的情节相同。

影片中,姐姐因嫉妒而雇凶杀妹妹,但在明白杀手的不择手段后幡然悔悟,带着对上帝的敬畏一心一意地忏悔,用良知和善行去弥补自己犯下的罪恶,虽然最终被杀手误杀,但从其葬礼上的音乐——Jesus loves me 可以看出,她最终还是获得了救赎。这一主题又完全符合《旧约》叙事里的"犯罪—惩罚—拯救"这样一个反复出现的模式。

3.《巴别塔》中"巴别塔"的隐喻

《旧约·创世纪》第十一章记载,创世之初,全世界只有一种语言,大家说同样的话语。向东迁徙的时候,出于骄傲,人们想建一座通天之塔,以证明自身的无所不能。耶和华知道后,说:"看那,他们同是一个民族,有一样的语言,他们一开始就作这事,以后他们所要做的一切,就没有可以阻拦他们的了。来,我们下去,在那里混乱他们的语言,使他们听不懂对方的话。"于是,耶和华就把人类拆散到世界各地,分化了他们的语言,于是人们无法交流,最后筑塔的梦想成为泡影,从此人们也不再沟通、交谈与倾听。

电影《巴别塔》正是借用了圣经中的这一经典桥段作为隐喻,图6-5为《巴别塔》海报。虽未直接讲述巴别塔的故事,但影片中时时处处体现着"巴别塔"的精神内核,将一个古老故事放置在现代生活的语境中,随着四条叙事线的交织发展,沟通的多个层次也展现在观众面前。其中,有夫妻之间的沟通、有父女之间的沟通、有聋哑人和正常人的沟通、有不同国家人民之间的沟通以及不同种族的沟通。

影片开始于非洲摩洛哥一个普通的牧民家庭,家长阿卜杜拉刚买了把步枪,交给两个儿子艾哈迈德(14岁)和优素福(13岁),让他们打豺狼,保护羊群。山坡上,两个孩子拿一辆远远开过来的旅游大巴试枪,美国游客苏珊不幸中弹。

实际上,苏珊与丈夫理查德之所以会到非洲来旅游,完全是为了挽救他们濒临崩溃的婚姻。两人一出场,从点饮料的简单对话中,就能感受到他们沟通的障碍。在经过了反复的争论及内心的挣扎之后,两人仍然摆脱不了怅惘的心结,正搭巴士奔向下一个目的地。在大巴车上,苏珊的手曾试着拉理查德的手,但最终还是松开了。就在这时,一颗子弹穿过车窗,击中了她。为了挽救爱人危在旦夕的生命,理查德千方百计四处求救,怎奈人生地疏、语言不通,任何一件简单的情况解释起来都遇到重重障碍。

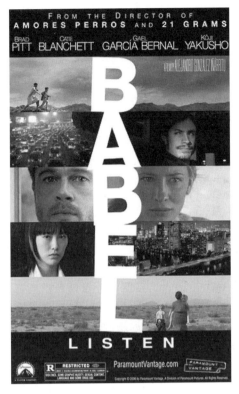

图6-5 《巴别塔》海报

由于意外枪击事件,理查德夫妇无法按时回家,多年未归的保姆阿梅利亚决定带着他们的两个孩子回墨西哥参加儿子的婚礼,她搭乘侄子的汽车上路了。在前往墨西哥的路上一切顺利,并在家中渡过了愉快的一天;但是在回美国途中却受到了边防警察的严密盘查,逼得他们仓皇而逃。闯关逃跑后的慌乱中,侄子将阿梅利亚和孩子放在伸手不见五指的沙漠,开车掉头消失了,从此再也没有出现。在阿梅利亚的垂死求救下,孩子们终于获救,虽然已经在美国生活了十几年,但非法工作的身份无法再隐藏,最终阿梅利亚被遣送回国。

在日本,少女千惠子由于生理上的缺陷,失去了用语言与人沟通的能力。再加上妈妈的突然离去,使得这个孤独的女孩更加游离于社会之外。她无法融入社会,即使对相依为命的爸爸也是剑拔弩张,存在很大的隔阂。于是她开始用一些极端的行为宣泄,但最终换来的还是嘲笑和鄙夷。绝望的她在前来调查父亲送出的枪的警察面前,试图以全裸的身体获得好感,而此时对方的同情却比任何感情都来得残酷。别人对她施以冷酷的对待时,她可以声色俱厉的回以反击,但当别人对她投以同情、可怜的眼光时,脆弱的她被击得体无完肤,选择了逃避。

最后,千惠子裸身迎风站在高层公寓的露台上,回到家的父亲无限关爱的拥住了她,一起俯瞰脚下繁华都市的霓虹,这时候,他们的心才真正靠近了。

再回到两个摩洛哥少年这边,警察展开了调查,父亲得知事情经过之后,害怕孩子受到严厉处罚,只能带着孩子逃跑,最后大儿子在慌乱逃跑中被枪击中,小儿子为了救哥哥,向前来追捕的警察自首,被警察带走。而理查德,在妻子中枪后,到处奔走寻求可能得到的帮助;在妻子绝望的时候,他一直守护在身边,不离不弃,给她力量,他的真情流露使得夫妻俩互相敞开了心扉。

一只步枪,串连起了片中的所有人物,将发生在四个国家的故事投放在政治误解、语言障碍、文化差异的背景中,从而把个人命运上升为一个社会问题:到底是什么使我们沟通起来这么困难? 其实,沟通的障碍不是语言,而是情感。

在《巴别塔》上映后,《纽约时报》对它的简短概括是:"在全球范围内探讨沟通的艰难。""巴别塔"隐喻了人类语言被变乱的严重后果,也隐含了沟通的希望。

千惠子一次次试图融入这个世界而又一次次被拒绝,最后还是父亲温暖的拥抱让她知道自己所渴望的爱其实就在身边。还有那无私地帮助理查德夫妇的摩洛哥导游,拼死保护孩子的墨西哥保姆阿梅利亚……在他们身上,我们看到了希望的光在慢慢延伸,看到了沟通、交流的可能。

在《旧约》中,"巴别塔"没有建成,而在当今社会中,人类沟通的高塔是否能建成呢? 导演在片中并没有给出明确的答案,但是最后的话"献给我的孩子,最黑的夜,最亮的光"还是点燃了我们心头的希望之光,文化的冲突、心灵的隔阂终将在"最亮的光"的指引下化解、消融。

4.《启示录》中"世界末日"的预言

《启示录》是《圣经》的最后章节,从《启示录》第八章开始,无数灾难降临大地,所有人都会经历"最后的审判"。在基督教徒看来,这是对人类最后时期和最终命运的预言。根据《启示录》:所有不洁净的、行可憎的和说谎的,将受到惩罚,堕入地狱之火,永世不得翻身;而信仰上帝的人则进入圣城新耶路撒冷,永享快乐幸福。

好莱坞围绕这一预言创作了许多影片,如1999年由施瓦辛格主演的《魔鬼末日》(End of Days),主人公为了阻止魔鬼撒旦的复活和世界末日的到来出生入死,最终正义战胜邪恶。

或许我们可以这么说,在美国人的潜意识里有一种"末日情节",他们觉得地球和人类最终会毁灭,并把这种潜意识带入了电影之中。在这些影片中,有各种各样的原因导致世界末日。一是人类对先进科学的过分追求。这类影片中著名的有:1984年首映的《终结者》系列、1999年的《黑客帝国》(The Matrix)系列和2002年开始的《生化危机》(Resident Evil)系列等。二是自然灾害的冲击。如1995年的《未来水世界》(Waterworld)、1998年的《末日救未来》(Deep Impact)、2003年的《地心毁灭》(The Core)、2004年的《后天》(The Day After Tomorrow)、2009年的《2012》等；三是外星人来袭，如1996年的《独立日》(Independence Day)、2004年的《地球战场》、2005年的《世界大战》(War of the Worlds)、2011年的《决战洛杉矶》(Battle：Los Angeles)等。上述这些影片均讲述了人类与各种灾难斗争的故事，不过即便是末日到来，影片结尾时也会有英雄一般的人物带领着大家战胜灾难，寻回希望。

二、以耶稣形象为原型

为人类的救赎而被钉上十字架的上帝之子耶稣是《新约》中最著名的人物，他的故事也多次被搬上电影屏幕。

乔治·斯蒂文森于1965年执导的影片《耶稣传》(The Greatest Story Ever Told)堪称同类影片之最，同时也是正面描写耶稣生平事迹的影片中投资最大之作，影片场面颇为壮观，讲述了耶稣从出生到被钉上十字架最后复活的整个一生，可说是对《新约》中这一故事最忠实的记录。

与之相反，1982年就着手拍摄的《基督最后的诱惑》(The last temptation of Christ)，由于涉及了宗教中的敏感内容，遭到各大宗教组织的强烈抗议，派拉蒙公司也抵制不住外界的抗议而被迫停机。在这部影片中，导演马丁·斯科西斯对耶稣、犹大的故事进行了大胆改编，颠覆了人们心中的固有印象，赋予了耶稣更多人性的特点，几经周折，影片才终于得以在1988年正式公映。不过，美国天主教协会曾号召全国抵制《基督最后的诱惑》，芝加哥的布告牌上写着："上帝不喜欢这部电影！"

此外，作为天主教徒，梅尔·吉普森的三部影片《勇敢的心》、《耶稣受难记》与《启示》，也都体现了他的基督教思想意识。虽然三部影片中不乏鲜活的暴力镜头，也曾引起轩然大波，但在暴力镜头之下我们解读的却是一个带着受难精神追寻真理的灵魂。

1.《耶稣受难记》中对耶稣形象的塑造

如果说基督教有一个中心的话，那就是耶稣基督。只要基督徒谈到上帝、拯救、敬拜，就不能不谈到耶稣基督，区别只在于是以明显的还是以隐含的方式。对新约作者而言，耶稣就是一扇窗口，透过它就可以看到上帝的属性、品格和计划。耶稣是拯救的根据。新约时代以降，基督徒一直将耶稣作为复活的主和世界的救主来崇拜。

在《新约·约翰一书》第五章中有这么一句话："那藉着水和血来的就是耶

稣基督,不是单用水,而是用水又用血;作见证的是圣灵,因为圣灵就是真理。"血具有强大的震慑力,它令人恐惧,令人敬畏,而水则是温情的洁净之物,它可以洗净罪恶,洗涤心灵,影片《耶稣受难记》便是藉着血和水而来,以耶稣为主人公,将记录在《新约》中的文字电影化,展示耶稣受难前后的全过程,是对"受难—救赎"这一基督形象的生动诠释,图6-6为《耶稣受难记》剧照。

图6-6 《耶稣受难记》剧照

　　正如上段所说,为了展现血的力量,影片毫无保留地运用充满暴力因子冲击视觉的影像来展现人物受难之苦。在长达两个多小时的观影过程中,观众看到的是耶稣受到的折磨,罗马士兵残暴鞭笞,耶稣血痕累累,皮开肉绽,十字架上铁钉入骨,鲜血溢流。"若有人要跟从我,就当舍己,背起他的十字架,来跟从我。因为凡要救自己生命的,必丧掉生命,凡为我和福音丧掉生命的,必救了生命。"①在圣经四福音书中都记录了这样一句话,耶稣降临人间的目的便是背负起十字架,担当起世人的罪孽,走向接近上帝的永恒天堂。影片中的血腥画面和暴力镜头,虽看上去触目惊心、难以接受,但透过鞭打与羞辱,影片实际为我们展现的是一个凌驾于肉体之上的超脱的灵魂。面对苦难之境,耶稣默默无言,他镇定自若,在祭献血与水的过程中,完成对生命的舍弃,实现对灵魂的洗礼,他的受难也因此而具有了意义,图6-7为《耶稣受难记》剧照中抬十字架的耶稣。

　　在基督教思想中,天堂与地狱,上帝与撒旦,善与恶总是对峙的两级。《耶稣受难记》一开场,便是在一个明月与乌云相互"争斗"的夜晚,整个罗马城笼罩在罪恶的阴影中,犹大出卖了耶稣,背叛了信仰,最终也因良心的谴责选择用上吊来结束生命;而另一个场景,撒旦在努力瓦解着耶稣对上帝的信仰,并派出蛇来试探。耶稣不为所动,拒绝了他的诱惑,并果断踩死了蛇。当影片结尾,耶稣

---

① 选自《圣经》"神"版,中国基督教三自爱国运动委员会中国基督教协会,2009.

图 6-7 《耶稣受难记》剧照(抬十字架的耶稣)

被钉在了十字架上,官兵们耻笑,"如果你是犹太人的王,救你自己吧!"与他一同处死的犯人也跟着侮辱他,"你不是基督吗?救你自己和我们吧!"即便是这样,耶稣都没有放弃自己的原则,他大声呼叫:"父啊,我把我的灵魂交在你手里。"在如此残忍、严酷的折磨下,耶稣的心最终获得了胜利,他没有被征服,而是以一颗全善的心走向了神的怀抱,完成了神性的转化。

《耶稣受难记》将残酷和血腥做到了极致,影片全长 126 分钟,其中有将近 100 分钟都是在描写耶稣所受的严酷刑罚,因此在美国及世界范围内引发轩然大波。美国媒体对此片的评价大多倾向负面,认为该片会给青少年带来心灵的创伤,对观众来说也是一次"受难"。不过,导演梅尔·吉普森在接受采访时却表示,"我就是要让影片产生让人震惊的效果,而且我的目标就是把这残酷和血腥做到极致,我要把观众推到一个不能承受的临界点上,到了那个边缘,他们才能体会到什么是暴行,什么是牺牲,他们才能真正感受到耶稣的爱和宽恕。"

2.《马太福音》中的耶稣形象

皮埃尔·鲍罗·帕索里尼导演的电影《马太福音》(The Gospel According to Saint Matthew,1964 年)在 1965 年的"国际天主教电影节"上获得了最佳影片奖。

当时,"国际天主教影视协会"对这部影片的评语是:

"The author... has faithfully translated, with simplicity and piety, and often movingly, the social message of the Gospel, in particularly love for the poor and the oppressed, while sufficiently respecting the divine aspect of Christ... this work is far superior to earlier, commercial films on the life of Christ. It shows the real grandeur of his teaching stripped of any artificial and sentimental effect."①

"作者以直率和虔诚如实地传达出福音书中的社会信息,其中对于贫穷人和受压迫者的爱以及对基督神圣性的充分尊重尤其瞩目……这部作品远远超过了以往那些有关耶稣生平的商业电影。它将耶稣执导的真正伟大之处表现出来,完全褪去了人为与煽情的效果。"

导演帕索里尼是战后艺术界著名的马克思主义者,但在1949年,他就被意大利共产党以同性恋为由开除了;他景仰神圣和主,但14岁时就放弃了天主教信仰并一生与教会公开对抗;他以无产阶级左派自居,但在20世纪60年代末的学生运动中就站到了警方一边来反对学生革命;他批评电视开创了一个享乐主义的时代,但在影片《定理》和《天方夜谭》中,他又公开蓄意地表现色情;他的影片《软奶酪》因渎神而给他带来了四个月的监禁;而两年之后,他又以《马太福音》一片获得了天主教电影大奖;这位被称为"文质彬彬、具有深厚美学修养"、反对野蛮暴力的诗人、小说家却拍摄了根据色情作家、臭名昭著的萨德侯爵的小说改编的影片《萨罗》(又名《索多玛120天》),在银幕上展现了肮脏、血腥、不堪入目的场面(这部帕索里尼的绝笔之作在所有国家均被禁映)。② 可以说,帕索里尼的一生便是一个矛盾集中点。

1962年,在教皇约翰二十三世的号召下,一批非天主教徒的艺术家聚集在意大利的阿西西城,参加一个宗教研讨会。帕索里尼也来到了阿西西城,在他所住宾馆的床头柜上刚好放有一本《圣经·新约》,就翻开读了起来。曾经做过诗人的他深深为《马太福音》里优美的文字所感染,基于这一原因,他开始着手拍摄电影《马太福音》,图6-8为《马太福音》海报。

与好莱坞式的大制作史诗巨片不同,这部135分钟的黑白片充分体现了帕索里尼作为新现实主义导演代表的独特风格:大量的非职业演员,朴实的画面,尤为重视角色的性格刻画。电影摄制于当时意大利最贫穷荒凉的普里亚区的首府莫托拉。无巧不成书,40年后梅尔·吉布森的《基督受难记》也是在这里摄制完成的。

众所周知,在《圣经·新约》里有四部福音书——《马太福音》、《马可福音》、《路加福音》和《约翰福音》,各有侧重地记录和见证了耶稣的身份、教导、行动等,与其他福音书相比,帕索里尼认为"马可福音过于粗鲁,约翰福音过于神

---

① Lloyd Baugh, Imagine the divine: Jesus and Christ – figures in film (Kansas City: Sheed & Ward, 1997),96.

② 帕索里尼.百度百科,http://baike.baidu.com/view/134376.htm.

图6-8 《马太福音》海报

秘,路加福音过于感伤。"在他的眼中,马太福音是唯一拥有"民族-民众史诗"特质的福音书,他的影片也成功地传达出这种特质。

《马太福音》的纯净影像更贴近民族纪录片般的风格,从中可以看出意大利电影从新写实主义转型的过程,以及帕索里尼独特的诗人本质。他把耶稣"还原"为贫瘠焦土上一个和平民百姓站在一起的神。片中大量非职业演员的真实面孔,包括从头到尾无言的约瑟和玛丽亚(年老的玛丽亚转由导演自己的母亲饰演),质朴得令人动容。耶稣大段的宣讲,配合演员狂烈而疏离的眼神,极具说服力。帕索里尼不以现实的观点去掉耶稣的神圣及神秘性,而是着重在与种种神迹并存的感性一面,成为一部拯救赤贫阶级的理想化诗篇,图6-9为《马太福音》剧照。

帕索里尼在激情中调动了他全部的才气和灵感,用他天才的电影语言来全力打造这个心中的革命者耶稣。① 第一,影片受到了"真实电影"拍摄方法的深重影响,摄影机像记者采访似的对准慷慨陈词的耶稣,充分表现出强大的语言力量。影片"不求流畅的蒙太奇",以特写镜头"得心应手地变换时空,从而通过貌

---

① 侯军. 基督教与西方电影[M]. 北京:文化艺术出版社,2006,12:92-93.

图 6-9 《马太福音》剧照

似混乱的风格达到表述的完整,逆乎常理地起到纽带作用"。① 第二,帕索里尼借鉴了丹麦导演德莱叶的经典电影《圣女贞德》特写镜头的用法,以及广角镜头的配合,大大突出了耶稣布道时的激情、神态,表现出强大的精神性力量。② 第三,帕索里尼为了要"通过一位信仰者——一般谦逊、卑微的意大利人的眼睛观见耶稣乃是上帝之子",经常采用门徒的主观视角来"观察"耶稣,常常交替运用大特写和大远景这种两极镜头。如影片中有两次耶稣受审判的情景,前一次是以使徒彼得的视角来呈现,后一次是以使徒约翰的视角来呈现。导演一方面用隐藏在人群中的视点镜头远远地观看耶稣被羞辱,一方面又穿插了彼得与约翰的表情反打。

总体来说,帕索里尼大胆而独创地运用了近似纪录片的手法与风格,因为他始终坚信:"附加任何言词和意象,将永难达到深藏在正文里头的诗意的高峰。③"

3. 《蒙特利尔的耶稣》——现代版的耶稣

1988 年,就在好莱坞导演马丁·斯科西斯拍摄《基督最后的诱惑》期间,北

---

① 勒普雷代尔. 论帕索里尼.《世界电影》.1986,(3).
② 娜欧蜜·葛林. 异端的电影与诗学. 万象图书,1994,12:88.
③ 娜欧蜜·葛林. 异端的电影与诗学. 万象图书,1994,12:129.

美的另外一位导演——德尼·阿冈也准备开拍《蒙特利尔的耶稣》。当《基督最后的诱惑》在美国和欧洲引起轩然大波时,《蒙特利尔的耶稣》也结束了影片的后期制作,准备公映,图6-10为《蒙特利尔的耶稣》海报。在北美洲,同时出现两位导演拍摄有关基督耶稣的影片,这一事件本身就具有非同寻常的意义。

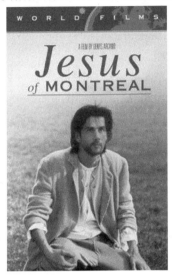
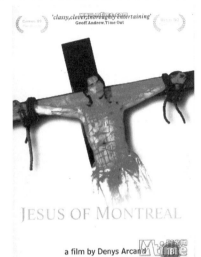

图6-10 《蒙特利尔的耶稣》海报

德尼·阿冈和马丁·斯科西斯都出生于虔诚的天主教家庭背景中,也都受过教会的教育。他们不约而同的行为,在向世界说明着这样一种现实:作为美洲帝国的文明,同时也是整个西方世界文明的基础——基督教信仰已在相当大的范围内摇摇欲坠。在"怀疑上帝"方面,德尼·阿冈的态度比马丁·斯科西斯更加明朗。他在一次回答记者提问时说:"《圣经》是一本古老而又神秘的书,其中矛盾百出,你只要想要,就可以随心所欲的引用——你可以干过丧尽天良的坏事而自称是基督忠实的追随者。有些文明整个被消灭,也是打着基督的旗号干出来的,例如北美消灭了印地安文明,南美消灭了印加文明、玛雅文明等。"对于这样的传统,德尼·阿冈曾以毫不掩饰的态度表示了他的厌恶与否定。但是,他又痛苦地认识到,不管你厌恶也好,喜爱也罢,基督教传统是西方人身心不可分割和无法幸免的组成部分。

45岁那年,德尼·阿冈突然遇到了一个人,触动了他拍宗教影片的念头。一天,一位留着胡子的演员来到阿冈招募演员的剧组,旁边有人劝他把胡子剃掉后再来应聘,那人却说:"对不起,我留着胡子,因为我是耶稣。"众人听了哈哈大笑,阿冈开始以为这人是患上了"妄想症"的毛病,总是把自己沉醉在某个角色之中,后来从了解到这个人当时正受雇于某教堂,为游客演出《基督受难》一类的宗教剧。由于这类演出的地点是在蒙特利尔市的最高点——"王山"顶峰上,德尼·阿冈灵感顿生:在现代城市演出这个千年的社会神话,本身就具有讽喻的意味。

整部影片的情节可以说是对《马太福音》中所提供的耶稣生平的"滑稽模仿",演出同说教、布道一样也是一种传播。男主角达尼尔经历了生活中的荒谬与屈辱。他所招募来的演员,跟耶稣当年招收门徒差不多。

第一位合作者:康斯坦丁,音乐学院毕业,如今在教堂做厨师和社工。

康斯坦丁是达尼尔的同门师姐,毕业后没有从事演艺职业,而是选择了在教堂工作,即便如此,她的演戏热情没有减少。当达尼尔找到她时,她毫不犹豫地答应了。

第二位合作者:马丁,色情片配音演员。

马丁本是位多才多艺的演员,但在现实生活中,他的才艺却没得到应有的展示。他的登台亮相很有特色,一边吃面包一边为色情片配音,而且一人饰两角,才艺得到了"淋漓尽致"地发挥。

第三位合作者:米莱叶,为电视台拍广告片的年轻女孩。

来自法国的米莱叶本已深陷堕落的价值观中不能自拔,以为只有靠出卖身体和色相才能生存,但达尼尔大闹电视台,并阻挠她做色情商业广告的行为震撼了她,使她重新找回了尊严和良知。

第四位合作者:托尼,纪录片解说员。

起初,托尼并没有接受达尼尔的邀请,但他又不甘心被这样埋没,在思考过后,托尼主动登门拜访,提出的唯一要求是要为他演出的受难剧中加一段哈姆雷特的独白,好让他有一个发挥演技的机会。

就这样,达尼尔的四个同伴就像是耶稣的多位门徒,带领观众开始了一段信仰之旅。影片采取的角度是在当代人生活的基础上,对基督教传统精神的追寻、缅怀和反思,也是有意对福音书做一当代社会语境下的诠释。影片没有机械化的照搬福音书,而是以生活化的笔调勾画出当代社会神圣与世俗交织难辨的风俗画。

随着影片的推进,表现的格调也越来越严肃。其中最巧妙之处,就是对达尼尔这个现代版耶稣形象的递进处理。"Are you looking for Jesus?... It is he who will find you."(你正在找耶稣吗?其实是他在找你)。这是影片一开始,一位图书管理员对正在研究耶稣资料的达尼尔说的话,仿佛预示了他在影片中的命运。结尾也果真被她言中,在被十字架砸伤后,达尼尔谵语不绝,他在地铁站对人们做出末世的警告。他和自己所创造的耶稣形象也终于合为一体。

第二节 基督教文化在电视剧中的表现

基督教不仅是一种宗教概念,也是一种生活方式、伦理观念和文化价值的体现,它从各个方面深刻影响着东西方国家的思想和文化,在电视剧中也有体现,平等思想、博爱思想影响尤为深刻。

一、从《越狱》看基督教思想在电视剧中的表达

《越狱》是一部典型的美国大片式电视剧,监狱、暴力、天才、孤胆英雄、白宫内幕等。该片讲述了弟弟迈克尔如何营救因犯有谋杀罪而被判死刑的哥哥林肯的故事,片中涉及了很多的宗教元素,其中最主要的就是基督教问题。

如剧中犯人阿布兹所说的"诺亚方舟",监狱长波普在记者问及林肯死前想些什么,回答说"这是他和上帝的对话"……说明许多美国基督徒对基督教义及其典故非常熟悉,基督教文化已经深深植入他们心中。

另外,迈克尔在哥哥林肯即将执行死刑之前,请求牧师把暗中藏有药丸的十字架带给林肯,并不知情的牧师毫不犹豫地答应了。然而按照监狱规定,这一行为是不被允许的,特别是对一个即将执行死刑的囚犯来说,牧师之所以答应了迈克尔的这一请求,是因为在他和许多美国基督徒看来,十字架是上帝的象征,上帝是不可亵渎的,基督徒是不可能利用这来犯罪的。迈克尔正是利用美国人这种笃信上帝的心理才使计划得以成功。

西方文化主要来源于希腊文化和希伯来文化。从宗教的角度来说,基督教是从犹太教(即希伯来文化)派生出来的,所以基督教文化主要是继承希伯来文化并吸收一些希腊的影响演变而来的,它比较强调"原罪意识",以"有罪者必得惩罚"的观念来警醒世人。在基督教看来,人都是有罪的,从人类的祖先亚当和夏娃偷吃知识果开始,整个人类就陷入了深深的罪恶之中。所以整个旧约全书记载的全都是犯罪,他们经常唱的一首赞美歌就是"我是一个罪人"。在《越狱》中,原罪意识也有充分体现,如迈克尔和神父的一段对白:

"保佑我神父,我有罪。"
"你上一次忏悔是什么时候?"
"这是我第一次,有生以来。"
"你知道你罪行的本质吗?"
"本质?我不太确定。"

"在你内心深处你是知道的。"

"正义的?也许吧,相信到最后能为我的所作所为正名。"

"你的最后目的是什么?"

"拯救一个人的生命。"

"那你的所作所为呢?"

"我几乎破坏了所有的法律,但这不仅仅是我所做过的事,还有其他人做的事,他们做是因为我让他们做的。因为我觉得自己在做正确的事情,本来这次我应该更明白的。"

……

迈克尔认为"每个人都有自己的信仰",他虽然尊重上帝,却拒绝把自己的意志交付给上帝。这种观念在某种程度上暗合了美国人身上涌动的一种社会心理嬗变。反观基督教的近代史,由于科技文明的进步,基督教的权威性在逐渐式微,同时,民主观念又进一步将精神独裁的宗教拉下神坛。尼采曾疾呼,"上帝死了",这个"上帝"不仅仅是指基督教的上帝,而且指的是自柏拉图以来统治欧洲几千年的形而上精神。"你说的一切都不存在:没有魔鬼,也没有地狱。你灵魂之死,还比你的肉体快些,不要害怕!"①在美国电影《第一滴血4》中,一批对缅甸的难民展开人道主义援助的基督徒被当地的政府军俘虏,一个前去营救他们的雇佣兵说:"他们派我们这样的魔鬼去做上帝应该做的事情。"这句台词不无反讽地说出"上帝拯救世界"的荒谬。无独有偶,美国电影《出租车司机》里的主人公特拉维斯营救雏妓、火拼皮条客的壮举也塑造了一个尘世的英雄,他无法指望司法机构提供正义的解决办法,也无法奢望上帝之手的援助。② 正如上文所引的剧中对白,当神父劝慰迈克尔"有办法来挽回的,把你的意志交给上帝"时,迈克尔的回答——"每个人都有自己的信仰",这个信仰就是人心深处的良知与正义感。而这又恰恰点出了剧中一个值得探讨的一个哲学命题,"目的是正义的,但在邪恶压过正义的情况下,却走了一条非正义之路,这种行为还算不算英雄所为。"

在《越狱》中,我们还可以看到许多祷告的情节。每到周末,许多犯人就会到教堂做礼拜,向上帝忏悔。他们佩戴十字架、读《圣经》,饭前也不忘祷告。上到监狱长、下到服刑囚犯,都是一副虔诚基督教徒的模样,图6-11为《越狱》海报。

---

① 尼采. 查拉图斯特拉如是说[M]. 北京:文化艺术出版社,2003:12.
② 李朝阳. 从美剧《越狱》看电视剧对社会文化心理的表达. 电影文学. 2011,(14).

图 6-11 《越狱》海报

一方面是原罪,人人都有罪,有罪并不奇怪,另外一方面是救赎、恩宠,上帝是可以赦免罪人的。他们可以从上帝那里赎罪,从上帝那里得到恩宠解救自己,这就形成了"作恶——忏悔——赎罪——解救——再作恶"的怪圈。

在《越狱》中,阿布兹的故事很好地印证了这一点。阿布兹原本是一个黑帮老大,犯案累累。在监狱里,一次和巴格韦尔的冲突中被其割破喉咙,差点丧命,后来经过抢救挽回一命。重新回到监狱后,阿布兹表现出一副虔诚的基督教徒模样,当迈克尔来试探他的态度时,阿布兹忏悔说,"那个曾经被关在高墙内的罪人已经死了,新的灵魂应该得到自由。"当他去找曾经的仇人巴格韦尔时,所有的人都认为他去寻仇,阿布兹却出人意料地说:"我来找你不是关于你杀我的事,是上帝如何救我。"然而当他成功越狱之后,他的本性暴露无遗。当众人对巴格韦尔故意和迈克尔拷在一起束手无策时,阿布兹毫不犹豫的砍断了巴格韦尔的手掌。后来在他得知当初出卖他致使他进监狱的叛徒后,他又毫不犹豫地去寻仇。

正是基督教文化这种原罪、赎罪、上帝救世说,使得许多人在赎罪的同时又继续犯罪,虽然教义表明有罪者必得惩罚,但是基督教救赎、恩宠又给了他们解脱、继续犯罪的理由,于是就形成了一面不断犯罪,一面又不断向上帝祷告祈求宽恕,然后再犯罪的怪圈。

二、用两个"夏娃"阐释《夏娃的诱惑》

韩剧大多以家庭剧、伦理剧见长,而之所以把《夏娃的诱惑》拿出来分析,是因为这部电视剧是韩剧中为数不多的深刻反映人性的作品,而且这部作品反映人性的方式不同于西方的灾难片和战争片把人的自由意志放在一个极端的情境中考察,它选择了生活中的普通人,在一种每个人都会遇到的情境中展示人罪的一面,这与基督教文化息息相通。

《夏娃的诱惑》以一个发誓成为新闻主播的女记者为故事主轴,讲述了在不同家庭环境下怀着希望去追求幸福的四个年轻人(徐迎美、甄善美、伊翔泽、金佑振)的爱情故事。故事的背景是在新闻台,两个女人为了争取新闻主播位子而展开竞争,一个是具有漂亮面孔,为了赢得事业成功而不择手段的徐迎美,一个是美丽、纯朴,追求自身价值的甄善美,透过两个女人的竞争,呈现出电视圈中不为人知的一面,图6-12为《夏娃的诱惑》海报。

图6-12 《夏娃的诱惑》(又名爱上女主播)海报

徐迎美生活在一个不幸的家庭,母亲离家出走,父亲是酒鬼,一次意外的机会使她认识了善美的父亲,善美的父亲出于同情把她安排在佑振家里。但是从小就生活在阴暗中的徐迎美看到善美和父亲的父女深情以及优越的家庭环境产生了愤恨嫉妒之情,从此便不择手段地去抢善美所拥有的一切。先是善美从小喜欢的佑振哥,然后是电视台女主播的位置,还有一直深爱着善美的尹翔泽,她都要去抢。但是当一直包容和爱护迎美的金佑振为了保护迎美而牺牲自己的生命时,坏事做尽的迎美忽然醒悟,自杀未遂被人救起之后失去了记忆,从此一直生活在天堂般的福利院照顾那些和她一样的孤儿。

看过这部剧的观众会有一种最直接的感受:善美纯真善良,却无法赢得佑振的心,而迎美心如蛇蝎,却能让佑振牺牲生命保护她,为什么?这个结果似乎让人很难接受,但从基督教文化来理解,善美和迎美其实都有"善",只是不在一个层次上的"善"。

善美就如同伊甸园中的夏娃,没有分别善恶的能力,优越的家庭条件和父亲的关爱更让她没有作恶的能力,所以善美的善良是一种没有经过历练的善、一种低层次的善。而迎美则是偷吃了智慧果被上帝逐出伊甸园的夏娃,在魔鬼的诱惑之下,不断地选择恶,但是由于有像上帝一样宽容的佑振无条件的爱才使这个被逐出伊甸园的夏娃最终完成了恶的历程从而走向了至善,这种善是高层次的善,它经历了恶的洗礼从而变得无比纯粹和稳固。

因此在分析该剧的两个主要人物——甄善美和徐迎美时,应分别通过基督教的几个观点——创世说、原罪—赎罪说来分析。

1. 甄善美——伊甸园中的夏娃

《圣经》中的第一部分《创世纪》详细地介绍了上帝创造世界万物和人的过程,上帝创造了世界万物之后,又模仿着自己的样子创造了亚当,并从亚当身上取下一根肋骨造了夏娃。当上帝完成了这些工作之后,《圣经》记载道:"那时,夫妻二人赤身露体,彼此都不觉得羞耻"①,这句话是理解伊甸园中的夏娃的关键。虽然甄善美从小失去了母亲,但她是在富有的家庭长大的,父亲的慈爱使她受到了良好的教育,"生活"在她的心里总是以善的一面展现,就如同生活在伊甸园中的夏娃一样,和亚当过着无忧无虑的生活,从来不知道什么是苦难。由于上帝不允许他们吃智慧树上分别善恶的果子,所以他们是处于一种混沌的状态之中,他们没有见过恶,所以说在没有恶的对照下他们也没有善的概念。善美的善良就是这样一种状态,可以说善美是一个没有自我的女孩子,她的善是出于本心而没有任何自我选择,她的自我是完全向这个世界敞开的,就像伊甸园中的亚当和夏娃一样"自我"是"赤身露体"的。

正如上文所述,善美的"善"是一种必然的无条件反射,她所生活的环境、所接触的人让她觉得世界万物都是美好的,理应对人对事做到"善",而迎美的表现同样也是一种自然流露,是与她童年的经历息息相关的,其中最大的不同在于,她的表现中还有一种自由意志的体现。

2. 徐迎美——被放逐的夏娃

在《创世纪》第三章中,耶和华创造了亚当夏娃之后,盼咐他们说:"园中各样树上的果子,你都可以吃,只是那知善恶树的果子,你不可吃,因为你吃的时候,你必要死。"②但是夏娃却因受到了蛇的诱惑吃了智慧树上的果子,而且也给了亚当吃,之后,"二人的眼睛就开了,才知道自己是赤身露体的。于是把无花

---

① 出自创世纪(第二章第二十五条).

② 出自创世纪(第三章第三条).

果树的叶子编缝起来，为自己做裙子"①。耶和华知道后大怒，怪罪下来，亚当便开始指责夏娃："与我同居的女人，把那树上的果子给我，我就吃了。"②夏娃则把责任往蛇身上推："那蛇引诱我，我就吃了。"③别的关系也变得不再和谐：被诅咒的土地迫使男人汗流满面才能养家糊口，女人生育的痛苦被大大增加，动物与人为敌，丈夫企图控制妻子，等等。

在《夏娃的诱惑》中，片名便点明了这个主题：一切故事都以迎美受到诱惑开始，六岁时迎美被母亲遗弃，父亲经常酗酒打骂她，后来迎美的父亲也因为工伤去世。生活总是过早地向迎美呈现出它残酷的一面，而幼小又软弱的迎美经不起魔鬼的诱惑，使"恶"过早地进驻到她的内心，就像佑振母亲在剧中所说："我一看到你就想起那些生长在黑暗角落里的草，外表很好看，但很毒辣。"迎美的确像长在黑暗中的草，所以当她看到善美快乐幸福的生活时，内心的不平衡一下子就找到了爆发的对象，夺走善美的一切就成了迎美的生活目标。

她做任何想做的一切，一切妨碍她往上走的东西都会被她不择手段地除掉。迎美无疑是有罪的，但这种罪又是带有普遍性的。基督教的罪不是局限于某一个人或某一个民族的概念，而是以普遍的人的共同生存经验为支点对人做出新的反思。

由自由意志造成的罪可以从下面三个方面来分析。首先，人们可能会滥用自由意志来伤害别人，满足自己的欲望。其次，人的意志虽然有着向善的倾向，但还不足够以控制住自己的情欲，正如《圣经》中所说的那样："我所愿意的善，我反而不作；我所不愿意的恶，我倒去作。"④在这里，人知道自己应当怎么做，却又难以控制自己，恰恰走向相反的道路，并产生罪感。再次，提倡自由意志的人很可能会借助理性这把锋利的刀对一切价值体系进行彻底的解剖，结果就会像浮士德一样把一切都否定掉。这种情况也可能促使现有的关系的破裂，并引起罪责，浮士德的灵魂被打入地狱正是对他的罪过的惩罚。

所以迎美犯罪成为她自由意志的第一步，而认识到自己的罪并且开始赎罪是更重要的一步。"赎罪"是旧约中与罪问题相伴相随的另一个主题。旧约时代的犹太人主要通过两种方式来达到赎罪的目的：一是献祭；二是严守律法。不论是采用哪种方式，都受到了质疑，因为它们无法彻底涤除一个人内心深处沉重的负罪感。所以《新约》中，一切献祭和律法都失去了意义，神的儿子（耶稣）把

---

① 出自创世纪（第三章第七条）.
② 出自创世纪（第三章第十二条）.
③ 出自创世纪（第三章第十八条）.
④ 出自《罗马书》第七章第十九条.

自己献在十字架上,为世人做了赎罪的羔羊,这才是真正的"赎罪祭",也是对于一切律法的成全。"你要尽心、尽性、尽意,爱主你的神。这是诫命中的第一,且是最大的。其次是爱人如己。这两条诫命是律法和先知一切道理的总纲。"迎美的赎罪虽然不是因为信仰,但在内涵上却是相通的。佑振的死,让她看清了自己的原罪,开始了虔诚和彻底的忏悔,她来到河边一步步的走向河心希望用清澈的河水洗净自己的污垢……但是本来想自杀的迎美却被人救起,得救的迎美失去了六岁以前所有不愉快的记忆,从此得到了一个崭新的生命,这个生命因恶而来,又因爱而永生。写到这里,不禁让人想起了《圣经》中的一句话,"上帝爱世人,甚至将他的独生子赐给他们,叫一切信他的,不至灭亡,反得永生。"

在引用案例和基督教文化综合评述的基础上,本章通过对基督教概况、基督教思想在电影和电视剧中的反映来阐述这样一个观点:基督教是西方文化的重要组成部分,其影响已经深深渗透到了西方和东方的影视剧创作过程中,也折射了信仰者的生存哲学和价值观。认识到这一点,不仅有助于我们更好地欣赏相关影片和电视剧,也有助于我们进一步了解基督教文化。

第七章 伊斯兰文化与影视
——以伊朗新电影为例

伊斯兰文化比较独特,对部分影视产生了深刻的影响。

"伊斯兰"的原义为"和平"和"顺从"。作为一种宗教,它强调对真主(通用汉语的穆斯林对"安拉",Allah 的称谓)的信仰和顺从:信真主,是伊斯兰教的"六大信仰"(信真主、信天使、信使者、信经典、信末日审判和死后复活、信前定)的首要信条和信仰核心。"穆斯林"一词,即由"伊斯兰"转化而来,有"获得和平者"、"顺从者"之意。在它看来,和平只降给那些信仰独一真主并顺从真主旨意的人。伊斯兰意识形态完全体现了伊斯兰教的"六大信仰"、尤其是一神信仰并顺从真主旨意的观念,它构成伊斯兰文化的精神真谛。不管它的宗教文化,还是世俗文化,都不能背离伊斯兰意识形态。这在穆斯林的生活习俗、文学艺术、伦理规范、价值观念、思想感情、意向爱好、心理情绪中得到反映,形成各个信仰伊斯兰教民族的文化传统和文化特色。任何来自外界对他们的文化的轻侮、污蔑或亵渎,都会触犯他们的民族意识和民族感情、宗教意识和宗教感情,遭到那部分固执于民族文化传统的人的抨击和反对,更不必说违反他们的生活习俗、破坏他们的宗教信仰,或是亵渎他们信奉的真主、先知和神圣经典《古兰经》了。即便是教内出现类似的思想、言论或行为,同样被视为大逆不道,会遭到相应的谴责或惩处;更不必说那种违背其教法而遭到教法所规定的刑罚(如石击、砍手足、鞭笞)了。这表明他们对待信仰问题是极其严肃的。因此,伊斯兰文化对有关影视产生了较大的作用。半岛电视台经常出现伊斯兰文化的形象,发出伊斯兰文化的声音。

第一节 伊斯兰文化与影视发展

一、伊斯兰文化与影视

伊朗电影史可以追溯到 20 世纪初。与中国电影早期的情形相似,伊朗最初的电影活动也是始自王宫。通过一百多年的发展,今天的伊朗和中国等国家一起,在世界上被看作是优秀电影的输出国之一。

经历了60多年的缓慢发展,在1979年的霍梅尼革命发生前的10年左右,一群有开拓精神的艺术家掀起了伊朗电影的新浪潮运动,他们开始制作高质量的,讲究电影语言本身,并具有强烈社会意识的本土电影。但由于伊朗新浪潮电影直面现实,揭露了社会的阴暗面而遭到严格审查。许多导演被冠以"腐蚀公众"的罪名而被清洗,有的甚至被判刑。以前在全国公映的2200多部国产和进口影片被再度逐一筛选,仅有200多部获准继续放映,并对从那以后的电影制作颁布了严格的规定。

20世纪80年代初,伊朗新政府逐渐认识到电影在文化宣传方面所起到的作用,并在建立民族电影这一点上达成共识,相应地做出积极的举措来使电影工业合理化,支持本土电影的生产,伊朗电影开始复苏。本文所研究的伊朗新电影大约正是在这个时候开始起步的。

由于政治和宗教上的原因,进入20世纪80年代以来,伊朗导演的电影,主要描写平凡环境中个性单纯的人物和线索单一的故事,严格的规定令导演们在创作中广泛使用象征和隐喻的方式,选择儿童为表现对象,来折射成人世界的社会现实。伊朗新电影在内容和影像上仍然受到许多限制,但这却促进了伊朗新电影在文化内涵上的发展。

从1984年—1988年伊朗优秀影片层出不穷,在伊朗电影人的不懈努力下,伊朗电影终于被国家电影机构接受,许多影片在外国的新闻报道中得到好评。从1989年阿巴斯的《何处是我朋友的家》获得洛迦诺国际电影节铜豹奖、评委会奖、费比西特别推荐奖、戛纳国际电影节艺术电影奖等奖项开始,伊朗电影凭借与以往电影很不相同的、充满人道主义内涵和远离色情暴力和低级趣味的国际参展影片获得了一个又一个的国际电影奖项,开始了伊朗电影史上的光辉历程,人们将这种现象称为伊朗新电影现象。有资料显示,自1979年—1997年,伊朗在国际电影节共参映4096部(次),获得276项奖。①终于形成一批影片在国内受欢迎,在国际上获奖的大好局面。

伊朗新电影以阿巴斯·基亚罗斯塔米(Abbas Kiarostami)、穆森·马克马巴夫(Mohsen Makhmalaf)、马基德·马基迪(Majid Majidi)、贾法·帕纳西(Jafar Panahi)、穆森·马克马巴夫的妻子伊朗女导演玛芝娜·马殊姬尼,以及穆森·马克马巴夫的大女儿萨米拉·马克马巴夫为代表,在国际影坛赢得了广泛的声誉,他们的作品不仅为第三世界电影的发展提供了良好的借鉴,对整个世界电影的发展也具有启示性的意义。

---

① 邢秉顺.伊朗文化.北京:文化艺术出版社,2003:178-179.

如今,伊朗年产影片60部~70部,依然活跃的导演有300位左右。他们依然将目光投注在现实生活中,同时以极具人文关怀的触觉在有限的天地里辛勤耕耘,保留着强烈的民族色彩,为伊朗电影在世界电影工业中维持着应有的地位。

正是因为伊朗新电影在国际影坛的光彩出场,从20世纪末一直到最近的一两年,世界电影界对伊朗新电影的介绍多了起来,各种有关伊朗新电影的评论也出现在了电影学术期刊、电影网站的醒目位置,因而形成了一系列关于伊朗新电影研究的热潮。在中国,这种现象甚至影响到了民间电影爱好者。

然而,面对如此盛极一时的伊朗新电影,关于这方面研究的实际状况却是这样:目前在国内电影理论界及研究生论文中涉及这个题目的研究并不多见,见于报刊的大多是就某个导演或某部影片的评论性研究,而缺乏对伊朗当代电影整体的梳理以及将其置于全球传播语境中进行分析。而且,国内外对伊朗新电影的研究主要集中在1995年—2002年这一时间段,此后基本上就销声匿迹了。显然国内电影理论界对它的研究还有待深入和拓展。

进入21世纪以来,伊朗新电影的命运有了很大的转折,在近几年的国际知名电影节上,伊朗电影的风头显然已经大不如从前。可以这么说,伊朗新电影现象从形成之初到今天出现消退已经在开始经历一个生死轮回。今天重新审视这个电影现象可能我们得到的结论将更加客观,也更加贴近现实。

借鉴近几年关于好莱坞全球文化霸权方面及民族电影论争方面的有关论述,在全球传播的语境中,分析伊朗电影在世界传播格局中的所起到的作用,这将包括伊朗电影对全球影像及全球文化的影响两个大的方面,从而从另一个角度揭示伊朗新电影之所以在国际上受欢迎的原因。而且,从另一角度分析它为什么能够曾经在世界影坛光彩亮相的举动,一定能给我们中国电影的发展带来更多的启迪。

伊朗电影史可以追溯到20世纪初,到今天已经具有了一百多年的历史。

1900年,米尔扎·易卜拉欣·汗·阿卡斯巴希根据国王穆扎法尔丁的命令将电影摄影机带到伊朗。与中国电影早期的情形相似,在伊朗电影首先进入了王宫,因此伊朗的第一部影片是米尔扎·易卜拉欣·汗·阿卡斯巴希从王宫拍摄的画面。这些影片大多是为了取悦国王和宫廷大臣而制作的,根本不公映,所以一部也未保留下来。从1906年开始在伊朗建了首批电影放映厅。1910年,汗·巴巴·穆·塔扎迪从法国回到伊朗,自带摄影机,拍摄短片。他拍摄的现已列入伊朗国家电影名录的影片包括:1905年的《召开议会创始人会议》和1906年的《礼萨国王登基典礼》。

1909年,阿旺斯·乌甘尼扬斯制作了伊朗第一部长故事片。遗憾的是这部名为《阿比和拉比》的影片没有留下拷贝。乌甘尼扬斯曾在莫斯科电影学校学习,他用这部影片开创了伊朗故事片之先河。1910年,易卜拉欣·马拉迪制作了一部名叫《兄弟恩仇》的影片,没拍完,但这半部影片亦在电影厅放映过,结果不成功。他的另一部影片是《想入非非》(1931年),这部影片也已丢失。乌甘尼扬斯制作的另一部影片名叫《哈吉·阿加,阿克图尔·希内马》(1931年),这是第一部保存完好的伊朗长片。

1931年—1937年间,旅居印度的一些伊朗文化人如阿尔达希尔·伊拉尼、阿卜杜勒·侯赛因·赛帕内塔等制作了一些波斯语影片,其中包括《鲁尔姑娘》(1932年)、《希林和法哈德》(1934年)、《菲尔多西》(1934年)、《黑眼睛》(1936年)、《雷丽和马季农》(1937年)等影片。1937年—1948年伊朗电影进入低谷,在此期间未生产任何影片。

1948年,电影《生活的漩涡》拍摄成功,伊朗电影借此再次步入影坛。这部电影是由阿里·达里亚比基导演、伊斯梅尔·库尚制作的,这是在伊朗制作的第一部有声电影。伊斯梅尔·库尚博士在伊朗被誉为"波斯电影之父",他还制作了其他一些影片,其中包括:《阿米尔囚犯》(1948年)、《春天的变化》(1949年)、《羞愧》(1950年)、《母亲》(1952年)、《偷情》(1952年)、《魔术师》(1952年)等。后来,他主要是从事电影制造,那些影片多带传奇色彩,歌星的参与对歌舞坛来说是一种活力。

20世纪60年代—20世纪70年代的伊朗电影界出现了新的变化。随着巴列维王朝"白色革命"的推进,伊朗国内亲美西化倾向严重,一些带有歌舞、裸体镜头的低水平传奇故事成为伊朗某些影片主要内容之一,直到后来随着伊斯兰革命的成功伊朗电影进程才发生变化。在这类恶俗电影风行的同时,另外有一些电影,如《城南》(法拉赫·加法里,1958年)、《古齐的夜》(法拉赫·加法里,1964年)、《砖坯和镜子》(易卜拉欣·古列斯坦,1965年)、《阿胡夫人的丈夫》(达乌德·马拉普尔,1968年)等影片,能够在电影界一面倒的形势中坚守正义,经过断断续续的努力,在1969年伊朗电影形成了新的潮流。两部电影《奶牛》(大流士·麦赫尔朱伊)、《恺撒大帝》(马苏德·基米亚伊)是新潮流的开创片。《恺撒大帝》借鉴了前人电影的经验,创造了新的形式,塑造了新的英雄,这在以后的电影中也形成一种模式。《奶牛》这部影片在1970年的威尼斯电影节放映并获奖。这部影片在芝加哥电影节亦受青睐,荣获奖励。但这股新潮流在低级影片洪流面前没有找到多少发展机会,直到伊斯兰革命前伊朗电影一直在慢慢地无声无息地延续着生命。从1972年开始,贝赫拉姆·比扎伊靠《枪林弹雨》这部大片开始其电影活动,在此之前他曾制作过《萨比鲁大叔》这部短片。他是伊朗革命前后两个时期最著名的伊朗电影导演之一。革命前重要的其他电影制片人有纳赛尔·塔加瓦伊、阿里·哈塔米、霍斯鲁·西纳伊、萨哈拉卜·沙希德·萨列斯、卡马兰、希尔达勒、阿巴斯·基亚、罗斯塔米、帕尔维兹·基米亚维、阿米尔·纳德里、霍斯鲁·哈里塔什等。

1979年伊斯兰革命爆发前后,激烈尖锐的社会政治问题成为全伊朗人的首选话题,有关电影生产的职业和经济关系也非常不稳定,伊朗电影业几乎陷入停滞状态。从1979年—1983年每年平均生产不过15部影片。从1980年开始,由于两伊战争爆发伊朗经济困难加重。尽管如此,新生的伊斯兰政府仍主张对文化艺术领域给予更多的关注,并采取了许多实际措施,来促进电影业的发展。从1983年开始,伊朗电影从困难中走出低谷,在以后的几年中在世界上取得了骄人的成就。

1983年,法拉比电影基金会成立,该基金会直属伊朗文化与伊斯兰指导部领导。创办者们的意图首先是增加电影产品,然后再提高影片质量。当时的文化和伊斯兰指导部负责人认为:阻止录像机和各俱乐部的录像活动有助于改善伊朗电影业的经济。因此,这一活动被明令禁止。这一决定在当时确实推动了伊朗电影经济的改善。法拉比基金会提出"监督、引导、保护"的口号,它既促进了电影生产的投资,又成为电影原材料和技术设备生产和分配的中心。另一方面,国家经济由于战争陷入压力和困窘,电影界负责人为说服国家制定有助于电影发展的经济计划作了艰难的努力。这样1983年,因法拉比电影基金会的成立,伊朗电影开始了新的时期。

1983年伊朗仅生产了24部长片,第二年达到33部。这一增加是电影界负责人采取特殊政策——特别是对法拉比电影基金会——的结果。在此期间为了支持电影生产的发展甚至允许某些差片放映。由于这种政策,革命前许多电影明星逐渐靠边站,但革命前好多杰出的电影制片人特别是在那个年代与低级电影潮流保持距离的人仍继续从事电影活动。

1985年初两个重大事件对伊朗电影经济产生了影响,一件是1985年1月当时文化和伊斯兰指导部负责人将全部伊朗革命前的影片和外国影片从各电影发行站集中起来,外国影片的进口权完全掌握在法拉比电影基金会手中。这无疑有益于改善伊朗国内电影业的经济状况。第二个举措是降低伊朗电影放映的税率,即从20%降为5%,将15%给予电影制片人,以支持电影生产。但与此相反外国影片放映税却从20%增加到25%。同年,文化和伊斯兰指导部进口的电影设备则免除关税。由于这种政策,电影商业广告也开始在电视台播放,这有助于增加伊朗电影收入,这样一来电影业逐渐走上正轨。

1986年可视为革命后提高电影质量时期的开始。在此时期生产了有价值的影片如《奔跑的人》(阿米尔·纳德里,1985年)。1986年—1990年制片者们生产了各种内容的影片,增加了伊朗电影题材的多样性。在此期间,具有哲学、伦理学、传统内容的影片受到保护,这使这类影片数量大增,如《小商贩》(穆森·马克马巴夫,1986年)、《守夜者》(穆罕默德·阿里·纳杰菲,1987年)、《土地的诱惑》(哈米德·萨曼达里扬,1988年)、《榆树》(萨伊德·易卜拉希米法尔,1989年)、《炼狱》(穆罕默德·阿里·塔拉比,1988年)、《探寻者》(穆罕默德·马图萨拉尼,1988年)、《好心》(阿米尔·古达尔,1989年)。但由于有些电影在商业上未取得成功,以及某些对题材缺乏深刻了解的电影制片人声誉下降,电影界政策制定者们得出了这样的结论:必须让电影制片人更加放开手脚独立选择题材。这一变化打开了战争片广阔的大门:第一批战争片制片人头脑里并没有两伊战争的明确图像,还是照搬以往战争片的模式。但逐渐地有些亲自参加过战斗的人搞战争片,由于他们了解战斗前线的情况和气氛,便制作了一些与以往不同的更加真实的战斗片如《夜航》(拉苏尔·马拉加利普尔,1987年)、《哨兵》(易卜拉欣·哈塔米·基亚,1989年)等。一些电影将勇敢的目光投向社会题材,其中包括:《外乡人》(拉赫曼·列扎伊,1987年)、《小商贩》(穆森·马克马巴夫,1986年)、《夜训》(阿巴斯·基亚·拉斯塔米,1988年)、《好姻缘》(穆森·马克马巴夫,1989年)、《外币》(拉赫尚·巴尼·艾泰马德,1989年)、《萨尔比时期》(霍斯鲁·马苏米,1988年)、《蛇牙》(马苏德·基米亚伊,1989年)、《扎茵德河之夜》(穆森·马克马巴夫,1990年)、《马季农》(拉苏尔·马拉加里普尔,1990年)、《希卡尔朗巴伊》(穆森·马克马巴夫,1988年)等影片。

　　伊朗电影质量提高期是与战争引起的通货膨胀和经济困难同时发生的。因此制片费用增加,电影票价上扬。这使得观众减少,电影观众之所以减少还有另外原因,应从某些影片特别是战争片的内容重复、结构粗糙中寻找。

　　1993年伊朗电影步入新的历程,政府决定终止对电影的资助,以便使电影业在自力更生的基础上寻求发展。从此以后电影行业只好自力更生,靠吸引更多的观众来维持生存。因此电影题材和费用都呈现其他形式,更多的电影变成了惊险片。从1993年—1997年生产的大部分影片都是惊险事件,在电影广告中很难看到没有爆炸凶杀的场面。但由于这类影片的费用不能与外国影片相比,所以观众并不太欢迎。这样电影制造商便寻找新的途径,在保持电影文化品位和避免迎合观众不良趣味的同时,在争取观众方面下工夫。于是出现了一批家庭友爱题材影片,这些影片渗透着浓厚的人道主义思想,因而获得了广泛的好评,在国际电影节和电影会议上都取得了骄人的成绩,形成了备受国际电影界关注的伊朗新电影现象,并使得伊朗影片在许多国家家喻户晓、名声大振。①

二、伊朗电影现行审查制度

　　伊朗新浪潮电影导演曾遭受苛刻的电影审查限制,这些审查是为了让他们

---

① 本节内容根据邢秉顺先生《伊朗文化》一书160－164页《百年电影史的回顾》,以及中文伊斯兰学术城网站(www.islambook.net):伊朗电影专题中《伊朗电影历史》一文整理而成。

的视点远远地离开真实的,并不美满的生活。《奶牛》就因其不妥协地讲述贫困村庄里的绝望而遭禁止。直到电影赢得威尼斯大奖才改为限制播放。审查制度强迫导演分化为两大类:一类,用视觉表达政治意愿或社会态度的导演,另一类,只拍有简单角色普通场景的通俗剧导演。这就是为何出现一些涉及特殊领域的影片出现的原因。如并非应儿童所需,却以儿童为主角的电影。

1979年的伊斯兰革命几乎给予伊朗电影致命的打击,超过180家电影院被狂热的教徒捣毁,电影被他们视为世风败落的原因,影片的制作步履维艰,许多导演因败坏"公众形象"而遭起诉或被清除,将近2200部先前播放的本土和外国影片需要重新审查,仅有200部最终赢得许可播出,其中的一部分动过大手术。

伊斯兰革命后,以构造"伊斯兰,反帝国主义"的电影为前提下的更加严格的审查制度将电影制作的方方面面都紧紧地控制在国家政府手中。许多条例是针对电影中的女性角色。严厉的伊斯兰法律在服装上要求公众场合妇女必须遮住头发,穿宽松的罩袍以掩盖身体的曲线,同时也规定男女间的亲密行为只可发生在家庭夫妻间。因而演员扮演夫妻在银幕上牵手的镜头都将是违法的,除非在生活中他们也是真实的夫妻,在银幕的女性需要永远保持头发被遮住,即便是在她的私人房间内。这种严格导致女性角色的偏差,也迫使导演放弃拍摄关于夫妻及夫妻感情题材的影片。

目前电影审查制度分为四个步骤:

第一,剧本必须通过审查;

第二,申报演员和剧组人员名单,申请拍摄许可;

第三,完成后的样片送审,来决定影片的命运,通过,要修改还是被禁;

最后,导演制片人申报银幕许可,影片被分为A、B、C三级以决定电影的发行渠道和宣传方式。

伊朗的电影分级是与欧美电影分级不同的,它与电影内容无关,A、B、C的级数是电影质量的分级。因而A级电影可以在官方的电视台上发布广告,在最好的院线最佳时间上映。C级则被禁止在电视上播广告,也只有较差的,少量有限的影院在非高峰时间播放。所以通过多层的审查,电影法律决定了影片的内容及市场。欧美电影是不可能在伊朗上映的,如果有幸可以通过审查,那么政府是唯一的进口者。不过,私人是可以投资电影的,一般一部电影的成本平均在120万人民币,年产量约在60部~70部,大约有300位电影导演(其中有20位是女性导演),其中有10位世界杰出的电影导演。尽管有如此严格的审查制度,伊朗电影依旧在10年间在世界各地闪烁光芒。像阿巴斯和马克马巴夫更是在各国影展上屡屡获奖。最重要的是每年大约20位新锐导演推出他们的处女作,这向世人表明伊朗是电影天才和清新电影的出产地。

三、走向国际电影节的伊朗新电影

1979年伊斯兰革命后,伊朗电影的特点就是广泛参加世界电影节,并获得各种奖项。由于电影在世界上展示,一批导演、演员、制片人声名鹊起,赢得电影界公认的声音,最终形成伊朗新电影潮流。

当然,革命前,伊朗电影就曾参加世界电影节,并且获奖。其中影响比较大的如新浪潮导演达鲁什·梅赫朱依(Dariush Mehrjui)拍摄的《奶牛》曾于1970年在威尼斯电影节、1971年在芝加哥电影节获奖。这些影片的获奖为十多年之后伊朗新电影在国际上走红奠定了非常好的基础。

伊斯兰革命后不久,由于政治原因,伊朗很少参加国际电影节。直到1984年随着法拉比电影基金会国际事务部的成立,伊朗才开始为参加国际电影节进行了广泛的努力,该事务部将伊朗新电影推入了国际电影节和国际电影机构。

但伊朗新电影通向国际电影节的道路并不平坦,电影界人士认为最主要的障碍是一些国家对伊朗持否定态度和对文化活动进行政治干预。西方媒体的宣传使得国际电影节不欢迎伊朗电影产品。

但从1984年—1988年伊朗优秀影片层出不穷,在伊朗电影人的不懈努力下,伊朗电影终于被国家电影机构接受,许多影片在外国的新闻报道中得到好评。从1989年阿巴斯的《何处是我朋友的家》获得洛迦诺国际电影节铜豹奖、评委会奖、费比西特别推荐奖;1989年戛纳国际电影节艺术电影奖等奖项开始,伊朗电影凭借与以往电影很不相同的、充满人道主义内涵和远离色情暴力和低级趣味的国际参展影片获得了一个又一个的国际电影奖项,开始了伊朗电影史上的光辉历程,人们将这种现象称为伊朗新电影现象。有资料显示,自1979年—1997年,伊朗在国际电影节共参映4096部(次),获得276项奖。① 终于形成一批影片在国内受欢迎,在国际上获奖的大好局面。

四、伊朗新电影的代表人物及作品

一般说来,我们可以将目前活跃在伊朗影坛上的伊朗新电影导演人分成四代:

早在1979年的霍梅尼革命发生的十年前,曾在美国加州大学洛杉矶分校电影系就读的达鲁希·梅赫朱依(Dariush Mehrjui)就拍摄出了伊朗新浪潮的开山之作《奶牛》(The Cow,1969年),他被称为是伊朗的第一代导演。

以拍摄《何处是我朋友的家》(Where Is the Friend's Home)、《橄榄树下的情人》(Through the Olive Trees)、《樱桃的滋味》(Taste of Cherry)等影片而扬名国

---

① 邢秉顺. 伊朗文化[M]. 北京:文化艺术出版社,2003:178-179.

际影坛的阿巴斯·基亚罗斯塔米与另一位伊朗在伊朗电影新浪潮的主将慕森·马克马巴夫(Mohsen Makhmalaf,代表作《坎大哈》)被称为是第二代。与阿巴斯同时代出现的新浪潮导演还有巴赫拉姆·贝赛(Bahram Bayzai,代表作《一个叫巴书的陌生人》)、帕尔维兹·沙亚德(Parviz Sayyad,代表作《任务》)等。

而拍摄了《天堂的孩子》(又名《小鞋子》)、《天堂的颜色》、《巴伦》的马基德·麦迪吉(Majid Majidi)与贾法·帕纳西(《白气球》、《生命的圆圈》)则被看作是伊朗第三代电影导演中的代表人物。

拍摄了《女人三步曲》(又名《我成为女人的那一天》)穆森·马克马巴夫的妻子伊朗女导演玛芝娜·马殊姬尼(2004年威尼斯竞赛影片《流浪狗》),以及穆森·马克马巴夫的大女儿萨米拉·马克马巴夫(《苹果》、《黑板》、《下午五点》),还有拍摄了在伊朗本土及国际影坛上名声赫赫的电影《醉马时刻》(2000年)的青年导演巴赫曼·哥巴迪则被称为第四代伊朗导演。

第二节　伊朗新电影的取材特点及其成因

看过几部伊朗电影的外国受众可能对伊朗电影会产生这样的总体印象:像大眼睛儿童一样纯真、善良,像蒙纱的少女一样神秘、保守,像早恋的少男少女一样压抑和克制。伊朗电影中对儿童、妇女和爱情的独特表现正是其立足世界影坛的强力支撑。

2001年在宁波金鸡百花电影节期间曾举办了一个"伊朗电影回顾展",放映了5部长片和5部短片。伊朗驻华使馆文化参赞萨贝吉先生曾发表了如下一段谈话,他说,"也许有人会问:伊朗电影为什么能在国际影坛上占有一席之地?我要说,伊朗电影是以其独特的艺术手法打入国际电影界的。我们的电影绝不涉及性和暴力等内容,而是以伊斯兰文化与社会价值为背景,向世界展示了全新的人文观念,并赢得各地区观众的一致好评。我们成功的秘诀在于选材,我们的电影往往取材于伊朗的社会文化和风俗民情。"[①]

下面让我们走近伊朗新电影,撩开那神秘的面纱,看一看这些电影在取材上有什么过人的表现。

一、地域记忆与民族话语

第三世界的身份,加上东方伊斯兰色彩,令伊朗电影犹如一个蒙纱的少女般令人期待。无论是否出于有意为之,伊朗电影中艺术家们用影像为我们展示的

[①] 邢秉顺.伊朗文化[M].北京:文化艺术出版社,2003:159.

本土化的伊朗地域都具备了满足观影人猎奇心理的特质。

1. 伊朗新电影中的本土特色与民族阐释

沿着 Z 字形崎岖的山路执着寻找朋友的家,赶着马匹走在跨国高原路上赚取供养家庭的收入,不厌其苦奔走在戈壁荒原赢取国民宝贵的选票,欢奔于广袤的草原,竖起耳朵用代表心灵的双手触摸麦穗和鲜花,长期被锁居,终于用眼睛和并不敏健的双脚丈量屋外的世界,就要披上代表成熟的面纱的少女在海边最后恣意的玩耍,公交车上男女分区坐立,建筑工地上阿富汗少女女扮男装为生计而拼搏,轮换穿一双小鞋子上学的可爱兄妹,排队蹲在小河边喝水的小学生,爽朗而又热情的大嫂为学校进行义务募捐,将感情隐忍于心不敢向对方表达的伊朗少妇,这些影片中展示的地域和民族形象是我们陌生的(以前就有,但如果影片不获奖得不到世界的承认就无缘进入国际受众的视野),对世界影坛来说也是极为新鲜的。

让我们暂时将视线从伊朗电影移开,来看看到底是怎样的地域环境、文化症候孕育了如此独特的伊朗电影。

2. 地貌气候

伊朗位于亚洲西南部,国土面积为 164.5 万平方千米,与我国的新疆维吾尔自治区大小相当,是亚洲第六大国。它地跨东经 44 度~64 度,比北京时间晚 4 小时 30 分,介于北纬 25 度~40 度之间,相当于我国昆明至大同的纬度,大致与长江流域和黄河流域处于同一纬度。伊朗的轮廓像一只翘尾西向而立的波斯猫,从西北的猫头到东南的后脚长 2320 千米,从东北的猫尾到西南的前腿为 1328 千米。国界线长约 5492 千米,南部海岸线长 1830 千米,北部里海海岸线长 640 千米。伊朗与多个国家接壤,东与阿富汗和巴基斯坦相邻,西同土耳其和伊拉克交界,北和亚美尼亚、阿塞拜疆及土库曼斯坦接壤,南濒波斯湾和阿曼湾,与阿拉伯半岛诸国相望,西北偏中部与里海相接。

伊朗内陆高原海拔为 1000 米~2000 米。山脉环绕的高原是伊朗地貌最显著的特点。内陆高原山地相间、分隔出许多陷落盆地,盆地底部有伊朗特有的各种荒漠。"卢特"和"达什特"是南部和东北部比较坚实,含盐很少的干荒漠;"里格"是东部受大风影响、沙丘移动性很强的荒漠;最典型的"纳马克"和"卡维尔"是含有大量盐分的湿地或表面形成大面积盐壳的荒漠。这些荒漠是伊朗生态环境最恶劣的地方。伊朗平原面积狭小,除南北部濒海地区有部分沿海平原外,西南地区为美索不达米亚平原的东南部和卡仑河平原,这两部分总称胡齐斯坦平原。

在纬度、海陆位置和地形的综合作用下,伊朗呈现出大陆性的亚热带沙漠气候和草原气候。表现为大部分地区气温、寒暑变化剧烈,夏季无雨、冬季少雨。降水在空间上由西北向东南递减,日均温和年均温也有从西北向东南递减的特点。与此相适应,伊朗自然带的主体是亚热带草原带和荒漠带。荒漠地区植被贫乏,仅有少量稀疏的耐旱草本植物和灌丛生长。草原地区禾本科植物生长茂盛,适于发展畜牧业,典型动物为黄羊。另外西部北部山区有亚热带山地植物分布。

3. 精神气候

丹纳在其名作《艺术哲学》中谈到艺术品的产生时曾经写道:"作品的产生取决于时代精神和周围的风俗"[1],"的确,有一种'精神的'气候,就是风俗习惯与时代精神,和自然界的气候起着同样的作用"[2]。因此,在深入分析伊朗电影之前,我们还有必要了解一下由语言、历史、风俗习惯、宗教信仰等因素构成的伊朗国"精神气候"。

伊朗是个多民族国家,在近 7000 万人口中,波斯人占 66%,是伊朗的主体民族,阿塞拜疆人占 25%,库尔德人占 5%,这三大民族占伊朗总人口的 95% 以上。另外还有土库曼人、阿拉伯人、卢尔人、巴赫蒂亚尔人、加什盖伊人、俾路支人、亚美尼亚人等人数较少的民族。

作为东西文化交流的桥梁和南北文化交往的通道,历史上不同种族、不同语言和不同宗教都在伊朗或多或少地留下了一些痕迹。伊朗所在的西亚是人类最早产生文字的地方,在长期的文化交往中,其字母体系和书写形式对伊朗的语言和文字产生了深远的影响。公元前 2000 年,属印欧语系伊朗语族的游牧民族进入伊朗,其中的波斯族成为后来伊朗的主体民族。虽然波斯族在以后的历史中也融入了各民族的成分,但其语言始终是该民族最重要的标志。今天伊朗的官方语言波斯语、库尔德人的库尔德语、俾路支人的俾路支语、阿富汗人的普什图语以及卢尔人和巴赫蒂亚尔人的语言,都是伊朗语族的不同分支,这也表明他们在历史上曾受波斯文化的深刻影响。

伊朗占优势的人种、民族、语言和文化早在上古就已初步确定。公元 7 世纪,阿拉伯游牧部落又征服了伊朗,对伊朗的语言和宗教产生了重大影响。新波斯语采用了阿拉伯字母的书写形式,从而成为近现代波斯语的先驱。波斯人的传统宗教祆教(琐罗亚斯德教)被阿拉伯人的伊斯兰教完全替代,阿拉伯-伊斯兰文化成为了伊朗文化的主流,而当时先进的波斯文明也对阿拉伯文化产生了相当影响,并成为什叶派伊斯兰教的主要基地。从 11 世纪中叶—15 世纪中叶,突厥人和蒙古人入主伊朗,他们也接受了伊斯兰教,并使伊朗又融入了阿尔泰语系突厥语族和蒙古语族的成分,种族、民族和文化更加复杂和多元。

今日伊朗的阿塞拜疆人、土库曼人、加什盖伊人以及阿夫沙尔人都属突厥语

---

① 傅敏. 傅雷译丹纳名作集:艺术哲学[M]. 郑州:河南人民出版社,1998:57.
② 傅敏. 傅雷译丹纳名作集:艺术哲学[M]. 郑州:河南人民出版社,1998:59.

族。这样,从近代起,伊朗的种族、语言和宗教格局就已基本定型。现代伊朗是欧罗巴人种占多数的国家,少数人混有蒙古人种的成分,俾路支斯坦的梅克拉尼人还混有尼格罗人种成分,他们分属闪米特语族、突厥语族和伊朗语族的各民族。伊朗98.2%的人信仰伊斯兰教,其中91%为什叶派,7.8%为逊尼派。伊斯兰教在伊朗社会生活的各个方面都占绝对统治地位。其余1.2%的人信仰袄教、基督教和犹太教。

从以上我们可以看出,伊朗现有文化的主要内容是古代波斯文明与后来伊斯兰文明交相辉映的结果。中古波斯文学的辉煌成就和《古兰经》、《圣训》的经典教义是这些文明得以延续发展的基本保证。

波斯诗歌历史悠久,但波斯诗歌的鼎盛时期则出现在伊朗民族皈依伊斯兰教以后。波斯诗歌虽然也常常采用其他民族的诗歌形式,但在内容、内涵和比喻方面具有自己的独特风格,没有受其他民族文化的影响,所以,伊朗诗歌深受世人的喜爱。在波斯文学史上,11世纪的菲尔多西,13世纪的萨迪、莫拉维和14世纪的哈菲兹被誉为伊朗文坛的"四大支柱"。几百年来,他们的作品在世界广泛传播,丰富了世界文学的宝库。伊朗民族史诗讲述了世界的形成与毁灭,菲尔多西用30多年时间创作的《列王记》是波斯史诗的集大成者,这部史诗语言精湛、内容丰富,受到世界人民的喜爱。此外,苏菲诗歌是伊朗文化领域中是最精炼、最人性化和最世界性的诗歌,在世界文坛上占有重要地位。伊朗苏菲诗人遍布亚洲各地,他们用波斯语向当地人民宣扬伊斯兰教,对伊斯兰教在全球的传播起到了重要作用。在这些苏菲诗人中,最知名的代表性人物就是穆拉纳·贾拉伦丁·穆罕默德,世人称他为穆拉维。另外萨迪的《果园》、《蔷薇园》在文学史上也长久流传。

虽然在伊朗有不同的宗教,但在历史上伊斯兰教一直占主导地位。

广袤的伊朗高原山地的地域特征不仅造就了独特的伊朗地貌,而且赋予伊朗人民耿直、倔强的性格特点,"纳马克"和"卡维尔"地形给人辽远广阔感觉的同时,也降荒凉和贫穷于这块土地。古代波斯文学艺术的辉煌带给伊朗人民浪漫、热情的气质,而现代伊斯兰文明的熏陶又赋予他们执着、顺从、保守的情怀,伊朗地理跨度广泛,症候多样,伊朗文明来源丰富、吸纳广博,而伊朗从世界意义上而言,自古就是连接东西、接洽南北的重要疆域,众多的文明在这里交汇,所以形成今天伊朗人民多元的性格特征。正是这些多样的地域特色和人文特点造就了伊朗新电影如此丰富的内容,如此别样的风情,如此动人的品质。

伊朗电影中的诸多影像都可以从这个国家的地域特征、文化传统和真实生活中找到来源。高原、荒漠、大海、草原,这些典型地域能够塑造伊朗电影的独特自然风貌就不用再提了,单就古代波斯人诗歌曾经辉煌这个影响而言,伊朗的电影在不经意间都有所表现。电影《水缸》中,一个仅上过小学四年级的放羊娃就能写出编排别人的诗句,而且还敢在村里自封为诗人;《巴伦》中一个普通的修鞋的老人,竟能够在修一只破鞋的同时悠扬地说出"孤独的男人只与真主为伴"、"与心上人分别的忧伤,会把人的心肠撕裂"的诗句;还有《苹果姊妹》中那个略显迂腐的父亲,虽然只上过几天私塾,却能吟诵"一个女孩就是一朵花/如果太阳照射在她身上,她就会凋谢/一个男人的凝视就像太阳/男人来到女人旁,就像火焰来到棉花边"的诗句。虽然有的时候诗歌并不只起增加浪漫情调、歌颂真善美的作用,反而起到编排他人、成就愚昧的工具,但我们可以从这些影像中看出伊朗人民有着多么深刻的诗歌传统。

正如吴丹写得那样:"每一个地域都是一个精神文化空间,使社会关系在自然生态环境中得到合理的展现。伊朗电影对特定环境的选择,使其与影片的叙事结构和语言运用融为一体,传达出一个特定民族在历史中形成的文化性格。"①

由本土记忆和民族话语构成的地域展示了伊朗民族性的独特性及其精华所在,反映了伊朗文化的信仰和价值。伊朗电影无论就其地域、人物,还是隐藏于这些地域、人物之后的浓郁地方文化风俗都为世界影像之苑提供了不可再得的"这一份":尽管贫穷但他们的生活乐意融融,虽然蒙纱但少女的眼神依然清澈而充满期冀。伊朗电影以其独到的地域魅力、以民族化的特色阐释在世界影坛流光溢彩。②

二、儿童题材电影兴盛

看过伊朗电影的观众都知道,20世纪90年代以来,伊朗的儿童电影不但数量众多,而且在国际上为伊朗电影带来了莫大的声誉,这已是一个不争的事实。这一时期的伊朗电影以儿童的视角,从民族境遇出发,在独具特色的地域环境中发展出别样的视觉风格,将书写日常生活的电影带给观众,在电影回归本身的同时,突破了民族和文化的界线,将反映稍纵即逝的平凡中蕴涵的某种永恒淋漓尽致地展现出来,借用儿童的目光对人类的生存做了一次哲学意义上的思考和审视。它引领我们对电影艺术和人类生命有了新的思考。

实际上,有学者将伊朗儿童片分为两类③:一类为纯粹教育儿童做个好人的电影。例如我们大家都熟悉的教导儿童学会爱惜金钱、树立不浪费的美德的《白气球》,以及歌颂残疾儿童对生命的热爱及展现贫寒之家也有天伦之乐的温

---

① 吴丹.重复的意义——伊朗影片《何处是我朋友的家》叙事分析.北京电影学院学报,1998(01).
② 本节关于伊朗国自然地理和宗教文化的内容根据王新中、冀开运:《中东国家通史:伊朗卷》绪论部分整理而成.北京:商务印书馆,2002:1-12.
③ 该说法源自香港影评人何俊辉《漫谈伊朗电影与伊朗社会》一文,原文发表于《影评人季刊》第十三期,本文参考自银海网伊朗电影专题.

馨场景的《天堂的颜色》，表现亲人之间相互关心、体贴的《小鞋子》，以及阿巴斯有名的影片《何处是我朋友的家》，总而言之这些电影都力求促使伊朗变成一个人人得以和谐共处、懂得乐天知命的社会。这些影片大部分都是虚构类影片。

第二类儿童片，则是一些以纪录片形式出现或以真实儿童个案作为拍摄题材的儿童片，相比于由政府或某个导演为教育、歌颂儿童而拍摄的影片，这类影片更能够全面地展现儿童在接受教育、经历成长时的真实情景。例如《初班生》(First Class)便以访问的形式访问了多位小学生对学校的看法，该片以纪录片形式拍摄校园的实况，教育人们宽恕、包容为本；而《家庭作业》(Homework)则花了全片的篇幅来访问多位学生、师长对家庭作业的看法，得出了一位老师认为伊朗教育重死记硬背而忽视培养学生创造力的结论；事实上，由于伊朗人很重视宗教、父权、制度等东西及与其相关联的社会、教育规范，因此伊朗片中的小孩既会因为遵从这些规范而成为好人，却又要同时承受着这些规范所带来的压力。由于这类影片我们在国内较少见，缺乏对其影像内容和风格的具体了解，将不作为本文论述的重点。下面从几部故事片入手，让我们揭开对伊朗儿童题材影片的探询之旅。

拿著名的阿巴斯的成名大作《何处是我朋友的家》而言，该片获得1987年德黑兰国际电影节最佳导演奖、最佳录音奖、评委会奖；1989年洛迦诺国际电影节铜豹奖、评委会奖、费比西特别推荐奖；1989年戛纳国际电影节艺术电影奖等奖项。可以说，阿巴斯正是凭借此片一跃成为国际知名大导演，而也正是此片，揭开了一个个伊朗新电影在国际各个电影节上获奖的序幕。

然而，具有如此重大意义的影片却仅仅讲述一件小小的事情：帮同学还作业本。影片通过描写这样一件不起眼的小事，却向观众展示了伊朗儿童善良、执着、乐于助人的品性。同时，通过小主人公的视角，观众也体味到了一个陌生的国度(20世纪80年代的伊朗对观众而言是极度陌生的)的异域风情，其中有贫穷、落后与众多的不可思议，但留下更多印象的却是伊朗人民淳朴、乐观、与人为善的优秀品质。影片在情节安排上并不过分考究戏剧化的效果，却因其真实、质朴的特性，以及真实的情感打动了许许多多普通人。因为，影片中表现的情感是人类共通所需的情感。

贾法·帕纳西导演的影片《白气球》，同样讲述了一个小女孩在新年来临之际的半天发生的故事。在新年期间，小女孩苦苦要求母亲答应她去买一条大金鱼，母亲被她烦得没办法只好应允。不料女孩在途中竟然弄丢了妈妈给她买鱼的钞票，她焦急万分沿路寻找，终于发现钞票掉在一家商店前的水沟中，但她却无法将钱取出而干着急。就是这么一件生活中的小事件，在编导的生花妙笔下发展成一段大城市的小插曲，有趣的童言稚语让成人世界诧异的同时，又不免勾起成人们几分曾经的回忆。细细想一想,谁的童年没有一两件让自己觉得难忘而又有趣的事情。

和很多的伊朗导演一样,麦基迪喜欢通过小孩的视角来诠释成人的世界,因为在他看来儿童眼中的世界才是最真实、最动人的。由他导演的两部非常优秀的影片《小鞋子》(又名《天堂的孩子》)和《天堂的颜色》也在伊朗国内乃至世界影坛影响深远。

影片《小鞋子》(又名《天堂的孩子》)于1998年荣获第70届奥斯卡金像奖最佳外语片提名,这是伊朗电影首次入围奥斯卡。此片描写男孩阿里不小心丢失了妹妹的鞋,兄妹俩十分懂事,轮换穿阿里的球鞋上学,后来阿里求老师让他参加长跑比赛,目的是比赛中拿季军可以得到一双新鞋奖品,不料,阴差阳错,阿里却拿下了冠军,因而不可能得到新鞋了。故事令人辛酸又发人深思。该片还曾荣获加拿大第21届蒙特利尔国际电影节最佳电影大奖。非常难得的是,看完这个影片,绝大多数的观众感觉到的并不是贫穷、苦难这样的意象,而是一种久违的情感上的满足。影片中给人留下最深印象的恐怕要数两个小孩面对各种小鞋子时或欣喜、或惊异、或沮丧的眼神。一双小小的鞋子带给他们的快乐与痛苦许多人都曾体味过,但也许早已淡忘而变得陌生。影片将这样一种情感用一种特殊的方式展示了出来。其中,兄妹间互帮互助、全家人互敬互爱、邻里间互来互往的质朴情谊让所有的观众为之动容。

《天堂的颜色》讲述了一个盲童和父亲之间的亲情故事。放暑假了,盲童学校的孩子穆罕默德却等不到父亲。等了好久,爸爸才终于出现,穆罕默德兴奋地冲上前去,摸着父亲的手,掉着眼泪说:我还以为你不要我了。事实上,爸爸是真的不要穆罕默德了。接连面对孩子失明、妻子早逝的悲剧,爸爸不愿意再背负苦痛,于是拼命地工作赚了钱,准备迎娶美丽的新娘,展开新生活。他向盲童学校的校长恳求,让穆罕默德留在学校过暑假,不过却被拒绝。他带着穆罕默德回到乡间老家,穆罕默德的回家得到了祖母和妹妹们的热烈欢迎。在那儿,他与两个可爱妹妹,以及最疼爱他的奶奶一起尽情地与大自然接触,感受风的舞蹈、溪流的歌唱。然而,因为女方的坚持,即将结亲的爸爸最终不顾祖母的阻拦把穆罕默德送到了远离家的木匠处。祖母在寻找穆罕默德的途中染病而死去,父亲的婚事也因为这一系列的"不祥之兆"宣告结束,心灰意冷的父亲在接穆罕默德回家的途中遭遇了河水爆涨,儿子随着断桥被卷入水中。一直潜藏在父亲心中的阴谋终于借助自然的灾难得以实现,看着儿子的手挣扎着淹没在汹涌的水中,父亲本能地跃入水中寻找,最终在沙滩上找到了毫无知觉的穆罕默德。也许是真主的及时降临,在父亲的眼泪中,穆罕默德恢复了知觉。影片将贫穷落后的状况和真挚深厚的情感结合得天衣无缝。盲童对母爱、父爱的不满足,对大自然的渴望,一次次的被遗弃,让人不忍目睹。而奶奶与孙子们在优美的大自然中尽情享受天伦之乐,爸爸出于本能救回儿子黯然泪下的情景又让我们体味到些许感情的升华。正是在这样一组组鲜明的对比中,观众对人生有了一次次的思考。这是影片带给我们最大的收获。

另外一部值得一提的伊朗儿童影片是由哥巴弟导演的《醉马时刻》。故事讲述了在天寒地冻的两伊边界,一家有五个孩子的库尔德族人奔波劳苦的日子。12岁的阿佑背着患有绝症的侏儒哥哥,带着年幼的妹妹在城镇上拼命打短工挣钱。当爸爸误触地雷身亡后,12岁的阿佑和姐姐自然地成为家里五个孩子的支柱,他们必须开始负担全家家计。姐姐欲以廉价婚姻为砝码,带侏儒哥哥这个家庭最大的负担去未来丈夫的家里,却遭到夫家的强烈反对而未能成功。侏儒哥哥的日常治疗需要一笔不小的开销,阿佑唯一能做的,就是跟大部分当地小孩一样:冒险往来国界走私货物赚钱。在这条漫漫走私路上,处处有地雷,还会遇到埋伏打劫,甚至冷到连运货的骡子,都得喝过酒才走得动,但贫困和疾病使他们无权选择,年青的阿佑似乎对未来信心十足。而年幼的妹妹只能在哥哥犯病时带他去祖坟祈祷,妹妹在寒冷的空气中,用哭泣的童声真诚向真主祈祷的情景令人唏嘘不已。

伊朗还有许多儿童题材的影片也通过各种方式塑造了形形色色的儿童形象,这些影片中的别具特色的儿童形象令伊朗电影大放异彩,执拗地寻找朋友的家、补偿一块不小心打碎的玻璃、小小年纪懂得彼此关心、用心灵与大自然交流、面对贫困积极乐观、面对战争呼唤亲情、面对困难真诚向真主祈祷等,这些我们在伊朗电影中见到的儿童形象有时甚至令成人汗颜。正是通过这些儿童影片,伊朗将自己国家的民族特色、风物人情、伊朗人民对世界的哲学思考以及其他一些通过宏大叙事才能承载的思想感悟准确而又轻松地传达出来了。另外,在相关的几部影片中,伊朗贫穷落后的面貌并不鲜见。但这丝毫没有影响影片审美的效果。可以说,伊朗儿童影片审美的重点是一种精神审美。影片正是通过一系列物质与精神方面的强烈对比,通过表现在贫穷落后环境中儿童的所言所为,以展示儿童率真、善良的品性为线索,进而衍生表现出人类品性中某些优秀而已经被淡漠的品质。这些品质是伊朗儿童所具有的,但它何尝不是人类在童年时具有的特点。

综上,我们不难看出,伊朗电影中的人物和事件,在好莱坞叙事模式和世界其他国家的电影叙事中是很少见的,但从效果而言,这些看似细小的叙事产生的效果却丝毫不比宏大叙事来的差。从这个意义上来说,伊朗儿童电影承载的东西很多,它们不仅起着表现儿童纯真情怀,教育儿童向真善美靠拢的作用,而且,更重要的伊朗儿童电影还以特殊的方式,起到了教化成人、歌颂本真人性的作用。伊朗电影凭借这种题材不仅获得了很高的奖项,更重要的他们用这样一种独特的方式引领世界电影,乃至世界文明在走出起跑线很久后回首思考片刻。

伊朗电影中之所以出现这么多的儿童题材,是与伊朗电影的创作环境及伊朗的宗教文化分不开的。通过对伊朗电影有关情况及伊朗民族文化的考察,笔者个人认为,伊朗电影中儿童题材的兴盛大致有以下几个方面的原因。

1. 规避电影审查

规避电影审查,这应该是儿童电影早期盛行最重要的原因。

众所周知,伊朗是一个政教合一的典型国家。尤其是经过1979年的伊斯兰革命之后,宗教及国家领袖霍梅尼在推翻巴列维王朝统治的基础上,实行了全面伊斯兰化的国家政策,主要包括政治制度伊斯兰化、经济伊斯兰化、社会生活及文化伊斯兰化三大方面的改革。这使得伊朗1979年之后的电影制度具有了明显的伊斯兰化的倾向。从1982年起,霍梅尼当局通过了关于电影电视的一套法规,并授权文化伊斯兰指导部管理电影。

1983年,霍梅尼当局创建非盈利的法拉比电影基金会,该基金会归文化伊斯兰指导部管理,被政府授权管理和审查进口影片。文化伊斯兰指导部通过以下五道手续管理国产影片:①审查电影梗概;②评审和通过剧本;③颁发生产许可证,同意所列的演员和职员;④审查制作完成的影片;⑤颁发放映许可证,指定影院放映。

20世纪80年代末,宗教界承认电影除了具有宣传政治思想、传播宗教道德的功能之外,还具有娱乐、启蒙的功能。1987年12月,霍梅尼发布教令,默许电影的娱乐性作用。

目前电影审查制度分为四个步骤:①剧本必须通过审查;②申报演员和剧组人员名单,申请拍摄许可;③完成后的样片送审,来决定影片的命运,通过,要修改还是被禁;④最后,导演制片人申报银幕许可,影片被分为A、B、C三级以决定电影的发行渠道和宣传方式。①

1997年5月当选的哈塔米总统在文化和外交上都实行了亲善、温和的政策,可以说,现在的电影大环境已经有了很大的改观,但是由于前几届政府在文化上的伊斯兰化的渗透不可能在短期内有大的改变,因此,相对于其他国家而言,伊朗电影在有关女性、爱情、暴力、社会阴暗面等方面的审查较其他国家严格很多,当时,《橄榄树下的情人》、《生命的圆圈》等影片在伊朗国内禁映就很说明问题。因此,造成1979年以后的导演在进行创作时,考虑审查成为主要的因素,阿巴斯曾戏称此为"在限制中舞蹈"。因而为规避审查,许多导演都优先选取儿童题材的影片来拍摄,这是伊朗儿童题材影片兴盛的重要原因之一。著名大导

---

① 有关电影的法规引自王新中、冀开运著《中东国家通史－伊朗卷》一书(北京,商务印书馆2002年出版),第十七章《霍梅尼——哈梅内伊时期的伊朗》中的《社会生活及文化伊斯兰化》部分,详见该书370－372页.

演穆森·马克马巴夫就曾明确表示过"拍儿童电影有个好处,你不需顾虑检查的问题,政治的问题,再者,成人一直比较感情用事及精神易受创,会眷恋过去,过去会引起沮丧,但从儿童身上,你只会发现希望及对生命的热诚,伊朗电影常涉及生命的光芒进而受到世界的肯定,主要就是这些儿童的参与。"①

2. 儿童演员表演真实,表达真挚

伊朗电影有一个重要的总体特征就是许多影片中贯穿始终的真实感。这种真实感一方面是来自其纪录故事片的整体风格,另一方面就与其不用职业演员,大量采用非职业演员的做法大有关系,尤其是非职业儿童演员的使用。儿童天真、活泼、率真、充满情趣的秉性与伊朗新电影的风格不谋而合,这正是伊朗导演们孜孜以求的东西。只要调度好小演员,基本上就成功了一半。伊朗有名的儿童电影导演马吉德·马基迪就说,"我对儿童世界特别感兴趣,我的童年也是我思路的泉源,我也经历过'天堂的孩子'的童年,拍摄儿童电影你不用墨守成规,可以浑洒自如,'纯真'是儿童世界中最令人折服的。"②

《白气球》中小姑娘的执着、倔强,为一件小事喋喋不休的那股劲头是职业演员都难以表现的;《小鞋子》中兄妹为规避父母责骂而建立彼此之间的小秘密,面对一双鞋子时渴望的神情也是孩童特有的表现;《何处是我朋友的家》中的小主人公的表演也很到位,也许只有他们才能理解一个作业本在他们的世界中的"宏大"地位;《醉马时刻》中,妹妹为患病的哥哥在安拉前祈祷时的专注和虔诚丝毫没有因为年龄的幼小而降格。可以说,没有这些小演员恰到好处的生活化的表演,伊朗新电影将失色太多。

3. 天堂只存在于儿童的世界里,世人像孩童一样需要引领

像《我成为女人的那一天》(又名《女人三步曲》)中的那个即将九岁的小女孩一样,可能过了九岁这个门槛,她的天堂般的生活就终结了。她需要蒙上那个神圣的面纱,遵循一切成年女子要遵守的章程,新的生活就要开始了。

从根本上而言,人类对于生存的痛苦和抑郁,只能通过两个途径得到缓解:一是审美,一是信仰。对于伊朗那些电影导演而言,面对艺术创作上的诸多无奈以及现实生活中的不如意,他们能够发泄的最佳途径就是在自己的电影中用审美的方式将它表现出来。之所以接二连三地表现儿童的世界,就是因为在现实的成人世界中,真诚、坦率、执着、虔诚等这些人性的优点都减弱或消逝殆尽了,这些品性和经验只适于存在于人类的童年世界之中。只有孩子还会为一个作业本奔波一天;在孩子的眼里,一只金鱼的大小才如此重要;只有孩子才能拥有用肢体触摸自然的冲动;在他们的世界里,贫穷只是暂时的,亲情才是最重要的。

---

① 摘自银海网伊朗电影专题《伊朗电影导演访谈》http://www.seafilm.com.cn.
② 摘自银海网伊朗电影专题《伊朗电影导演访谈》http://www.seafilm.com.cn.

这些优秀的、能打动人心灵的东西在成人的世界中过于缺乏了,因此这些伊朗导演小心翼翼地为我们创造了一个这样的天堂世界。而这个世界的主人只能是孩童。就像中古波斯伟大的诗人欧玛尔·海亚姆在诗句中描述的那样"天堂,是我们的悠然一瞬",这样的一瞬,只存在于人类的孩童时代。

更进一层,不排除伊朗的这些导演有这样的想法:通过艺术的手法展现人类久违的穿透人心灵的情感,从而起到感化、教育成人的作用。有着悠久的文明传统的古代波斯(现伊朗)文学史上另外一位伟大的诗人萨迪,在他的著名的《蔷薇园》中曾经写下这样的诗句"世人和孩子一样,终身需要一个好的向导"。也许,伊朗新电影的这些导演的想法与他们八百年前的先知圣贤不谋而合。阿巴斯曾经坦言"早期我对拍摄儿童电影没兴趣,由于受雇于'伊朗青年电影协会',在他们的要求下去拍摄儿童电影,一拍之下才知道儿童的魅力,并且深深地了解到他们的观点比成人的要有趣多,儿童就像我们书中所读过的圣人,他们生活就如圣人般的纯洁,这就是我仰慕他们的原因,虽然我不再拍这类电影,但我会一直珍惜与他们共渡的日子,也尝试着从他们的观点来看世界及人生。"①

4. 国际上的影响

抛开这些文化上的因素,伊朗新电影中之所以儿童题材流行,还有一个很现实的原因,就是20世纪80年代以来,在国际上获奖、国内获得巨大票房的伊朗电影以儿童、家庭题材的居多。这从客观上促进了一般的导演关注儿童片、拍摄儿童片的几率。《何处是我朋友的家》、《白气球》、《天堂的孩子》、《天堂的颜色》、《醉马时刻》等影片在国际上的获奖,在国内的高票房不仅让导演在国际知名,而且因此盈利,这对大多数导演而言都是一个不小的诱惑。因此儿童题材几乎成为伊朗电影的招牌。

但是,反过来,伊朗电影界也应当从中得到一些警示,防止将此类题材的影片拍烂、拍死了。一方面,因为观众对于艺术作品的形式都有一个逐渐淡漠,甚至厌倦模式化创作的心理;另一方面,有一些导演目的不纯,冲着国际大奖去拍,势必会影响这类题材的质量。就像中国早期的《红高粱》时代,拍到最后的一些作品已经沦为一种伪民俗的存在,终于将此类题材拍死。换句话说,伊朗新时期电影中表现儿童的题材已经达到一个相当的高度了,再有像样的突破已经很不易了。这两年,伊朗电影界鲜有同类题材脱颖而出可以作为一个证明。

总之,伊朗电影以儿童题材起家,并以此作为振兴民族电影的支点的做法对世界电影而言是一个并不普遍适用的特例。总结以上种种因素,我们可以得出以下推断性结论:伊朗电影中之所以儿童题材兴盛,规避审查应该是早期不得已而为之的做法。儿童天才的表演与影片风格之间的契合是一个儿童电影继续发

---

① 摘自银海网伊朗电影专题《伊朗电影导演访谈》http://www.seafilm.com.cn.

展的巧合。这类题材的获奖在现实的层面对题材的兴盛又起了推动作用。而导演借此类题材发挥艺术抱负,为人类的认识之旅指点迷津的说法只能说是一个潜在的原因,它不是一种强烈的表现,只是渗透在这一个个优秀的影片之中。应该说这方面的原因具有务虚的色彩,可能不是伊朗新电影导演们有意为之的设想,但却具有这样一种客观的效果。

三、伊朗电影中的小半边天

伊朗是一个伊斯兰教国家,当地女性上街时都用衣布来蒙头、蔽体,然而全国所有学校都是男、女学生分开上课,这样,男女有别的国民集体思想日积月累,甚至在乘坐交通工具时亦有所体现:伊朗女性坐公共汽车时,是必须与男性分开坐的,例如丈夫只准坐在车头,而妻子却只准坐车尾!甚至有人不无偏激地认为,伊斯兰教的规矩令女性成为全国为数甚多的受害者;不过,可能当地女性都习以为常,加上伊朗电影审查又把女性题材的戏视作敏感题材。例如,《生命的圆圈》(The Circle)曾遭禁映。所以,尽管伊朗女性在生活上的不平等待遇暗地里显现于每一部伊朗电影中,但在伊朗新电影大批出现之前,既没有女性导演拍摄的影片,也没有太多刻意为女性受歧视而拍的所谓"女性电影",但最近一个时期,女性电影成为伊朗影坛的新鲜元素。这一方面表现为玛芝娜·马殊姬尼、萨米拉·马克马巴夫为代表的女性导演在国际影坛的成名,另一方面表现为《我成为女人的那天》、《苹果姊妹》(The Apple)、《生命的圆圈》等女性题材电影在国际影坛的成功。

之所以会出现这样的变化,与伊朗国内社会政治制度的变化密不可分。伊斯兰革命成功初期,1979 年 3 月 7 日,霍梅尼针对妇女衣着发表讲话:"在伊斯兰各部内妇女不应裸露羞体。妇女可以在那儿工作,但她们必须戴面纱。"3 月 8 日是国际妇女节,德黑兰 15000 名妇女集会示威,反对戴面纱,但被伊斯兰革命卫队对空鸣枪驱散。随后,不戴面纱的妇女在首都和各省受到恫吓、侮辱和攻击①。伊斯兰革命成功后,霍梅尼－哈梅内伊时期全面推行伊斯兰化,包括社会生活伊斯兰化和电影伊斯兰化。新的宪法将妇女戴面纱作为政治行为加以推行,当时的伊斯兰政府认为拒戴面纱不仅是堕落,而且是政治上的反革命行为。这一时期对妇女使用化妆品、着装、与男子交往的分寸、结婚、离婚、甚至唱歌都有严格的规定。电影的伊斯兰化使得电影处于严格的禁放政策之下,任何与伊斯兰教义和文化相抵触的电影都将面临不能被放映的恶果。于是在这种政治意识形态的高压下,女性能够外出拍摄电影简直不可想象,电影中能够表现女性的题材也是少而又少。

---

① 王新中,冀开运. 中东国家通史:伊朗卷[M]. 北京:商务印书馆,2002:350.

然而，事情在慢慢地变化着。1988年1月，霍梅尼允许不戴面纱的妇女形象在电影出现。1989年6月3日霍梅尼病逝，6月4日专家会议以2/3的多数票推举总统哈梅内伊为领袖。哈梅内伊不是伊朗什叶派的大阿亚图拉，也就不是最高宗教领袖，他的当选完全是政治行为。此后连任第五、六届总统的拉夫桑贾尼内阁大多由工程博士组成，而且该届政府致力于外交及经济的发展，并未在伊斯兰意识形态方面有所加强，因此西方学者称之为"从伊斯兰极权主义过渡到实用伊斯兰主义"、"伊斯兰极端主义者边缘化"。

1997年5月23日，哈塔米以69%的选票当选为伊斯兰共和国第七届总统；全国2900万选民中有2000万将选票投给他。在文化上，哈塔米主张发展伊斯兰文化和吸收外国文化的精华，放宽对民主、自由的限制，营造一个宽松的社会环境，保障人民在思想、文化和社会生活方面的基本权利。切实提高妇女的政治和经济地位，关心青少年成长，充分发挥他们的聪明才智，报效国家。因此，哈塔米的支持者多是青年、妇女、知识分子、公务员。上任后，哈塔米任命了伊朗历史上第一位女副总统，还任命了几位女副部长，兑现了他提高妇女地位的诺言。

在国家政治文化政策出现这些变化的同时，近年伊朗社会在男女平等方面取得一些突破性发展。电影方面也随之出现了以玛芝娜·马殊姬尼、萨米拉·马克马巴夫为代表的一批女性导演，并且出现《苹果姊妹》、《我成为女人的那天》、《生命的圆圈》、《十》等一些优秀的女性电影。然而，可惜的是，伊朗女性电影始终还未能够令女性真正独立起来，是因为电影工作者在创作时仍然要处身在电影审查的阴影下，而这偏偏全是取决于当地的父权意识、保守的道德标准（例如不允许人们在公众地方拥吻），所以我们现在见到的伊朗"女性电影"多以反面教材的身份出现，这些影片大量运用隐喻、含蓄等表达手法，揭示试图逾越规范的女性在社会中的无奈、不幸。因此，从这些角度而言，世界上大多数国家的女性在社会上可以骄傲地称自己是半边天的时候，我们只能稍带同情地称伊朗女性为"小半边天"。

下面就以刚才提到的几部伊朗新电影为例，来对这个国家的女性电影做一番剖析。

电影《苹果姊妹》所说的是一个真实的故事，一对11岁的双胞胎女孩，母亲是个瞎子，父亲思想保守、顽固，整日把她们锁在家中，和外界没有接触，她们的身体和心灵的发育都受到阻碍。社会工作者介入这个家庭，让这对孩子出门，电影主要讲两人第一次走出家门对外面世界的感受。尽管这个故事更像一个极端的案例，但通过影片我们更加真切地了解了伊朗女性曾经受到的限制。

《女人三步曲》出自伊朗女导演玛芝娜·马殊姬尼①之手,这部影片由三个短故事组成,一名小女孩、一名年轻的家庭主妇和一名老妪分别代表伊朗社会不同年龄的女性。9岁的女孩早上醒来发现她逐渐失去自由,年轻的家庭主妇希望脱离丈夫的控制却发现被整个家族讨伐,女性一直要到老年,还得靠富裕的经济,才得以解放而稍能随心所欲。《女人三步曲》这部伊朗女导演马殊姬尼的处女作继承了以往伊朗电影的主要风格特征和拍摄手法,并在此基础上从女性独特的视角出发,以更加细腻、温婉、含蓄的笔触,描述了在现代社会中伊朗妇女所受到的来自于传统习俗的压制。

　　与同样描述妇女所受到的社会压力的伊朗影片《生命的圆圈》(The Circle)不同,《女人三步曲》没有用直白的、让人感觉压抑的语言来诉说不公平的社会现实,而是利用隐喻、借喻、象征的手法和艺术的、充满美感的、具有观赏性的电影语言来表达创作者对伊朗女性命运的思考。

　　这种思考体现在影片中很多寓意深刻、令人过目不忘的镜头上:插在沙地上的手杖影子一点点地变短;被系在玩具船上当帆的黑色围巾随风飘动;骑自行车的妇女们的黑色长袍与鲜艳的红色自行车及湛蓝的天空形成的强烈对比;还有那空旷的海滩上摆放着的一大堆豪华家具。这些镜头仿佛一幅幅凝固的画面一样,定格在观众的脑海中,让人回味良久。此外,片中大量自然声的运用,如第一个故事中的鸟叫声和海浪声;第二个故事中的马蹄声、自行车齿轮声等,也在增强本片纪实风格的同时突出了故事本身所营造的气氛。

　　《女人三步曲》一片在2000年获得了威尼斯影展及釜山影展的最佳亚洲影片称号,并得到美国多家媒体以及专业人士的好评。

　　电影《生命的圆圈》让我们又再一次面对一个男权和宗教观念控制之下的社会中女人的悲惨处境,曾经给我们带来《白气球》的伊朗导演贾法·潘纳希(Jafar Panahi)这一次没有再去拍儿童片,而是将镜头对准了妇女的世界,用他自己的话说,儿童也会长大,会碰到自己的问题。该片展现在一天之中,几个普通的伊朗妇女所面临的严苛的社会环境。经过一年的努力获得放映批准。

　　影片在一个妇女生产的阵痛呼号中开始,一扇白色的有着探视窗口的门被从里面打开,护士报告等候在外面的外婆,她的女儿生了一个女孩。老妇人很沮丧地离开,她知道女儿的婚姻算是完了。影片结尾处,在警察局的收容站里,一扇黑色的门上的探视窗口被从外面打开,警员呼叫着一个和产房中同样的名字,

---

①　作者注:本片导演马殊姬尼是一位初试身手的年轻导演,也是伊朗仅有的10名女导演之一。她曾在马克马巴夫电影学校受过4年专业训练,随后作为导演助理跟随马克马巴夫兄弟拍摄过多部影片。首次担任一部影片的导演,马殊姬尼得到了丈夫默森——同时也是该片的编剧和制片——的鼎力相助,穆森不但亲自为妻子撰写了出色的剧本,还在拍摄过程中多方指导。有评论说如果说该片能得到10分的成绩的话,其中4分~5分要归功于编剧兼制片穆森,而剩下的才要属于马殊姬尼的天赋和勤奋。

没有应答,他把窗口关上,监室中又是一片黑暗。开头和结尾构成一个封闭的圆圈,影片就此结束。

这部影片取名《The Circle》,自有其深意,导演潘纳希说,不仅是在伊朗,在世界的任何地方都是这样,受制于历史、文化、政治的影响,每个人都处于一个圆圈之中,片中的女人每一个都想要从这个圆圈中挣脱出来,如同世界其他地方的人一样,想要扩展自己的生活半径。他所触及的伊朗社会的敏感问题:妇女的卑微处境,通过一天当中几个不同妇女的遭遇呈现出来。他勇敢地批评自己国家的这种不公正,使他的影片被禁。

这部影片的结构引人注目之处在于处于这个圆圈当中的妇女,是通过一种类似于接力式的方法逐一出场,而对于她们之前的遭遇和之后的去向并未说明。摄影机跟随着被拍摄主体紧紧不放,却又在两个妇女擦肩而过的一瞬间,改变被摄的主体,平滑地展开下一个故事,转场的概念在这里几乎被取消,以一种摄影机的线性运动来讲述多线索的故事,这和频频出现的长镜头相呼应,却又没有刻意的场面调度的痕迹,简约而直接,非常电影化,这可能就是导演所声称的个人特色。电影的确是需要烙上个人的印记,在展现我们生存的世界视觉现实的同时,也揭示它所具有的问题,娱乐性并不足以成为一种美德。伊朗的电影工作者以一系列的优秀影片,成就了一个第三世界发展中国家的新浪潮。

以上为数不多的伊朗新电影以近乎写实的镜头向我们讲述了伊朗女性所面临的生存现实:男女严重有别、女性的权益受到侵害、女性面临比男性更多的道德准则的要求。尽管电影的描写有些残酷,但它毕竟是现实的部分折射。当世界女权运动越来越激烈的今天,伊朗电影人用自己的方式向不平等的社会现实表达了自我的态度。我们通过电影了解和感慨这些现实之余,也将期待伊朗的小半边天逐渐延伸,从而换来整个社会中男女的和谐共存。

四、缺色的爱情——不完美但一样动人

许多人可能并不清楚,伊朗国内在20世纪80年代前是有过一些暴力和色情电影的,但当伊朗在1979年经历了一场伊斯兰革命后,新政府便不容许暴力和色情电影的出现。

如果你最先接触的是伊朗新电影,你一定不会在银幕上寻找到暴力和色情的任何痕迹。作为一个宗教与性禁忌极其严格的伊斯兰国家,暴力与性从艺术中销声匿迹是最自然的事情。那么必然要与女性相关的爱情呢?我不知道在那里的其他艺术创作中,爱情处于什么样的位置,从我们遇到的仅有的几部与爱情有关的伊朗电影看,爱情之花都是附丽于其他重大主题的泥土上才得以绽放、呈现,而且开得那么小心翼翼、不事张扬,色彩也永远素净恬淡。也许在其他国家的电影花园里,它们根本不配作为爱情盆栽奉献给观众,但在这片土地上,爱情

的颜色就是这样。这块影像土地上的爱情,不要期待它姹紫嫣红,生死相许,也不要试图窥见令人脸红耳热的卿卿我我,《天堂的颜色》里少妇隔墙的笑靥、纱帘后的纤手已经是浪漫的极致。

电影《橄榄树下的爱情》是阿巴斯难得一见的以爱情为题的电影:地震后,一个电影摄制组来到某个村庄拍一部叫《生活在继续》的影片,导演亲自在当地挑选主要演员,选上了一个正在念书的姑娘塔赫莉和年轻的砖瓦匠侯赛因,剧中他们饰演一对夫妻。这部电影就是讲述这一对青年男女之间的爱情故事。但与其他爱情影片几乎毫无共通之处,因为它根本不像是一部爱情片,男女主人公之间没有谈情说爱也没有分分和和,甚至最后女主人公是不是答应小伙子的求婚我们都不能确知。原名里其实并无"爱情"二字,实际上严格地说,阿巴斯的这部被纳入"地震三部曲"的电影,最主要讲述的是希望。阿巴斯只是借助一个爱情故事将希望逐渐显现。

另外一部有关爱情的伊朗电影是《巴伦》。影片讲述了流亡伊朗的阿富汗人纳贾夫一家,父亲在一个叫做梅马的伊朗包工头的工地上做工,不幸摔断了腿。他的大女儿巴伦迫于生计,只能女扮男装来到这个工地上做活。好在善良的梅马分派给了"他"为工人们煮茶做饭的工作。那片绿叶就是巴伦放在工地厨房里的一处装饰。梅马的侄子拉提夫起初怨恨巴伦抢走了他轻闲的工作,处处找茬。不期然间却发现了羸弱纤细的巴伦原本就是个女孩。在对巴伦苦苦挣扎养家的一系列举措的悄悄观察中,他逐渐生发了卫护这片"嫩叶"的勇气。只是整个伊朗也贫败不堪,同样身无长物的拉提夫最终只能目送纳贾夫一家踏上了茫茫未知的归乡之途。

导演马基德·马基迪第一次把镜头对准了儿童以外的世界——阿富汗难民。尽管是讲述少年少女之间的爱情故事,但电影镜头里流溢出来的并不是对爱情的沉醉,而实际上是对苦难的悲悯。这是一部讲述暗恋的故事,具备所有恋爱故事的情节,但却没有任何一点我们惯常所见爱情故事的踪影。

最新一部伊朗影片,《明天再说我爱你》(One More Day)。讲述千禧年来临前,发生在德黑兰一对寂寞男女之间的故事。男子为一丧妻的鳏夫,在外役牢房服役,每每谎称妻子生病要求医务室开止痛麻醉药,并夹带外出卖给黑市赚钱。女子在医院上班,与兄长同住,生活规律而孤单。两人时常在巴士站相遇,并搭乘同一班车默默无语相对而坐。终于有一天,他们灼热的内心希望结束这样对望而又孤寂的日子,本片以诗情风格及凝练影像,荣获东京影展最佳艺术指导奖,并入选柏林影展青年论坛单元,片中德黑兰的人文风情尽现,表现男女对爱情的矜持与渴求情爱的人性面。在看多了伊朗儿童片后,我们终于看到伊朗成人的情爱世界,但一样的,不会有任何关于性爱,甚至接吻的描述。

伊朗新电影中爱情的表述在其文化和民族宗教的约束下显得如此另类,虽然性没有作为爱情的添加剂出场,但电影对爱情的表现似乎也并不逊色。尽管不甚浪漫与唯美,但缺色的爱情一样可以打动我们的心灵。伊朗新电影中的爱情故事告诉我们:在世界的某一个角落,有一群人是这样相爱的。与我们的方式不同,但结果是一样的。

但面对伊朗新电影中这些关乎爱情的故事,我也产生了这样的疑问:一个回避谈性的爱情题材电影是否足够真实?就我所见,不论喜不喜欢,电影的现实告诉我们,性与暴力是当代电影的两大主题。电影早已脱离它新鲜天真的初创阶段,成为一个庞大的产业,任何一个国家的电影想要自足发展并获得不断壮大的经济支撑,都不可能回避这两个题材。其实从个人角度说,受众尽管早就厌倦了美国式的肉感的暴露与血腥的渲染,可人们喜欢上电影又怎么能与这两种类型毫不相干呢?

我不知道真实的生活中伊朗青年男女是怎样恋爱的,面对这样的影像故事,在崇敬故事主人公对待爱情的单纯与真挚的同时,每每有一种遗憾的意味升上我的心头。毕竟,造物主给予了我们"性"这个礼物作为爱情的亮彩。可能是一种自我说服吧,我心想:电影中的爱情有没有性其实并不重要,重要的是希望真实的伊朗男女拥有完美的爱情生活。

第三节　伊朗新电影与全球影像世界

一、伊朗新电影对全球影像世界的贡献

1. 还世界一个真实的伊朗

从 1895 年诞生以来,经过百年多的发展,电影凭借自己综合音、像、戏的全面优势,为世界受众带来前所未有的视听享受的同时,在交通、通讯还没有今天这样发达的年代,它也为世界各地国家、民族形象的传播起到了不可低估的作用。20 世纪二三十年代美国经济大萧条的国家状况在好莱坞的经典影像中得到表现,意大利新现实主义的浪潮让美丽的西西里岛闯入我们的视野,黑泽明、小津安二郎的电影将日本民族的民俗民风带到世界的每一个角落。在世界电影发展的百年历程中,几乎每一次电影新浪潮、新高潮的诞生都可以产生这样的结果:电影浪潮背后独特的地域、民族形象的展示和传播。即便到了今天,这样的现象还在继续。今天伊朗新电影的全球获奖也同样产生这样的效应。

2004 年 5 月 17 日,"世界五大城市穆斯林生活"电影以及图片展在巴黎开幕。这次展览向公众展示了德黑兰、巴黎、开罗、伊斯坦布尔以及达喀尔五大城市中穆斯林的生活方式相关的电影和照片。伊朗评论家、本次展览组委会成员

阿戴尔·汉在巴黎接受伊朗通讯社记者采访时说:"举办这次展览的目的是为了让大家了解穆斯林的生活。"他说:"我们感觉很遗憾的是,人们一提到伊斯兰教,想到的都是恐怖主义、乱石砸死的刑法等一些字眼。我们其实还拥有很多有价值的东西。"①

已故阿拉伯裔学者爱德华·萨义德(Edward Said)出版于25年前的《东方学》(Orientalism)一书已经成为经典论述,自问世以来对好几代学人的思维和话语方式产生了深远的影响。这部颠覆性的作品有力地指出,在西方视野里的所谓东方是西方人自己精心建构起来的,是一种出于想象而非真实的形象;它是西方出于殖民主义目的推出的产物,在这种语境下,东方是富有异国情调的,但总是充斥着卑微的生命和神秘的精神世界,其人民不是绝望地消极,就是莫名地反复无常。

与此同时,也有学者谈到:"想象、妖魔化他者(the Other)并非西方专有,它同样也发生在东方,而且从西方势力进入东方后即开始出现了。英国著名记者伯鲁马和以色列希伯来大学的哲学教授玛格里特将这种东方对西方的想象命名为西方主义。在他们合著的《西方主义:敌人眼中的西方》一书中提出"西方主义"这一术语。他们认为,西方主义发展至今日,其扩散之广、影响之深已远甚于东方主义。这可以从9·11和伊拉克战争以来,阿拉伯世界对西方日益增长的仇恨中得到证明。阿拉伯世界的反美情绪不能不让那些原以为冷战后敌人已经消失、民主将普世化的西方学者感到震惊,同时又开始努力探究其中的问题所在。萨伊德本人就曾在其后期的一篇文章中不无忧虑地指出,阿拉伯世界的许多人已经陷入了一种简单的反美主义,对作为一个社会的美国却知之甚少。"②

正如萨义德等所言,由于受到媒介立场的限制,我们对周围的世界存在诸多的误解是一个经常发生的事情。无论是东方还是西方,大家对彼此都存在不同程度的误读。就以好莱坞称霸全球的影像领域而言,存在更多的恐怕是对第三世界国家、穆斯林国家的陌生和误读。有的时候这种误读不仅带来混淆视听的恶果,而且还会引起对某个国家民族感情的伤害,甚至从而引发不同文明间的冲突。经典好莱坞影片中曾经对华人和阿拉伯人形象的简单处理就是这方面一个有力的实证。

2004年7月30日,美国派拉蒙电影公司斥资8000万美元拍摄的政治惊悚片《谍网迷魂》(The Manchurian Candidate)在全美上映。《谍网迷魂》是根据好莱坞1962年的同名电影翻拍的新作,它的情节与"老版"类似,只不过影片背景

---

① 国际在线新闻 http://gb.chinabroadcast.cn/3821/2004/05/18/664@163276.htm.
② 刘见林.《华盛顿观察》周刊(Washington Observer weekly)第14期,2004/4/21,本文引自:http://www.washingtonobserver.org/book-occidentalism-042104CN79.cfm.

从朝鲜战争变成了海湾战争。在以往的好莱坞电影中,影片中的大反派往往是苏联人或阿拉伯人,如今苏联解体了,阿拉伯裔美国人也强烈反对强加给他们的恶劣形象,因此,这部影片便选择了那些"发战争财"的军工巨头做为"反派主角"——影片中的"满洲环球公司"因为想要发"战争财",所以便操纵总统选举以使战争继续。从这部影片的改版经历也从反面说明这种误解所带来的不良影响。

而就伊朗新电影的国际成名而言,正是这些以伊斯兰文化和伊朗社会价值为核心,以展示本土化生活为重点,表现伊朗儿童、妇女、家庭生活为内容,不涉及暴力、色情的伊朗新电影,全方位地向我们展示了伊朗社会独特的地方生活,让国际受众在领略伊朗高原真实风情、切实苦难的同时,也让伊朗人民的吃穿住行、家庭生活、社会结构、文明形式、道德准则等内容变得不那么陌生。可以说,尽管在有些方面、有些电影中,导演为实现自己的理想会有一些艺术化的处理,但无论如何,在这种本土导演拍摄的本土电影中,对祖国的表现都会较某些文化霸权国家的影像想象来得更真实。这些伊朗新电影正是起到了填补这种缺憾的作用,它们在全球传播语境中以独具特色的"地方生活"的展示,填补了受众视野中影像之苑的空白,为我们了解异域风情、他者文明提供了较为真实的范本,这是伊朗电影对全球影像文化的贡献之一。

2. 老生常谈:好莱坞并不唯一

就服务对象而言,我冒昧将电影分为以下三种:服务于政治的电影,服务于感官的电影,服务于心灵的电影。

服务于政治的电影,即那些为宣传国家形象、宣扬某种意识形态而拍摄的影片,苏联20世纪二三十年代的大量影片,如《战舰波将金号》、《十月》、《母亲》、《土地》等影片为起点,直到今天这些电影仍然在国家的宣传领域发挥重要的作用,其中包括好莱坞的《巴顿将军》,中国的主旋律电影,伊朗霍梅尼时期伊斯兰教义味道极重的电影都属于这一类型。

服务于感官的电影,顾名思义,它们服务于人类的耳朵、眼睛,可能将来还会发展到服务于鼻子等,如香味电影等。世界电影史上各国形形色色、花样繁多的娱乐影片大多可归入这个类型,这些电影大多有引人入胜的故事情节,逗人发笑的插科打诨,令人震撼的音像效果,使人放松的影戏氛围。无论是早期梅里埃的《月球旅行记》,还是今天的《特洛伊》,都是这种类型的影片。可以说,世界影坛的大多数受欢迎的影片都属于这个类型。

服务于心灵的影片,以愉悦人类的心灵为终极目标,用一些或大或小的制作规模,讲述让人心灵震颤的故事,让受众在观影过程中有一种情感穿透心灵、引领人对生活产生更多思考的冲动。这种影片往往与影片的国籍类属、制作规模、故事设置、视听震撼、意识形态没有太直接的关系。说得玄乎一点,它只与人的心灵有关,观看这样的影片的过程,是人类共同情感在银幕上下交流互动的过程。电影诞生以来,这样的影片也是层出不穷,好莱坞的宏大制作中也不乏这类影片的经典之作,如《肖申克的救赎》《辛德勒的名单》等影片,但更多的是那些一次次掀起新的电影浪潮的民族电影在充当这些角色。

当然,任何关于电影的分类都不是有绝对界限的划分,可能有的电影同时服务于这三种对象,有的仅侧重其中的一项至两项。在世界影坛这样的情况并不少见。

总观伊朗新电影中获奖并引起世界关注的这些影片,给人更多的感觉的就是,这些影片是拍给人类的心灵来享受的。《何处是我朋友的家》让我们深深为小男孩那种执着、热情、乐于助人的精神所感动;《小鞋子》中兄妹间、家人间亲密无间的互爱令我们心生羡慕,影片勾起了我们多少动人的童年记忆啊!几乎每个人都有一些在童年时自以为重要而后来想起来无关紧要的事情,这些经历被我们封存于内心深处,被长大的年轮和日益繁忙而现实的生活所遮蔽,但观影的过程中,往事一幕幕浮现,受众的童年记忆也在内心同样上演一幕精彩的电影,这样的观影经验是其他类型的影片很难做到的;《醉马时刻》让我们对伊朗边区人民的苦难生活掬一把同情之泪的同时,更引起我们对世界贫富分化的思考;《天堂的颜色》中对盲童的刻画,给我们留下了深刻的印象。片头如谶语般的那句"你既看得见又什么都看不见",以及盲童用那双神奇的小手配合心灵感受自然、尝试生活的举动让我们对拥有的生活有了全新的思考。这些影片总是关乎受众的心灵,可能有时候带给我们的不是愉悦、轻松,而是相反。但它们勾起我们回忆和思考的,很多都是我们曾经拥有而现在已经麻木或者遗忘的东西,是让我们的心灵久久不能平静,而变得更加丰富而感性的一些元素。

《小鞋子》等伊朗影片以自己独特的镜像语言获得国际瞩目时,一些电影评论家们说道,这些电影是否获得什么样的大奖并不重要,至少,它可以伸直腰杆骄傲地对好莱坞电影说:对于真正的电影来说,那些炫目的特技实在不算什么。

伊朗新电影在意大利新现实主义、法国新浪潮的影响下,结合本土的民族文化风格,形成独特的美学风格,再次将现实主义电影推向新的高潮。与现实生活速度相近的节奏、不以发展情节为主要目的的段落结构、采用非职业演员的即兴拍摄、介于纪录与剧情之间的界限突破、反映独特文化和社会价值的题材选择,形成了伊朗电影独特的美学风格。

今天好莱坞以及其他一些国家电影的发展,越来越走向追求宏大制作的场面,而忽略拍摄问津人心灵的影片。娱乐、血腥、暴力、情色都是电影中不可或缺的元素,但投资小、制作简单、内容别致、风格独特的伊朗新电影在国际受到瞩目至少向世界影坛说明:在电影的道路上,有多条路径通向成功,好莱坞并不是唯一。放眼全球影像传播的格局,面对充斥声色犬马的好莱坞影像,我觉得诸如伊朗电影之类的民族电影正是为好莱坞全球风靡这样的全球化传播提供着一个难得的参照体系:它们与好莱坞不同,它们的电影远离暴力、血腥和色情,但却打动观影人的心灵。它们在一定程度上提醒好莱坞,电影的成败与投资规模、是否声色并没有绝对的关系,电影的艺术性关乎人的心灵。可以说,庞大的好莱坞可以从弱小的伊朗电影身上汲取营养。

艺术正是因为其多样才璀璨,好莱坞电影各个类型和内容的全方位发展为世界电影艺术的多样性贡献颇多,但最佳的多样性恐怕还是得依靠各国民族电影的良性发展而获取,当世界每个国家的电影都能具备伊朗新电影这样的独具的风格和成就时,世界电影的面貌将不可想象。我们期待好莱坞与世界民族电影一起互通有无、共同进步!

二、地方制衡全球的神话

电影既是一种商品,又是一种文化。一种电影的勃兴不仅仅只带来影像语言的变化,也会带来文化上的收获。好莱坞西部片的辉煌离不开美国西部大开发的事实,"二战"之后,意大利新现实主义的兴盛与人们对"二战"进行反思的热潮形成呼应,20世纪六七十年代新好莱坞的诞生反映并激发了美国新一代"嬉皮"的社会作风,中国20世纪80年代伤痕电影与当时的文学和社会思潮间联系紧密。总之,电影作为人类文化表现的一种形式,积极有效地参与各种文化试验和实践,是其不可避免要做的事情之一。

1. 全球化与反全球化

正如学者南帆在一篇文章中写的那样,"20世纪的历史上演到了最后一幕,全球化终于成为现实——甚至是不可抗拒的现实"。① 是的,进入21世纪,全球化的思想几乎进入了社会文化生活的每一个领域,关于全球化的讨论和研究成为我们这个世纪之初最大的文化现实。

英国学者汤姆林森将全球化看作复杂的联结。他说,"这个概念的意思是说,相互联系和相互依存构成了现代社会生活的特征,而全球化指的就是快速发展、不断密集的相互联系和互相依存的网络系统。"②

从目前学界的讨论来看,全球化这个概念至少可以有两层意思:一是狭义的全球化,即所谓全球学提出和研究的全球化。这是指从20世纪中后期开始的以现代交通工具和通信工具为技术支撑的世界一体化过程,是指世界变成了一个地球村,人类主体面临着共同的全球性问题需要各民族国家共同协商合作才能予以解决的时代;另外一个是广义的全球化,它相对的是以往的民族隔绝各自在

---

① 南帆. 全球化与想象的可能. 文学评论,2000,(02).
② 约翰·汤姆林森. 全球化与文化[M]. 郭英剑,译. 南京:南京大学出版社,2002:2.

不同的地点孤立发展的历史阶段而言,是世界市场形成和各个民族广泛交往的时代。如一些学者指出的,大约十四五世纪就开始了,其标志就是美洲的发现和印度航路的开辟。全球化的结果是走向全球一体化还是全球多元化?根据学者对这一问题的回答可以简单地将全球化分为一元论派和多元论派。

然而,"随着全球化进程的加深,'反全球化'、'逆全球化'的各种力量也在滋生、汇聚、增强,成为一种蓬勃发展的世界现象。从1999年11月30日的WTO西雅图会议到2001年的魁北克美洲国家组织会议、哥德堡欧盟峰会和热那亚八国集团峰会的'反全球化'游行示威活动,再到2002年12月份在意大利佛罗伦萨举行的规模空前的百万人'反全球化'大游行,无一不引起世人的极大关注。"①

全球化,是人类的福祉还是祸水?这是一个关乎全人类命运的宏大命题。哈维尔在哈佛大学发表的演讲——《全球化的祸福》中提到:我们现在是生活在一个全球性的文明里。由于不断进步的现代观念及其固有的扩张主义,以及直接来自于它的迅速演变的科学,在短短的几十年内,我们的星球就被一种单一的文明所覆盖,这在人类漫长的历史中还是第一次——这种文明基本上是技术性的。这个世界传递着一些一体化的社会、政治和经济行为模式。这种单一的世界文明表皮仅仅覆盖或掩藏了众多文化、民族、宗教世界、历史传统以及在漫长历史中形成的各种态度,所有这些在某种程度上都是被它"遮住"了。

在曼谷联合国贸发会议上,联合国对全球化作了第一次全面的反省。2000年6月底,日内瓦联合国特别大会指出了贫困与不安全问题正在上升,世界绝对贫困人口已经从5年前的10亿人增加到现在的12亿人,除亚洲外的所有第三世界的贫困率与收入不平等都在增加。工业化国家与30多个最穷国家的人均收入相差至少74倍,世界上三个最富有的人的财富超过60个穷国国民生产总值之和。②

面对今天的全球,在文明似乎日益走向单一的同时,我们看到贫富差距日益明显,战乱纷争此起彼伏,恐怖主义、人与人之间的欺诈和不信任成为新的全球公害,全球化在飞速发展人类一些方面的同时,正以惊人的速度蚕食人类的其它一些领域。如果全球化最后导致的是全球大多数人们没有得到利益,甚而失去家园、失去基本生存保障,失去彼此的信任,失去生活在这个世界的勇气和希望,那么全球化的后果将不堪设想。

那么全球化的进程只有反全球化可以来抗拒吗?答案似乎不是这样。

2. 地域可以"提供一个有利于发现全球化矛盾的批评角度"

"相对于全球主义的语境,德里克引入了'地域'充当异己的他者。德里克

---

① 庞中英. 另一种全球化——对"反全球化"现象的调查与思考. 世界经济与政治,2002,(02).
② 彭习华,李云芳. "反全球化"运动的分析与思考. 国际关系学院学报,2003,(04).

意识到,人们所熟悉的文化时常成为禁锢地域的意识形态——地域时常被贬为从属于全球的落后角落,地域只有在全球化的历史之中才能获得普遍的意义。这个意义上,'全球化既包括地域又把它边缘化。'在德里克的构思之中,地域恰恰必须在全球化的结构之中产生离心的力量。地域可以'提供一个有利于发现全球化矛盾的批评角度','在任何情形中,地域概念对批判发展主义都是不可缺少的,并可作为其想象性选择方式。'地域因素的介入可能打乱全球化的既定步骤,'因此,谈论地域及地域理论指导的新型政治,也即在回答重组政治空间时对新方式的一种需要。''地域已然成为开展新型社会、政治活动的场所。'按照德里克的考虑,地域精神之中表现出对于日常生活的关注有助于废除资本主义的过度发展所形成的人与自然的异化。"①

"在另一个著名的左翼理论家弗·詹姆逊那里,'地域'时常被称之为'第三世界'——詹姆逊将第三世界想象为抵制资本主义总体制度的'飞地'。正像无产阶级具有一种清醒的革命意识一样,詹姆逊为晚期资本主义社会设定了一个激进的第三世界作为他者:'在全球规模重新启用激进的他性或第三世界主义的政治,从而在总体制度的空隙内建构抵制的飞地。'"②

3. 伊朗新电影所塑造的地域文化对全球化的意义

受以上全球化以及地域理论的启发,我认为,伊朗新电影在新的世界文化格局中还有一个突出的贡献:伊朗新电影凭借"地方生活"(或者说是"地域生活")的独特展示,不仅从影像上弥补了文化霸权国家对第三世界穆斯林世界的臆造想象,而且在情感上表现了难得的全球化、工业化进程中人类久违的真实的、纯洁的、高尚的情感,塑造了一种具有恒久影响力的优秀文明成果:彰显并激发人性的优点。伊朗电影中弘扬的价值观、人生观为现代全球化的疯狂发展提供批判的维度。这种珍贵的情怀是人类曾经拥有而今天淡忘或漠视的,在今天全球化的文化语境中,它提供了一个"有利于发现全球化矛盾的批评角度",使得人类在驾驶全球化发展列车全速前进的过程中,至少有了一个很好的制衡器,它可以暂时减缓甚或停止这趟专列,让列车上的全民乘客在高速前进之余,回首既往,反思片刻后继续前行。

伊朗新电影表现出的这种地域文化潮流为全球化的健康发展提供了很好的参考:

(1)地域文化不会阻碍全球化这一反映当代生产力发展水平的客观趋势。全球化是生产社会化发展的产物,也是世界经济发展的客观规律和不可抗拒的

---

① 南帆. 全球化与想象的可能. 文学评论,2000,(02).
② 南帆. 全球化与想象的可能. 文学评论,2000,(02).

趋势。全球化要求在全球范围内合理地配置生产要素,从而促进全球经济的共同繁荣,这是历史的进步。这一历史进程是不可抗拒和不可逆转的。实际上,地域化本身也是全球化这一历史潮流的一个重要组成部分。

(2) 地域文化提醒我们,全球化本身是一把双刃剑。美国学者罗伯特·塞缪尔逊承认:"全球化是一把双刃剑:它既是加快经济增长速度、传播新技术和提高富国和穷国生活水平的有效途径,但也是一个侵犯国家主权、侵蚀当地文化和传统、威胁经济和社会稳定的一个有很大争议的过程。"①

(3) 地域文化有助于人们更加全面、辩证地看待全球化,正视全球化带来的负面影响。在西方国家占有主导地位的情况下,全球化进程中存在着许多弊端以及许多不合理、不公正的现象。优秀地域文化的发扬不仅显现出"全球化时代"存在的严重问题,而且起到制衡和修复全球化发展弊端的作用。

三、一个启示:民族如何走向全球

在美国规模庞大的电影工业气势汹汹大有席卷全球之势的今天,各国电影人都在有意识地用民族化和本土化对抗着由良好的物质基础和声色效应打造的好莱坞电影。好莱坞电影有着与欧洲电影或是亚洲电影迥异的价值评判标准,他们更看中票房收入,而近年来亚洲电影在国际上的成功更多的是以在欧洲三大电影节上得到认同为标志的。由于衡量的标准不同,我们很难说清楚在这场对抗战中哪一派更占上风。随着电影的发展,越来越多的人在寻求着一种平衡,力求在艺术与商业的两极中找到折衷点。但是不可回避的是,电影已经不可能仅仅曲高和寡地作为精英阶层孤芳自赏的玩物存在,它势必要承载更多的社会意义,经济利益和受众影响都要兼顾。于是这种衡量标准的不同在根本上回避了看似针尖对麦芒的对抗,使得艺术电影与商业电影失去了可比性。实际上对于世界其他地区的电影而言,电影工业的发达程度根本无法与美国电影抗衡,在世界范围内的电影市场上也缺乏竞争力,甚至本土的电影尚不为他国人所知。在这种情况下,妥善利用影响力很大的世界电影节来扬名,其实不失为一个走出国门、走向世界的捷径。在这一方面,伊朗电影走出了一条完满的道路,它们既坚持了富有异国情调的"地域"影像,又取得了巨大的国际声誉和国际影响。伊朗电影以自己独特的民族风格在世界影坛树立了自己的一席之地,凭借各种世界电影奖项让自己国家的电影走向世界,它成功的背后有许多我们国家电影发展需要借鉴和学习的地方。

1. 差异化原则:与好莱坞辩证对立

通过前几章的分析,我们可以看出伊朗新电影的影像风格与好莱坞有很大

---

① 罗·塞缪尔逊. 全球化的利弊. 国际先驱论坛报,2000.

的不同,如果说伊朗新电影与好莱坞对立而互存,并没有什么大的不妥。但如果深入分析,这样的结论有其轻率的一面。也就是说,伊朗新电影与好莱坞的对立有更多的内涵。

正如美国学者 M. M. 萨马蒂和 P. J. 索特林在《好莱坞霸权与民族电影》一文中写得那样"我们希望将对立关系看作是一条理解好莱坞与民族电影关系的途径。这里的对立并不是指义气用事的对立(大家都恨好莱坞),也不是指理性的对立(即资本积累原则驱动着跨国电影业与民族电影业之间的竞争,不惜巨额的制作成本和发行成本去实现利润)。用拉克劳和莫菲的话来说,'作为对某一既定秩序之否定的对立,实际上仅仅是对该秩序的限定,而不是某一更加广阔整体的作用力,对立的两极相对于这一整体可以构成差异性的片面事例。'如果说好莱坞成功地表述了全球性电影活动中形形色色的因素,它的成功则始终受到某种对抗的破坏,这种对抗不可能是用某种新的秩序取代好莱坞与民族电影。相反,这种对立是对好莱坞霸权范围本身的体验。"①

另外,无独有偶,罗艺军先生也曾经谈到民族文化的歧异所带来的相互影响而产生的新的美学,例如19世纪末20世纪初,东西方美学思潮共时性的相互逆转。这种东西方美学的共时性逆转并未泯灭东西方艺术的民族性歧异。电影就出生在东西方美学的共时性逆转的年代②。这也在一定意义上契合了以上学者关于民族电影与全球影像之间关系的种种论断。

因此,我们应当确切理解伊朗民族电影与好莱坞之间的"对立":这种对立不是简单意义上的我好你坏,也不是具有附属色彩的跨域合作,而是一种体现对立统一原则基础之上的差异性互补存在,以"对立"姿态出现的差异弥补了文化霸权国家影像想象的空白,从而在竞争激烈的当代全球影像传播中拥有了自己的一席之地。

我暂且称这种地域影像与好莱坞全球传播之间既对立又互补的关系为辩证对立关系。只有理解了这种辩证的关系,我们才有可能理顺中国电影与好莱坞之间的关系,面对强势的好莱坞,我们只能暂时打文化差异的牌才能有一席之地。正如国内学者于丹所说的那样,"在20世纪异彩纷呈的艺术景观当中,我们不难发现一种趋势:当各个艺术门类的'语言'日趋国际化的同时,这些语言的'语法'却越来越呈现出民族化特征。换言之,当20世纪人类共有的痛楚和欢欣跨越了国家疆界,成为各个艺术门类共同关注对象的同时,这些艺术门类的形式特征上却呈现出了前所未有的个性,对于民族化艺术实践和艺术理论的探

---

① M. M. 萨马蒂,P. J. 索特林. 好莱坞霸权与民族电影. 徐建生,译. 世界电影,2000,(3).
② 罗艺军. 文化的歧异性与电影诗学的民族性. 北京电影学院学报,2000,(3).

索也呈现出了前所未有的自觉。"①是的，痛楚和欢欣是人类共享的，但中华民族的文化特质却是我们独有的，我们必须要自觉打造具有个性、能形成差异的民族电影品牌，才能再次跻身世界影坛，开拓自己的一席之地。

2. 完美结合原则："文化杂种"的形成是成功的秘密所在

伊朗新电影的成功与好莱坞的成功之间并不是没有共同之处。

美国学者乌尔夫·赫德托夫特在文章中谈及全球化与民族电影的关系时说道，"像其他大众视觉传播形式一样，当代电影也日益纳入了全球化的话题。然而，与全球化过程中普遍出现的情况一样，电影在全球化过程中呈现出形态不一的表现，充满悖论和张力。这些表现是复杂的：有些是民族或地域造成的异质现象；有些是地球村及其消弭民族特征所代表的同质倾向；还有一些则倾向于在接受跨民族文化过程中，在它自身的精神视野、自身的理解与行为方式内，对外来异质文化的影响进行重新诠释和再造。"②他还指出，好莱坞在全球的成功传播"简言之，就是两个民族的语境在一个电影院的公共交流空间交汇，产生出一个新的民族文本"，所以，他认为，在全球化背景下再度出现的"民族电影"是一个可以变换的和非永久性的概念，是一个没有一套固定特征的跨民族过程。"好莱坞"（以及其他所有有国际影响的民族电影）是一个不断短暂地在时空上进行（再度）民族化的过程。他称这种电影文本的"发送者"和所涉及的"接收者"之间产生的结果为"新的文化杂种"，并指出，这个新的文化杂种经过精神合成的过程，把两种民族文化（其中一个具有全球影响，另一个则是地域性的）结合在一起便形成其民族特殊性。

另外，有文章指出："好莱坞影片之所以强大和风靡的原因，其实不在于它们复制了资本主义的意识形态，也不在于它们采用了令人惊叹的景观和虚构的故事，而是在于它们以一种具体而多侧面的风格向观众——无论是美国的观众还是外国的观众，提供了一种对美国生活态势及动力的生动认识。因此，好莱坞在本国市场中的叫座力，乃是造就美国民族神话的产物。任何决意与好莱坞霸权为敌的国家的电影工业，都必须推出类似的具有号召力的民族主义形象。"③

通过分析以上观点以及伊朗新电影、好莱坞电影成功传播的现实，我认为，具有"全球影响"和"地域性"特征的两种文化的结合形成这一具有特别征服力的文化杂种，这是任何一种电影能够在全球传播的秘密所在。伊朗新电影的成功与好莱坞电影的成功有惊人的相似之处：它们的传播都成功地实现了"两个

---

① 于丹. 民族生命哲学与中国影视母题选择的内在关联. 中国社会科学, 1999, (03).
② 乌尔夫·赫德托夫特. 处于文化全球化和民族诠释之间的当代电影. 一匡, 译. 世界电影, 2003, (1).
③ M. M. 萨马蒂, P. J. 索特林. 好莱坞霸权与民族电影. 徐建生, 译. 世界电影, 2000, (3).

民族的语境在一个电影院的公共交流空间交汇",并且通过自己的有效传播打造了极具特色的民族神话。具体而言,好莱坞的传播过程是"全球影响"(文本发出者具有的特质:炫目的制作、轰动的故事、浪漫的情感)与"地域性"(适合文本接收者的地方特点:追求感官享受、向往浪漫情感)的经典组合,是一种有意识的传播策略,而伊朗电影的传播过程是"地域性"(文本发出者的地域特质:异域风情、人间真情、表现贫穷与苦难中人的坚守)与"全球影响"(文本接收者的全球性:窥探陌生世界的心理、渴望真情、同情弱者、在感动中思考人生)的完美结合,是一种无意识的传播巧合。好莱坞的畅销性是以全球性为视野和出发点的,是有意为之的结果,而伊朗电影的成功也与全球性有密切的关系,这种联系却是机缘巧合的结果。在好莱坞,电影作为一种商业来经营,最终收获了包括全球文化认同在内的巨大经济效益的果实;而在伊朗,电影作为一种异域文化来运作,在收获一定的经济效益的同时,更多收获到的是伊朗地域文化在全球的广泛传播。可以说这是民族文化在全球化背景中的崭新建构。

以此作为根据,我想进一步得出以下观点:好莱坞与伊朗电影的成功看似毫不相同,其实具有惊人的相似之处:把一些具有全球性体验和全球性优势的人类共性加载到具有一定民族神话性质的事件或人物身上表现出来,民族电影便具有了成为世界电影的可能。

纵观世界电影史,任何一个时代民族电影的兴盛无不造就了一个个不可复制的具有全球普适性的民族神话。好莱坞造就神话的本领不用赘述,意大利、法国、日本、德国、印度,包括《红高粱》时代的中国,以及最近的伊朗和韩国,掀起这些国家电影浪潮的一个有力的因素莫不是因为这些电影中或刻意或随意表现出来的民族神话,正是这些具有文化品格的民族神话带领着一个个电影拷贝,将本民族的故事在世界影坛传播流长。

今天,中国电影虽然不景气,但不用细想,我们大家共知:具有五千年文明的这个国度,中华民族毫不缺乏具有全球性体验和全球性优势的共性体验,厚重的民族文化传统中也不缺乏具有民族神话性质的事件或人物,可能我们缺乏的就是怎样将这两者精妙结合的意识和策略。

怎样在地域与全球的完美结合中打造中国自己的民族神话,国内学者张智华的一段话让我们深受启发。"如何正确对待各民族之间的文化艺术交融?问题的关键在于,我们是把文化艺术看成是生长发展的开放系统,还是将其视为永恒不变的东西。从世界历史的角度来看,各民族文化艺术之间的交流和影响始终是处于一种动态关系中,文化艺术传播具有双向性。一种真正有生命力的文化艺术,应在保持自信的同时,也要对自身采取挑剔和批判的眼光,以促进自身的进一步发展。与此同时,应该对其他民族文化艺术持宽容和欣赏态度,吸取对自己有用的文化成果。如果把民族文化艺术视为兼收并蓄和进一步发展的起点,那么它就是一笔非常珍贵的财富;如果将其看成是永恒不变的东西,或变成孤芳自赏的对象,那么它便会成为拖累进步的包袱。我们应该以广阔的胸怀和极大的灵活性,把中华民族的文化艺术作为一个充满生机的开放的文化系统,在与其他民族文化艺术交流中兼收并蓄其精华。"①

3. 工业化原则:伊朗新电影 VS 韩流的启示

伊朗新电影利用其与好莱坞的差异,通过成功塑造本民族地域神话,达到了将民族电影推向世界电影圣坛的目的,但中国电影仅做到这些恐怕还不够。

让我们再张大眼睛看看我们临近的韩国电影的全球走红。从《生死谍变》的票房奇迹到《我的野蛮女友》、《我的老婆是大佬》掀起娱乐片女权主义热潮,从《醉画仙》大举入侵戛纳电影节到《绿洲》在威尼斯电影节上的传奇胜利,韩国电影已经在短短时间内繁荣了自己的电影市场,还获得了世界重要电影奖的公认,成为亚洲新电影的一面旗帜。

学者洪帆认为:"从表面来看,伊朗电影扬威国际影展与韩国电影迅速占领包括本土在内的亚洲电影市场的震惊效果,同样让全世界电影人羡慕不已,但稍稍仔细观察一下就可以发现两者间的细微区别:伊朗电影算得上是'走向国际电影节'的成功典范;而韩国电影则是作为一个健康良性的电影工业'走向国际电影'。这一字之差,却表明了两种截然不同的文化策略,它们造成的结果也将大相径庭。②他将伊朗电影命名为"因艺术与政治之名的'另类'电影",而将韩国电影称之为"融商业、政治、艺术为一体的主流电影",如果没有理解错误的话,这种观点的言外之意是说,伊朗电影是一种在特殊的文化和意识形态挤压之下的非正常发挥,国际影坛对伊朗的接纳更多是出于文化上的考虑,而韩国电影是一种从政府到导演都将电影视为工业的正常全面的运作,他们的成功可能持续力更久,也更具有全球普适性。

笔者很赞成洪帆的这种观点,笔者个人认为伊朗电影有中国电影可以借鉴的地方,例如其民族地域影像走向世界的成功等,但伊朗电影的成功个案性很强,特殊的地域、特殊的宗教文化、特殊的电影制度都是孕育伊朗电影成功的土壤,这种东西具有很强的不可复制性。即便其中民族性的发挥会让中国电影有所借鉴,但就中国现实国情而言,中国地域更加广阔,民情也更加丰富,相对于伊朗而言,电影的审查制度也更宽松,而且随着中国国力的增强,民营资本的介入,中国电影并不缺乏资金投入的规模,因而,韩国电影融商业、政治、艺术为一体的发展策略可能更适合中国的发展。

---

① 张智华. 影视文化传播[M]. 北京:文化艺术出版社,2004:179.
② 洪帆. 走向国际电影节与走向国际电影——试论亚洲新电影在世界电影格局中的两种策略. 引自中华传媒网,2003-01-15,网址:http://academic.mediachina.net/xsjd_view.jsp? id=1078.

结合以上对伊朗、韩国电影的分析,中国电影应该走商业、政治、艺术全面开花的发展之路,继续自己主旋律、商业娱乐、艺术电影齐头并进的发展态势。而在艺术电影的开拓方面,可以借鉴伊朗新电影的做法,以塑造民族品牌在国际获奖来增强电影在国际的影响力。发展的重点应当是从本民族内部寻找可以用于表现民族特质的影像内容,并在本民族内部找到最大的观众群。

中国电影利用民族文化特长走出国门,打造具有世界普适性的关于自己的民族神话,可以说任重而道远,是一件说起来容易做起来难的大事情,但只要电影政策能够继续扶持,通过电影人的努力,再加上中国厚重、悠远的民族文化作积淀,相信中国电影的复兴是完全可以实现。

2004年,伊朗电影遭遇国际三大电影节颗粒无收的尴尬。

其实,在2002年以后,伊朗电影在国际影坛获奖的势头已经锐减,这两年更是有销声匿迹的危险。一些伊朗电影人认为伊朗电影的取材过于狭隘,影响了其风格的发扬。

但纵观世界电影史,从意大利新现实主义、法国新浪潮到日本电影的繁盛,似乎很难有那一种民族电影能有太长的生命力,就像伊朗著名电影导演马吉德·马基迪2001年访华时发表的一番言论一样,"每个国家在世界电影史上都有自己的黄金时期,如欧洲的意大利新现实主义时期和法国以及20世纪80年代的中国。"①

这似乎是一切电影尤其是好莱坞以外的民族国家电影都会遇到的难题:怎样才能使代表"地域"的民族影像保持长久的传播魅力,也许只有世界各个民族国家的影像实践才能解答这个问题。

---

① 邢秉顺.伊朗文化[M].北京:文化艺术出版社,2003:158.

第八章 混杂文化与影视
——以马丁·斯科塞斯为例

第一节 混杂文化与马丁·斯科塞斯的成长

  马丁·斯科塞斯第一次手执导筒是1963年拍摄《像你这样一位好姑娘在这里干什么》,那时候他还是一位纽约大学的学生。44年后,当他以一部《无间行者》走上奥斯卡的颁奖台时,美国主流电影界终于承认了他跨越半个世纪的奋斗之路。马丁·斯科塞斯完成的不仅仅是一位导演孜孜以求的电影之梦,作为一个在20世纪60年代世界电影大爆炸里诞生的"电影小子",他跨越的是寻求个人化表达冲动与好莱坞工业体系压抑个体经验的巨大鸿沟。斯科塞斯手捧小金人的意义,任何一位美国导演都无法代替,即使他们的成就多么地彪炳史册。作为一个驯而不化的意裔美国人,他呈现的是那始终如一的对美国主流文化的静观与批判精神最终找到了与试图规训一切的好莱坞共生共荣的最佳方式。

  国内外对丁马丁·斯科塞斯的研究热潮开始于20世纪90年代,在好莱坞电影开始大规模引进中国之后,影评人和电影爱好者注意到了这个好莱坞的异端分子。他们对马丁·斯科塞斯电影的兴趣主要集中在他早期电影中对移民世界的描绘和黑帮争斗的静观。庄琦春认为"马丁·斯科塞斯运用电影艺术地再现客观世界真实原貌的本体功能,摄录和截取当代美国城市中下层边缘群体的生存状态,特别是把美国意大利移民后裔的现实生活作为影像的表现对象,再现了客观世界的真实。"[①]毛斯认为在马丁·斯科塞斯的电影中,"黑帮充斥着让人不寒而栗的暴力宣泄"、"不是批判的靶子而是揭开社会犯罪脓疮的手术刀"[②]与国内研究起点不同,国外学者不仅从分析电影文本本身,更多地强调了种族和宗

---

① 庄琦春. 马丁·斯科塞斯的街头电影研究. 北京电影学院学报,2007,4:59.
② 毛斯. 马丁·斯科塞斯:我的电影,我的社会. 新电影,2007,2:16.

教的含义。李·鲁尔多在《在美国的意大利籍和爱尔兰籍导演》(费城,Temple 大学出版社,1990年)中将马丁带入到在美国的少数民族裔的边缘身份中进行考量,而理查德·A·布雷克在《以血赎罪——马丁·斯科塞斯的神圣世界》① 中探索了马丁电影与天主教教义之间的关系。马丁曾在大卫·恩里斯坦的《斯科塞斯电影:马丁·斯科塞斯的艺术与生活》(纽约,Birch Lane 出版社,1992)中表明自己的宗教立场:"我是一个离经叛道的天主教徒,但我是一个罗马天主教徒——这一点毫无疑问。"布雷克基于这一点,指出了天主教想象力已经渗入到马丁·斯科塞斯的思想与情感核心,形成了他认识世界、进而在影像中重塑世界的方式。负罪是其作品中"一个反复出现的主题,也许是斯科塞斯的生活与艺术这双重世界当中反复出现的主题。"② 而他的天主教教养则被看作是他影片"负罪"主题的起源。

大卫·波德维尔认为"在电影史上最具有影响力的观点之一,就是深信导演担负着一部电影形式、风格和意义之形成的最核心的责任。"③"斯科塞斯职业生涯的迷人之处跟他的电影一样,本身就是后黄金时代的一部电影寓言"④ 大卫·汤普森如此评价。斯科塞斯进入纽约大学学习电影时,约翰、休斯顿、比利·怀尔德、希区柯克和威廉·惠勒这些老一代影人创作高峰期已过,福克、霍克斯则相继退休。斯科塞斯接受了大量涌入美国的严肃电影如费里尼、安东尼奥尼、维斯康蒂、雷乃、戈达尔、特吕弗、伯格曼等人作品的洗礼。约翰·卡萨维茨1960年制作的电影《影子》对他影响更是巨大,卡萨维茨认为拍电影必须是"个人化"的,在需要支配巨大的技术和工业资源的时候尤应如此。这就需要导演以个人经验和情感为参照,严肃对待每一个动作和台词。而斯科塞斯的确是在此基础上建立起自己的电影美学的。

然而,马丁毕竟还是一个好莱坞的导演,对他来说,好莱坞代表着一种活生生的现实,是"电影的麦加"(布莱斯·桑德拉语),它吸引着斯科塞斯走向他一生的命运——成为好莱坞电影工作者,在类型律令和观众口味的限制下,尝试他激进的创作自由。

现在的斯科塞斯,已经带上了美国电影之王的顶冠,然而在他漫长的职业生

---

① 理查德·A·布雷克. 以血赎罪——马丁·斯科塞斯的神圣世界. 美国《电影与电视》第24卷,1996,1,作者系纽约州思拉克斯市拉莫艾尼学院英语教授,著有《伍迪·艾伦:渎神的和神圣的》《银幕中的美国》。

② 劳伦斯·弗里德曼. 斯科塞斯的电影. 圆屋出版社,1999:11.

③ 大卫·波德威尔,克莉丝汀·汤普森. 世界电影史[M]. 陈旭光,何一薇,译. 北京:北京大学出版社,2004:391.

④ 大卫·汤普森,伊恩·克里斯蒂. 斯科塞斯伦斯科塞斯[M]. 谭天,杨向荣,译. 桂林:广西师范大学出版社,2005:5.

涯中,危机、争议不可胜数。即便在后来为了生计不得不妥协于好莱坞的某些惯例,他的标签还是在影片中若隐若现,"大电影师"的有意暴露、人物精神危机的不可解决、女性形象的缺失有意保留下来,即使将他的影片摘掉名称扔在一堆光碟中,我们仍然能毫不犹豫地辨认出来。迈克尔·鲍威尔说,在《基督最后的诱惑》中,斯科塞斯使我们得以初窥各各他之山,在那热泪盈眶的时候,我们知道,终有一天会在看到那座山,而那时我们——也是斯科塞斯——对这个世界的最后一瞥。

一、身份的自我建构

马丁·斯科塞斯曾在2002年拍摄的一部电影《我的意大利之旅》中坦言:"我从未觉得自己像个好莱坞导演,或者向我头脑中的好莱坞导演,很明显我也不是一个意大利电影人,所以我将自己定义为家乡的电影人,这正是在前两者之间"①这段话中他使用了"家乡",而我们知道这个词对于马丁来说实际上是暧昧不清的。马丁·斯科塞斯1942年11月17日诞生于长岛的弗拉兴。他的双亲,都是1910年左右定居纽约的西西里移民之后。作为第三代移民,马丁实际上没有在意大利的生活经验,甚至不会说意大利语,与意大利的唯一联系就是成长在西西里人在美国的聚居地——伊丽莎白街。按照陈志远在《多元文化的现代美国》中的说法,移民到了第三代就可以算作真正的美国人,那么为什么马丁的意识中仍然有着如此强烈的身份困惑?

回顾历史,我们发现大批欧洲人来到美国城市的历史始于19世纪晚期,而欧洲移民高峰期结束的20世纪30年代,已有超过1400万欧洲移民定居美国,欧洲每个民族的移民都在城市里建造本民族特色的民族定居点,"事实上重建了欧洲的村庄"②。来自意大利的移民,特别是来自西西里岛的移民长期以来生活在战乱、饥荒之中,他们难以相信任何人,养成了以血缘关系为中心的社会关系网。他们来到美国后,从事着底层的劳动维持生计,同一村庄的人聚居在一起,仍然坚持自己的文化传统,甚至顽强地坚守自己的语言,因此招来了主流社会不少非议。意大利人又多为天主教徒,所以他们一来到美国就被认为是下等欧洲人,在经济、政治、社会、生活上普遍受到盎格鲁人的歧视。而一部分黑手党的存在,使得"在美国,人们一提及意大利便把他们同匪帮、罪犯、盗匪、强盗等联系起来。"③由此不难看出,意大利裔美国人是受到普遍的歧视的,在文化上,

---

① 《我的意大利之旅》拍摄于2002年,是一部纪录片,讲述联结着自己观影记忆的意大利电影.
② 安东尼·奥罗姆,陈向明. 城市的世界——对地点的比较分析和历史分析[M]. 曾茂娟,任远,译. 上海:上海人民出版社,2005.
③ 陈志远,多元文化的现代美国[M]. 成都:四川人民出版社,2003:70.

他们始终作为一种异己的力量存在,由此受到主流社会的排挤。马丁曾在一次访谈中明确指出《纽约黑帮》正是想探讨"什么是美国？移民能算是美国人吗？以及作为美国人如何去接受一波又一波的移民潮？"

由此看来,虽然生于斯长于斯,但马丁·斯科塞斯与美国主流文化从一开始就保持着一种对抗关系。"意大利移民文化的家庭中心关、对奋斗求生的强调、与罗马天主教会息息相关,以及与黑社会犯罪的深厚渊源,影响了斯科塞斯的成长。"①作为族裔文化的空间隔离,小意大利区不但以一种结构性的力量影响着马丁的生存与思维模式,使他在美国维系着与"家乡"的联系。而且也因为整体被歧视的命运而培养着马丁的屈辱与反抗。

然而,毕竟是生活在美国的土壤上,在经历了语言的同化、文化的渗透后,想要保持文化的纯洁性是不可能的。从第二代移民开始,便开始了两种文化的争夺,接受美国文化的改造,"同化的过程主要受功利商业文化的影响。"②在马丁对自己童年的描述中,我们可以清晰地发现,虽然依然生活在封闭的意大利区,保持着意大利特色的生活习惯与社会关系,然而文化还是以商品的模式顺利地入侵得到膜拜。美国西部片、摇滚、漫画填充了马丁的整个童年,对他产生了极其深刻的影响。

两种文化的较量带来的唯一结果就是马丁·斯科塞斯对于自己身份认定的困惑。"我是谁？"成为了马丁挥之不去的心理痼疾。这一点我们可以从马丁的电影、采访与演讲中找到充分证据。无论是《穷街陋巷》、《出租汽车司机》、《恐怖角》还是《好家伙》对于身份和位置的寻找成了一个恒久不变的母题。他的主人公总是徘徊在强大的经验势力或者社会团体之外,他们希望得到庇护与救赎而不得。理查德·A·布雷克将之解释为天主教意义上的"归属"范畴,他指出："对加入团体的欲望和对失去个人城市的恐惧之间的各种冲突,可能正是斯科塞斯自己复杂感情的回响……已经被天主教会逐出教门的缘故。"③ 然而,笔者认为,即使斯科塞斯深受天主教影响,但仅以天主教的"团体性"和"仪式性"来解释这一现象显然有失客观。对于斯科塞斯来讲,这种孤独无依的渴望进入某一团体的姿态正是他个人内在心理结构的一个外在表现。

所以,我们从电影中看到了这样一个斯科塞斯,他电影的主人公实际上就是他自身的一个隐喻,而他的个人历史是在他反复的自我观察与自我确证中建构出来的。我们称他为"电影社会学家",赞美他精确地记录了"小意大利区"青年

---

① 大卫·汤普森,伊恩·克里斯蒂. 斯科塞斯论斯科塞斯[M]. 谭天,杨向荣,译. 桂林:广西师范大学出版社,2005.

② 王小仑. 美国人[M]. 三秦出版社,第55页.

③ 理查德·A·布雷克《以血赎罪——马丁·斯科塞斯的神圣世界》,美国《电影与电视》第24卷,1996,1.

的生活状态,实质上,这不仅是一种记录,而是马丁利用镜头对于自身的一种重新观察,他想要解决的毕竟还是"我是谁?"这一意裔美国人自身身份和文化地位的困惑。同时,对于意裔美国人的精确描写还代表着斯科塞斯那种被边缘化的族群的自身反抗,屈居在城市一角,被排挤、被忽视、被辱骂,即便经历了三代人也依然无法被主流社会视为同类,斯科塞斯正要代表这样一群人释放出自己的愤怒,通过将边缘人群主体化的方式来反抗试图吞噬一切的主流文化的权威。

可以说,马丁·斯科塞斯的形象是由他自己塑造的。他是一个很有自我分析精神的导演,他的自传里面对于自己的成长做出了细致入微的描述,他的电影则是较为间接的塑造、理解个人经历的方式。我们不妨翻看《斯科塞斯论斯科塞斯》,斯科塞斯用了整整一章来归纳自己在"小意大利区"的童年和纽约大学的电影启蒙。描述的方式并非事无巨细,而是集中在标志性的几个方面。首先,他提到了意大利区,"'小意大利区'的畛域划分极严,住在某条街的人时常与另一条街的人老死不相往来。","在这个地方,居民有自己的一套法律"①就在这样的生活环境下,斯科塞斯讲述了自己对绘画的迷恋、对电影的热爱、天主教对自己的影响以及全部的观影记忆,不但包括影院、还包括电视上看到的"百万美元电影"。在这些讲述中,他清晰地描绘出一幅蓝图,即他的童年的经验如何必然地将他导向那条导演之路,当然这是经过他自身筛选的童年经验。他让我们了解到,他成为导演、而且是"那样"一个导演,是必然的,不可逆的。通过这些不断地回忆与讲述,马丁·斯科塞斯的个人历史变成了一种绝对而不可更改的文化现象,他先是为自己发言,然后代表一类人群发言,他就是意裔美国人的文化之声。而他的电影不仅是一种声音,而且是两种文化如何在他那一代人心中碰撞、妥协、制衡而开出不辨善恶、不分贵贱、自成一格的精神之花。

这就是马丁·斯科塞斯,理解他是为了更好的理解他的电影,而理解他的电影又为我们重构了他的个人形象,他就像是一个象征物,横梗在美国强大的文化霸权之下。

二、马丁·斯科塞斯电影分期

1. 个人化的电影絮语

斯科塞斯这一时期的电影始于20世纪60年代末终于20世纪80年代初。其中包括《谁在敲我的门》、《街头》、《大篷车博莎》、《穷街陋巷》、《出租汽车司机》、《爱丽丝不住在这里》、《愤怒的公牛》。可以说,这一时期是斯科塞斯个人化电影创作备受瞩目的高峰期,他粗砺的影像风格、自成一格的叙事方式、对意

---

① 大卫·汤普森,伊恩·克里斯蒂. 斯科塞斯论斯科塞斯[M]. 谭天,杨向荣,译. 桂林:广西师范大学出版社,2005:2.

裔美国人生存状态的独特主体的呈现，使他成为新好莱坞"电影小子"中的重要一员。

斯科塞斯这一时期的电影创作和20世纪60年代的好莱坞的电影环境息息相关。20世纪60年代为了抑制好莱坞的全面滑坡，怀着寻求大学生观众的希望，好莱坞开始热衷于欧洲艺术电影的故事讲述技巧。新浪潮电影的一些手法，如断裂式的剪辑、表现幻觉、闪回插入镜头、在总体上淡化因果关系等成为美国电影生产的新趋势，注重气氛的营造、致力于人物的刻画和含混复杂的心理揭示的欧洲"艺术电影"被当作新鲜的血液注入好莱坞体制内。"青春电影"，如《逍遥骑士》等推动了风格上的试验，而"公路电影"如《浪荡子》、《雨线柏油路》则采取了较为松散、开放的叙事取向。艺术电影的"写实倾向"也随着约翰·卡萨维茨的《影子》而得以复苏，至此，"作者论"已在美国普遍流行。不难看出，斯科塞斯正是这一时代环境的产物，作为纽约大学电影学校里的第一批学生，他学习了上述所有理论，他的电影直接从此时的电影创作大潮中获得给养。

然而对于斯科塞斯这一代人来说，他们的"参考坐标通常都是伟大的好莱坞传统"，"20世纪70年代与20世纪80年代期间的许多电影是对好莱坞传统表达讽刺和深情礼赞。"[①]斯科塞斯与其他的"电影小子"的相似之处在于他们力求把艺术电影的创作惯例带入到大众化生产和流行类型之中。好莱坞的类型片模式或者被修正，如科波拉的《教父》是对经典的强调类型片的复苏；或者被重建，如斯皮尔伯格的《星球大战》重建了太空剧的单纯的愉悦性；或者被无所顾忌的戏谑嘲讽，如《飞机总动员》，但无论如何，都是传统的变相延续。从小看着好莱坞剧情长片和"百万巨片"成长起来的斯科塞斯同样从好莱坞电影传统中受益良多。我们可以清晰地从他的电影中辨别出黑色电影元素。然而和他人比起来，斯科塞斯早期的电影仍然未被视作是类型片，他们并不符合被强调的好莱坞及其批评体系下被强调的惯例。斯科塞斯既反对工业体系下类型片的普遍制作，也没有致力于对类型片的直接修改或者进行对新好莱坞同时代人的拙劣模仿，Marc Raymond用Transgeneric来描述这种类型片的混和，"他同时跨越了惯常的工业和意识形态边界，跨越而非顺从审美的和社会加诸于他的限制。"[②]

由此，斯科塞斯在好莱坞传统和时代风气下逐步建立了自己的电影美学，他既具有时代的特征，被视作好莱坞复兴中的佼佼者，同时，也保留了自己独特的视角和风格。他的音乐、摄影都统一于一个强大的主题之下，带入观者对于他所

---

① 大卫·波德威尔,克莉丝汀·汤普森. 世界电影史[M]. 陈旭光,何一薇,译. 北京：北京大学出版社,2004:589.

② The Multiplicity of Generic Discourses Aan The Meaning And Pleasure of Mean Streets Marc Raymond. Canadian Journal of Film Studies,2006,15(2)：62.

呈现的那个小意大利区的想象,同时,也是用一种个人化的絮语来完成对自身成长环境的审视与重构。

斯科塞斯1963年摄制了他的第一部电影《像你这样一位好姑娘在这里干什么?》这是一部16毫米的影片,全片旁白不断,配以静止画面的蒙太奇手法、卡通人物和不时出现的真人动作描写哈里的故事。他的才华第一次得以展示。学生时代的第二部影片是《默里,那不仅是你》摄于1964年,描写两个小混混乔伊和默里,后来的《谁在敲我的门》①与《穷街陋巷》中的街头兄弟之情便缘于此。这部影片深受意大利导演影响,结尾时乔伊在马戏团拿起麦克风像极了费利尼《八又二分之一》的那个结局。

《谁在敲我的门》作为斯科塞斯第一部长片,反映的是他那一代人在"小意大利区"的成长经验。男主人公J.R对西部片的崇拜代表着斯科塞斯的童年记忆,他的处女情节也代表了意大利人的家庭观,而其中的宗教意味则是斯科塞斯本身经历的宗教疑虑以及性的诱惑,这些混杂在充斥着各种音乐的意大利街道上,构成了斯科塞斯的个体生命印记。而自我表达的欲望如此强烈让他出现在几乎早期的每部电影里。摄影光感的注重、大量主观镜头和移动镜头的运用开始形成他自己的影像特色。这部影片深受大众认同,并于翌年在索伦托电影节上赢得了金笛奖,为他未来的创作奠定了一个基础。

1971年,罗杰·科曼找到斯科塞斯让他为《血腥妈妈》拍续集,于是诞生了《大篷车伯莎》,这是一部"针对42街那帮人的电影",虽说是冲着票房去的应景之作,然而斯科塞斯还是为此画下了500多幅分镜头剧本。不同于一般的惊悚片,斯科塞斯为这部电影赋予了开阔的视野,它没有流于粗口、性、暴力,而是为人物赋予了宏达的历史主题,让反叛精神贯穿始终。《穷街陋巷》把《谁在敲我的门》改头换面,仍然由哈维·凯特尔饰演男主角查理,这同样是斯科塞斯自我的化身。这部电影试图表达了斯科塞斯对华纳兄弟公司盗匪片的致意,但最重要的是精确描绘了"小意大利区"的街巷生活情境,让斯科塞斯一偿心愿,完成许多更能表达意境、更具试验性的摄影效果。如用急速移动长镜来拍摄撞球场的打斗,用许多手持摄影机的镜头来造成焦虑与急迫感,他甚至有一次将摄影机绑在了演员的胸口。《穷街陋巷》可以说是一部人类学或社会学的影片,斯科塞斯交代了身处这一特殊的社区,年轻人的虚幻与奋斗以及他们的梦想不可逆的破灭。《再见爱丽丝》不同于斯科塞斯那些男性占支配地位的自传体电影,它讲述了一位寡妇带着她青春期的儿子,驾车行驶在亚利桑那州的一条路上,决心为自己的歌唱生涯创造新生命。

1975年炎夏斯科塞斯拍摄了《出租汽车司机》。在这部超低成本的影片中,

---

① 谁在敲我的门(Who's That Knocking at My Door?),1968年芝加哥影展参赛影片.

摄影机大量透过湿漉漉的车窗凝视纽约街头五颜六色的霓虹灯,将这座大都会描绘得炎热而又冰冷、神秘而又陌生。缓慢移动的长镜头又使夜之都会繁华热闹、孤寂、庄严、堕落。主人公特拉维斯是"先知与毒贩"的混合体、上帝与魔鬼的独生子、都市中的独行者,一个双手没有钉痕、内心有着无法弥补的缺陷的、无可救药、无人可救的现代基督,他在末尾那场鲜血淋漓的枪杀中"复活",继续做他的出租汽车司机。马丁·斯科塞斯将幻想与现实结合成奇幻的影像,天衣无缝。

这一时期,从题材上看,马丁·斯科塞斯是将镜头投向纽约市意裔美国人住宅区的第一个人。在《穷街陋巷》中,他讲述意大利裔美国青年在黑手党统辖的地区的成长经历,描述他们终日无所事事的迷茫、困惑的心理状态。在《出租汽车司机》中,他借一个越南退伍老兵凝视那被文明弃置一隅的卑劣、肮脏的街头。在《愤怒的公牛》中,拉莫塔带我们穿梭在混乱的酒吧与拳台,看如何用暴力维系生命的价值。在以往的电影中,"小意大利区"是被抛弃和忽视的一群,它永远站在美国文化的幽暗的角落里,是斯科塞斯第一次让这一片社区发出自己的声音。在斯科塞斯的电影中,"小意大利区"被置于文化的中心,而美国主流文化宣扬的价值观与社会秩序不复存在,甚至受到嘲弄,就像他后来所说:"地痞和警察没有什么不同,什么大人物、政府显要没人在乎,最威风的只有黑社会老大和教父。"他以一种将边缘人群主体化的方式最终反抗了既往主体的权威。同时,通过冷静而绝望的"极度现实主义"影像传递出移民社区作为被美国当作"废弃的生命"而带来的一系列社会问题。

2. 向体制靠拢——类型片的艰苦转型

这一时期的影片始于20世纪80年代初,持续到20世纪90年代末,包括《喜剧之王》、《下班以后》、《金钱本色》、《纽约故事》、《恐怖角》、《纯真年代》与《赌场风云》,斯科塞斯20世纪70年代的作品是时代与个人的产物,那么这一时期的电影多多少少带上了几分复杂的色彩。导演的有意疏离、对于各种类型片的尝试、叙事模式的转变、明星的运用让我们看到了一个走向好莱坞工业体系的斯科塞斯。

究其原因,我们发现20世纪70年代好莱坞还愿意容忍高预算和长日程的话,此时却开始犹豫不决了。电影这一行已经完全由商人主宰,如果还想继续拍有个性的影片,斯科塞斯就必须向商人证明他自己确实有票房价值。1976年,斯科塞斯的电影《纽约,纽约》因为试图突破好莱坞经典歌舞片而严重背离观众趣味最终惨遭滑铁卢,三年之内,斯科塞斯无电影可拍,彻底陷入消沉,直到罗伯特·德·尼罗为他带来根据意裔拳王拉莫塔的自传小说改编的《愤怒的公牛》。斯科塞斯后来回忆"我实在是幸运,在我陷溺人生困境之际正好有这样一部电影让我宣泄些许痛楚"①。斯科塞斯将所知道的和所感受到的一切融入了剧本之中。然而遗憾的是,这部影片也最终没有摆脱票房低迷的厄运。票房成了斯科塞斯不得不背负的一副镣铐。如果说在他刚踏入电影届时,结束了大片厂时代的体系封闭又天真,只对本身忠诚,那么此时的一切拍摄都已经纳入公开而严密的商业体系中了。

此外,20世纪80年代后期开始电影中种族性的消解也是斯科塞斯电影转向的原因之一。影片中日益增加的多元族裔的明星阵容与风格化的城市背景"反映了当代美国种族统计和族裔认同观念的嬗变,昭示着都市动作电影中由来已久的白人中心主义观念正发生着某种微妙的变化。"②,在20世纪60年代以前的电影中,族群混杂的都市对于电影中的白人主角来说,是一个充满隐患的、缺乏法治的场所,族群作为"他者"在白人中制造着焦虑感,而在这背后,表现出的是盎格鲁人在美国的优越感,因此,斯科塞斯早期的电影将意裔美国人置于影片的主体位置,想要挑战的正是这种根深蒂固的主流文化霸权。而在此时,当民族融合、民族平等的意向被主流文化制造出来之后,这种反抗在观众中就失去了自身的意义。因此不得不在更为广阔的世界中寻找主题。

此外,斯科塞斯早在1987年的一次公众问答会上曾说"我是一个美国导演,也就是说,我是一位好莱坞导演",不排除这是斯科塞斯在转型之后被他人质疑为"江郎才尽"的自我辩护,但确实一定程度上证明了"好莱坞导演"这一身份对于斯科塞斯的巨大吸引力,如果说,斯科塞斯在早期电影中想要确证的是自己"意裔美国人"的身份内涵,那么在此时向好莱坞类型片的靠拢则是要确证自己作为一个美国导演,在好莱坞不可否认的位置。

看斯科塞斯这一时期的电影,可以发现其类型极为丰富,其中有讽刺美国电视媒体的影片《喜剧之王》。有短小的黑色喜剧片《下班之后》,还有为1961年的影片《江湖浪子》拍的续集《金钱本色》以及名著改编作品《纯真年代》等。

在经历了早期的试验性质的自我书写后,《喜剧之王》的拍摄风格平淡得出奇。片中那个十分平庸却幻想自己是个天才的鲁伯特·帕金,一心一意想要当个明星,甚至因而不得不去绑架一个真正的明星。在这部影片中斯科塞斯将自身抽离出来,不再注入导演的感情,而是让影片在自己的叙事逻辑下发展。斯科塞斯曾在一次演讲中也形容到《喜剧之王》是他突破瓶颈的关键制作,因为当时他已无法再有任何突破。这部影片影评甚佳,并获得了BAFTA五项提名,然而

---

① 大卫·汤普森,伊恩·克里斯蒂. 斯科塞斯论斯科塞斯[M]. 谭天,杨向荣,译. 桂林:广西师范大学出版社,2005:87.

② 玛丽·C.贝尔特兰. 新好莱坞种族性的消解:惟有速度、激情和多元种族方可幸存[M]. 赵晓兰,沙丹,译. 世界电影,2007,2:4.

2000万美元的高额制作费仍然没有拿到什么票房,上映不久后便草草下片。

这时的斯科塞斯,为自己谋画了一个新的愿景,"日后拍的任何一部电影,都至少要摄制20个星期,预算至少要在1500万~1600万美元之间,这在当时可不是个小数字,而这部电影非赚大钱不可,不是几千万,而是上亿。"

这个目标本想依靠《基督最后的诱惑》实现,然而派拉蒙的临时撤资让计划搁浅,斯科塞斯不得不随便拍点什么将自己从焦虑中解脱出来。结果他制作了一部独立制片电影《下班以后》,此时他已经42岁了。《下班以后》描述的是一个年轻的计算机操作员保罗荒诞的一夜。保罗在餐厅邂逅一个迷人的女郎,她邀他去她苏荷区朋友的寓所,保罗接受了这个邀请,但接着他遇到的每个人、每件事,似乎都在阴谋妨碍他回家,甚至欲置他于死地。在一开始,斯科塞斯已经决定将这部片子拍出一个圆满的结局。而就风格来说,斯科塞斯在尝试制造希区柯克式的惊悚效果,将观众持续不断地带入与主人公感同身受的紧张气氛中。虽然这部影片依然票房平平,但是戛纳电影节最佳导演奖已经让斯科塞斯东山再起。

《金钱本色》让斯科塞斯和掌控电影生产的人重归于好,两位大牌明星保罗·纽曼和汤姆·克鲁斯的加盟让这部影片商业口味十足。由于明星的作用以及剧本比较通俗,《金钱本色》为斯科塞斯赢来了商业上久违的成功,成为他"票房的黎明"。拍这一部戏时,斯科塞斯已经完全放弃了随心所欲的个人创造,严格地控制时间和预算,让这部影片提前一天完成拍摄,1450万美元的预算只花了1300万美元,这在好莱坞也是不可多得的事情。这部影片为他带来了久违的商业支持,《基督最后的诱惑》的开拍仿佛有了一丝希望。

历史上,斯科塞斯最有票房价值的一部电影是《恐怖角》。这部影片表现了一个家庭内部的彼此冲突以及与外力发生对决时的不堪一击。这部影片的拍摄背景是华纳兄弟公司愿意冒风险为他投拍意大利区黑帮题材的《好家伙》,作为回报,斯科塞斯必须将下一部电影拍成商业片,这才诞生了《恐怖角》。这一翻拍片没有令华纳兄弟公司失望,明显按照类型片要求来拍摄的电影虽然还残留一些马丁·斯科塞斯的痕迹,但也只能说明一件事,即便是一部"个人"电影,也要为所需要的巨大预算付出某种代价。

斯科塞斯商业化尝试的积极意义在于他改变了那种灌注自我激情、强调主观世界呈现的导演模式,这种模式曾一度为他带来创作的辉煌,但却是一种内耗式的创作方法。当好莱坞走向新的制片体系后,不但制片人不能容忍这样的创作方式,而斯科塞斯内向挖掘也必将行而不远。这样的情况下,斯科塞斯毅然进行自我突破以继续导演之路。从《喜剧之王》、《下班以后》到《金钱本色》、《恐怖角》这一系列不同题材的商业片来看,在制片模式上,斯科塞斯向好莱坞工业体系靠近,尽量在前期上多做准备,压缩拍摄时间,节约成本;在题材上,选择观

众更容易接受的富于戏剧性的剧本;在演员上,启用一些比较有影响力的大明星;在拍摄上,尽量与主人公保持疏离,隐藏叙述人,制造观影幻觉,满足好莱坞的动机+因果关系的叙事逻辑。除此之外,斯科塞斯还在适应各种类型片的拍摄手法,无论是喜剧片或者恐怖片,都在对经典电影的模仿和学习中增强着导演对于拍摄技巧的把握。在《恐怖角》公映后,一方面观众认为斯科塞斯已经把自己出卖给制片体系了,另一方面,斯科塞斯已经毋庸置疑地成为一个代表着好莱坞最高商业水准的导演之一。而在文化内涵层面,斯科塞斯已经放弃了曾经那种偏安一隅对"小意大利区"的静观,而是开始介入美国主流文化价值系统,挖掘具有象征色彩的美国生活方式与人物性格。

3. 体制内的"马丁归来"

20世纪90年代马丁主题与影像风格的回归建立在好莱坞美学的认同之下。在成功完成商业片转型之后,斯科塞斯再次与保罗·施拉德联手,将希腊作家尼科斯·卡赞查斯基(Nikos Kazantzakis)的小说《基督最后的诱惑》搬上银幕。与这个源自福音书的故事不但代表着马丁游弋于电影与教堂之间的童年记忆,更是马丁对那是欲将他驯服的工业体系的又一次反扑。由于片中那些大胆的处理——犹大是英雄、使徒保罗成为谎言家等,使影片上映后引起了轩然大波。这一次的尝试与探索,虽然引发了极大的争议,但却成为马丁影史上一个艺术与票房双丰收的特殊案例。

本片是一部表现肉体与精神、灵魂冲突的影片,马丁·斯科塞斯大胆地对耶稣、犹大等进行了注入人性、贴近凡人的改编,影片没有波澜壮阔的大场面,在《圣经》中耶稣的种种奇迹也没有被过多渲染,为了使观众能够更专注地跟随耶稣进入人类复杂的思想世界,斯科塞斯刻意淡化了神话氛围,把耶稣请下了神坛。在影片中,耶稣变成了凡夫俗子,具有普通人所共有的恐惧和怯弱。观众看到的耶稣,唯唯诺诺,内心充满了压力和愁苦,面对上帝的使命,他很无助,但又无法与命运抗争。这样一个耶稣,彻底颠覆了教徒们心目中那个博爱、伟大的形象。

马丁认为,自己有权真实地表现耶稣在人性与神性之间的挣扎。他说:"这部影片是人们接近上帝的一个途经。"电影最有争议的是那场长达30分钟的表现耶稣内心挣扎的戏:垂死的耶稣在十字架上产生幻觉,魔鬼撒旦的诱惑使他流露出对世俗生活的渴望,于是,他放弃了当一个救世主,过上了凡人的生活。他两次结婚,生儿育女,甚至搞婚外恋,最后平静地死在病榻上。为了渲染耶稣灵魂斗争的炼狱气氛,影片大量采用了浓重的红色,配合故事背景的中东音乐、希伯来民谣,贯穿着远古气息的、充满怪异不安的鼓声、笛声,似乎所有的节奏中都暗藏着致命的诱惑。许多教徒认为这是歪曲他们神圣信仰的创始人,尤其令他们不能接受的是,耶稣竟然痛心自责自己"是一个说谎的人、伪君子、什么都害怕"。但也有人认为,这算不上离经叛道,耶稣既是人又是神,他就难免受到各种诱惑,包括性诱惑。影片中那个化身为天使、诱惑耶稣走下十字架的撒旦,可说是对上帝权威的最大挑战。让耶稣首次受到撒旦的诱惑,也是以人性的观点重新审视关于救赎的可能性。影片结尾,耶稣完成了自己的使命,以自己的牺牲拯救了世人,只是我们似乎看到了耶稣对于自我生命的一种无奈,以及对于上帝行使其权力的方式的一种质疑。本片的场景和人物的服装都古朴简约,那种粗糙的质感象征了愚顽的蒙昧时代。这是一部纯粹的具有哲学探讨意义的电影,作为一个虔诚的天主教徒,斯科塞斯在本片中始终对宗教进行着执着的探讨。

1990年以后,他虽然获得了更多的资金和机会,然而那个深具反抗精神的马丁已然不再,脱离了愤怒的马丁在好莱坞的诱惑与挫败之下,更像是一个具有了好莱坞高级资格证书的完美导演。完美的《纯真年代》,完美的《飞行者》,以及完美的《纽约黑帮》与《无间道风云》,他游弋于各种题材之间,艺术与票房似乎在他狡黠的黑镜框后面达成了某种协议。然而曾经那个"小意大利区"出来的青年愤怒的力量却在完美的故事结构、精巧的拍摄手法下面悄然消逝。

第二节 "街头"电影与文化表达

一、"街头"电影命名与形态考量

如前所述,斯科塞斯这一时期的电影始于20世纪60年代末终于20世纪80年代初。其中最重要的包括《谁在敲我的门》、《穷街陋巷》、《出租汽车司机》、《爱丽丝不住在这里》、《愤怒的公牛》。

无论斯科塞斯多大程度地进入了好莱坞的结构,他都毋庸置疑地被看作好莱坞复兴中的一员,并被奉为最伟大和最持久的幸存者。这很大一部分取决于他早期的工作,尤其是《穷街陋巷》,一部独立制作的电影并在1973年得到华纳兄弟的发行。这一时间点极其重要:它处于新好莱坞萌芽之时的《邦尼与克莱德》、《毕业生》之后,由斯皮尔伯格的《大白鲨》和乔治·卢卡斯的《星球大战》开启的超级大片之前。并且这部影片与可论证的第一部好莱坞大片《教父》还存在关联。可以说,斯科塞斯早期的电影可以作为彼得·克莱默所称的"后古典主义好莱坞"时期文本分析的特殊案例。

因为马丁·斯科塞斯对美国"小意大利区"生活形态的描绘和"小意大利区"自身的团体生存模式及黑手党组织,使得很多学者将他早期的电影命名为"黑帮电影"。这无疑是按照古典好莱坞类型片的方式去归类的。但也有人认为,它提供了一种全然不同的黑帮片叙事模式。所以,以《穷街陋巷》为代表的此类电影如何归类成为了一个问题。虽然《穷街陋巷》具备了黑帮片元素,但显然它又并非可以称之为黑帮片。不能说穷街陋巷是一种特殊的类型,也不能按照 Bryan Bruce 的话说,是一部"非类型"电影。① 它有清晰的黑帮片元素,因此,它是在这一特殊的时刻依靠了所有由好莱坞类型片提供的方法。这部电影将各种类型片元素编织在一起由此产生了一种总体的意义。结果,它创造的意义是极度社会化的,而不仅仅是个人化的。而之所以没有被视作类型片或混合类型片是因为它并不符合被强调的类型片和好莱坞批评体系下的一致范式。类型被用于好莱坞工业体系以吸引观众,而好莱坞混合类型片也是为了尽可能地吸引更多的观众。同时,类型的混合致力于从故事的层面协调矛盾,来导向一个可靠的结果以实现同一个目标,那就是观众最大化。一个很好的例子就是《卡萨布兰卡》,通过它浪漫的次要情节,解决了战争片的问题。这种调和方式直到今天也依然存在。斯科塞斯早期的电影却并非如此,它们作为特殊的案例提供了一些新的和非常规的东西。他既反对工业体系下的类型片的普遍制作,也没有致力于对类型片的直接修改或者进行对新好莱坞同时代人的拙劣模仿。Raymond 用 transgeneric(转类型)来描述这种类型的混合,意思是它同时跨越了惯常的工业和意识形态边界,跨越而非顺从审美的和社会的限制。

于是,笔者抛弃了以往对于斯科塞斯早期电影存在的一些类型片或反类型片如"黑帮电影"、"黑色电影"的称谓,而选择了使用"街头电影"一词。

街头是一个地理概念,首先从字面上,可以概括斯科塞斯电影的空间特质。无论是对于街巷建筑物和街道以及公共场所的形态描绘,还是对于家居环境的客观呈现,或者是对生活于某一特定环境的人物的观察,都折射出关于"小意大利区"甚至纽约的知觉图式。各种各样对于空间的表达,一方面凸现了"小意大利区"的街头风貌,另外一方面凸现了斯科塞斯的内在经验和文化立场。重要的不是在影片中所表现的景观本身,而是隐藏于这种表现之后的独立的观察视角。

其次,"街头电影"表明了斯科塞斯早期电影中对各种类型片元素的杂糅,在电影呈现出的"小意大利区"这一特定空间里,个人、宗教和人种填充了电影的背景,黑帮提供了一种团体性的生存方式。以相当松散的叙事取代线形的经典好莱坞叙事,同时更接近同一时期"兄弟电影"的叙事形式与意义表达"复杂的、流浪性的常常不知终点的旅行形式,寻找之中,那些真实的对象保持着不确定与无常。"②因此,我们在他信手拈来又不拘一格的对经典好莱坞的利用中,看到了斯科塞斯独立的意义表达。他的电影指向"小意大利区"这个偏置一隅的

---

① Bryan Bruce,"Martin Scorsese: Five Films,"Movie 31/32,1986:88.
② Robin Wood. Hollywood From Vietnam to Reagan. New York: Oxford University Press, 1986:29.

特殊地域的生存形态,也指向对于主流文化不屑一顾的强烈反叛。就在不加修饰的街头空间里,主人公生活栖居的场所里,他的主人公常常被导向一个不知终点的孤独旅行,这个旅行已经超越了地理概念,而变成了对困顿与惶惑中的精神救赎。而即便是这样的旅行,也无法解决普遍存在的甚至是社会性的精神困境。

1. 街头空间的知觉图示

城市是一种人类聚居形式,法国人类学家潘什梅尔说过:"城市既是一个景观,一片经济空间,一种人口密度,也是一个生活中心或劳动中心,也可能是一种气氛,一种特征或者一个灵魂"。城市本身就是一种形象表意系统,可以视为文本的组合或表意模式。"都市意义"是一个历史界定的社会对特定空间形式所赋予的社会意义。都市意义的界定,是历史角色根据他们自己的利益与价值来结构社会的基本过程之一。马丁·斯科塞斯的电影其主要舞台是纽约,这个典型的美国大都会从富人区到贫民窟,承载着种族、民族的融合与分歧,不同宗教信仰的各自轨迹以及贫富分化所带来的形形色色的社会问题。斯科塞斯的电影写纽约,然而却并非为了呈现一个包罗万象的都市意义景观。他的表意系统是建立在以"小意大利区"为主体的下层群体的街头空间基础上的,阐释它们的历史与现时的社会意义、生存环境或者说生活结构。街头对于斯科塞斯的电影来说,是特征、也是灵魂,是背景、也是角色。通过摄影机对街头的展示、暗示或直接的分析、渲染,斯科塞斯为这片被主流美国人视为罪恶之地、贫困之源的地方去魅,为自己的生长之地重新探索和反思。"街头"在斯科塞斯的电影中,即是能指,也是所指,这就是他早期电影最核心的特质。

城市空间是"空间实践"的产物。① 一个社会的空间实践,是透过对其空间的释明而显现。城市社会生活展布在城市空间之中,社会过程透过空间而运作,社会阶层、阶级和其他群体界线(如性别、族群等)以及期间的社会权力关系,都镶嵌在一定的空间里。斯科塞斯的街头空间由几个部分组成。街道及其衍生物,包括室外游泳池等;街道里的公共空间,包括酒吧、撞球厅、餐厅、电影院、教堂等;最后便是居住空间。这些空间环境构成了整个"小意大利区"的生活全貌。意裔美国人社区约有十条街大,从休斯敦向南一直延伸到运河街的唐人街。

2. 空间符号的意义释明

我们来看斯科塞斯《谁在敲我的门》、《穷街陋巷》、《出租汽车司机》、《愤怒的公牛》中的几种空间类型。

街区:在斯科塞斯的电影中,街巷是生活的地方,也是活动的场所,它一方面具有稳定的结构:连排式统一样式的破旧楼房、坐在家门口闲聊的人群、从窗户

---

① 亨利·列斐尔,空间:社会产物与使用价值. 包亚明. 现代性与空间的生产[M]. 上海:上海教育出版社,2003:48.

中探出头来的老人凸显了居住在此的人稳定的血缘以及邻里关系;定期举行的节日游行保留了意大利人的风俗传统与亲友及同村同族人移民美国后的情感联系。矗立在房顶上俯瞰着社区大街的基督塑像也暗示了这一地域的独特性,让人轻易辨认出它的天主教特色。另一方面,这里蕴含着血腥、暴力和躁动。斯科塞斯的早期电影中,街头是一个令人不安的场所,游手好闲的青年在街头持械斗殴、恶作剧地将炸弹塞进垃圾桶、不时有窗户传来争吵和物品碎裂的声音,警察在这里的街头是不存在的,秩序来源于意裔美国人的习俗与规矩。而大街的形貌也是破旧和肮脏的,灰色楼房的外墙有广告被撕下后的痕迹、胡乱的涂鸦,街道两边是生锈的铁丝网与来不及打扫的垃圾。在光鲜的纽约大都市里,斯科塞斯的街区仿佛是一个隐蔽之所,一个被遗忘的角落。但是,这一片区的青年却乐于固守于此,对这一区以外的生活充满了不屑甚至恐惧。在《谁在敲我的门》中,J.R 因为与同伴吵架,被赶下车,有一个镜头,他站在繁华的大道中间,茫然无措。可见,"小意大利区"青年的生活状态是封闭而自足的,一旦超越了"小意大利区"的穷街陋巷,这些青年们也便脱离了自在,而难以融入繁华的纽约。

内室:从《谁在敲我的门》开始,一直到《穷街陋巷》、《愤怒的公牛》,斯科塞斯便热衷于对于生活起居室的有意展示。因为生活在美国社会的底层,意大利裔美国人的房间非常简陋,也很小,一个大餐桌供聚居在一起的全家人使用,餐厅和厨房没有隔间,卧室也仅供摆下一张床。在他们的内室中,最突出的特征便是天主教做弥撒用的物品,例如《谁在敲我的门》中的圣母像、礼拜用的蜡烛、钉在卧室墙上耶稣受难像;《愤怒的公牛》中的耶稣受难像以及挂在上面的玫瑰链。这正是对天主教文化在意裔美国人日常生活中重要作用的强调。斯科塞斯镜头中的内室,还凸现了意大利移民生活的普遍困窘和对意大利人家庭中心观的反思。亲友群居在一起,即使是成人之后也依然和父母住在一个房间里,例如《谁在敲我的门》中 J.R 带女友来到家中,让她不要碰坏母亲的宝贝"圣母像"。《愤怒的公牛》中即使拉莫塔结婚后,父亲的住所仍然为他保留了房间。汤普森曾说:"意大利移民的家庭中心观对斯科塞斯成长的影响巨至。"作为第三代移民,斯科塞斯无疑也经受着意大利传统的渲染,但是另外一方面,家庭观在美国的文化融合下,也渐渐地失去了力量。作为家庭的象征物"内室",笔者更认为在斯科塞斯的电影描绘之外更多了一层缅怀。如果说《谁在敲我的门》中,还会在片头看到妇人为全家人做意大利馅饼的详细镜头,那么在《穷街陋巷》中,只是听强仔提到过查理的父母,问是不是在家,然而他父母本人却始终是不在场的,这表明"家"已经逐渐变成了意大利青年生活中的一个幻影。

酒吧及撞球厅等娱乐场所:这是斯科塞斯早期电影主人公的活动场所。《谁在敲我的门》中 J.R 混迹于好友的私人酒吧"Sward pleasure club"。《穷街陋巷》中查理、强仔和迈克等人混迹于好友东尼的酒吧。如果说《谁在敲我的门》

中的私人酒吧只有一张吧台，两个圆桌和一个简陋的洗手池的小酒吧，仅仅为J.R他们提供了一个暂时的栖息之地的话，那么《穷街陋巷》中的酒吧便折射出了更多的内涵。首先，酒吧是放纵、娱乐之地，查理和强仔等人借助酒吧这个地方来和社区圈子中的其他人保持联系。这里的酒吧不是一个陌生之处，而是社区年轻人的固定娱乐之所。大多数人住在同一条街道上，相互认识，甚至互为亲友。其次，酒吧也是街上青年们的交易场所，迈克从别处弄来了万宝路卖给查理。查理也在这里帮强尼担保借债。大家的关系错综复杂，即是朋友，又是生意人，也是邻居，然而所有的关系在这里都得让位于规矩。东尼会毫不犹豫地赶出在厕所里吸毒的人，迈克会因为强尼坏了规矩而让他付出代价。昏暗的酒吧、撞球厅就是这帮社区青年的活动场所，在这里上演友谊、暴力和欲望。再次，我们从酒吧的陈设和人物可以看到更多的种族歧视和社交等级。酒吧的光线是红色的，陈设拥挤，不大的舞台提供脱衣舞娘的表演。而酒吧的后面有一间昏暗的小屋，在这里则上演不愿为人知的秘密。酒吧这个不大的空间里，是他们的专属区，没有区外的其他种族的人到来，只有黑人舞女或者卖淫的犹太女，而他们显然在这里属于低等人群。查理喜欢黑人舞女，然而却怕别人看到他们在一起。酒吧也是恩怨的终结地，在这里，破坏的规矩可以在中间人的调解之下或者得到解决，或者升级为暴力。总之，弹丸娱乐之地，却勾勒出一个社区青年圈子的生存及交往模式。

3. 360度全景敞式的空间展现方式

无论是街巷、内室或是酒吧，斯科塞斯作品中的"小意大利区"景观和现实中的城市空间几乎不存在假定的置换关系，他很少通过"借位"去处理街头空间，而是通过还原背景空间在现实中的属性来换取观者对于所看之景的了解和肯定。

《谁在敲我的门》的第一个镜头是一间简陋的内室，镜头内中间偏右的方向是一个圣母像，前面是两杯蜡烛，后面悬着一个镜子，折射出一个正在做意大利馅饼的妇人。紧接着镜头转到那个妇人身上，开始观察她如何做馅饼，中间仍然插入了几个圣母像的镜头。在主人公J.R出场是在一个肮脏布满了涂鸦和垃圾的大街上。镜头没有直接拍J.R，而是从一个肉铺老板剁骨头开始，然后拉上去，从上俯拍整个街道的全景，然后才摇到J.R身上。这些镜头从好莱坞惯例来看，是和剧情毫无关联，不承担任何推进叙事功能的废镜头。然而在斯科塞斯的电影里比比皆是。这种运用镜头的方式，很明显地暴露出叙事人的"视点"，其用意只能有一个，那便是对于"小意大利区"的全面展示。

斯蒂芬·希斯在《叙事空间》一文中认为：人类主体并非先组成，然后才置入社会和意识形态的形构中，而是组成和防止是同样的过程，而过程的中心在与空间的组织，叙事在一致性中持续建构及再建构空间，因此在电影和真实世界中得到契合:在古典电影中,空间由叙事逻辑构成,空间成为叙事的附属,观众在每一个镜头中都是被放置在最适合的观看位置,舞台、场景设计、深焦、灯光及摄影机移动等电影技巧,共同组合起来一个毫无间隙的空间,以达成"叙事的需要",通过不同的空间此系统(观点、正反打镜头)和一致性原则(镜头、视线连戏等),观众的注意力便不断集中在画面最重要的元素上,亦即在古典叙事中,空间持续地处于界定和型塑过程中。①斯科塞斯的电影空间事实上是与此相悖的。并非要组合一个"毫无间隙的空间"以服从叙事,事实上,反倒是借鉴了欧洲电影的技巧,淡化了叙事元素,故意用与叙事毫无关联的空间展现来打破观者的观看幻觉,不断通过空间进行间离,以此凸显"小意大利区"的风貌与社会结构。例如在《愤怒的公牛》中,借着拉莫塔带新女友参观内室的机会,镜头跟拍为我们展现拉莫塔家庭景观,然而,我们所感知到的视点却并非来自于他的女友,而是后面操纵摄影机的人。为我们暴露了一个原本应该隐匿起来的画外空间的存在。

如何表现丰富多彩的画外空间,斯科塞斯显然深谙此道。在《愤怒的公牛》中,有一段,拉莫塔早上和妻子大声争吵,掀翻了桌子,弄出很大的声响,于是,窗外楼下传来男人的咒骂声,于是拉莫塔转过身去对着窗外的声音咒骂。自始至终,并未现出与他争吵的男人的样子。而他的早期电影中声响,或者说环境声的制造也在一定程度上复现了斯科塞斯居住于伊丽莎白街时的生活经验。《愤怒的公牛》中当拉莫塔想和女友亲热时,窗外传来的是邻居放出的歌剧声。而《谁在敲我的门》则从更多角度表现了环境声的影响。"我住的地方十分拥挤,从早到晚不断听到从对街公寓、酒吧与糖果店传来的音乐声。所以,《谁在敲我的门》就像一颗手榴弹,把一大堆音乐投向观众。"②通过声音或光线、场面调度来塑造画外空间的方法在斯科塞斯的电影中比比皆是,虽与电影叙事无关,但却用一种极为简省的方式为观众构筑出一个360度的全景敞式的观影空间。

二、屈从于空间架构的人物命运

城市空间是人类的一种生存方式,城市文化本质上涉及的是人与城市的关系。如伊利尔·沙里宁所言:"城市问题基本上是关心人的性质的"人的形象是城市形象最为核心的部分。斯科塞斯电影中极度逼真的空间既是实体的,又是隐喻的。空间不仅是故事发生的场所,而且不同的空间呈现不同人物的内心状态,空间自身成为影片重要的表意因素。在他的作品中,通过对"小意大利区"

---

① Robet Lapsley,Michael Westl. 电影与当代批评理论. 李天铎,谢慰雯,译. 台湾:远流出版公司,1997:194.

② 大卫·汤普森,伊恩·克里斯蒂. 斯科塞斯论斯科塞斯[M]. 谭天,杨向荣,译. 桂林:广西师范大学出版社,2005:31.

街头与"小意大利区"街头青年的呈现,电影的本质与包括斯科塞斯自身在内的街头青年的生存困境有了最直接的关联。海德格尔曾提出过一个很有意思的概念"座架"。座架的作用在于,人被坐落于此,被一股力量要求着安排着,这股力量是在技术的本质中显示出来的而又是人自己所不能控制的力量,当人依照技术规定的系统在其中扮演一个角色的时候,人本身也成了技术系统中的"持存物"。斯科塞斯电影空间的力量正是在于它既像是一个稳定的安乐窝,又像是一幅枷锁,将人拖向不可逆转的人物命运,这不仅是影片角色的命运,而是生活于其中的意裔青年的命运,也是斯科塞斯蕴含着自身成长经验的回眸自审。

1. 保守自足的移民区生活经验

《谁在敲我的门》是斯科塞斯的第一部长篇电影,也是第一部描写意裔美国人真貌的电影。所以,斯科塞斯在其中倾注了大量的普通生活场景。例如说妇人做意大利馅饼时的手饰、耳环、旁边放置的圣母像等。主人公 J.R,后来在《穷街陋巷》中以查理的身份出现,主要是自传式影射的人物,他的身上代表了斯科塞斯本身经历的宗教疑虑以及性的诱惑。《谁在敲我的门》中 J.R 爱上一个金发女郎,他告诉她约翰·韦恩是他的最爱,借此与他攀谈。尽管深恋着她,却无法与她同眠共枕,当他得知她不是处女更令他萌生憎恶之感,当 J.R 后来克服心理障碍,决心原谅她而向她求婚时,却遭到了拒绝。这部影片中的空间多以内景为主,无论是私人小酒吧或者是 J.R 的家都是一个封闭而狭小的居所。J.R 就向他的朋友们一样,终日游手好闲,在街头、酒吧和夜总会里打发时间,然而他身处的这些封闭而小小的空间却在暗示他那个浓厚的天主教家庭赋予他的全部清规戒律和封闭保守的处事原则。他欲与女友发生性关系,然而他床头墙壁上悬挂的基督受难像和梳妆台前的圣母像却暗示了他无法做到,只能将欲望转化为放肆的性幻想;女友为了制造浪漫想要点燃房间里的白色蜡烛,然而 J.R 却因为那是做弥撒时才能用的而对其斥责;天主教家庭希望女人在结婚前保持贞节,所以 J.R 不能原谅曾经被强暴过的女友。他不能超越自己的天主教徒身份,然而在性与欲望的诱惑下,却又对宗教本身产生着怀疑。当 J.R 与女友最终分手后,他来到教堂。斯科塞斯用一种似真似幻的方式来拍摄教堂内景。他一遍遍地拍摄基督、圣母的塑像以及基督各种姿态下的伤口,一遍遍用凌乱的镜头来打散天主教堂的内景,又对细节作出凝视。J.R 的告解与迷茫的脸部特写穿插在其中,有一个镜头甚至是 J.R 去亲吻基督的脚而刺破嘴唇涌出鲜血。如果说此前只是用一种激进的方式来描述"小意大利区"的生活景观,我们看到的还是一个原生态的社会学画像的话,那么在最后的教堂中,那个似梦非梦、似真非真的教堂空间则将 J.R 的迷茫与困顿,救赎而不得的心理情境表现得淋漓尽致。因此,我们可以说,正是这些暗示着精神状态与宗教情节的家庭内景、教堂、小酒吧将 J.R 异化成空间中的一个附属品,他无从逃脱也无从救赎。因为"小意大利区"的空间来源于那个严丝合缝而且保守自足的意大利移民文化观与天主教教义。

尤其是后者,正如斯科塞斯所说:"它无处不在,存在于我做过的每一件事,拍过的每一部电影,甚至于我的行为方式之中。"①哲学家路易·阿尔都塞认为意识形态是一些被认知、被接受和被承受的文化对象,这些文化对象通过一种人们无法理解的过程,对人产生一种根本性的作用。所以,天主教教义以一种普遍性的和潜意识性的影响作用于斯科塞斯的电影。而在斯科塞斯的早期电影中,则是更明显的将天主教教义形象化成日常生活的符号内置于影片的空间中。

2. 文化冲突下"美国梦"与意裔民族性的双向失语

《穷街陋巷》虽然同样是纽约费城下东城区的生活之景,也同样在表现宗教疑虑与救赎的主题,然而,影片的空间却已经走出了《谁在敲我的门》中的封闭,而变为了暧昧不清的多义和混乱,一个意裔青年在他熟悉的城市空间里受着美国梦的鼓舞,然而最终却被导向一个未知的境地。两种文化(意裔文化与美国精神)一旦碰撞在一起,却生出了一个含混的生存逻辑,心灵的痛苦和精神的桎梏在寻找救赎,然而宗教实现不了,对"家"的渴望也实现不了,只有用鲜血才能暂时得到救赎。就像查理在教堂祈祷时说的:"神父给了我一般的赎罪,十遍天父经、十遍天母经,那些东西对我一点意义都没有,如果我做错了什么,我要用我的方式来偿还……除了痛苦之外都是狗屁。"

哈维·凯特尔扮演的查理是斯科塞斯雄心万丈的自我的化身。查理急欲讨好身份为当地黑手党头子的叔叔,另一方面却苦于他生命中两个重要的际遇。一是与他身患癫痫表妹的恋情,这使他背负了社会与宗教罪恶感。另外便是他结识了狂放不羁、喜怒不定的强尼·博伊,强尼债台高筑,最后将查理拖入一场枪战中。《穷街陋巷》探讨的主题是美国梦。根据这种梦想,每个美国人都认为他们可以一夜暴富,如果不能以合法方式实现,那么他们会尝试非法手段。东尼的酒吧为他们提供了一个地方。当查理走进东尼那间红色调地狱般的酒吧时,斯科塞斯用了慢动作摄影与缓速音效。东尼的酒吧为他们的幻梦提供了一个空间。在这里,查理他们转卖香烟、贩卖麻醉药,那是下东区的青年们乐于致富的方式,毕竟,在那个区,最受欢迎的不是有正当工作的人,而是那些"聪明人"。暴徒在东尼酒吧里的袭击没有预谋,而仅仅是企图成为追随者而赢得查理黑手党老大叔叔 Giovanni 支持,这也正是查理想要费尽心机做的,看上去是出人头地的唯一方式。然而撞球厅是另外一个不同的空间,它简陋、昏暗,查理和强尼去撞球厅里谈生意后来发展成打斗,斯科塞斯用急速移动长镜头让这场打斗进行了很久,使这个空间具有了一种无力感,代表了整个事件就是一场闹剧,也象征

---

① 李·鲁尔多. 在美国的意大利籍和爱尔兰籍导演. 费城:Temple 大学出版社,1990:228.

着查理的致富梦原本就是个幻觉。

《穷街陋巷》里的街道是熟悉的,也是陌生的,在这一点上,这部电影和同一时代的公路片有相似之处。Mikhail Bakhtin 指出,公路的旅行超越了熟悉的边界。自己生活之地历史性的异质被揭示和描绘出来。那么,在《穷街陋巷》中也同样如此,查理生活的街区、社团既显示出一种显著的宗教和少数民族的异质性和选择性的生活方式,又将查理不可逆转地拖向一个未知的边缘。"没有目的地的旅行"这一观念可以通过影片的结束部分得到图解,这在电影中是第一次人物字面意义上的上路,以此逃脱暴力的威胁。查理提到他想去绿林湖藏起强仔,但是在途中,Theresa 质问查理他是否知道自己要去哪儿。伍德说过"旅行没有目标或者提供一个虚假的目标来证明虚幻",这正是《穷街陋巷》的真实写照。旅行没有长远的目标,其目的仅仅是赢得时间,最终,当迈克追上他们的车并向强仔开枪时甚至这一渺茫的目的也被否定了。

而"家"在《穷街陋巷》中也是缺席的,即便斯科塞斯有意用团体性和集体节日展示着"小意大利区"的亲缘关系。正如伍德所说,这一概念也需要被隐喻性地看待:"家不存在,旅行便无终点,家,在这里,不能仅仅被理解为一种物理上的概念,它既是一种精神状态也是意识形态结构,这些都通向一种意识形态的安全感"毋庸置疑,家(婚姻、家庭)所提供的安全感和难以获得的这一事实造成了电影的核心张力。伍德继续把这一家的概念和更为普遍的常态概念联系在一起"这些电影的基础是什么,对于 20 世纪 70 年代的诸多电影来说,是家这一概念的瓦解,这一概念能够被称为常态:异性恋的浪漫传奇,一夫一妻制,家庭,现状的永在、父权体系"。

在《穷街陋巷》中,这些常态元素有名无实地被呈现(虽然有一点很重要,那就是我们从未见过查理的父母),但是他们存在于所有男性社团的紧张关系中。尤其是查理和强仔的关系。最明显的呈现是 Giovanni 这一角色(象征家庭,父权)和 Theresa(象征异性恋、一夫一妻制),但是事情并非那么简单,家庭是罪恶的,而 Theresa 因为癫痫病而不正常。Giovanni 提供给查理获得稳定性的机会,带着一个含混的给一个餐馆的许诺(如果他远离 Theresa),而 Theresa 提供另一个家,她想让查理和她同居。然而这两种不完善的和相互冲突的家的概念表明了"家"实际上是不可获得的甚至也是不合理的。

3. 被脆弱的都市文明所废弃的生命

如果说《谁在敲我的门》和《穷街陋巷》都是用写实的方式来描述意大利区青年的精神困顿,折射了斯科塞斯自我的精神救赎,那么《出租汽车司机》就是用一种极端处理的方式来带入斯科塞斯自我对电影的感觉:电影真是一个梦想世界,就象吸食迷幻药。对我而言,《出租汽车司机》就像那种看完电影"快要醒来的痛苦感觉"其中有一场戏是特拉维斯·比克尔在与贝西打电话,摄影机从他身上移开,转到一条长长的走廊,走廊上空无一人,我们可以从这场戏里看见那只隐藏在摄影机后面的手,这使得整个剧情代表的寂寞孤独感非常浓郁。

在《出租汽车司机》里,特拉维斯·比克尔生活在一个幻想与现实不分的世界里,最终精神崩溃。他曾在东南亚参战,出生入死,这段经历对塑造他在片中的性格十分重要。在战争结束返美之后,每当星月无光的暗夜,贫民区脏乱的街头仿佛是隐伏各处伺机吞噬他的敌人。在那个夜行的街道上,建筑物越来越老旧,许多东西残破剥落,整个社会也呈现出腐败的状态,满街流莺乱飞,警察取缔不利。任何一个人经历过战役,回到这样的城市之后都会因此而产生挫折感。特拉维斯认为除非他有所行动,事情不会出现转机,这仿佛是对这种挫折感的驱魔仪式。特拉维斯开着他的出租车穿梭全域的大街小巷,即使是那些最烂最疯狂的地区也毫不在乎,因为这样可以增添他的仇恨。他的用意实在是极为光明正大,他认为他的行为就像圣保罗一样正当。他要净化生命、净化思想、净化灵魂。但从某种意义上来讲,注重精神未必就是好的,导致他们走上歧路的正是精神的力量。特拉维斯就是被越战的魔影附体,这个魔影在那场血洗妓馆的枪战中最终爆发,虽然最后又归于平静,然而他就像是一颗随时会爆炸的定时炸弹。片尾的暴力场景斯科塞斯将之处理得让人感觉特拉维斯非得把所有的这些人全部杀光,一劳永逸地让他们再不能为祸四方。

肮脏破败的街头、狭小逼仄的房屋、烟雾缭绕的色情录像厅,目力所及之处尽是鲍曼所说"废弃的生命",是这些被文明废弃的肮脏之所激起了特拉维斯的全部愤怒。而夜晚在他车灯照耀下斑驳、迷幻的景象更加加剧了特拉维斯虚妄的臆想。《出租汽车司机》的情节多少有些疯狂,斯科塞斯在夜晚的贫民区,制造了一副刺激神经的空间幻境,正是这种幻境,将特拉维斯自以为是地进入自己神圣的救赎使命中来,而实际却是这些被文明废弃了的肮脏街头也不过在暗示了他同样不被纳入城市文明之中的同样境遇。以正义的名义进行的血腥屠杀暂时消解了特拉维斯这个退伍老兵的孤独,特拉维斯的虚妄复仇被当作英雄的壮举登在了报纸上。这种进入文明的方式简直就是一场反讽,暗示了城市的文明是多么地脆弱和虚幻。在这样的文明之后,那些肮脏之处依然没有任何改变,特拉维斯那个正当的义举唯一作的就是改变了他,让他暂时体会一下一片废弃的垃圾被所谓的文明捡拾起来的暂时快感。

无论是《穷街陋巷》中查理美国梦的破灭与以血赎罪的宗教幻想,或者是《出租汽车司机》中特拉维斯以暴力清洗大街上的污垢,斯科塞斯早期电影中的主人公在阴暗、肮脏的场所里企图完成对自己可怜的救赎。他们总是徘徊在强大的团体之外,《穷街陋巷》是"小意大利区"的上层社会,《出租汽车司机》是美国城市文明,这一方面体现了族裔性格与生存方式渴望融入美国主流文化的艰难和其愿望的虚幻本质,另外一方面也体现了"小意大利区"根深蒂固的天主教特色与生存习惯加之于主人公身上的沉重枷锁,让他们既依赖又渴望摆脱。

第三节 票房压力下的商业转向

对斯科塞斯来说,好莱坞代表着一种活生生的现实,是"电影的麦加"(布莱斯·桑德拉语),即便是满载着个人主义的梦想,最终在商业的利益与投资面前,他也仍然无法彻底坚持,从而开始了对商业电影的模仿与探索。

一、斯科塞斯电影的商业沦陷

1. 时代环境的改变

电影这种商品的特殊性在于,无论如何,它是一种综合性的艺术,这决定了好莱坞的商业美学也同样是一个值得反复思考的问题。对于好莱坞电影来说,美学并非是理论性的,而是实践性的,它很快就会接受来自票房的检验。好莱坞式的电影天生就是一种商品,它的背后必然暗藏着一套市场淘汰的规律,因此,商业电影和艺术电影的截然区分在好莱坞的电影史中从来就不存在。在20世纪六七十年代,因为电视的出现,城市居住结构的变动、战后"婴儿潮"一代等因素导致电影观众的结构变动,好莱坞发生了无法通过市场预测制定制片方针的困难,联艺、环球、米高梅等电影公司通过制作小投资的实验电影和艺术电影投放市场,对观众市场进行预测,这才有了"好莱坞文艺复兴",使得斯科塞斯极具个人表达欲望的电影有了发展空间。但是这个矛盾聚集的时代很快就度过了它的危险期。而电影公司也随之根据票房市场的反馈情况,制定了分众电影策略和"巨片综合症"的大制作(Block Buster)。这集中体现在斯蒂文·斯皮尔伯格和乔治·卢卡斯分别执导的两部电影《大白鲨》和《星球大战》上。这两部电影被看作是整个电影界的两座里程碑。约翰·迪昂指出:"很明显的,70年代的电影分为两部分,而《大白鲨》正是它们的分水岭,在它之前是对抗的、反权力机构的'说放电影';其后的则是遍布悬念且产生了特别效果的鸿篇巨制"[1]《大白鲨》总计取得了1.335亿美元的收入,这是那十年中北美所有影片里,第一部收入超过1亿美元的电影,它在实现经济利益的同时,还是最系统地尝试拍摄巨片的起点,在电影中,斯皮尔伯格恢复了有关悬念的传统规则,它们的灵活运用成了影片的制胜法宝。《星球大战》实现了1.85亿美元的收入,它的特点便是为了衍生品的开发而直接构思,卢卡斯也是第一位真正意义上的采用系统方法规

---

[1] 樊尚·阿米埃尔,帕斯卡尔·库泰. 美国电影的形式与观念[M]. 徐晓嫒,译. 北京:文化艺术出版社,2005:24.

划这些产品开发的人。从这里,我们清晰地看到了好莱坞电影产业的重新建立和商业转向。

如果说,在20世纪70年代的绝大部分时间里,人们都一直抱有这样的幻觉:好莱坞的决定性力量已经由好莱坞大公司转移到了富有创造力的年轻一代身上。但一个残酷的现实却是那些用来激励"好莱坞文艺复兴"时期作者电影的税收机制在1976年被取消了,同样,那些用来资助电影艺术上的创新而不考虑商业成败的资金也没有了。① 到了1980年,一个非常明显的事实就是,独立制片已经丧失了更多的自由度。

2. 斯科塞斯早期电影风格的局限与代价

斯科塞斯的成就是与他的电影生涯相伴始终的。并非是以时间来换取认可和荣誉,实际上,从第一部剧情长片《谁在敲我的门》开始,就已经开始在各大影展上投下波澜。1970年,《谁在敲我的门》在索伦托电影节上赢得了金笛奖;《穷街陋巷》也在1973年的纽约电影节和戛纳电影节上大放异彩;艾伦·伯斯泰因《再见爱丽丝》赢得了最佳女主角;《出租汽车司机》在1976年获第29届戛纳电影节金棕榈大奖,在1977年获得美国影评人协会最佳导演奖……此外,《纽约时报》《洛杉矶时报》的影评人专栏也不遗余力地盛赞他的电影。斯科塞斯也确实是有取得这些荣誉的理由。在早期的电影中,他不遗余力地进行着各种电影风格和技术的实践。在拍摄《谁在敲我的门》时,斯科塞斯受新浪潮影响,各种新手法都不惜一试,他曾经打算不是用对话,纯以影像说明剧情,但是没有成功。《大篷车伯莎》最后一场戏是男主角被钉上十字架,那个钉子透木而出不见血肉模糊的场面,别具匠心的取镜角度与运镜方式后在得以在《基督最后的诱惑》中再现。拍《再见爱丽丝》时,斯科塞思想要这部影片在片头部分,像是一场道格拉斯·西尔克官派的通俗闹剧,然后在爱丽丝顿失依靠之后,整个影片转入另一个世界。为达到这个效果,斯科塞斯耗资8.5万美元建立一座极具风格的布景,描绘爱丽丝美梦的心理状态,而这场布景仅仅在演职员表出现前的一小段开场戏中出现。斯科塞斯热衷于演员进行即兴演出,《再见爱丽丝》中,斯科塞斯要求演员在几场戏中不按剧本而自由发挥,结果一部三个半小时的戏删成不到两个小时,《出租汽车司机》中也有若干即兴演出的例子,例如罗伯特·德尼罗与西碧儿·谢泼德那场在咖啡馆的戏。

然而他的激进的影像实践也自然伴随着极大的风险。1968年,斯科塞斯执导《蜜月杀手》才拍了一星期的戏就被炒鱿鱼,因为他每场戏都要求尽善尽美而不计成本,而投资拍片的老板只准备拍一部15万美元的黑白片。拍《纽约,纽

---

① 理查德·麦特白. 好莱坞电影——1891年以来的美国电影工业发展史. 北京:华夏出版社,2005:147.

约》时,斯科塞斯要重新塑造那个虚构的城市,以及那种老式特艺彩色予人的感觉,然而他却想要这部影片真实,这种设法以即兴演出的技术与记录写实的手法为主,而以布景的巧妙为辅的电影试验过分地随心所欲了,让整部影片看起来相当混乱,首次剪辑后,片长四个半小时。最后制片费用为900来万美元,超过预算200万美元。《谁在敲我的门》当时只有色情片发行商约瑟夫·布伦纳(Joseph Brenner)的公司愿意帮助发行,当时美国万事不禁,于是斯科塞斯只好多拍了一场裸戏让片子得以发行。

经济的危机也一直伴随着他的全部20世纪70年代。《谁在敲我的门》原本是斯科塞斯的毕业制作,然而他一直为筹钱奔走,直到两年后才拍出了整部影片。之后靠着偶尔的剪辑工作和一份教职糊口,顺便筹备他的下一部电影。《穷街陋巷》的资金是从一位刚刚继承了一笔遗产的年轻人手中得到的。当然这也是一个好的开始,这两部影片让斯科塞斯获得了卡萨维茨的赏识,铺垫了他后面的影像试验之路。然而到了20世纪80年代,这种试验却再也不被支持了,想要获得下一部影片的资金,依靠的不是在某个电影节上获得了什么奖,而是影片自身的票房号召力了。硬性的商业规则在此时已经开始替代了满怀抱负的个人理想。

显然,在几位电影小子中,也许只有斯科塞斯被冠以"社会学家"的美名,然而,显然,此时的好莱坞更需要的是像能拍出《星球大战》的乔治·卢卡斯和《大白鲨》的斯皮尔伯格这样的导演。所以《纽约,纽约》的失败才会像一记闷棍,狠狠砸在斯科塞斯头顶,让他彻底陷入人生的低谷,也同时,为他提供了一个反思的良机,重新定位作为一名好莱坞导演的拍摄立场与文化态度。如果说,斯科塞斯的早期电影寻找的是他作为一个意裔美国人在美国主流文化中的身份与位置,那么,从此时开始,他的身份寻找已经转向了一种对自己好莱坞导演身份在商业瓶颈中的重新定位。当然,并非是说斯科塞斯的早期电影和这一时期的商业电影之间存在着美学与经济上的彻底决裂,只是说,斯科塞斯的注意力逐渐由早期的艺术探索转向如何借鉴经典好莱坞叙事模式以吸引更多的观众。

于是,电影早期以空间为主导的叙事形式逐渐转向了经典好莱坞以时间为主导的线性电影叙事。

3. 对经典叙事电影的模仿

"美国大制作影片的主导美学,表现为一种适应大众化的方式,这也是工业电影的主要特征①"。20世纪七八十年代并没有形成单独的电影流派,这批年轻

---

① 樊尚·阿米埃尔,帕斯卡尔·库泰. 美国电影的形式与观念[M]. 徐晓媛,译. 北京:文化艺术出版社,2005:8.

导演大多数是延续了经典好莱坞电影传统,如继承了剪辑的流畅、时间变化的清晰,以及情节结构的发展等。从这个角度上来讲,斯科塞斯的早期的电影尝试只是强调了一种风格化的激进态度,如通过镜头运动和慢速运动来扩大情感冲击力。从《愤怒的公牛》开始,他已经有意识地在过度的风格表现和观众趣味之间进行磨合了。到了《喜剧之王》时,斯科塞斯从选材、主题到叙事模式都已经开始回归为放弃个人视点和风格的类型片模式。不能说这是一种电影观念的倒退,而是他在一个商业体制下对观众趣味与观影习惯的重新探索。

马丁·斯科塞斯开始在好莱坞运作之下选择题材,这其中有喜剧片《喜剧之王》、惊悚片《下班以后》、赌片续集《金钱本色》以及恐怖片《恐怖角》、名著改编电影《纯真年代》等。这一系列电影被影评人诟病,却的确带来了票房收益。让马丁·斯科塞斯暂时摆脱了商业瓶颈。可以这样说,无论这些影片从主题上来讲相差甚远,但是从叙事方式上来讲,却都满足了好莱坞经典电影叙事的要求。

二

1. 叙事模式分析——对经典好莱坞电影叙事模式的复制

经典好莱坞电影有自身的规范,其中最重要的一点就是剧情以人物作为因果关系的中心而展开,这是叙事的概念依赖的基础。自然原因和社会因素可以作为催化剂,但是叙事的中心则是放在决定、选择或人物的性格特征上。由欲望形成目标,叙事的发展过程涵盖目的达成的过程。例如,在《喜剧之王》中,杰里·兰德福是"今晚电视"脱口秀节目的主持人,他被称为"喜剧之王",拥有大批狂热的粉丝,这其中,就有本片的男主角普帕金。普帕金在各种尝试不成的情况下,绑架了杰里,以此为要挟代替杰里主持了一场脱口秀,后来虽然被捕,然而出狱后却成为新一代的"喜剧之王"。影片的开头便为我们清楚地展现了普帕金的性格特征,他年纪不小,没有正当工作,却整天幻想,勤加练习脱口秀,坚信自己有朝一日会变成像杰里一样红的主持人。这就是普帕金的愿望,而整个影片的剧情都是围绕着这个展开的。

《恐怖角》的人物性格与欲望指向就更为明显了。这部影片讲述了一个复仇的故事,因强奸罪入狱十四年的卡迪刑满释放了。十四年前,他的律师萨姆隐藏了对卡迪有力的一份证据,以致他身获重刑。卡迪在狱中经过十四年的磨练后,来到萨姆居住的地方,开始了他疯狂的复仇行动。卡迪是一个具有着坚定意志和冷酷心灵的复仇者,他唯一的愿望就是让萨姆自食恶果,为了达到这一目的,他不惜任何手段,从恐吓,心理摧残、虐待、谋杀都是为了一步步击垮萨姆。而萨姆的性格是软弱的,从逃避、躲藏到面对,他的目的在于尽快摆脱卡迪的魔影,为了实现这一目的,他也可以不择手段。

在经典叙事中，不会让主人公的目标欲望呈现唯一性，更不会让目标没有什么阻碍便轻易达成，通常情况下，经典叙事会制造出一种对立的力量，那就是制造冲突的对立面，对立人物的特征和目的均与主角相反。在《喜剧之王》中，对于功成名就的喜剧之王杰里来说，普帕金就是成千上万的妄想狂之一，他不可能理会他，更不会帮助他登上舞台，这个人仅仅是生活中的一个小丑。他的想法和普帕金的愿望在这里发生了冲突，于是便成为了普帕金的欲望一次次落空的障碍。《恐怖角》则更为明显，一个复仇者、一个被复仇者，一个施虐，一个反抗。剧情正是围绕着这两个相互冲突的人为中心展开。于是，在马丁·斯科塞斯这一时期的电影中，我们发现，他影片中的角色及其特征，尤其是欲望，已经成为了因果关系的重要来源。

　　当来源也就是围绕着性格制造出一个干扰事件之后，影片就进入了环环相扣的因果链条之中。在经典好莱坞电影叙事中，主要由心理因素引发的剧情因果链几乎是所有叙事事件的动机，而时间因素则以各种形式附属于因果链条。情节的设计会省略相当长的时间段而只呈现因果上的重要事件。在《喜剧之王》中，叙事动因开始于普帕金的名人梦。在杰里的演播室外，有很多崇拜者拥堵在门口，普帕金也在其中，但是他浑水摸鱼进入到了杰里的车中，与他攀谈起来，希望杰里能够帮助提携他。疲惫的杰里只好对这个青年敷衍一番。因为这个干扰事件的出现，产生了一个结果，那就是普帕金看到了成功的可能，于是进一步采取行动。首先他去杰里的办公室联系，然而没有结果，然后他去了电视台，再一次地失败了。正是因为这多次的失败，逐渐将普帕金变得疯狂。在跟踪杰里的过程中，普帕金认识了同样崇拜杰里的女人玛莎，于是两人商议，绑架普帕金。因为绑架普帕金，所以杰里得到了登上舞台的机会。可以说，每一场戏都是下一场戏的原因和推力。这部单线叙事的电影非常清晰地展现了交织在人物欲望中的因果关系。

　　通常，在这一类电影中，前一个场景的结尾就是下一个场景的起始。这一点在《下班之后》这部电影中尤为明显。当一系列的镜头展现了男主角保罗的乏味生活后，他就在咖啡店里邂逅了美貌女郎，咖啡店的最后一个镜头是保罗写下女郎的联系方式，下一个镜头就接保罗在家中拿起电话拨打号码。

　　几乎没有一个镜头不对叙事的发展产生影响，几乎每个场景都有一个悬而未果的原因做结尾，而结果则在下一场的开始出现。如果不是，那么也会对以后的剧情发展埋下线索。例如《下班以后》保罗打车来到苏荷区，他身上只有一张100美元钞票，可是，掏钱时，这张钞票飞出了窗外，于是他就身无分文了，在后来各种情况出现时阻碍了他回到自己的家中。还有，他来到女郎朋友家，看到一件雕塑作品，而这件雕塑最后也成为了他救命的道具。电影情节会组织故事的时间顺序，因此，在马丁·斯科塞斯这一时期的电影中，无论是《金钱本色》、《下班以后》还是《恐怖角》,我们都能轻易的在影片中形成预期,并且等待预期的发生。预期的发生有两种,一种始因于人物欲望;一种是催生于意外事件,通常情况下,一部电影是由这两种情况共同推进影片发展的。

正如经典叙事电影通常采用非限制型的叙述手法,马丁·斯科塞斯这一时期的电影,和早期的相比,还是倾向于"客观化"。也就是说每一部影片存在一个基本的客观的故事,在此基础上,穿插人物的"知觉"和"心理"视点。《喜剧之王》是普帕金采取各种行动登上脱口秀舞台;《下班以后》就是青年保罗在苏荷区发生的一连串让他无法脱身的意外;《恐怖角》就是个惊悚的复仇故事,《纯真年代》则是一个古典的爱情故事;《赌场》同样是一部好莱坞传统故事片,描写人间的一些相互矛盾的欲望和人性的黑暗面——贪婪、对美色、金钱和权力的追求以及妒忌,他们的结果引起了暴力。据马丁·斯科塞斯在访谈中说,这一时期的很多电影都有意借鉴了希区柯克,对悬念的模仿是他这一时期的主要功课。例如,在《下班以后》这部片中,虽然故事简单,青年保罗在苏荷区的惊险一夜,似乎发生的每一件事情都将他推向未知的境况,但是利用他的主观试点,我们得到的是某种暗示,或者说悬念。

最后,也是非常重要的一点,那就是斯科塞斯为自己这一时期的电影安排了封闭性的结尾,正如我们在大多数好莱坞电影中看到的那样。好莱坞经典叙事影片都会呈现一个封闭性的结尾,不留下任何悬而未决的问题,寻找一个最后的结果来完成因果链。每个角色的命运、每个秘密的答案和冲突的结果都会清晰地呈现在观众面前。《金钱本色》的契机是息杆多年的撞球"快手费迪"偶然在撞球厅遇到资质绝佳的青年文森,于是教他并利用他赚钱,影片的结局是文森最终沉迷于这种赌球游戏中了,而"快手费迪"在对后辈的培养中,被激发了信念,重新拿起球杆,真正地去打球,找回了迷失在欲望与日常生活中的自己,完成了最终的救赎,可谓圆满。《恐怖角》有两条线索,一条是萨姆一家正遭遇的婚姻危机,另一条是卡迪对萨姆的复仇,卡迪首先出现在萨姆一家的周围,引起他们的恐慌。而后诱引并摧残萨姆的情妇,这既制造了恐慌,也加重了萨姆夫妻间的猜疑,让萨姆内忧外患,两条线索逐渐交织在一起。紧接着卡迪接近萨姆的女儿丹尼,逼迫萨姆出手。萨姆失败后,已成惊弓之鸟的他在家中层层设防,然而卡迪还是杀死了萨姆家的保镖和厨娘。危险彻底进入了"家",至此,两条线索完全合二为一了。萨姆一家仓皇逃跑到"恐怖角",然而卡迪尾随而至……影片的结局是殊死搏斗后,复仇者沉入水底,而萨姆一家在自卫中,重新赢得了相互的依赖和信任。两条线索最终用这种方式得以圆满解决。

2. 早期电影特质如何隐匿并转变

可以说,马丁·斯科塞斯早期和商业转型之后的电影,代表着两种完全不同的电影观念。早期的电影观是在欧洲电影的熏陶和约翰·卡萨维茨"个人化电影创作"的影响下完成的。而转型后的电影暂别了作者电影观那种极具个人风格话的创作，走向好莱坞制片系统，对于经典好莱坞故事电影的一种模仿或者借鉴，让其拍摄从主题、叙事、内容表达、文化立场上都有了彻底的改变。如果说早期的电影具有非常强烈的对于美国主流文化的批判精神，那么这一时期，显然就是对于主流文化的一种妥协甚至是主动的靠拢。

具体来看，首先我们可以注意到的是斯科塞斯早期电影中的写实主义倾向在这一时期消失了。写实主义是马丁·斯科塞斯电影中一个较为突出的特点，"电影社会学家"的美誉正是来源于这一传统。他的《谁在敲我的门》、《穷街陋巷》、《出租汽车司机》、《愤怒的公牛》从某种程度上来说，就是对纽约贫民区的一种深刻揭露和精确描绘，对于生于斯长于斯的"小意大利区"生活风俗、地区结构以及街头青年的一种审视和观察。同时，不仅在主题上，在拍摄方式商业采取了伴生于这种写实主义倾向的移动摄影、长镜头以及较为粗糙的影像画面。然而在这一时期，这种写实主义的倾向完全被一种制度化的规范和戏剧化的设计所取代了。从《喜剧之王》中的普帕金、《恐怖角》中的卡迪、《金钱本色》中的艾迪身上，我们能够明显地看出主人公极为戏剧化、充满了张力的个人性格。这些人物身上某种性格与他们的欲望契合在一起，被放大并强化，成为推动影片发展的重要元素。而写实主义倾向的另一个重要特点是城市环境在影片中具有着独立的存在意义，空间同人物一样，承担着某种指向性功能，甚至可以被看作是第二重角色。但是这一点在这一时期的电影中，则是彻底消失了。环境本身不具有独立性，空间所承担的功能只是服务于叙事的需要，服务于主人公。如果说早期电影中那些空间给人留下了深刻印象的话，那么在这一时期，我们能够感知到的也只是某一个桥段中，人物在什么样的地方做什么。例如说《下班以后》，主人公的活动环境发生在苏荷区，同样有很多的主观镜头来观察环境，摄影光感也很强烈，在形式上，似乎与早期电影没有区别，但实际上，我们因为看不见"摄影机的手"，这些大量的对于环境的拍摄都是满足于制造一种惊悚的和紧张的气氛。我们随保罗来到各个形貌诡异的环境中，跟随着他的视点，环境不生产意义，但是却明显地感受到了保罗在面对环境时的那种压力和恐惧感。

其次，早期的电影中较为松散、开放的叙事取向被一种欲望驱动的环环相扣、因果相连的经典叙事电影结构取代了。20世纪80年代美国电影生产的新趋势是断裂式的剪辑、表现幻觉、闪回插入镜头、在总体上淡化因果关系。马丁·斯科塞斯可以说在当时的那种浪潮中，是将这种叙事取向贯彻地最为完整、并且将之风格话的重要导演。但是在这一时期，他几乎为自己的每一部影片都找到了一个让人长呼一口气的结局，几乎每个预设的矛盾，欲望指向以及无论是单条还是多条故事线索，都逐渐整合在一起，流向片中的圆满结局。这一时期的结局可以说为影片形成了一个封闭的圆圈，意义在其中自我生成、整合然后消逝。

《下班以后》可以说是最为明显的,镜头开始于青年保罗在工作地点百无聊赖的生活状态,主观镜头让我们明显感受到了保罗心不在焉的烦躁感觉,正是因为这样,他在下班以后邂逅了美貌女郎,于是就迫不及待的在夜晚来到女郎所在的苏荷区,渴望猎艳。然而一连串的意外越来越将保罗卷入到危险的境遇中,发生的一切似乎都在阻碍他回到家中。然而在经历了这奇特的一夜后,影片最后的解决是,扮成雕塑的保罗被抬进一辆车里,然而清晨车在疾驰的过程中,将他掉在了一个大门前,这个大门恰恰是保罗的工作地点。于是他走进办公室,一天的工作又重新开始了。这是一个有些荒诞的结局,然而前面有了荒诞的一夜,这一个结局又显得圆满而自然。工作地—苏荷区怪诞一夜—工作地。

此外,马丁早期电影中的个人化创作在这一时期被一种工业化的制作模式代替了。导演隐居幕后,仅仅是操纵起玩偶的拉线。在上述几部电影中,马丁·斯科塞斯改变了那种灌注自我激情、强调主观世界呈现的导演模式,将自身抽离出来,让影片在自己的叙事逻辑下发展。在斯科塞斯早期的电影中,他已经建立起了自己的电影美学,他的音乐、摄影都统一于一个强大的主题之下,代入观者对于他所呈现的那个"小意大利区"的想象,同时,也是用一种个人化的絮语来完成对自身成长环境的审视与重构。他嘲弄美国主流文化宣扬的价值观与社会秩序,同时以一种将边缘人群主体化的方式最终反抗了既往主体的权威。此外,还通过冷静而绝望的"极度现实主义"影像传递出移民社区作为被美国当作"废弃的生命"而带来的一系列社会问题。

然而,在这一时期,这些个人化的主题以及思想内容都被暂时性的放下了。从主题上,他离开了对于"小意大利区"以及贫民区以及文化边缘人的关注,从角色设计上,更为偏重于戏剧化的人物设计,离开了曾经那些对于人物的全面刻画和含混复杂的心理揭示。在人物命运上,他的主人公不再是无法融入美国主流文化,具有深重的精神危机,精神得不到救赎的个体。《喜剧之王》的主人公是个偏执的一心致力于自己理想的小人物;《恐怖角》的主人公是一个复仇的魔鬼,带来梦魇;《金钱本色》中的"快手费迪"是一个昔日英雄,但在影片的最终找到了失落的自己。在这里,寻找不到导演的个人属性,这是以牺牲自我换取电影生涯的唯一方式,毕竟,只有这样,才能持续性的为他赢取下一个拍片的机会。

但是,并非说这一时期,马丁·斯科塞斯就彻底放弃了早期的电影理想和追求,在这一时期的影片中,我们依然能够不时地看到他的个人拍摄风格与思想表达的显影。个人化的印章不经意的埋藏在商业片的缝隙之中,对于媒体、主流文化的批判与讽刺依然不时可见。预示了马丁·斯科塞斯电影回归的野心与可能性。

3. 个人化创作与好莱坞规则的合谋

20世纪90年代马丁·斯科塞斯主题与影像风格的回归建立在好莱坞美学

的认同之下。在他的商业转型过程中,《喜剧之王》、《恐怖角》、《金钱本色》、《下班以后》等类型片或改编电影的拍摄,为他对电影如何取悦观众,如何满足好莱坞规则都有了更为清晰地认识和把握。《恐怖角》的票房成功意味着,马丁·斯科塞斯对于类型片的创作已经积累起了成熟的经验,而《金钱本色》则说明了他至少已经认同了利用明星效应来吸金的基本法则。然而,马丁·斯科塞斯并非满足于这种完全的对好莱坞的唯命是从,在深谙好莱坞的规则之后,马丁更需要的是在这种规则之下继续尝试他激进的创作自由。

他说《基督最后的诱惑》"是一部宗教性的电影,谈的是苦难与追寻上帝历程中的挣扎。它是以信念与爱拍成的①。",他想拍这部电影,前后准备了15年,因此,这部电影本身就是马丁·斯科塞斯关于他自己的宗教疑虑和对生命所呈现的一种近乎分裂的方式(枪与上帝、血与救赎)的反思与总结,而这些我们多多少少都能从他早期的电影里看到。虽然这部电影顶住各方面压力来拍的,后来还曾遭到了宗教人士的联合抵制,然而我们却能够看到在电影的呈现方式上,它依然一定程度上满足着好莱坞的叙事模式,仍不失为一部"好看"的电影。《好家伙》、《无间行者》延续了他早期的黑帮主题,《纽约黑帮》则是对什么是美国,移民算不算美国人这一困扰他多年的身份问题的集中探讨,《飞行者》则是描绘了一段深处精神危机中的个人生命历程。而这些,都是他早期的电影中反复出现的,但是和早期电影那种以空间为主构建影片、以展示性为主要表达的叙事方式不同,这一时期无论是从叙事上,还是从明星、可看性上都有了更大的改观,虽然不时可见早期电影拍摄元素于其中,但更多的是作为一种对商业片的成功点缀。

这是基于这一点,马丁·斯科塞斯接下来成功拍摄了他的《好家伙》、《纽约黑帮》、《飞行者》与《无间行者》,获得了票房与口碑的双丰收,真正建立了他自己的王国。马丁·斯科塞斯曾对乔·佩西说:"约翰·福特创立了西部片。我们创立街头片。这就是我们要干的事情②。"事隔几年之后,马丁再一次地拍摄了他的街头片,只不过,这一时期,已经不再是局限于个人经验之作了。《好家伙》描写联邦调查局线民亨利·希尔的一生。希尔出生于纽约的一个爱尔兰-意大利裔的家庭,从小就为当地的黑手党做事。片中,马丁再次将自己熟悉的"小意大利区"搬上大银幕,然而,不同的是,这次的主人公不再是无所事事的街头青年或者到处树敌的黑社会分子。他用了数年时间才将有组织的黑社会团伙

---

① 大卫·汤普森,伊恩·克里斯蒂. 斯科塞斯论斯科塞斯[M]. 谭天,杨向荣,译. 桂林:广西师范大学出版社,2005:242.

② 大卫·汤普森,伊恩·克里斯蒂. 斯科塞斯论斯科塞斯[M]. 谭天,杨向荣,译. 桂林:广西师范大学出版社,2005:167.

的生活弄明白,希望能够使影片富于一种纪录片的感觉。他在故事的发生地纽约布鲁克林区实景拍摄,更邀请了许多当地的居民担任群众角色。和《穷街陋巷》《愤怒的公牛》的主题有点相近的是,这部影片也表达了一种"美国梦"理想的破灭。在影片的一开始,亨利就说出了自己的理想:"在我看来,成为一个黑帮分子比当美国总统更酷。"然而随着他梦想的视线,但同时发现了自己梦想的残酷与无情。就整部影片来说,马丁走的是美国帮匪电影的老路子。但是从叙事上,他打乱了时空关系,从故事的中间部分开始,忽前忽后的进行时空的跳跃,但是尽量保持故事有一条很清晰的主线,这与他早期的电影是不一样的。但是对于早期的拍摄手法,他也有着一定的利用,例如说画外音,他大量借鉴了新浪潮电影使用的基本技巧。移动镜头也有较多的使用,以此来制造一种纪录片的真实效果,给观众传递更多的图像和信息。

　　2006年的《无间行者》改编自香港的《无间道》,片中再一次地提到了"美国梦"的破灭。波士顿南部,正处于鼎盛时期的黑帮头子弗兰克·卡斯特罗(杰克·尼科尔森)雄霸一方。老谋深算的他决定培养年仅14岁的科林(马特·达蒙),为自己的将来铺路。与此同时,生于街区的少年比利(莱昂纳多·迪卡普里奥),靠着自己的努力,希望能够摆脱贫困的生活。时光飞逝,科林和比利都长大成人,且都考上警校,成为了州警察局的警察。精明能干、野心勃勃的科林,在歼灭黑帮团伙有功之后,很快升职为"特别调查组"的警司,在警局里有了自己的势力,却依然听命于卡斯特罗。而街头长大、性格有些暴力的比利,虽然一心想成为好警察,却被安排了秘密渗入黑帮组织的任务,成为卡斯特罗的得力手下。卡斯特罗的黑帮犯罪集团日渐强大,警方决定开始秘密准备将其铲除。对立越来越剑拔弩张,而一系列猫捉老鼠行动的失败,也让警方和敏感的科斯特罗都察觉到内部出现了奸细。警方和黑帮的大洗底行动即将展开,两个饱受身心煎熬的卧底也开始走上了无间之路。虽说都是讲"美国梦的破灭",然而和早期黑帮片比,它的表达方式有了明显的区别,他们感兴趣的是股市中错综复杂的人物瓜葛和个人抉择。而人物塑造上面,也极具戏剧张力,例如尼科尔森饰演的黑帮老大,时而精明,时而疯狂,举手投足充满气势。马特·达蒙和莱昂纳多的加入也让影片增色不少,而镜头运用更为精细。最后一场老鼠从窗口上爬过的场景让人印象深刻,充满了象征意味。虽说是一部翻拍片,但是马丁将一切非原创的材料,纳入到自己的演绎、情感和表现中,消化成一部完整的"斯科塞斯"电影,这一点是中国导演值得学习的。然而即便在这样的电影中,马丁还是感受到了来自于电影公司的限制,甚至抱怨自由度不够。因此说,即便这一时期,马丁的电影一方面有着票房的自律,然而一方面也实实在在地受着来自于好莱坞的客观限制。

　　《纽约黑帮》不仅仅是在讲一个早期纽约帮派火拼的故事,正如美国一家官方网站的点评"美国诞生于街头"一样,马丁的企图在于通过再现这一段街头的历史,思考美国是什么？谁才是美国人？外来移民对于美国来说意味着什么？从这个角度上来讲,马丁从早期的关于自我身份的疑惑出发,上升到了整个民族性的高度,去探索美国精神的内核。《纽约黑帮》的背景是1846年—1863年,那时候美国内战爆发,民族矛盾和种族矛盾异常尖锐。纽约作为美国最大的城市,濒临大西洋,是欧洲移民海上长途旅行之后来到美国的第一站,常常也是终点站。一批批的移民浪潮在这个城市里引发了民族、种族、宗教和阶级矛盾。马丁选择的正是纽约最臭名昭著的曼哈顿下城区,这里充斥着流氓、政客、赌徒、劫匪、黑帮和妓女,各种矛盾聚集于此。马丁的野心正在这里,并非是讲一个复仇的黑帮故事,而是想将这段动荡、黑暗的历史直接呈现出来。为了营造出19世纪纽约的真实情况,马丁不惜巨资,甚至在罗马修建了一条纽约旧街。除此之外,还动用了几乎所有的拍摄手段,例如轨道、升降车、可移动云台,手提式摄影等①。无论是否真的解释清楚了,然而影片的结尾却分明地表达了马丁的个人态度,旁白说:"这是个伟大的城市,一个无数纽约人为之丧命的地方……这是我们应该尊重的地方,无论这个城市再发生什么,在剩余的生命里,我将会为他随时献身②。"

《飞行者》从题材上来讲,似乎偏离了马丁喜爱的街头题材,然而这部传记片从人物塑造上来讲,却完成了对一个深处精神危机的个体的细致入微的观察。影片中的霍华德·休斯继承了父亲的一笔巨额遗产,他对飞机兴趣非常浓厚,常与工程师讨论改善飞机性能。甚至亲自设计出一架飞机——"休斯一号",并驾机试飞,打破了世界纪录。1939年休斯入主环球航空公司,迅速扭亏为盈,风光数十年,成为美国第一个亿万富翁。在好莱坞长大的休斯对电影兴趣同样浓厚,拍摄的《地狱天使》深得观众喜爱,他的名字也常常与好莱坞女星联系在一起。20世纪50年代,一场空难让休斯的健康状况岌岌可危,他的听力几乎全部丧失,需要长期使用吗啡来镇痛。影片并非着力拍摄人物的传奇一生,而是近距离地将我们带入休斯的生活中,看他如何因为幼时经验而精神紧张,患有洁癖,并如何神经质地影响了他的一生让他不断坠入痛苦的深渊。以及他的欲望追求,他的坚定不妥协和他在感情上遭受的挫折。在休斯的身上,体现着马丁影片主角的典型性格特征:反英雄,反社会,纯粹的个人主义者。然而三个艳丽女星的加盟毕竟还是如好莱坞的预期一样,没有让这部电影一如既往地带上"雄性电影"的帽子,在充分的个人表达后面,起到绝对支撑作用的仍然是投资商米拉麦克斯、华纳和国际娱乐集团。

---

① 何建平. 美国诞生于街头:纽约黑帮. 当代电影 2003,(05):106.
② 马丁·斯科塞斯,纽约黑帮. 拍摄于2002年.

如前所述,马丁·斯科塞斯出生于纽约的"小意大利区",由于意大利人的宗教信仰与顽固的生活习惯,他们一直保持着自己文化与生活上的独立性,再加上黑手党的存在,这片地区一直遭到美国主流文化的排斥甚至歧视。但是受商业文化的影响,马丁·斯科塞斯始终在美国主流文化与民族文化之间徘徊,身份困惑成为他挥之不去的心理阴影。无论是从早期的《谁在敲我的门》《穷街陋巷》《出租汽车司机》《愤怒的公牛》到商业转型后的《喜剧之王》《金钱本色》到后来的《飞行者》《纽约黑帮》以及《无间行者》,对于个体身份与独立性的寻找一直是贯穿始终的主题。而他依据自身经验建立起来的街头电影也一直成为他电影王国里面最重要的一部分。然而,早期从个人化的电影创作到后来自动寻求与好莱坞的和解,我们还是能够从中发现马丁·斯科塞斯个人话语与文化立场的转变。

在早期的《穷街陋巷》《出租汽车司机》《愤怒的公牛》等电影中,马丁·斯科塞斯以一种深度介入,或者说是带有某种自叙传性质的电影创作来表述着一种文化立场,进行着对主宰一切的美国主流文化霸权的反抗。在以往的电影中,"小意大利区"一直是作为一种肮脏的所在,是暴力与危险的象征,它屈居于城市的一角,是纽约这座宣称包容一切的城市的"废弃物"。在文化中,这里始终是边缘的,是被异化和淡忘的所在。然而在马丁的电影中,他将视角完全倾注在这一片地区,关注这里的生活、社区结构与街头青年,他以一种纪录的性质再现了这个被主流文化漠视的地方,表达着他们独立的生活与精神需求,反抗了试图规训一切的美国主流文化的权威性。当然,早期的电影中,也是包含着更多的对贫民区人的精神状态以及生存状况的深度反省的。《穷街陋巷》中的查理、《出租汽车司机》中的特拉维斯都是深处精神危机中的个人,这种危机是文化在他们身上留下的不可避免的印记,也是马丁·斯科塞斯自己的危机,而常常,这种危机隶属于他们无法融入任何一个团体的无归属感,这一点,是马丁自己也难以解决的,即使是宗教,即使以血救赎也是难以实现的。《出租汽车司机》中的特拉维斯,只能用暴力清洗罪恶,获得主流文化的暂时性接受,这也恰恰是马丁·斯科塞斯对于主流文化的一种嘲讽,显示出主流文化巨大的荒谬性与不稳定。总体来说,马丁·斯科塞斯早期对待美国主流文化的态度是既渴望又疏离,既批判又不可抑制地受到影响,既难以融入又怀疑自身的。

20世纪80年代,马丁·斯科塞斯为了维持自己的电影之路,于是暂时性地与好莱坞合谋,借鉴并利用了经典好莱坞叙事方式,用类型片的创作来取悦观众,获取票房支持。在这一段时间里,他暂时性地放下了自身的美学追求与电影表达,而去学着迎合美国大众的口味,而在这个过程中,他的文化立场也在不自觉的被扭转。在商业片的制作过程中,他寻找着一种具有普泛意义的美国精神,并将他们融入到自身的创作中,但并非说,他轻易地接受了这种主流文化的洗礼,因为在《喜剧之王》中还是能够看见他对于盲目追星的观众以及扭曲的、完全消费主义的媒体都暗含嘲讽,在他的内心深处,独立的文化思想依然存在,只不过在电影中他利用商业规则将独立的文化思想与美学观念统统掩藏起来,或者说寻求一种更易为大众接受的表达。于是,在时机成熟之后,我们看到了《基督最后的诱惑》、《纽约黑帮》以及《飞行者》。他20世纪90年代之后的电影创作在题材和主题上和早期的电影有着一脉相承之处,他试图在好莱坞规则之内寻找对于早期没有得到答案的问题的解释,例如,黑帮生活和宗教信仰这两种对立的状态靠什么密切联系在一起,移民究竟算不算美国人,个人的精神危机是否有可能被克服等。

当然,在这一时期,马丁·斯科塞斯就并非以一种反抗的、否定的,自我彰显的文化形象出现了,在对上述问题的阐述中,他始终将电影本身的艺术追求放在首位,文化的硬核作为电影的一部分,构建着电影的内容表达。而对于美国的主流文化,他显然已经由否定而逐渐走向理解和认同,而曾经的否定之声更多的被定位于一种对于美国历史与文化的重构和想象。而他个人的身份困惑,也最终借由"好莱坞导演"成功的得到解决。如果说20世纪70年代的马丁·斯科塞斯是反抗美国主流文化的平民英雄,那么20世纪70年代的他就是优秀的好莱坞导演,而20世纪90年代以后的马丁当之无愧的成为了个人化表达与好莱坞规则相结合的电影大师,《无间行者》这一部终获奥斯卡奖的电影作为一个标志,宣告了马丁·斯科塞斯电影王国的最终确立。

研究马丁·斯科塞斯的电影之路,无疑是非常必要的。从20世纪60年代拍出的第一部长片《谁在敲我的门》一直到他最终获得了代表美国电影最高荣誉的奥斯卡的认同,他一直在努力使自己的电影之路在不同的状况、不同的时代中往下延续。在电影观念上,他由20世纪70年代的"个人化"电影创作走向满足大众趣味的20世纪90年代商业片创作,再到后来重拾个人化电影特质将之融入商业规则之中;在文化态度上,他从一个身份暧昧不清,不断自我反思,对美国主流文化进行无情批判的"小意大利区"的"电影小子",逐渐有意识地去靠近美国主流文化,以大众更为接受的文化表达去重构自己对于自身、宗教以及美国精神的疑问;在电影拍摄方式与叙事模式上,他由早期不断的积极的拍摄风格与影像美学的尝试,逐步建立了自己的拍摄风格与美学体系,在中期他又积极借鉴希区柯克等经典好莱坞电影大师的叙事模式和拍摄方法,掌握了叙事电影的拍摄手法。到后期更是将早期和中期的拍摄方式相结合,或者说在好莱坞的类型律令和观众口味下重建了自己早期的电影风格与美学,最终实现了个人化表达到好莱坞电影大师的成功蜕变。从这三个角度来看,他对于中国电影的发展之路是有着非常重要的借鉴意义的。曾经,中国的第五代和第六代导演不是追求宏大的主题叙事就是满足于自我的观念表达,近几年,观众的观影需要催生了一股商业化的电影浪潮,我们已经拥有了拍摄大片的实力和环境,很多香港、台湾导演在香港电影业不景气的情况下也纷纷来到大陆淘金。大陆的导演也在或多或少的进行着商业化的电影尝试,但是,我们能够明显感觉到的是那种沉醉于往昔的辉煌和难以放下的身段。大片的风格化是一个过程,但首要的就是要想办法满足于观众,文化的表达固然重要,但商业片的拍摄有自身的规则,如何将文化表达精炼为电影的"内核",增加拍摄的技术水平,而不是故作深沉,是国内的导演们应该向马丁·斯科塞斯学习的,只有这样,才能在当下电影市场的虚假繁荣之后探索到一条真正的中国电影发展之路。

下 编

第九章 通俗文化与影视

第一节 通俗文化的主要特征

通俗文化是对精英文化、经典文化而言的。审美文化的内在构成,从大的方面说,主要包含两个部分,即高雅文化与通俗文化。一般认为,高雅文化是指由专业人员创造出来,适合有较高文化教养和审美趣味人们的口味,显示较高文化品位,具有严肃、纯正、典雅特点的文化产品;通俗文化是指产生于民间、流传于底层的文化现象,为文化水平较低、未经专业训练的人民大众喜闻乐见,带有原生态、日常化的特点,清新流丽、活色生香但有时不免流于粗放、低俗。不过这只是一种基本界定,总的说来,"高雅文化"和"通俗文化"还是比较宽泛的概念,其边界并不确定,指称的对象也并非一成不变,但不管怎样,上述基本内涵却都是具备的。如果细分一下的话,通俗文化可分为"市井文化"、"乡土文化"、"江湖文化"、"民间文化"等。值得注意的是,高雅文化与通俗文化之间的关系并不是稳定的、一贯的,而是动态的、易变的,在不同时代会发生变更。

在众多的关于通俗文化的论述中,对通俗文化的描述也是见仁见智,众说不一。在西方,通俗文化也被称作大众文化,因为这种文化的接受者是人民大众,故称作大众文化。早期的大众文化具有贬义的色彩,在一般人们的认识中,通俗文化仅仅是时代的"亚文化",成为社会精英们不屑一顾的文化现象。

通俗文化还具有明显的受商业利益驱动的特点,特别是在大众传媒业高度发达的今天,通俗文化的商业特点更是明显。也正是因为通俗文化对商业利益的追逐,通俗文化产品的娱乐性也特别强烈。

尽管在人们的认识中把通俗文化置于文化的低下层面,但通俗文化的发展却汹涌澎湃,几乎成了当代文化的主流。在当代社会中,通俗文化不仅作为一种文化现象存在着、发展着,而且成为令社会关注的文化产业的支柱,通俗文化在社会道德重建、信仰重建以及社会精神文明建设中发挥着很大的作用,这种作用,有时表现为对精神文明的促进,有时表现为对精神文明建设的消解①。通俗文学是通俗文化的一个组成部分。郑振铎先生在1938年出版的《中国俗文学史》中说:"俗文学就是通俗的文学,就是民间的文学,也就是大众的文学。换一句话,所谓俗文学就是不登大雅之堂,不为学士大夫所重视,而流行于民间的,成为大众所嗜好、所喜悦的东西。"《汉语大词典》说:"通俗,浅显易懂,适合一般人水平和需要的。"这种互相影响,互相依存的关系,影响着文化的发展方向。

审视通俗文化的内涵,通俗文化确实包括了一些低俗的、粗糙的、或正待要进行加工、改造、提升的文化产品,也包括了一些健康的、积极向上的、能为大众提供真、善、美精神享受的文化产品。

通俗文化与庸俗、艳俗、媚俗、低俗具有重要的区别。

通俗与低俗区别。通俗文化,人们一般指称其属于俗文化中那些具有积极、健康、向上的文化元素的艺术活动及其作品;低俗,则是指那些具有较多消极、没落、陈腐元素的样式及作品。有史以来,一些低俗的文艺活动及其作品也会产生一时的效应,特别是经济效应,但低俗的作品注定不会获得人们的普遍认同而流传百世,其根本原因就在于它不代表人类的根本愿望和价值追求。通俗,是对于世俗生活的积极与晓畅的表现;低俗,则是对于世俗生活中低级趣味的表现与张扬,但其界限有时并不明晰。通俗的活动及其作品,人们一般赋予其健康的元素,不应包容低俗的元素。但如果在俗的基础上继续下滑,就会堕入低俗的范畴。

通俗文化与低俗文化均具有较浓郁的娱乐性元素,它成为通俗文化与低俗文化的共同特征和重要连接。但是,二者的区别也是突出的。其一,通俗文化具有精神层面的积极与向上的气息,亦即符合社会发展的趋向与理想,而一般低俗的文化艺术不具备积极的精神追求,往往与人类进取的精神理想背道而驰;其二,通俗文化一般不会过度渲染人的感官愉悦,有时还会将人的感官愉悦上升到审美的层面,而低俗文化则会促使人的感官欲望的过度追求,甚至将具有精神文化内涵的活动堕为纯粹感官性的活动,与社会伦理价值相违背;其三,通俗文化一般以激发人的积极与向善的价值取向为目标,以有利于人的精神提升为基点,而低俗文化则过分张扬人的本性中恶的与丑的因素,煽惑人们滞留于很低的精

---

① 陆万胜. 通俗文化的流行与嬗变. 潍坊学院学报,2010.

神活动或感官欲求的层面,在本质上与艺术追求格格不入。

如果说庸俗是价值观念方面的问题,那么,低俗则是具体的判断标准问题。所谓低俗实际上就是低于公众普遍遵守的行为标准,也是一种不被社会普遍认可的行为。现在一些影视作品为了吸引公众注意,不断地突破社会公众的道德底线。例如,一些影视作品把色情淫秽的镜头作为自己的卖点,影视创作人员通过各种方式炒作绯闻,以此来吸引公众的注意。这样的影视作品不是在宣扬社会公德,而是在挑战社会道德的底线①。文明社会的基本准则是,把人类的自然需求与公开表达区别开来。如果在公开的影视作品中赤裸裸地展示人类的自然需求,不仅突破了人类价值的底线,违背了公序良俗的基本原则,而且侮辱了人类的尊严。

低俗的行为不是一种向上的行为,而是一种向下的行为,通过展示人类最不堪的一面,谋取商业利益。

通俗文化与庸俗的区别。庸俗的价值观念体现在社会的各个方面。从文化的角度切入观察,庸俗的价值观念似乎具有达尔文适者生存的意涵,但是,它与达尔文主义有着本质的区别。达尔文强调的是自然进化思想,并没有把自然进化的理论扩展到社会关系之中,从而奉行人类社会的"丛林法则",而庸俗价值观念的信奉者总是以机会主义的心态、实用主义的做法、投机取巧的方式追求个人利益的最大化。文化领域的庸俗表现多种多样,例如,对他人作品抄袭和模仿,以粗制滥造追求所谓的票房;在新闻评论或者文化批评过程中,采用人身攻击的方式,达到哗众取宠的目的;在制作电视节目的时候,为了提高收视率故作惊人之语,以所谓另类的表达追求轰动效应。

庸俗的价值观念打着多元化表达的旗帜,浪费社会资源,从而使社会文化领域呈现出一种虚假繁荣的局面。批评庸俗的价值观念,不是拒绝通俗,通俗是一种公众喜闻乐见的表达方式,是一种亲近读者或者观众的创作方向;批评庸俗的价值观,就是批评文化领域俗不可耐的拉拉扯扯,提倡一种新的生活方式和创造精神。

通俗文化与媚俗的区别。所谓媚俗就是曲意迎合人们的不良嗜好,采用不正当的手段取悦观众或者读者,以此来谋取非法利益。

当前我国文化领域媚俗现象比较严重,所谓媚俗就是千方百计地迎合那些特殊群体的观点,不管是非曲直,也不顾法律规则,一味地进行道德批判。在社会转型时期,人们的价值观念不同,对问题的理解也不相同。健康的社会应当允许人们从不同的角度提出不同的看法。媚俗的作品就是通过揣摩公众的心理,利用特殊时期人们的焦虑心态,对现行的体制进行无情的挖苦和嘲弄。这样的

---

① 来源:人民网,浅析"庸俗、低俗、媚俗". 作者,乔新生.

批判往往能够赢得部分人的喝彩,但是,这样的批判不仅破坏批评的基本规则,而且掩盖事实真相,转移公众的视线。其次,借助于社会改革中出现的问题,不断激化社会公众的情绪。

媚俗现象从表面上来看是投其所好,但是,骨子里却是一种贪婪的利益诉求。

通俗文化与艳俗的区别。当代大众生活是大众消费模仿流行时尚呈现出的种种状态,在其模仿过程中显现了浮华艳丽、世俗虚荣的大众审美情趣趋向。

"艳俗文化"的发生,是有它的社会意识形态背景的。从现在大多数市面上流行的文化符号来看,所体现的基本上是一种暴发趣味,是一种没有审美价值转换的功利性的直接流露。也就是说,它不是人民大众对现实生活的体会,而是对大众消费生活的表面模拟,是光线夸张而浓烈的布景舞台。它呈现出的是一种即时性、功利性和浮华的特征。

第二节 通俗文化与电影发展

电影作为一种文化产品,要始终得益于文化的滋养,中国电影最得天独厚的优势就是它具有丰富雄厚的文化资源。中国民间传说,花木兰替父从军的故事被迪斯尼公司改编成动画片《花木兰》在全球放映。李安执导的《卧虎藏龙》在全球范围刮起一阵旋风,在美国放映时一直高居全美票房前十位之列。这两部电影都是从中国通俗文学中寻找创作灵感,获取题材资源,它们的成功恰恰显示出通俗文化在全球化背景中的潜在力量,同时也证明中国的通俗文化传统可能为西方乃至全球的观众提供新鲜的文化参照。

匈牙利电影理论家贝拉·巴拉兹说:"电影艺术的产生增强了人的理解能力,因而揭开了人类文化历史的新一页……不仅亲眼看到了一种新艺术的发展,而且看到了一种新的感受能力、一种新的理解能力和一种新文化在群众中的发展。"[①]影视的视听特性远比书本更能打动大众,一般来说,越通俗,观众越多。通俗与观众往往成正比。

历代相传于市井之间的民间传说、戏曲故事、稗史侠义和以"趣味"为重的通俗小说等是中国通俗文化的重要组成部分。如果将中国文化传统简明扼要地区分成精英文化与通俗文化二种形态,这两大文化传统在中国电影百年中的影响都是很清晰的。电影是以娱乐大众为本位,通俗文化则更多地表现出大众化和世俗性,二者更容易发生天然的黏合与亲情。电影本身充满着对"故事"的渴

---

① 贝拉·巴拉兹. 电影美学[M]. 2版北京:中国电影出版社,1989:18.

望,面对传统文化的选择,也更容易与长于叙事的通俗文化发生契合。在早期世界电影中,通俗文化无一例外地成为各国电影创作的"先本文",通俗文化对电影创作的影响是一种历史存在。尤其是,当今社会文化语境已经发生明显变化,通俗文学代替了严肃文学,人们更多地以大众性、娱乐性乃至畅销性来衡量电影的意义。

通俗文化电影积极追求世俗的心灵和行为,以俗为美,以俗为乐。纵观中国电影史,会发现,通俗文化在不同发展时期,时而占据主流、时而退居一隅,但一直由一条时隐时现的线牵引着。

20世纪20年代以前,是中国电影的起步阶段。电影人只是从观看戏曲的角度去拍摄电影,从而诞生了中国电影的"影戏"观念。戏曲观众喜爱看的王侯将相、才子佳人,无不是通俗文化在市井的积淀。1922年,中国现存第一部短片《掷果缘》诞生,以滑稽逗笑为明显特征。中国第一部长故事片《阎瑞生》取材于1920年发生在上海的、洋行买办阎瑞生谋财害命勒毙妓女的轰动事件。虽然故事渲染犯罪、表演拙劣,但由于表现的社会事件影响力和凶杀内容,颇吸引小市民的兴趣。在戏园连映一周,售利达4000余元。《阎瑞生》与同时期的《海誓》、《粉红骷髅》三部长故事片恰好是凶杀片、爱情片、侦探片三种类型,在思想内容上,不甚可取,但却满足了小市民的世俗化、通俗化要求。

20世纪20年代,中国早期电影呈现着奇异的潮起潮落状况。蜂拥而至的商业类型片热潮,极度迎合观众"俗"的口味,由古装片、武侠片和神怪片构成的20世纪20年代后期局面,在热潮极盛之时预示着衰落之态。

古装片是第一个明显的类型片潮头。1927年达到极盛时期。主要对中国古典小说或民间传说故事的改编。《梁祝痛史》、《花木兰从军》、《唐伯虎点秋香》等片名,不难看出影片的内容。由于古装片受商业利益驱动,绝大多数没有严格的历史感。所看中的多是诱人感官的娱乐因素。"韵事"、"艳迹"、"玄机"等都是大肆渲染的内容。其中部分影片由通俗走向庸俗、媚俗和艳俗。

神怪片是由武侠片中派生出来的奇异现象。《火烧红莲寺》在1928年公映后,掀起了一批"火烧"片的热潮。《火烧青龙寺》、《火烧百花台》、《火烧七星楼》……明星公司也把《火烧红莲寺》一直拍摄到1931年,共拍摄18集之多。情节离奇、环境阴森恐怖,充满神怪妖光,严重脱离现实。为了追求过于新奇、刺激的感官而为人们所诟病。最终使20世纪20年代的电影创作走入了一条死胡同。

电影经过百年的历程,风格样式几经变化、电影思潮几经流转,表现世俗平民生活图景的电影一直存在。平民喜剧也是观众喜闻乐见的电影类型。20世纪80年代开始,以陈佩斯为代表的"父子"系列喜剧电影受到追捧。"二子"成了陈佩斯的代名词。小人物作为电影主角,表现小人物喜怒哀乐、体现平民生活的电影,拉近了普通大众与电影艺术的距离。喜剧明星陈佩斯被称为"喜剧荒漠中的二子"。1985年,陈佩斯彻底把稀稀落落的头发剃光了。那年,他拍了电影《二子开店》。从1982年的《夕照街》的"二子"算起,自20世纪80年代,陈佩斯和父亲陈强陆续合作拍摄了《二子开店》、《父子老爷车》、《傻帽经理》等一系列以"二子"为主角的系列电影。宋丹丹、冯远征等演员也正是借助陈佩斯的喜剧逐渐家喻户晓。《父与子》(1985年)、《二子开店》(1985年)、《少爷的磨难》(1986年)、《傻冒经理》(1988年)、《父子老爷车》(1990年)、《爷俩开歌厅》(1991年)以及20世纪90年代陈佩斯自己当主演的《临时爸爸》(1992年)、《赚它一千万》(1992年)、《编外丈夫》(1993年)、《孝子贤孙伺候着》(1993年)、《太后吉祥》(1995年)、《好汉三条半》(1998年),陈佩斯一直试图探索中国电影的喜剧之路,将人物定位在平民阶层的小人物,展现平民生活的世俗图景。

在"二子"系列第一部作品《父与子》中:父与子,固执与滑头,传统与现代,形成强有力的矛盾和笑点。大屏幕中,陈佩斯找到了自己的黄金搭档:父亲陈强。这个演活了黄世仁、南霸天的"反派"老人,不经意在晚年和儿子的合作中又焕发了光彩。

整个20世纪80年代的电影制作完全按照计划经济的生产模式。由电影厂找剧本,完成剧本的创作,再由厂领导规定导演摄制组。《父与子》逆向而行,陈佩斯自己请编剧,请导演,拉投资拍摄。电影做到一半时,电影局发话:电影必须挂靠电影厂才可以拍,看到陈强是老同事的份上,先不追究责任。

1982年,陈佩斯坐着火车拿剧本到西安电影制片厂。当时的厂长吴天明没有见他,一个副厂长看过剧本后说:"我们以拍艺术电影为主,这类电影不做。"于是,辗转拿到北京电影制片厂,北影也不拍。陈佩斯又找到深圳影音公司,公司勉强同意参与拍摄。但在拍摄过程中,对方希望按照悲剧情节修改,陈佩斯不同意,拍了一半公司退出。最后,陈强到电影局拍了桌子,由电影局出面,中影公司统一收购,这也是中国有史以来唯一一部没有厂标的电影。

第二部"父子"系列《二子开店》也是挂靠了电影厂,然后陈佩斯自己找摄制组,拉投资,独立制片,福建一个公司投资。

陈佩斯曾说:"电影制片厂对我的喜剧不屑一顾,根本不想拍这类电影。他们重视拿国家奖项,例如'百花''金鸡'。之所以如此,一方面是电影厂对喜剧的认知问题,再有就是体制问题,有时想拍喜剧,但等它要真正做喜剧时,所找的人都缺乏喜剧实践。就是那些没拍过喜剧电影,或者没写过喜剧剧本的人坐在一起,凑一个大家当时的哈哈一乐。拍出的片子到市场就是失败。"①

---

① 陈佩斯的坎坷喜剧路:永远的"小人物". 中国周刊,2011,(1).

陈佩斯是中国通俗电影的代表者之一。1991年,陈佩斯注册成立了海南喜剧制作有限公司。出品的第一部作品叫《爷俩开歌厅》。1993年,陈佩斯把公司改名为"大道影业公司",这是中国最早一家集影视、制作、发行于一体的民营股份制公司。当时注册登记的17名人员的主要任务是围绕陈佩斯创作喜剧。已古稀之年的陈强仍然在儿子的电影中担任重要角色。20世纪90年代初期是陈佩斯喜剧事业的巅峰时期。导演王好为在1992年和陈佩斯再度合作拍摄《赚它一千万》。导演陈国星和陈佩斯合作拍摄过《临时爸爸》和《编外丈夫》。作为当年最早下海、成立民营影视公司的明星之一,陈佩斯换来的是自由创作的空间。《父与子》、《二子开店》、《傻帽经理》、《爷俩开歌厅》、《父子老爷车》这几部作品几乎是围绕着陈强父子展开的:在《父与子》中,陈佩斯给父亲吃人参,父亲吃多了,浑身发热,到处乱跑。这出戏成功地解构了父亲这个形象的严肃性和权威性。在《二子开店》中,儿子是经理,父亲是员工,一面是父子之间正常的伦理角色,一面是现实生活中上下级的关系处理。

在陈佩斯的电影《傻帽经理》中,陈强与陈佩斯父子的黄金组合表演精彩。电影讲述了改革开放之初,陈佩斯饰演的二子个体经营一家旅店,结果工商、税务、卫生、甚至公安部门是一度刁难,我们惊诧于陈佩斯这位学院派的喜剧艺术家对生活变迁中那种细致入微的观察,影片在营造喜剧效果的同时,实际上依旧有着一种批判与反讽,想象官僚机构的那些本来为人民服务的公务员们趾高气扬的嘴脸,当时很少有人会想这有什么不合理,我们天生对这一切习以为常,电影的名字叫"傻帽经理",实际上在二子身上表现出的更是一种本性的单纯,然而他这种单纯在现实生活中注定是要碰壁的,尽管这种无奈是用喜剧的方式表达的。

二子在无奈之下向报社写了一封投诉信,这封信他天真的署上了自己的真实姓名和地址,这一点遭到了同事和父亲的激烈批判,二子也害怕,但是还是来了一句"现在不是讲民主了吗?"他老子马上回了一句:"那民主也是你讲的?"剧情在这里面有一个中国特色的场景出现了,于是在上级领导的关怀下,二子的问题似乎得到了解决,并且他还当上个体户协会的一个秘书长,小人物被推上了前台,一时风光,理想主义激情再度高涨,但是最终他还是在同行的内部竞争,用阴险卑劣的手法整了下来,宋丹丹饰演的女朋友嫁给了冯远征饰演的朋友,而二子则依旧回到小人物的行列,在人潮人海的北京街头消失。电影是喜剧的,但是解决并非大团圆的,这是陈佩斯的深刻。只有宋春丽饰演的那种懂得耍手腕的人才能在这个社会中以成功者的姿态混下去,单纯的二子注定了一份失败的结局。这是我们国家部分底层人长久以来的命运。

陈佩斯的喜剧中其实都有着对人性的一种折射,对底层小人物的关照,甚至在无奈的现实面前传递出一种悲剧,而这种命运实际上或喜剧、或悲剧的发生在中国人身上。

陈佩斯曾分析过"二子"这一形象：身份很低，绝对的小人物，在电影中，多以单身汉的形象出现。他说："通过父子之间的矛盾引发戏剧冲突，是当时我们唯一找到的一个喜剧结构，通过颠覆权威和伦理做戏，父亲是伦理关系中的强者，然后用弱者颠覆强者，是一个正反两面的套路。不过这些理论，都是后来才明白的。"①

整个20世纪80年代，陈氏父子的电影走进了千家万户。他们为中国电影创造了一种新的喜剧模式：利用父子冲突构建喜剧情境。

写过《中国电影喜剧史》的中国电影艺术研究中心研究室主任饶曙光说："严格意义上划分，陈佩斯的父子喜剧是上个世纪三四十年代的市民喜剧。那时，中国电影是有一些描写城市底层人民生存困境的喜剧。到新中国建立后，喜剧电影出现空白，即使有，也多是歌颂性喜剧。另外，陈佩斯的喜剧并不是简单的复制老电影。他有新的时代特征，比如高考、个体户②。"如此看来，陈佩斯发展了市民喜剧，使其具有时代意义。

尽管电影家喻户晓，但陈佩斯本人却遭遇了从艺生涯中最严厉的批评。1986年拍摄《少爷的磨难》后，这股批评达到了顶峰。

饶曙光形容这样的批评是"粗暴式"的："整个20世纪80年代，中国电影的大环境是精英文化泛滥，拍电影赔钱没有人批评，拍电影赚钱就受到诟病。批评者站在正剧和精英文化的立场去审视陈佩斯的喜剧。这很不公平③。"他说得确有道理。电影从出生开始便不是闺房中的千金小姐，它与通俗文化有着天然的血亲。只不过，当电影大环境为精英文化所把持时，陈佩斯的喜剧过于超前。随后，20世纪90年代蜂拥而至的通俗文化，证明了电影与通俗文化的亲密关系。

通俗文化在20世纪90年代最后十年，又一次在电影中占据了主流位置。都市电影、武侠电影和喜剧电影成为观众喜闻乐见的电影样式。表现世俗生活和都市平民趣味、追求娱乐化和感官刺激成为风潮。

改革开放之前，中国电影的都市题材一直不够丰富，表现现实都市人们生活与心态变化的作品远远不足。这一方面是因为社会发展的都市化背景还比较薄弱，都市生活还没有成为艺术表现的主角；另一方面是市民生活的观念还没有被主流社会所接受，政治性意识看低市民文化的传统还占据上风。改革开放带来了都市文化的兴起，娱乐为主流的大众文化开始走入电影艺术的殿堂，社会发展的宽容度敞开了都市题材电影的创作角度。公认为新型现代化都市电影的较早

---

① 陈佩斯的坎坷喜剧路：永远的"小人物". 中国周刊, 2011, (1)
② 陈佩斯的坎坷喜剧路：永远的"小人物". 中国周刊, 2011, (1)
③ 陈佩斯的坎坷喜剧路：永远的"小人物". 中国周刊, 2011, (1)

创作有《太阳雨》（张泽鸣导演，1987年珠江电影制片厂出品）和《给咖啡加点糖》（孙周导演，1987年珠江电影制片厂出品）。《太阳雨》表现特区青年生活的复杂与情感关系的迷茫，女主人公图书管理员刘亚曦情感生活遇到麻烦，对男朋友刘亦东很依恋但探知他和前女友关系后又心生疑虑，不断的期待和猜忌困扰着都市女性；比她更为年轻的少女孔令凯对生活的活跃选择让刘亚曦吃惊不已。影片涉及城市生活特有的多重选择和人们生活态度的多样性，特别是情感世界的选择和纠葛。《给咖啡加点糖》则表现城市里的刚仔关注逃婚来城的修鞋女林霞，林霞感受着都市的生活却哀叹着身世的不幸；刚仔顶住众人的非议关心林霞期待情感，却最终因为林霞的屈从命运被迫返乡而心怀惆怅。都市的标题和变革时期复杂的心态情感矛盾微妙而细致。

更成规模的都市电影在1988年呈现景观，以所谓王朔小说改编而被称为"王朔年"的创作现象，标示都市生活情态规模化跃上艺术舞台。《轮回》（黄建新导演，西安电影制片厂出品）、《顽主》（米家山导演，峨嵋电影制片厂出品）、《大喘气》（叶大鹰导演，深圳影业公司出品）、《一半是火焰 一半是海水》（夏钢导演，北京电影制片厂出品）的出现，是都市文化登场的不可阻挡的标志，也是后来中国最为重要的都市电影导演（黄建新、夏钢等）亮相的重要机会。生活推动着都市电影的发展成熟，应运而生的都市电影证实着中国电影艺术将要进入都市化要求的复杂境地①。这是时代的发展和潮流，不可避免的在电影中出现。

《轮回》的情况比较复杂，就其所共同构成的1988年"王朔电影年"来说，传统观点是颇为反感的，这牵扯到对非主流人物、某种程度的反严肃政治的"痞子"思潮占据正统领地的问题，也牵扯到对娱乐文化大举进军曾被视为艺术神圣之所的电影如何评价的问题。

《一半是火焰 一半是海水》一开始，就标明了主人公的"恶行"并赤裸裸地展现恶行：张明一伙都市无聊人道貌岸然地设置骗局——女色诱骗大宾馆住客，诈骗勒索嫖客钱财。电影不是讲好人坏人的故事，而是讲"人"的故事，讲我们已经视为异类的反面人的故事，讲删去了道德、价值、政治的评价，而表现符号化的人的经历。夜出昼伏的张明，悠闲的划船在湖中荡漾，轻车熟路的和故作淑女倚岸读书的大学生"套瓷"。于是他的故事就正面展开了：与女大学生吴迪相识，玩弄式的对待她，她却痴心地爱上了自称为"坏人"的有趣味的男子汉。可是张明却在旁白里无所谓地表明要摆脱她，慢慢地他既重复敲诈营生却又有点喜欢这个单纯痴情的女孩，然而顽劣的本质未改，终于在与亚红的被窝里被吴迪发现。失望的吴迪愤怒至极，竟以出卖自己的肉体来报复。她的堕落其实含着爱至深的意味，竟而在张明被捕时自杀殉情。出狱后的张明得知实情后因恐惧

---

① 周星．中国电影艺术史[M]．北京：北京大学出版社，2005．

而病发,在疗养中再与一个纯情却自以为是的少女相遇。他已经看透世道的虚实,冷若冰霜,却眼看着自以为是的她重蹈覆辙。

20世纪90年代是一个迅速变化的年代,改革已经朝着深入发展,艺术改革全面展开。90年代中国电影变化更是令人眼花缭乱。发行制作的变化、合作制片的兴起、国外大片引进的冲击、院线制与宣传操作方式的形成,都成为中国电影应接不暇的一次次冲击。社会生活的极大改变和人们观念的迅速转向,对电影审美创作造成重要影响。在这一时期,涉及电影更多的话题集中在改革、票房、策划、档期、买断、盗版、明星、市场等,和艺术欣赏直接相关的编剧、创新、手法、思想等则渐为鲜见。人们对电影艺术的概念已经转向,大众文化占据主要地位,纯粹艺术显得软弱无力。① 这种转向和冲击,既有对纯粹艺术的扼杀,也有商业电影野蛮生长的理由。在改革和发展中裹挟的电影,不可避免的遭遇通俗文化对它的改变。

在多元化状态中,合拍片冲击电影观念、都市片占据主导位置、喜剧娱乐片的超常发展、农村片面貌改观等,都是重要的特点。这一时期,电影更加融入平民化的视角,关注平凡生命的价值,着重人的生存状态和心理状态表现,把芸芸众生的喜怒哀乐作为至高无上的艺术表现对象,丑星、幽默形象代替了奶油小生的主角地位,娱乐成为自觉追求等。

电影艺术不知不觉中越发的通俗化。把取悦大众作为自己的首要任务,追踪着有票房或有获奖希望的模式。

20世纪90年代的现实主义潮流滚涌起伏,有一部分电影呈现纷乱嘈杂、幽默调侃的通俗化特点。这从一个方面可以看出一些电影人看待现实的态度。《背靠背脸对脸》、《站直啰 别趴下》、《埋伏》、《民警故事》、《混在北京》、《有话好好说》、《甲方乙方》、《没事偷着乐》等代表作,展现了当代现实主义加现代主义的状态。

真正较为成熟的把握都市对现代人生活情状描摹的还是在20世纪90年代。在黄建新的《站直啰 别趴下》中,人在现实面前悄悄转变的德行好恶透过邻里三家喜剧般的关系转换,把时代潮变的鲜活灵动之味传达得栩栩如生。在《埋伏》中,我们看到了现代小人物被动慵懒的外在生活状态和偶然间被推上英雄舞台的奇遇。在《离婚了就别再来找我》中,现代家庭的聚散随意、倏忽把时代人的嘈杂喧嚣之态展示得十分真切。而《有话好好说》的躁动疯狂在影像上更清晰可见,书摊老板的执迷恋情和暴躁执拗的现代复仇泄愤方式当然典型,而本是理智劝解的读书人却最终疯狂抄刀,则把现代生活重压下的变异精神揭示得入木三分。还有《说出你的秘密》对都市人心理的细致描绘,《没事偷着乐》对

---

① 周星. 中国电影艺术史[M]. 北京:北京大学出版社,2005.

都市下层百姓生活的真实刻画等。

曾经是第五代导演风云人物的张艺谋也开始不同的尝试。1997年,由张艺谋执导,姜文、李保田主演的电影《有话好好说》便是例证。通俗电影表现普通人在日常生活中的喜剧,表现酸甜苦辣中的喜剧成分。知识分子张秋生和书商赵小帅的矛盾,形成一种话语错位和行为错位。赵本山饰演的民工用喇叭和东北话念诗,作为知识话语权的诗歌成为一种调笑品。赵小帅和张秋生一起谈女人,可以看出赵小帅对知识分子故作姿态的嘲讽和调侃。小帅见一个女人进了两人吃饭的饭馆,问张秋生:"哎,你看这个女子怎样?""还可以。""她这样的你给打多少分?""打什么分,咱不谈这个。""打打分有什么?闲着也是闲着。""我看她也就60分吧。""咱俩的标准不一样,我看她至少应该85分以上。光是她的屁股就值60分了。"他们的话通俗、庸俗甚至粗俗,以此取乐。

喜剧娱乐片的超常发展。进入20世纪90年代,港台娱乐艺术的影响力日益加大,中国喜剧电影的创新问题更为迫切,市场和票房成为左右电影创作的最重要的因素。通俗成为艺术的通行证。20世纪90年代的电影创作,喜剧片的天地扩展了,喜剧片的艺术创新开始了,比起20世纪80年代,喜剧电影的艺术分量有了提高。20世纪90年代喜剧片的变化之一,就是喜剧有了更多的人文关怀。保持喜剧效果的同时,更多表现了对小人物内心情感的关照。《喜剧明星》(1991年)、《临时爸爸》(1992年)、《父子婚事》(1992年)、《赚它一千万》(1992年)、《编外丈夫》(1993年)等。在这些影片中,陈佩斯、葛优、梁天、谢园、马晓晴等喜剧明星出演主角,保证了喜剧的色彩,但观众从角色身上发现了小人物的坎坷不如意时都拥有着隐忍克制而成全他人的动人情感。他们内心善良,宁愿自己受苦,甚至辞别所爱,也不忍心看见自己心中的"弱者"情感无着、好事落空。于是,小人物的拚命和与命运搏斗,闹出了许多身不由己的可笑和可爱的故事。这些喜剧注重进入小人物的悲悯情怀,不仅仅让人开怀大笑,还能勾起人们动人的情感,这是中国喜剧值得赞许的进步。喜剧还是要逗笑,但这部分电影的逗笑却始终局限在小品的档次上。

喜剧作为大众喜闻乐见、通俗易懂的艺术样式,喜剧色彩大量渗透在像《混在北京》、《站直啰 别趴下》、《背靠背 脸对脸》等都市题材的影片。20世纪90年代末喜剧电影是追逐票房的有力武器。如《男妇女主任》、《好汉三条半》等,其中成功的《甲方乙方》值得引起注意。《甲方乙方》以贺岁片方式取悦观众,它张扬圆梦的企图,不避讳"造梦"的做假,故事、情节的离谱放大了普通百姓内心隐藏的念想。《甲方乙方》把之前电影电视的娱乐通道扩展了。从20世纪90年代到21世纪的今天,中国电影依然在抓住百姓喜欢的喜闻乐见的喜剧形式,不断地赚取票房。

动作片的兴旺。20世纪90年代的娱乐潮中,随着港片、合拍片的大量涌入,电影观念发生了很大的变化。其中,以成龙电影、李连杰电影为代表的动作片赢得了市场的青睐,也促进了国产动作片的发展。徐克的《新龙门客栈》是令观众耳目一新的作品,以张曼玉、林青霞、梁家辉等演绎的正义力量对东厂邪恶的斗争,落脚在边漠客栈和沙海中的变化莫测的较量中,视觉效果强烈。武侠动作片风靡一时。徐克以香港导演的身份与大陆合作。《黄飞鸿》系列连拍了6集,《笑傲江湖》系列拍摄了4集。江湖儿女、恩怨情仇、飘逸武侠,迎合了大众的通俗口味。

可以说,20世纪90年代是中国电影走向商业化、多元化、通俗化、娱乐化的开始。赵本山、冯巩、潘长江等喜剧演员纷纷出演喜剧电影。这种通俗化的风气,逐渐成为燎原之势。

进入21世纪以后,通俗风潮更胜。2006年,由阿甘导演,宁财神编剧的《大电影》以及2008年由湖南卫视知名主持人李湘出品的电影《十全九美》更是将通俗电影引向恶搞、无厘头的境地。当电影市场被大量庸俗电影充斥时,电影艺术失语。一些电影工作者在这种风气的影响下,甚至调转船头,跃跃欲试,美其名曰"转型"之作。2009年底,张艺谋导演的电影《三枪拍案惊奇》上映,起用了赵本山、小沈阳以及一些二人转演员。影片呈现出东北小品的趣味趋向,人物空心化,过于嘈杂热闹。连张艺谋自己都说:"喜闹剧和庸俗中间只隔了薄薄一层纸。像我,其实拍的过程中都是一边拍着一边反思,庸俗了吗?过了吗?起鸡皮疙瘩了吗?所以真的很难!最好的喜剧应该是分寸掌握得最好的,透着智慧,让人哈哈大笑之后还觉得有味道的。很难,这真的很难。摆开阵势做喜闹剧,没有一点庸俗的东西也不太可能①。"张艺谋看低了观众的欣赏口味,试图讨好喜好通俗电影的受众。然而,广大观众并不买账。

中国电影在消费主义围困中迫切需要进行自我超越、自我提升,否则,中国影视界的繁华与喧闹只是一时性的,而平庸低迷则是常态。多拍摄观众喜闻乐见的,反映都市生活、反映普通人生活的电影,多拍具有趣味性、娱乐性的电影,是扩大观影人群,增加票房的保证。但在尊重观众兴趣和口味的同时,也要尊重艺术规律,保证影片的文化品位和艺术质量。不能过于追求新奇、刺激的画面、庸俗低级趣味的故事情节,为讨好观众将电影引向媚俗和艳俗。只要在通俗和艺术之间,寻找到合适的平衡点,才能在保证艺术品质的前提下,赢得良好的票房。尽管,有人说,商业和艺术两者是相悖的命题,但真正的经典电影总是能做到两者的兼顾。并不是精英文化才能造就经典影片,来源于通俗文化滋养的通俗电影一样可以在艺术的百花园中大放异彩。

---

① 来源:大众网,张艺谋谈《三枪拍案惊奇》:这已经是我无厘头的底线了.

第三节 通俗文化与电视发展

最近二十几年我国通俗电视剧数量激增,内容丰富多彩,受到广大观众的重视。《编辑部的故事》、《宰相刘罗锅》、《北京人在纽约》、《铁齿铜牙纪晓岚》、《康熙微服私访记》、《刘老根》、《乡村爱情故事》系列等收视率都很高。《宰相刘罗锅》以民间故事的形式来编历史题材的电视剧,许多细节直接来源于历史故事和民间传说。刘罗锅是一个正面幽默人物,这个驼背宰相在大事上是非分明,嫉恶如仇,甚至不惜生命;但在小事上迂腐滑稽,让人忍不住发笑。在他的身上,观众们能想起民间关于有个人怪癖的好大臣的传说。而在乾隆皇帝的身上,我们能发现民间关于有些小缺点的好皇帝的理想。借古寓今的"清官"、"贪官"、"好皇帝"思想,这些是社会转型期间的矛盾,是伴随现代化进程的中国式烦恼。该电视剧符合观众的愿望,满足了他们的审美需求,所以大受欢迎。而后由张国立、王刚、张铁林这三位构成的"铁三角"拍摄的《康熙微服私访记》和《铁齿铜牙纪晓岚》系列,基本上参照了《宰相刘罗锅》的路数。又如电视剧《围城》由钱钟书先生同名小说改编,保留了原著机敏的讽刺风格与大量的幽默、诙谐的语言,将原作的深刻与睿智比较完美地转换成富于魅力的视听语言,受到广大关注的普遍欢迎。方鸿渐、苏文纨、唐晓芙、鲍小姐、孙柔嘉、赵辛楣、李梅亭、顾尔谦、高松年、陆子潇等一系列人物形象在新时期电视艺术史上占据一席之地。作为文学名著《围城》主要在知识阶层中流传,被改编为电视剧后则受到普通观众的喜爱。该剧是由高雅文学改编为通俗电视剧的一个典型。

高雅文学改编为通俗电视剧,这已经成为近些年来电视剧界的风潮之一。对《三国演义》、《水浒传》、《西游记》、《红楼梦》的改编,甚至是不惜多次改编,表现出近些年消费经典、寻求通俗娱乐的特点。

经典改编本来就是风险极大的一件事情。原著难以逾越的美学经典,反而会让电视剧显得浅薄、扁平。在近些年的名著经典改编风潮中,可以发现,几乎没有人再恪守原著的美学典范,而是用通俗的眼光来任意增加和改变故事情节。在风格上追求绚烂、追求大场面和大制作,寻求影像上的视觉冲击,迎合大众的通俗口味,甚至到了媚俗、低俗的地步。

吴迪在《文化透视:通俗剧的兴盛原因及价值取向》中说:"进入九十年代以后,中国大陆出现了一个重要的文化现象——通俗剧的崛起。……不言而喻,所谓通俗剧显然是相对于'主旋律'和艺术剧而言的。它不必承担'主旋律'的宣教作用,也不必追求艺术的精致和完美,其主要目的就是为老百姓提供娱乐。可以说,通俗剧为我国文艺开辟了一个新纪元,为大陆文化重现了一块新大陆,它的出现使萎缩已久的愉悦功能得到了发挥,使原有的文化格局发生了改变。通俗剧的兴起和走红是改革开放的结果,是经济、政治、文化诸因素共同作用的产物。"①这段论述大部分是合理的,但是有些部分值得商榷。通俗剧不仅仅具有娱乐的功能,也具有认识作用和教育意义,只不过是寓教于乐罢了。大部分通俗剧把娱乐功能放在重要的位置,把认识作用和教育意义放在次要的位置。电视本来就是大众文化的一种样式,通俗性是特点之一,现有主旋律电视剧也是用通俗的形式表现的,因而有些主旋律电视剧也可以看作广义上的通俗剧。

电视作为大众文化的一种样式,通俗性是电视的特点之一。因此,可以说,所有的电视剧都具有通俗性。但各种类型的电视剧侧重的卖点不同,破案剧以缜密的逻辑分析见长,历史剧以历史事件和史实为重,青春偶像剧以偶像演员、青春爱情为主要表现内容。中国电视剧是处在特定文化和经济环境中的艺术产物,它具有独特的媒介传播特性。家庭伦理题材电视剧作为当代中国的一项主要叙事艺术,充分体现了家庭通俗艺术的基本传统,它以家庭故事为主要题材,以日常经验为主体内容,以生活化剧情为叙事特征,以主流意识为价值观念。面对社会压力加剧、人伦情理的淡漠、道德标准的模糊、离婚率的上升等社会问题,家庭伦理剧往往通过家庭生活这一特定的题材角度,将人们经常接触但又并未深入思索的一些问题从道德伦理的高度凸现出来。它通过展现不同的道德伦理观念及其之间的冲突,让人从道德伦理这个窗口,了解他们时代的社会生活风貌,并在不同的道德伦理观念的比照中,使人们得到心灵的净化,增强对生活的理解与信心。国产家庭伦理剧在电视剧内外规律的引导下正不断走向艺术本体的自觉,在叙事特征上也日趋平实化、平民化。在日常生活的叙事中挖掘生活的哲学,在平民人物的叙事中表达世俗的关怀。总体来说,以表现家长里短为主的家庭伦理剧更符合通俗电视剧的定位。1990年,《渴望》播出,万人空巷。可见,表现普通人生活图景和情感的通俗电视剧是多么的受到广大观众的喜爱。近些年,像表现婆媳关系的《双面胶》、《媳妇的美好时代》;表现家庭关系和纠纷的《当婆婆遇上妈》这样的电视剧,不光吸引了中老年受众群体,还吸引了大部分的年轻观众。

《媳妇的美好时代》这部富有轻喜剧色彩的家庭伦理剧没有将剧情停留在肤浅的搞笑上,而是在通俗戏谑的语言、略显夸张的表情动作中,将人物之间的矛盾冲突抽丝剥茧般一点点展示出来,让你跟着难受,跟着感动,而当某个矛盾得到了完美的解决时,你会跟着发出会心的微笑。该剧虽然说的都是男女情感、婆媳关系、姑嫂关系等琐碎平常的故事,却丝毫不令人觉得平淡老套、乏味沉闷,而是颇具新意,展示了新时代美好的婆媳关系和夫妻关系,让人在看后有所回

---

① 胡克,张卫,胡智锋. 当代电影理论文选. 北京:北京广播学院出版社,2000:359-360.

味。剧情和台词成了街头巷尾热烈讨论的焦点之一,人们在电视机前放松了心情,或赞同或反对有关情节,为观众处理家庭日常关系确立了参照系。很多经典台词,还成了大家反复玩味的句子。例如:"对一个男人来说,结婚是他人生的转折;而对女人来说,就是第二次投胎。他能给这个女孩子的,就是一份安稳的生活,让她开始她的媳妇的美好时代。"男主角的台词,让很多女性观众甚表认同,羡慕和希望能找到这样的老公。"恋爱是虚无的,结婚可是实实在在的日子,是一种生活方式。两个人在一起生活,岂是一项艺术,简直是修万里长城,艰苦的工程。"这句话,用修万里长城的艰苦工程比喻生活的艰辛,但也点明过日子的长期性、持久性、不可半途而废。"母亲,妹妹,媳妇……余味三夹板似的夹在她们中间,怎么都不讨好。这结婚就得这样烦恼吧?没事儿都挑事儿。所以,男人一结婚就特显老,没错!硬是给你们这帮女人给折腾的"这段话用嘲讽的语气点出了家庭生活中男人的辛苦和窘境,没有规避现实矛盾。

农村题材、都市题材、家庭题材、爱情题材的电视剧及时地反映了当代人丰富而复杂的生存状态和情感生活。例如《刘老根》《贫嘴张大民的幸福生活》、《金婚》《激情燃烧的岁月》等,这些电视剧坚持思想性、艺术性、观赏性相统一,强化精品艺术,把叙事重点放在对人物复杂的内心世界的揭示上,充分展现现实中复杂的人物关系和利益关系对人们心灵的影响。在这些电视剧中,没有回避我国目前仍然存在的城乡差异、东西部差异与经济转型的矛盾,也没有回避生活和感情的暗礁。新旧观念的碰撞、人们在生活中的困惑不解以及纠结沮丧,都真实地再现出来,发人深思、耐人寻味。

说到通俗电视剧,不得不提到以赵本山为首的东北农村题材电视剧。尽管在内容上是关于东北农村的生活,但是生活化的表演和语言、戏谑逗笑的风格、小品式的结构单元,吸引了大量的电视剧观看者。这些人不仅有农民、几乎包括了社会各阶层的人。关于赵本山的小品以及影视剧,一直存在着俗与雅的争论。这个出身农民的喜剧艺术家,从土得掉渣的装束起家,发展成为东北黑土文化的代言人,而今又过多的注重东北喜剧的商业包装。在他和他的作品身上,呈现出一种民俗—通俗—雅俗共赏—庸俗—低俗—媚俗,抑或时而摇摆,互相影响,不可一概而论的状态。

一、以赵本山为领军人物的东北乡土影视发展

目前国内,以乡土生活为题材的影视剧不多,而在所有乡土题材影视剧中占绝大多数的是东北乡土题材电视剧。其中,又以赵本山的作品最多,叫得最响。《刘老根》系列、《乡村爱情》系列、《乡村名流》,以及反映农民工进城的《马大帅》系列等在国内刮起了一股东北风。

全国乡土影视作品看向东北,东北乡土影视看向赵本山,而赵本山从二人转

中吸取营养,脱胎于喜剧小品的这些影视剧作品,也让赵本山从台前顺利的转到幕后,成为操盘手。

我们都不难看到二人转的某些专长被赵本山恰到好处地引入小品表演之中,而后更加本色的表现在东北乡土影视剧中。我们不能不说这是传统民间艺术与当代影视艺术的巧妙糅合,是俗文化与雅文化的巧妙糅合,是东北黑土文化与外来文化再次巧妙的融合。

从社会角度,东北乡土影视是老百姓的需求,是渴望;从文化角度,东北乡土影视是产品,是价值;从经济角度,东北乡土影视是产业,是市场。有人说,21世纪的一段时间内,中国文艺格局仍将是东北风格占主流,也有人质疑东北风能刮多久? 东北乡土影视到底能走多远,这确实需要一种文化上的自觉。

赵本山、高秀敏、潘长江都曾合作或单独拍摄过东北乡村题材影视剧,本来就是二人转演员。在小品、影视剧作中充分驾驭这种文化"说、学、逗、浪、唱"的特征,带着一种游戏、错位、幽默的世俗情怀被大众接受。这些正是东北二人转的丑角艺术造就了东北乡土影视的喜剧色彩。传神的形体语言,丰富了艺术的表现力,增强了艺术的观赏性和喜剧效果,唤醒了观众的情感体验与形体经验,使观众获得特殊的审美快感,令人忍俊不禁,百看不厌。

以赵本山为代表的一批东北喜剧小品表演艺术家,凭着他们天赋的聪慧和悟性,凭着他们天生的幽默和风趣,从喜欢二人转,到学会二人转,吃透二人转的精髓。在后来的表演中,他们恰到好处地揉入带有乐性、喜性、嘎古溜秋的二人转俏口,揉入了二人转丑角艺术专长的诙谐、幽默、夸张、怪诞。

尽管中国乡土影视以东北风为主,但其中已出现分化的端倪。高秀敏过世后,何庆魁完全退出了与赵本山的合作,赵本山已经从一个小品演员逐渐变成了一个文化商人。而他给大家消费的东北乡土影视剧则以"土的掉渣"见长。

与此同时,同为二人转演员的潘长江则尝试拍摄不那么"纯粹"的东北农村戏。潘长江自言,"我要做的就是农村偶像剧"。他希望跟赵本山打造的那类土得掉渣的东北农村剧"有个游离"。

他自导自演的农村环保题材喜剧《清凌凌的水,蓝莹莹的天》连续两年杀入央视黄金档,该剧画面和人物都非常时尚,不像传统意义上的农村剧。赵本山的戏要的是自然松弛,很生活;潘长江则说:"我就想拍出来还得是个艺术品,不然镜头干吗组接? 演员为什么要化妆呢?"①

尽管潘长江的作品受到了一定的好评,但是受到演戏痕迹重、剧情编造痕迹太重等方面的质疑。观众认为整个戏剧情节靠钱大宝和郑老狠打赌展开,且赌的是自己女儿钱多多的婚姻大事,编造痕迹太重,不具备说服力。

---

① 摘自大众日报,2009年2月8日.

纵观来看，现在的东北影视剧发展还是以乡土气息浓郁的赵氏影视剧为主。而以潘长江为代表的其他乡村影视剧则打破了赵氏乡土影视垄断东北影视剧市场的局面，吹来了一股清新之风。

1. 赵本山影视文化现象①——近年来各种强势媒体关注的文化焦点之一

早在20世纪80年代，赵本山刚刚出道之时，因在拉场戏《摔三弦》、《大观灯》和小品《十三香》中扮演盲人而名噪东北。《辽宁日报》就以一篇《评赵本山现象》发起了一场关于"赵本山现象"的讨论，讨论的关键词是"轰动、低俗、文化滑坡"等，讨论的角度仅局限于雅与俗的争论上。

第二次关于"赵本山现象"的讨论发生在21世纪之初。2002年3月17日《北京日报》发表彭俐的《粗俗搞笑离艺术有多远——赵本山现象述评》一文，认为"赵本山的表演不能算是艺术，小品也称不上是艺术成品"；次日的《文汇报》又刊登余秋雨的文章《缺少适合赵本山的好剧本》，第一句话便是"赵本山是一个立足民间的喜剧表演艺术家"。第5期《上海戏剧》将这两篇文章放在一起，拟栏目标题为《京沪人士褒贬赵本山》。由此引发全国范围的"赵本山现象"讨论。4月29日，由陕西省喜剧美协、中央电视台《周末喜相逢》栏目等单位联合举办的"喜剧美学小品探索与争鸣"研讨会在西安召开，之后又在北京、武汉、海口等地陆续举行相关的小品研讨会。这次讨论中出现的关键词是"艺术家、层次、文化"，从文化的角度来审视雅与俗的艺术。

第三次讨论紧步第二次的后尘，起因于2002年春节期间央视播出赵本山主演的电视剧《刘老根》之后出现的商家抢注"刘老根"商标事件，这一事件又与2003年辽宁民间艺术团的创建、赵本山当选人大代表、受聘沈阳旅游形象大使、辽宁税法形象大使，2004年本山艺术学院的建立，2005年赵本山任辽足董事长等事件相共鸣，不仅引起文化界的争议，更多引起新闻界的高度关注。讨论的关键词是"市场、资源、文化产业"。

这三次讨论都没有对"赵本山现象"做出明确的定义，但实际上，这一文化现象的特定涵义随着三次讨论的焦点不同而有所偏向。第一次讨论的议题在于赵本山作为农民身份的个人发迹史，体现了精英话语对突现的某一个身份的惊诧；第二次讨论则体现了精英话语所张扬的雅文化对民间话语为代表的俗文化的宽容，赵本山俨然是一位"农民艺术家"、"东北文化代言人"。他身上凝聚了"东北"这一地域身份和"农民"这一阶层身份的双重符号。观众对他的认同迅速发展为"否定赵本山就等于否定黑土地文化、否定农民形象乃至农民阶层"的地步；第三次讨论中，"赵本山现象"已经跨越了窄化的文化领域，在媒体和商界

---

① 王孝坤.中国现实文化选择与发展状况的隐喻_赵本山影视文化现象的文化诗学解读与思考.剧作家，2005，(2)：71.

的参与炒作下,文化产业的味道凸显,赵本山已然成为了一个符号性的商标卷入众人的论战之中。

塑造多元的大众系列人物是赵本山喜剧艺术的一贯追求。在赵本山的演绎下,荧屏上有善良幽默的落后农民,有拥护党的富民政策的进步农民,也有在市场经济大潮中沉浮的致富农民,还有巧言令色的骗子和艰辛打拼、命运多舛的"打工"农民。他的笑声是双重的,既笑别人又笑自己,还迎合别人对他的笑①。

这个形象在他的后期作品,特别是《刘老根》中发生改变———"阳刚之气"越来越足,又似乎是一个主流农民的形象,是帮助大家脱贫致富的有气魄的农民企业家。他的言行看似对城市文明有着天然的警惕和反感,但实质是通过宣传农村式的思维方式极力获得一种压倒性的主流地位。

在《马大帅》中,他又成为善良、厚道、正直而又带着农民式狡猾的进城务工的农民。他在城乡文化语境与思维的错位中,在坎坷、艰辛与善良、多艺和善有善报的交织中,叙述着进城农民饱含辛酸的滑稽与幽默故事,宣扬着农民的厚道、正直以及农民式的狡猾与机智。

尽管赵本山的影视系列形象差别很大,体现为一种文化身份定位的错位和杂糅,但人物的大众化是其基本定位,言说一元化主导文化话语,即弘扬改革开放的主旋律,歌颂时代巨变是其形象塑造的根本目的。在城市与农村、市民与农民、雅与俗的双重身份的对峙中,赵本山虽然不断摇摆和游动,但始终处在现实文化和商业利益的最佳结合点。

赵本山的影视系列形象是20世纪90年代以后中国文化的一个象征性寓言,它已经成为政治学意义上的符号和文学修辞上的一种策略,即通过刻意塑造多元的大众系列人物,坚定地言说一元的主导文化话语。这种政治学意义上的符号和文学修辞上的策略,隐喻着中国近十几年来文化选择和文化发展的状况。

这种大众化形象的多元化与言说一元化主导文化话语的对立统一,是国家意识形态作用结果,也是媒体、市场、民间多重作用力共同对农民形象改造的综合结果,暗含着现实中国在利益冲突和文化妥协上的潜性规则。

在赵本山的影视系列表演中,经常把主流意识形态的主导文化话语改变为经过农民式思维方式过滤的大众话语,形成了一种主流与边缘、官方与大众、高雅与通俗的思维与言说的错位造成的滑稽与幽默,从而使他的表演贴近了大众通俗文化。赵本山影视艺术追求通俗化叙事形式的艺术策略,使他的表演得到了大众文化消费者的认同,获得了占据大众文化消费市场的强势地位。

虽然他利用自己边缘的文化身份,以边缘化的大众叙事,不断消解着体制秩

---

① 王孝坤.中国现实文化选择与发展状况的隐喻_赵本山影视文化现象的文化诗学解读与思考.剧作家,2005,(2):72.

序的权威,但同时他又以此言说体制的主导文化话语。由于文化语境强大的整合和吸呐功能,这种消解,又不断地被反消解。这就是说,赵式喜剧具有双重性,"既通过反讽叙事来解构权威,也通过反讽拉近和体制权威的距离,从而产生亲近和顺从体制权威的可能,它本身蕴涵着与秩序妥协、亲和的力量"。①

由此,来自底层的喜剧狂欢完全变成了图解官方主流意识形态的策略。赵本山影视艺术也由边缘的大众文化叙事而被整合入体制权威的主导文化话语中。

二、赵本山影视剧特色

1. 小品式的结构单元

小品演员出身的赵本山影视剧的一大特色是带有小品风格。每一场戏都可以单独当作一个小品段落来看。语言的俏皮、包袱的设置都非常到位。一方面,人们看到这个笑星就会忍俊不禁,不管他在抖包袱还是一本正经。另一方面,赵本山拍摄的影视剧也在剧本编剧方面特意抓住小品式的风格。把小品的风格揉进电视剧的叙事进程中。在小品式的结构里逐渐抖落人物的性格特点,揭示主题意义。使观众在潜移默化中接受剧作本身传达的意味,在笑和泪中品味出生活的味道。

"小品式结构单元,注意在喜剧氛围中挖掘人物的心理世界,抓住现实生活中的每一个典型细节来塑造人物的性格"。② 电视剧叙事中的每一个细节场面都是一个小品段落。

由何庆魁编剧、赵本山主演的,很是火了一把的《刘老根》就是小品式结构单元的一个好例子。刘老根带"大辣椒"进城看病后在到宾馆房间之前有一个乘电梯的细节。"大辣椒"没有见过高档的宾馆,更没有乘过电梯。刘老根怕别人笑话,就在电梯门口和"大辣椒"演起了双簧,谈什么国际钢铁大买卖,装阔老板。这短短的一幕戏,戏剧性地把农民发家后虚荣爱面子,怕被城里人瞧不起的微妙心态揭示出来了。

小品化叙事特色最为突出地体现在"药匣子"这个人物身上。他的每一个生活细节,编剧和导演都经过了仔细斟酌。编剧立足于人物的性格特点,使其语言包装得滑稽可笑,行为设计得荒唐迂腐。他的每一场戏都像在进行一个小品演出。不同的是,在使人拍案叫绝的滑稽和感同身受的幽默之后,让人品味出在小品化语境中编剧选材的精当和叙事的流畅。"药匣子"因为自身的生理问题,

---

① 王孝坤. 中国现实文化选择与发展状况的隐喻—赵本山影视文化现象的文化诗学解读与思考. 剧作家,2005,(2):73.

② 谢建华. 刘老根:小品化语境中的生活化造型. 中国电视,2003,(6):19.

一直没有孩子。但他却号称自己医术了得,是个老中医。为了挣钱,他冒充龙泉山庄的送药员向游客推销自己配制的中药。一对夫妇没有孩子,"药匣子"就说自己的中药能治不孕不育,把药卖给了人家。结果在收钱时"药匣子"却顺嘴说出自己无儿无女的事实,导致卖药泡汤,很有反讽的喜剧效果。《刘老根2》中,"药匣子"到县城推销他新研制的百发百中大力丸。为了让人相信他的水平,他先是对医院领导溜须拍马,既而又抬高自己自命为明代大医药学家李时珍的后代,现为一名科技人员,博览群书,有"药膳美食专家"之誉。他一本正经的神态和可笑滑稽的举止,活脱脱地刻画出一个虚荣自大的小人物形象。他时常拿着鸡毛当令箭,往自己脸上贴金。又常会打肿脸充胖子,登着别人的肩膀抬高自己的价位。他不仅好耍小聪明,在老根和丁香之间明劝暗挑,还爱装"文明人儿"对人说话文白混杂,酸气十足。

在《马大帅》系列中,小品式的结构和幽默,主要体现在马大帅和范德彪(彪哥)身上。赵本山在《马大帅》中的表演比《刘老根》中要喜感一些。《刘老根》中,赵本山所饰演的刘老根没有太多的喜剧元素,是一个穷则思变的正面形象。而在《马大帅》中,这个从乡下进城找女儿,没有一技之长却不得不生存的马大帅就笑料百出,令人捧腹了。他在"维多利亚"给人修脚,结果练习时把自己的脚弄得血肉模糊。给人搓背,把一个瘦小的客人搓到了水池里。笑中带泪,让人觉得辛酸。范德彪略带口吃的语言风格,爱吹嘘、自以为是的形象,戴墨镜、穿黑衣扮酷,把一个自大虚荣的小人物表现得淋漓尽致。尤其他所谓的功夫,俩手一挠,嘴里"咔咔"发声,让人大笑。

一个本分的农民和一个自大虚荣的农民在城里,一定会发生很多喜剧小品一样的故事。例如,马大帅决定骑自行车去铁岭。他带着范德彪在高速公路上骑自行车,说这条路上行人少,宽敞(他并不知道高速公路不能走自行车)。结果被管理高速公路的工作人员连人带车抓住。两人在工作人员的皮卡汽车上竟然还开始领略沿途风光,认为角度好,位置高,视野开阔,心胸豁亮。

在《乡村爱情》系列中,喜剧人物主要是刘能、谢大脚、谢广坤、玉田爹。赵本山和范伟客串的王大拿和王木生的小品幽默更是如神来之笔,把电视剧点缀的妙趣横生。

小品段落主要以误会、矛盾为叙事线索,营造喜剧气氛。赵氏电视剧与同类题材的电视剧相比,它在内容上展现了当代农民与时俱进的时代风貌。气氛轻松,喜剧意味浓厚。但是,这些以刻画性格、塑造形象为主要目的的小品式段落,如何以一条明晰的叙事线索将它们加以贯穿整合,确实需要付出极大的努力。

赵本山在拍摄《刘老根2》时曾说:第一部《刘老根》讲的是"穷则思变"。《刘老根2》则讲了"富而思进"。这就是统帅整部电视剧的大主题。也成了赵氏电视剧一贯的主题思想和贯彻方法。赵氏电视剧为了深入揭示主题,展现矛盾,真实表现农民的生活实际和心态变化,编剧从两个层面揭示电视剧的主题内涵:一是表现残留在农民心里的小农意识和落后观念,另一是展现农民在当代社会中的奋进精神和时代风貌。封闭自守、鼠目寸光的小农意识①,农民身上永不言弃的坚韧执着和富而思进的豪情与干劲,通过不同人物之间的矛盾冲突表现出来。

《乡村爱情》系列在这两个层面的主题背景之下,电视剧紧紧抓住几对富于感染力的人物关系,在家庭矛盾的情感纠纷和事业矛盾的人际冲突中,不断调整叙事平衡,推进剧情发展。谢永强、王小蒙、刘一水一批年轻人勤劳致富、思想活跃,代表了新一代农村人积极向上的形象。谢广坤、刘能等人的迂腐落后与小农意识既表现出农民当中依然存在的落后思想,也增加了很多笑料。

由于电视剧人物矛盾纷杂,要想在小品化的叙事中追求喜剧风格,如何更好地把握剧作的线性叙事和立体化表现之间的关系,尤为重要。为了展现小品化叙事的魅力,营造喜剧效果,作品有意放缓叙事的速度,在人物对话和情态、冲突和高潮等方面精雕细刻,有意增加人物插科打诨的频度,依赖丰满的生活细节来打动观众。

赵氏电视剧在整体叙事上表现为明显的小品化特征,注重对横向场面的细腻把握,而对叙事整体的流贯性和简洁性则倾力不多。叙事中枝蔓多,头绪杂,就像多个小品场面的拼贴画。靠一个鲜明而富于号召力的主题将它们黏合在一起。但一味追求小品化的叙事效果,客观上也导致了赵氏电视剧人物矛盾的处理带有戏剧化的倾向。突出地体现在一些人物的矛盾处理有失分寸。例如《刘老根》中,"龙泉山庄"董事会成员大多是刘老根的家人及亲戚,但每次董事会都会引起一场父子间的家庭纠纷。所有这些恐怕不是仅仅用一个"个性冲突"所能解释清的。又如在《乡村爱情》中,王小蒙是一个勤劳善良、积极肯干的好姑娘,但是《乡村爱情》中,谢永强、刘一水、赵玉田、包括王木生,几乎所有的年轻男子都对王小蒙产生感情,从而产生矛盾冲突,这只会让人感受到编导作戏的痕迹太重。

2. 生活化的造型处理

扎根农村的赵本山,深知农民的喜怒哀乐。再加上生活化的本色表演和长期的农村生活经历,使他对农民的角色把握能够驾轻就熟、从容自在。因此《刘老根》、《马大帅》、《乡村爱情》系列电视剧就显得水到渠成。值得关注的是,赵本山本人在《刘老根》系列电视剧中,始终坚持在表演上还原生活本色,以自然朴实的风格打动观众。一改以往滑稽式的小品风格,呈现出崭新的艺术特点。

在过去的艺术实践中,赵本山形成独特的表演风格和艺术形象,东北式幽

---

① 谢建华.刘老根:小品化语境中的生活化造型.中国电视,2003,(6):19.

默、农民形象、还有那略带夸张但又不失滑稽的造型表演,使他和笑紧紧地联系在一起。逗笑成为他一贯的艺术追求,小品化演技成为他独有的制胜法宝。而在电视剧中,赵本山饰演的刘老根真正摆脱了小品化的痕迹,融入了强烈的生活激情,塑造了刘老根这样一个典型的当代中国开拓型的农民形象[1]。和他以往所塑造的艺术形象相比,刘老根少了许多喜剧色彩,而在他身上体现最多的则是永不服输、固执上进的农民性格。剧作以生活细节展现了历史的真实,赵本山以生活化的本色表演塑造了人物的真实。

在人物造型的生活化上,《刘老根》中的高秀敏和范伟也表现突出。高秀敏一改过去傻大嫂的形象,将执着于感情追求的丁香演绎得淋漓尽致。范伟继续发挥他在语言上的优势,以小人物的诙谐和迂腐征服观众,制造阿Q式的幽默。不管这个人物身上喜剧因素有多大,但都没有脱离生活,而是在生活细节中,表现出人物或迂腐或狡猾的幽默。无论是《刘老根》、《马大帅》还是《乡村爱情》,剧中几乎每一个演员的表演都遵循"按生活原色进行人物造型"的创作思路,最大限度地挖掘人物的性格底蕴。每一个演员都以淳朴真情的表演完成了人物的生活化造型。

赵氏电视剧的"生活化造型"还体现在剧作注意营造浓郁的东北地方氛围。剧中人物对话的俗言俚语俯首皆是,口头语和书面语交错使用。既让人感到亲切,又让人领略到农民语言的独创性和活泼感。

东北地方方言的最大长处在于其语言平实易懂,流畅通俗,常在不经意间制造语言的紧张感和诙谐感。再加上演员在表演过程中对生动流变的社会现象的汲取,更加使电视剧的对话语言呈现出鲜明的时代魅力。电视剧大多以故事吸引观众,赵氏电视剧做到了不仅以故事吸引观众视线,还以精彩的对话吸引观众的耳朵。将人物对话作为电视剧生活化造型的重要元素,这正是其与众不同的艺术特色。

例如《刘老根》中人物的绰号给电视剧增添了喜剧化的生活情趣,也呈现了人物鲜活的个性特点。"大辣椒"泼辣实诚,有一股"辣椒"的味道。"药匣子"、"满桌子"等也成为人物性格或身份的标签。《马大帅》中,"彪哥"的称呼,"彪"在东北话中的意思是不仅犯傻气,而且有一种冲劲。《乡村爱情》中,"谢大脚"、"王大拿"的名字都很有意思,最有趣的当属"刘能"。因为东北方言的谐音,"刘能"其实是"流脓"的意思。而东北人认为,这个人"流脓淌水"的,实际上就是一个有些无赖、很多小算计的家伙。

3. 二人转在影视剧中的引入与运用

"二人转"是东北古老的民间艺术,是一种有说有唱、载歌载舞、生动活泼的

---

[1] 谢建华. 刘老根:小品化语境中的生活化造型. 中国电视,2003,(6):20.

走唱类曲艺形式。二人转在东北农村有着深厚的生活根基,颇受欢迎。它植根于黑土地,流行于大平原,扎根于老百姓的心坎上。"宁舍一顿饭,不舍二人转",充分道出了二人转在老百姓心目中的地位。

赵本山6岁时成为孤儿,开始跟二叔(盲人)学艺。拉二胡、吹唢呐、抛手绢、打手玉子、唱小曲、二人转小帽等样样精通,尤其是三弦功底尤为突出。苦难的童年成了赵本山一生的财富,为其日后的小品、演艺生涯奠定了坚实的基础。

二人转在赵氏影视剧中的引入和运用,包括直接把二人转引入影视剧和把二人转的一些艺术手法经过加工处理运用到影视剧这两种情况。

在视听环境的设置上,电视剧《刘老根》是个很好的例子。《刘老根》注重挖掘地方艺术的表现力,并将其作为追求真实的生活化造型的组成部分。

电视剧《刘老根2》中,几乎每一集都可以听到"二人转"演员的精彩演唱。编剧有意在龙泉山庄和凤舞山庄都设置小剧团,唱得好与赖就成为二者间进行商业竞争的一个重要方面。从而使"二人转"不仅成为推进电视剧剧情的一个重要元素,也使"二人转"在电视剧中找到合适的表达空间。

观众不仅通过电视剧加深了对"二人转"这一民间艺术形式的认识和理解,也实现了电视剧和民间曲艺的巧妙融合,突出了电视剧的地方个性,其良苦用心可见一斑。

这些造型元素在电视剧中能否得到精巧化的艺术处理,对于实现电视剧的叙事效果和艺术特色,有着十分重要的作用。如果能做到将剧作的叙事表意和"二人转"的形式水乳交融,就会收到锦上添花的艺术效果。

但综观全剧,"二人转"的处理有喧宾夺主之嫌。铺陈太多,占时太长。大部分"二人转"的演唱在剧中的表意功能微弱。"为唱而唱"难免使人产生一种错觉,好像在用"二人转"来填补叙事的不足,这在实际效果上违背了创作者的初衷。

在《马大帅》中,我们看不到"二人转"舞台上的表演了。但是,马大帅拿个唢呐,带着一群孩子,去"哭死人"赚钱,其实也带着一种东北民俗和"二人转"的特色。"二人转"中有专门的哭戏,会给人唱的泪流满面、肝肠寸断。究其源头,与"二人转"形成初期的生存状态及演出地点有很大关系。这也是"二人转"来源于民间的一个例证。

到《乡村爱情》时,抒情、向上、年轻朝气代替了农民的迂腐落后和辛酸。这时我们发现,代表老辈农民的演员都是赵氏的"二人转"演员,而年轻一代,则开始多元化。包括饰演"王小蒙"的王亚彬是一个舞蹈演员。"谢永强"是由一名真正的大学生饰演。这在赵本山以前的电视剧中实不多见的。但《乡村爱情》的笑料,则产生于这些原本的"二人转"演员身上。例如二人转的年轻演员小沈阳的加入,给该剧增色不少。没有他们的烘托,《乡村爱情》也不会那么得令人难忘。

　　赵氏影视剧渐渐的把"二人转"的一些元素和特点揉进电视剧中。包括大量"二人转"演员的使用。这些演员来自民间,有深厚的东北生活经验和很好的亲和力。演戏生活气息浓、自然生动。

　　二人转艺人有句老话:"五谷杂粮认不全的人,庄稼苗分不清的人,就别想唱好唱。"二人转积淀了农民太多的情感,太多的喜怒哀乐,酸甜苦辣,以及他们的梦想和祈盼。

　　赵氏影视剧片头片尾曲,在音乐创作上,将东北二人转和现代通俗音乐巧妙嫁接在一起,运用二人转的基调,发展出新的旋律,既上口又流畅,在形式和内容的结合上又很熨贴。把东北风、东北情歌唱的越加响亮,唱进田间地头,唱进千家万户。

　　赵氏东北风影视剧的喜剧色彩源于二人转的"丑角"艺术。剧中的"笑料"有的就是从二人转直接拿过来的,有的经过再创作。

　　东北二人转以"丑"、"旦"为主,男演员就叫"丑",女的叫"旦",几乎没有"生"行。三分"旦"七分"丑",丑角在二人转里调解气氛,制造笑料,一串串即兴的说口,非常生活化。

　　东北人性格开朗、率直,说话一步到位,形成东北文化里特有的幽默感。二人转在三百多年的流传过程中,积累了很丰富的搞笑经验。

　　赵氏影视剧中形形色色的喜剧人物,尽管年龄、身份、形象、性格各不相同,但共同的一点就是主人公形象的塑造都与二人转中的"丑"角有关。扮相"丑"、语言"丑"、动作"丑",正是这些丑得不能再丑的形象,为广大观众奉献出令人心旷神怡的喜剧美①。

　　如在《乡村爱情2》中,"刘能"继续磕巴,"赵玉田他爹赵四"不停撇嘴,"刘大脑袋"是个瘸子,鞋里还放了块铁。对这些,观众不觉丑,只感到好笑、逗乐,让人感到人物善良的本性和真实。

　　著名学者余秋雨曾说:"笑也需要一个由头,赵本山小品给人们提供了这个由头,艺术家经过高超的艺术,善良的挑逗,使人们开怀大笑,放松身心,愉悦情感,从农民到教授谁不需要会心地一笑呢。②"

　　但是,会心的笑和讽刺挖苦的笑是不同的。善意的玩笑、幽默的语言,巧妙的情节会让人会心微笑。而以挖苦、讽刺别人的生理残疾为乐,则是低俗的表现。统观乡村爱情系列电视剧,都存在一定的庸俗、低俗问题。电视剧中,以年轻人追求独立、追求爱情为主线,表现农村青年积极向上的精神面貌。然而在这

---

① 孙艳红.东北喜剧小品中的二人转现象.戏剧文学,2007,(11):69.
② 孙艳红.东北喜剧小品中的二人转现象.戏剧文学,2007,(11):69.

个看似主旋律的背后,却隐藏着等待外来资本招商引资的村里人,希望升迁的村干部,为了蝇头小利争得头破血流的小农。为了呈现而呈现,用语言和身体缺陷来营造戏谑,描绘了一幅虚假的新农村图景。已经脱离了通俗电视剧接近百姓生活,表现平民精神状态的轨道。

第十章 娱乐文化与影视

第一节 娱乐文化与电影发展

一、电影与娱乐具有天然的联系

人类的需要有五大层次:生理需要——安全的需要——社交的需要——尊重的需要——自我实现的需要①。通俗地解释,即人类需要"吃喝玩乐"。现代社会,人类整体上已经进入到自我实现这一最高层次了,也就是"乐"的阶段。此处的"乐"是广义的,不仅是简单意义的消磨时光,还是形式多样的娱乐、放松、无目的的玩耍,在娱乐中,人类的精神和智力得到彻底的解放。21世纪,人类已进入"娱乐时代",娱乐活动渗透到了生活的各个方面,人们通过各种各样的手段来丰富娱乐的内容,娱乐逐渐日常化、社会化、公众化。以经济娱乐化为引领,社会生活各方面都卷进了娱乐化的潮流。娱乐性成为当代生活方式的重要特征,当代文化正在向娱乐文化转变。

电影是人类科技、文化发展的产物,它的诞生回应了大众对视听文化的强烈呼唤。电影自诞生之日起,便和娱乐有着天然的联系,电影始于娱乐,而电影出现后,人们的娱乐方式也发生了天翻地覆的变化。引人入胜的故事,光鲜亮丽的明星,扣人心弦的争斗,紧张精彩的武打,滑稽幽默的表演,不可思议的特技,豪华动人的场景,优美壮阔的风光——在后工业时代,人们需要借助声画丰富的光影世界,逃避焦虑、远离痛苦,满足内心窥视、游戏和狂欢的欲望,应对物质文明和精神文明的不同步发展带来的压力和迷茫。

具体而言,电影的娱乐有两层含义。一是视听感官的快感。豪华的场面、奇

---

① 亚伯拉罕·马斯洛.人类动机的理论.许金生,译.北京:中国人民大学出版社,2007.

巧的情节、诱人的悬念、靓丽的明星、优美的歌舞、时髦的服装，使得观影过程犹如一场"白日梦"，观众宁愿暂时相信它，身边的世界仿佛真的跟着轻松明亮起来，也就是说，观众从幻象中获得一个丰富多彩的空间，获得肌体感官的快感。二是追求知觉上的愉悦。即空虚的精神获得补偿，或潜在的压抑情绪得到宣泄释放。人类有"潜意识"、"无意识"和"集体无意识"，它们是个人内在心理以及各民族社会心理在长期发展演变中积淀下来的。电影可以为这些潜在的东西"加上一个健康而且安全的活门"，让其获得释放。这种补偿和宣泄是多方面多层次的，自然也包括有"性"及相关的情绪，这就涉及到影片处理时的分寸感，只有片子赏心悦目，观众在欣赏中可以把握自身的平衡，才能真正达到娱乐的目的。

二、娱乐文化与好莱坞电影

如果说，在欧洲，电影首先被理解为一种艺术形式的话，那么，在美国，电影则是从一开始就被当成一种娱乐方式。美国的影视和体育是娱乐产业的"狂欢双峰"，每逢好莱坞电影大片首映，便是全民狂欢节和文化盛事期。好莱坞电影创作者认为，艺术和文化都必须成为娱乐的组成部分。迎合观众，便是一切，美国电影主要不是作为艺术创作而是作为娱乐工业来发展，它不善于表现过去，少有厚重的历史感和思想性，而是始终坚持时尚性，紧跟时代潮流。正因如此，好莱坞常常通过展示暴力、性爱、阴暗心理等，带领观众宣泄内心深处的不满和冲动。梦幻性题材、通俗性叙事、情节剧结构、煽情化对白、震撼式音响、奇观式体验，是好莱坞影片的重要特点和娱乐手段。

1. 刺激——暴力、恐怖、性爱

在布法罗，一位天主教教士曾经给电影下过这样一个定义：电影＝"道德威胁"＋"淫秽"＋"粗俗"＋"不道德"＋"暴露"＋"性"。这一定义，形象地概括了美国电影屡试不爽的表现元素。好莱坞为了赚取最大的经济利益，积极调动各种手段，让观众沉迷于暴力与恐怖，性爱与色情的强烈刺激中。

20世纪二三十年代，取材于报纸上真实犯罪活动的警匪片兴起，有组织的暴力活动是影片的主线。《小凯撒》、《公敌》、《化石林》是其中的代表作，塑造了一系列歹徒的形象。《小凯撒》讲述了一个来自穷乡僻壤的拦路抢劫犯变成大城市中犯罪团伙的首领，最后死在城市警察枪下的故事。主角里科抢劫了一个加油站并打死了工作人员，之后，他在城市晚报上看到了下层社会集团向他们的首领进贡的消息。报纸上对团伙首领珠光宝气的打扮的描写，使他想到大城市罪犯首领没必要为抢劫加油站浪费自己的时间。于是，他决定进城。他"成功"了，前任首领被他取代，杀死一个高级警官让他取得了同伙尊敬，他对"女人"、"舞蹈"等目标坚定不移。他这样描述自己的经验："那个家伙能干的我都

能干，而且会比他干得更漂亮！一旦我陷入险境，我可以一路开枪杀出去。就像今晚一样，对，先开枪，后开口。如果你不这样干，别人就得先下手为强。干这一行绝不能心慈手软！"血腥的画面和露骨的台词，让人不寒而栗。

强盗片被认为是美国犯罪题材影片的核心类型，它在20世纪30年代的兴起，是好莱坞电影史的大事件。银幕上的强盗们无视政府机构的权威，轻蔑勤劳致富的传统，嘲笑自我牺牲的美德，却收入丰厚，朋友成群，享尽荣华富贵。他们一口黑话、枪法高明，驾着高级汽车快速行驶在街道上，旁若无人，急转弯时利落而刺激。虽然有很多批评者认为这类影片使得青少年犯罪率增加，但是极高的票房让好莱坞对此充耳不闻。

除以上两种类型片之外，另有一些犯罪片、暴力片表现着更为疯狂的犯罪手段与触目惊心的罪行。《七宗罪》里的杀人者就有着这样的执着、高明与变态。萨摩赛特和米尔斯在侦查几起凶杀案件时，推断出罪犯是在逐一完成古书中的七宗罪，即饕餮、贪婪、懒惰、淫欲、骄傲、妒忌和暴怒。当两人终于追查到罪犯多伊时，他已经完成了前几宗罪。最后，他杀了米尔斯的妻子，宣称是因为嫉妒他们的美满婚姻。米尔斯冲动愤怒之下枪杀多伊，却是替他完成了第七宗罪。这样的结局令观众唏嘘不已。现代人接触网络越来越多，精通网络技术的人又可能成为犯罪分子。《网络惊魂》就反映了网络犯罪。擅长研究计算机病毒的安吉拉发现自己被一个网络犯罪团伙盯上，于是以牙还牙，用病毒发起进攻。孰料最后还得经历一番真枪实弹的拼杀。科学家一旦变态后果不堪设想，《苍蝇》便讲述了一个由科学事故制造出可怕怪物的故事。赛斯制造了一套远程物质运输系统，并决定以自己的身体做一次试验。然而一只苍蝇乘虚而入，侵入赛斯的身体，赛斯逐渐变成了恐怖的大苍蝇。

除了暴力与恐怖，好莱坞还常利用性爱与色情带给人们身体感官的刺激。仿佛只要电影生产不停止，与"性"相关的东西就不可能消失。通奸、卖淫、离婚和各种迷乱的性活动为题材的影片在好莱坞电影中从未间断。

2. 幻象——笑声、浪漫、未知

每个人都在追寻快乐，哪怕只是短暂欢愉的幻想。好莱坞便在现实生活之外，开辟了这样的一个"梦空间"，走进电影院，观众就可以遇见一个未知的世界和自己。

制造笑声是好莱坞天生的追求，只要是能发笑的故事就可以拿到电影中。《小鬼当家》中的小鬼多次被迫独自留在家里，恰巧又碰上凶狠的歹徒上门。歹徒精心策划的多方位进攻都在小鬼设下的恶作剧般得陷阱中失效。歹徒吃尽苦头，小鬼却悠哉悠哉。这种异常对比与反差，让观众从头笑到尾。

迪斯尼动画可谓制造笑声的典范。米老鼠和唐老鸭、猫和老鼠，这些笑话并非只是异常闹剧，而主要来自一个反常的现象：传统观念中的强大者在弱小者的面前屡战屡败,丢盔弃甲,狼狈不堪。《猫和老鼠》中抓老鼠的猫反而被小老鼠戏耍得团团乱转,撞的晕头转向,呜呜乱叫。集成这一卖点后,几部现代儿童神话故事片,同样让观众狂笑不止。

浪漫的爱情是每个人心之向往,而这个物质文明高度发展的社会,有着太多的诱惑,爱情犹如快餐,浪漫与忠贞,有时只是一种奢望。于是好莱坞不厌其烦地演绎着这个永恒的主题。如《泰坦尼克号》等。

不少生者在长叹生死两茫茫的伤痛,但好莱坞认为爱的执着可以超越生死两界的阻隔,只要爱到了极致。《人鬼情未了》中萨姆不幸离开了人世,但他无法割舍深爱的莫莉,他要抚慰伤心的莫莉,更要保护危险中的莫莉,他想延续他们的浪漫,经过种种努力,心中的深爱让他成功了,好莱坞的老板们也因此取得了丰厚的回报。

人们对未知的世界总是充满了无尽的遐想。于是好莱坞就有了一批太空漫游、地心探索、外星人入侵甚至人工智能的影片。现实生活中的人们无论得意失意,都有各自的幻想。幻想能让人消极避世,也能让人们奋起向前。只要观众还有幻想,好莱坞就不会停止对未知的演绎和新幻想的制造。最近的科幻片《地心游记》中,一位已故科学家记载,找到了地心的洞穴入口地。在寻找的路上,他们遇到居住在底下的萨克卢森人的阻挠。而在底下洞穴内,他们又经历了洪水、怪兽、地底海洋上的狂风巨浪等种种险阻,来到了一个古城遗址。在一个古代探险家尸骨的指示下,他们终于回到了地面,结束了这一段神奇之旅。

这世界上已经消失了太多物种,好奇的人们总是希望能够见到这些早已不存在了的东西,如恐龙。古生物学家利用史前蚊子血液中恐龙的遗传因子培育出了早已灭绝的恐龙,建立了《侏罗纪公园》。现代人终于一饱眼福,见到了这一灭绝了6500万年的神奇生物。

三、娱乐文化与中国电影

1. 早期娱乐电影

我国早期电影在其萌芽阶段就有着浓厚的商业化倾向,又由于旧中国经济的贫弱,技术的落后,有很多片子都流于粗制滥造,未能在电影艺术规律上苦心探索。中国早期娱乐电影便是在这种缺乏应有的理论先导、必要的实践总结基础上,完全听凭商业原则随波逐流而最终走向衰微的。1928年《火烧红莲寺》的一把火,敲开了武侠影戏的大门,此后三年,不仅《火烧红莲寺》续拍了整整18集,更有其他形形色色的火烧片烈焰映红了当时的影坛。这一时期的武侠神怪影片,几乎集中西糟粕于一体,有的甚至"雇用几个模特儿,表演一点曲线美,加上几曲春宫小调,本淮杂耍",严重败坏了观众的视听感受,娱乐更是无从说起。

20世纪30年代后,革命的、进步的电影界所展开的电影思想斗争,曾带来了一次又一次思想上和创作上的双丰收,其历史功绩不可磨灭。然而电影界机械地看待电影与政治的关系,忽视电影艺术规律,以致完全抹杀电影娱乐性。虽然建国后中国电影也出现了像《今天我休息》、《大李小李和老李》等一批具有娱乐性的影片,但终究没有把电影的娱乐功能提高到本应的地位。社会政治的需要强化了电影的教化功能,而置电影的娱乐功能于可有可无的地位。

中国早期娱乐电影始终未成大观,既有经济条件的局限,又有文化观念的制约。中国传统重伦理教化的文化精神,使中国电影一开始就很注重载道功能,强调影片通过故事传达作者的人生态度和对于社会的积极教化作用。中国电影的重教化、轻娱乐有着深层的文化制约背景。

2. 无暇顾及娱乐的电影

20世纪80年代后,一批电影艺术家出于舒展个性的需要和对长期失落的电影艺术本体性的寻找,纷纷把注意力一方面投放到对民族文化的反思,另一方面致力于电影语言的现代化构建。无论是影片的思想内蕴还是电影视觉造型的冲击力都是建国以来少有的。刚刚从文化沙漠走出的中国观众,一方面从《黄土地》、《老井》中反观到民族生存与跋涉的艰难,进而得到一种从愚昧走向文明,从幽闭走向觉醒的思想撞击。另一方面又在《一个和八个》、《红高粱》等片子的全新造型和斑斓色彩里第一次享受到电影语言的神奇魅力。因此,这一时期的每一部苦心经营之作都会赢得如潮的观众,满场的喝彩。也许刚刚走出浩劫,沐浴改革春风的中国观众在当时更需要的是人生哲理的启迪和创新意识的鼓舞,还没有更多的选择,也没有更多的闲暇时间来放松自己,因此新时期电影娱乐功能在相当长一段时间内谁也无暇顾及。

进入20世纪80年代中后期,以第五代导演为代表的新一代电影艺术家们在追求影片的深层次哲理及本体突破时,致力于探索与创新,却仍旧有很少人尊重和考虑大众的娱乐性需要。尽管当时的观众已对《三笑》、《少林寺》等娱乐影片投之以极大的欣赏热情,但无论是电影艺术家,还是理论家要么视而不见,要么本能地担负起审美纠察的任务,指责这类影片不仅庸俗浅薄,而且毫无思想性可言。国际上的颇频获奖,圈子内的纷纷喝采使第五代导演更加自信地致力于电影本体的突破、民族底蕴的思考。令人遗憾的却是苦心经营、精工制作的探索片经过了短暂的红火之后,竟出现了"零拷贝"的现象。

3. 娱乐片大潮

20世纪80年代末,我国掀起娱乐片拍片浪潮之后。中国娱乐电影在电影商业化语境中摸爬滚打,也逐步向电影类型化的方向发展,出现了多种不同的娱乐片样态,包括武侠功夫片、喜剧片、刑侦片、战争片等片种。

我国武侠电影大多是以"复仇"或两大集团的势力对抗作为电影主题。20世纪80年代的武侠电影多是将个人"复仇"与爱国主义相结合,如电影《少林寺》将男主人公张小虎为父报仇与少林寺救唐王李世民的传奇故事结合起来，电影《武当》讲述的是武当道士陈伟之女陈雪娇上武当学艺，为父报仇的经历。将家仇、国恨与民族精神紧密的融合在一起。20世纪90年代初的武侠电影以徐克导演的新武侠电影为代表，多以江湖武林各派的势力争斗为主题。如果说20世纪80年代的武侠电影除了好看的故事情节外，也兼顾到了影片的教化作用的话，那么20世纪90年代后的武侠电影则"娱乐"的更彻底些。电影制作者们更愿意在故事的"精彩度"上下功夫。于是江湖武林派系之间纷繁复杂的势力争斗便成为这一时期武侠电影表现的重点。21世纪以来的武侠电影"复仇"的主题仍在继续，只是又将宫廷历史争斗融入其中，使影片具有了一定的史诗意味。《英雄》、《十面埋伏》、《夜宴》、《满城尽带黄金甲》就是很好的例子，个人恩怨和宫廷矛盾成就了更加复杂的情感纠葛。

我国的喜剧娱乐片多取材于都市普通人的日常生活，以平民化视角表达"世俗生活"的主题。无论是由王朔小说改编的调侃式喜剧电影，陈佩斯的滑稽喜剧，还是冯小刚贺岁喜剧，无一不是聚焦现实生活，将普罗大众的喜怒哀乐、欲求梦想以轻松幽默的方式一一呈现。在这些电影中我们几乎看不到什么丰功伟业，惊天动地的大事，影片所关注的是普通人的原生态生活。《顽主》中"三T"公司，服务的对象就是普普通通的老百姓，服务的内容也是都是些日常生活琐碎。《二子开店》、《爷儿俩开歌厅》的故事便围绕"赚钱发财"这个说来世俗但也是最实在的普通人追求展开。

刑侦警匪片多带有国际化色彩以跨国犯罪与反犯罪为主题。这些影片往往将故事置于全球联系中，力图将中国的事态放到国际网络中加以关注，触及到了世界全球化造成的一系列问题。如有关毒品犯罪的影片有《冰上情火》、《出生入死》、《绝密行动》；表现走私和金融犯罪的影片有《金元大劫案》、《紧急追捕》；表现高科技犯罪的影片有《情劫》、《劫杀雅典娜》，都将犯罪的破坏性扩大到了国际。

另外，像之前取得不错票房收益的小成本都市喜剧《疯狂的石头》、《鸡犬不宁》也是在延续"世俗生活"的主题。

4. 小结：娱乐无极限，电影需创新

一般而言，娱乐片是指那些以艺术的愉悦功能为主导，以艺术的商业价值为终极目的的类型影片。它是言情、武侠、传奇小说的银幕版，是人类现实生活不可或缺的当代神话。人们之所以爱看，就因为娱乐电影如梦一般，使潜藏在观众内心深处的种种先意识欲望获得一种假想的满足。在这个想象王国中能尽情体验到现实生活中体验不到的东西，让你有机会笑别人的傻，做英雄的梦，有机会充分体验做一个苦尽甘来的好人，百战不败的强者，一往情深的情痴等一切幸福美梦的乐趣，使你在这个平凡而琐俗的世界上的一颗饱受挫折和困顿的心灵，得到一点招之即来的快乐和安慰。正如西方电影理论巨匠麦茨所说,欣赏影片过程中现实与梦幻的融合,使观众产生了犹如"白日梦"的幻觉。如惊险片就是由于能同时满足观众的安全感和侵犯欲,使人的生命原动力中这两种能量得到释放和宣泄,从而体验日常生活中难以感受到的巨大心灵震撼。武打片则通过"浓缩"和"置换",让你在激烈的打斗,鲜明的节奏,强烈的动感中首先刺激起肌体与感觉的兴奋,同时让你目睹善有善报,恶有恶报的公正结局。至于言情片则先以悲欢离合的煽情使观众情不自禁地啼嘘出声,再通过大团圆结尾让观众得到心理平衡,这一张一弛便是吸引观众的独特魅力。而中国电影似乎很少研究观众为什么看电影,不太明晓娱乐片的基本精神,并非让人们通过电影去认识人和社会,并非要求改变已有的文化规范和道德准则,而是让人在银幕的梦幻世界里得到某种安慰、快乐与解脱。

"文要上床,武要上房"成了娱乐片制作准则,"性与暴力"成了必不可少的精美佐料。一时间,大批"抱得紧箍箍,杀得血糊糊,脱得光秃秃"的所谓娱乐片一哄而起,影坛似乎又回到了早期中国电影武侠盛行火烧漫卷的时代。新时期娱乐片大潮涌动初期的这种急功近利的创作倾向,不仅失去了更多的观众,而且成了许多理论家对娱乐电影不屑一顾,甚至深恶痛绝的口实。这也影响了对本来就薄弱的娱乐电影内在审美机制的深入研究。

中国的娱乐电影尽管涉猎了娱乐电影经常光顾的领域,如凶杀、警匪、情爱、武打,几乎动用了娱乐电影的惯用绝招,如恐怖、追捕、性爱、死亡,但中国观众依然千金难买一笑。其关键在于我们从来没有很好地研究过娱乐电影的内在审美机制,即观众为什么要看,和他们期望看到什么。事实上,娱乐电影同样需要艺术的构思和想象。一哄而起,机械模仿,胡编乱造并非娱乐电影的应有之义。中国娱乐电影的一再受挫,提醒我们娱乐电影的内在审美机制亟待研究。

四、娱乐文化在电影中新的表现

1. 范围扩展到电影以外

从2003年底开始,《十面埋伏》渐渐超越了电影的局限,成为文化圈最大宗的文化事件。2003年中,《十面埋伏》开始选角,初定梅艳芳、刘德华、章子怡等人,但12月30日,梅艳芳去世。她的逝去迅速和《十面埋伏》扯上关系,为这部尚未开拍的影片平添了许多神秘色彩,2004年5月13日,张艺谋携《十面埋伏》参加戛纳影展,国内媒体报道说观后掌声达26分钟之久,引起多方质疑。6月22日,继沈阳万名观众宣布将签名声援影片首映后,福建2.7万名观众也在当地院线的组织下,联合签名声援《十面埋伏》全球首映庆典礼。主办者称,这一行动可以申请吉尼斯世界记录,一时引起不小的震动。7月10日,《十面埋伏》在北京工体举行了规模宏大的全球首映庆典,巨星云集,六个分会场、200个城市电视台轮番轰炸,就连春晚也只能自叹不如,张伟平更是给予了首映礼"观众一进来,保准傻眼"的不菲期望。7月16日,《十面埋伏》终于千呼万唤始出来,这是中国电影史上第一次在长达几周的时间里在所有影院独揽放映权的电影;7月16日—8月2日,仅仅18天,国产大片《十面埋伏》在国内(不含港台)狂卷1.5亿票房,超过进口大片《后天》、《特洛伊》的总和。

这还是一部传统意义上的电影吗?是也不是,它的关注度远远超过了电影本身,影院内外的观众都得到了精神上的消费和享受,电影之外的东西似乎远远高于电影本身的东西了,那么,只要人类还没有找到别的方式替代电影的狂欢功能,电影就不仅不会消失,反而会随着人类的进一步的狂欢需要而疯狂。

2. 新技术为狂欢增加后劲

电影的每一次大的飞跃都少不了技术的支持。从早期的无声电影到有声电影,普通银幕到宽银幕,乃至于《终结者》系列、《侏罗纪公园》系列等大片中计算机影像高科技的出神入化的运用,都为电影进一步争取观众做出了无可替代的贡献。现在,又有许多的高新技术3D、IMAX等运用在电影上面,他们必将再次给观众带来狂欢。

3. 数字背景下的产业链

微软涉足电影行业,欲将《最后一战》游戏改编为电影;雅虎示爱好莱坞,其在洛杉矶的员工人数越来越多,业务范围涵盖电影、电视、音乐等领域。在数字化背景下,多种媒体的结合已经形成了新的产业链。尽管电影的传统影响仍使她是产业链的龙头,但未来,产业链的扩大与完善会给电影带来的既有机会也有挑战。

五、总结与反思

模式化的构成方式可以说是娱乐性影片在形式上的一个重要定位。与此相联系,对娱乐片的定位还有另一个十分重要的方面,我们可以将其称之为存在的定位。这一定位实际上已如前面所述,即它的文化性。娱乐片并非是一种"胡编乱造"的电影,也不可能仅仅凭着玩弄技巧而长久取胜。实际上,它是一种为大众提供的"文化快餐",在每一部成功的娱乐片的符号系统内,都包含着一种相当完整的文化构架的内涵。因之,它才可能成为一种大众的"精神聚合"。娱乐片的文化性当然不是指它充满了高雅的语言或是披着一件严肃的外衣。众所周知,它为人们创造的是一个充满了幻想和"白日梦"的世界,是一个"乌托邦"式的神话。在这里,俊男倩女的痴情、绿林侠客的神功、离奇的幻想、怪异的形象,都为人们编织着这一美丽的白日梦幻。但同时,正是作为一种"神话",娱乐片同时又成为一种"文化性"的存在。

娱乐片之娱乐无非在于它讲了一个好故事。而作为以"讲故事"为特征的娱乐片,不论其故事是侧重于"文学"的还是"电影"的,都离不开人物、情节和环境这些基本的叙事因素。而这些人物的配置,情节的组合,动作的展示 以及场景的选择都不仅是电影技术的,也同时是文化的。我们应该打破那种娱乐片是没有文化的误识或偏见。

实际上,娱乐片不但是有文化的,而且相对于以"反文化"为鲜明标志的先锋电影而言,作为社会主流文化载体的娱乐片可以说是一种真正的"文化电影。"娱乐片的文化性首先就表现在支撑着某一世界的"神话"之中。按照英国人类学家马林诺夫斯基对于人类所存在的三种故事的分类,所谓神话的故事,既不是纯粹的虚构,也不是一个历史事实的叙述,它所叙述的是一个更大的实体。这个实体实际上就是一种人类的存在。因此,娱乐片所创造的神话并不仅仅是一个幻想的世界,在其表面的幻想与铺张下所进行的是对一种有着严密文化价值编码的人类生活叙述。它通过人物的配置,情节的铺陈描述,以及这三者之间的有机联系展示的是一个井然有序的主流化的世界。就此可以说,它正是一种社会主流文化的传递者,并且正是借助于人们对这一文化的认同为观众制造着美丽的神话。

第二节 娱乐文化与电视发展

娱乐自古有之。它或许体现在青海孙家寨彩陶舞蹈纹盆里,或许发生于西班牙的阿尔塔米拉岩洞中。有人说前者是和巫术仪式相关,后者则是史前艺术的发现地,这好像丝毫和娱乐扯不上关系,但其实不然。现在我们眼前的"娱乐"并不是直接以这样的面貌呈现在古人面前的,它也是在生活中与人一起发展共存,由隐到显,由不自觉到自觉,由掺杂于生活之中到独立于世人眼前。那么,娱乐是什么?其实,古今中外没有一个统一的、确定的答案。

老子把人生的"乐"看成是虚无的"妙",这样的"乐"是无常的,是"天道"的表现,是"天人合一",这其中包含的是在艺术与自然中享受到的人生之乐。老子之后的庄子,虽然对人生现实的享乐采取否定的态度,但又不否定"天道"、"自然"带来的愉悦感觉。而孔子眼中的乐则是非常现实的。他强调现实中"乐"的标准与核心是对于移风化俗的作用,是现实"礼"的重要手段,是实现仁学理想、仁爱治国的重要途径。在西方,不同文化理论家对娱乐定义的论述与阐释也各不相同。柏拉图、亚里士多德和贺拉斯都强调娱乐的美育作用,他们强调的是"寓教于乐"的理念。后来斯宾塞、席勒、弗洛伊德、朗格等人都以"游戏"这个名词来阐释娱乐的定义和本质属性。在斯宾塞看来,娱乐就是任何动物的生理快感。席勒则认为:游戏(娱乐)是人"摆脱一定的外在需求的自由"活动,有

"物质的游戏"和"审美的游戏"之分,前者是指人的身体的生物性需求,后者是指兼有感性与理性的人的内在和外在和谐的统一的活动。近代著名的奥地利心理学家弗洛伊德认为娱乐是人借助想象来满足自身难以实现的愿望的活动,是对"梦与幻想"的补偿。德国艺术学家朗格为游戏(娱乐)下了"游戏是人的任何自觉自愿的活动,它能给自己和别人带来一种与实际利害无关的乐趣"的定义。英国艺术学家科林伍德也表达了类似的看法,"娱乐是以不干预实际生活的方式释放情感的一种方法"。如今,当我们翻开《现代汉语辞典》和《新华字典》时,娱乐的解释则为"使人快乐"或"快乐有趣的活动"或者"文体活动"①。在梳理了古今中外学者的观点之后,笔者暂且为"娱乐"做一个简单的定义:娱乐,就是人们在闲暇时光,自发、自觉、自愿地从事的一些可以令身心得到愉悦的活动。而娱乐文化就是在人类娱乐活动的漫长发展过程中形成的群体文化,它包括了人类娱乐活动中的行为、思维、生活态度与习惯等。

当然,娱乐文化在不同的历史时期有着不同的解读,在电视早已在寻常百姓家普及的21世纪,娱乐文化也和电视产生了千丝万缕的联系,新闻节目、社教节目、文艺节目无不存在着娱乐文化的影子。

一、电视新闻节目娱乐化

"新闻立台"是一个学界和业界都不陌生的词汇,新闻做得好不好成为了衡量一个电视台的实力与标准。根据《中国电视新闻节目市场报告(2007—2008)》,2006年观众平均每天花费22.8分钟收看新闻节目,占其总收视时长的12.95%。全国127个样本市县480个频道中,27%的频道以新闻节目见长,新闻节目播出集中于19:00~22:00黄金时段,占据全天1/4的播出份额。②由此,我们可以看出新闻节目在电视节目中的重要分量。但是,新闻节目的收视群体多为男性,又以高学历者为主,在播出份额如此之大的基础上,如何吸引潜在受众,进一步提高收视份额就摆在了电视新闻工作者的面前。除了扩充新闻资源、拓宽来源渠道、注重时效、加强评论之外,娱乐元素的增补也成为了做好新闻的策略之一。就像西方新闻传播界已经生成的一个新词汇——Infotainment(娱讯),即Information和Entertainment的合成。

说起新闻娱乐化,其源头可以追溯到100多年前。19世纪30年代以后,《纽约太阳报》、《纽约先驱报》等一批"便士报",以赢利为目的,鼓煽情之风,便可以看作是新闻娱乐性潮流的开始。在19世纪末期,这股潮流更是泛滥到了最

---

① 李建秋. 娱乐文化与大众传播. 北京:大众文艺出版社,2007:2-7.
② 陈明. 中国民生新闻节目收视分析. 中国电视节目创新与收视,北京:中国传媒大学出版社,2010:200.

高点,即"黄色新闻潮"的出现。其中,普利策的《世界报》和"黄色新闻大王"赫斯特的《纽约日报》之间的"黄色新闻"之争最富代表性。

电视新闻节目是以现代电子技术为传播手段,以图像、声音、文字为传播符号,对新近发生、发现或正在发生的事实的报道。和传统纸质媒介的新闻相比,电视新闻其实更具有娱乐化的潜质。从其定义中我们就会发现它具有视听兼备、直观生动的特点,再加上对正在发生事件的现场报道,更增加了其现场感强、令人印象深刻的特质。所以,不论是从新闻的历史渊源、电视媒介本身所具备的特点、还是收视率的逼迫,新闻娱乐化已经大势所趋。

电视新闻与娱乐文化的关系我们要从两个方面说起。一方面是娱乐的新闻,另一方面是娱乐化的新闻。在理解电视新闻与娱乐文化的关系过程中,将二者进行区分是非常必要的。

1. 娱乐的新闻

娱乐的新闻指的就是娱乐圈中的明星逸闻、近期动态等内容的新闻。当娱乐新闻与电视联姻之后,普通"新闻"的概念被扩展成了资讯,也更加注重了娱乐的功能。主持人多以口头播报的方式,对影、视、歌娱乐圈中发生的新近事件和娱乐人物进行报道,由此娱乐资讯节目应运而生。世界上最早的专业娱乐资讯节目出现在1981年的美国,那就是CBS的综合杂志型娱乐资讯节目《今夜娱乐》(Entertainment Tonight),后来由于多个竞争对手的出现,《今夜娱乐》不断调整节目内容,将整个报道立足好莱坞,涉及电视、音乐等各个娱乐领域,成为美国娱乐新闻的典范。其他优秀的娱乐新闻节目还有HBO的《银幕背后》(Behind the Scenes)、CNN的《好莱坞时间》(Hollywood Minute)等。

我国最早的娱乐资讯节目出现在港台,发展到今天已经相当成熟了。例如香港亚视的《东周娱乐大本营》、《娱乐速递》,翡翠台的《娱乐大搜查》,TVB8的《娱乐最前线》;台湾东风卫视的《亚洲娱乐中心》,三立都会台的《完全娱乐》,八大综合台的《娱乐百分百》等都是非常优秀的娱乐资讯节目。相比较而言,大陆的娱乐资讯节目发展得相对较晚,最初没有一个独立、完整的娱乐资讯节目,都是在其他新闻节目结尾零散播出。一直到"北京光线电视策划研究中心"的《中国娱乐报道》(现为《娱乐现场》)的出现,才开始将娱乐界的人和事做成电视新闻报道。借助于电视独特的视听兼备的特点,电视娱乐新闻给受众带来了比报纸和杂志的娱乐资讯更强烈、更真实、更震撼的感受。自《中国娱乐报道》之后,大陆的娱乐新闻资讯节目也如雨后春笋呈现出一片欣欣向荣的景象。如湖南卫视的《娱乐无极限》,福建东南卫视的《娱乐乐翻天》,央视的《电影报道》、《世界影视博览》、《影视同期声》,上海东方卫视的《娱乐星天地》,大连电视台的《娱乐大搜索》等都发展成为了具有自身特点的娱乐新闻节目。

相比于时政要闻和服务信息类的资讯节目,娱乐资讯节目的内容更为丰富,其内容不光是涉及娱乐圈的各种明星、还有社会名人、电影、电视、音乐、时尚潮流服饰等,不过还是以明星的动态和绯闻消息作为主要内容。娱乐资讯节目之所以会得到大众的青睐,首先是源于受众对明星的关注与猎奇,其次则是由于活泼的节目形式,这也成为了娱乐资讯节目的最大特点。主持人轻快俏皮的主持风格、青春靓丽的造型服饰、动感时尚的演播室、新奇创新的拍摄手法、明快的剪辑手段等使节目处处都充满了娱乐的元素。下面以东南卫视《娱乐乐翻天》为例,具体来分析一下娱乐的新闻到底是如何呈现的。

新闻资讯的呈现。在大多数人的眼中,娱乐新闻的最大功能是娱乐,更有人认为娱乐新闻的信息传递功能根本就是微乎其微。但笔者认为,娱乐新闻资讯节目和其他的资讯节目一样也承担着传递信息的任务。在观摩了近几个月的《娱乐乐翻天》节目之后,笔者发现其具备这样几个特点:编排顺序板块化、内容丰富、时效性强。如2011年7月16日的节目,节目前半部分的几条新闻都是围绕着"锋芝婚变","谢霆锋返港解决家庭问题"、"'锋芝'会面,展开夺子大战"、"谢霆锋经纪人希望媒体给锋芝空间"、"准妹夫安志杰力挺谢霆锋",由以上列举的新闻标题就可以看出,编导是将当事人、亲戚,以及其经纪人的采访安排在了一起,以便于受众能更透彻的了解此事。节目的后半部分则是将几条零散的新闻排放在一起,并在最后一条"陈奕迅'封爵'续约老东家"的新闻中提及"锋芝事件",一头一尾的呼应,使得节目的整体性得到提升;内容方面,在不到20分钟的节目中,"锋芝"婚变、熊黛林的代言、苏珊大妈来中国、邓育昆遗体火化、以及张根硕大尺度写真和陈奕迅的续约都相继给予报道,充分显示了《娱乐乐翻天》将中国娱乐新闻一网打尽的能力;时效方面,从上述的举例中就可以看出,《娱乐乐翻天》也符合做新闻的基本要求之一,即时效性强。"锋芝"婚变、邓育昆遗体的火化都可谓是当时的热门新闻,娱乐资讯节目也正是在第一时间为观众奉上了精彩的娱乐新闻。

娱乐包装的呈现。娱乐资讯节目在向受众传递新闻的同时,也注重履行其为受众带去娱乐的职责,《娱乐乐翻天》就运用了众多元素去达到娱乐的效果。主持人方面,不论是以前的巴晓光、叶薇薇,还是现在的杨洋、金于宸、田忻,每一个人的身上都洋溢着青春靓丽的气息。色彩鲜艳的服饰、潮流时尚的发型、俏皮可爱的主持风格更是和每一条娱乐新闻的播报相得益彰;舞美设计方面,蓝色与粉白相间、小型的旋转楼梯、背景屏幕上潮流明星的交替出现,以及主持人衣服颜色的搭配,等等这些无不给人一种时尚、清新、活泼的感觉;剪辑方面,娱乐资讯节目运用新闻图片、视频、网络截图等多种方式进行快节奏的剪切组合,体现了娱乐节目动感活泼的特点。例如在2011年8月19日的《娱乐乐翻天》中,为报道"Angelababy 默认恋情"的新闻,编导不光用了其电影发布会的采访视频、也用了微博的截图以及以前的新闻图片进行快速的剪切,最后更是用《还珠格格》的片头曲《自从有了你》和 Angelababy 与黄晓明的图片进行配合剪辑,配以恶搞的字幕"自从有了'你',生命里都是'奇迹'"将娱乐的气氛推至最高点。

互动的呈现。《娱乐乐翻天》也设置了当下受众最看重的互动环节,在节目的最后会给出"本期的时尚潮人"备选项,受众在微博上与节目互动,就有机会获得明星的签名唱片。由此可见,娱乐资讯节目从头到尾处处都充斥着娱乐的元素,也正是在这种娱乐的氛围下,它才能轻而易举地飞入寻常百姓家。

2. 娱乐化的新闻

娱乐化的新闻,指的是用娱乐手段处理过的新闻,具体体现在节目的选题、制作、播报和包装等方面。在大众传媒还不够发达的岁月里,新闻媒介的竞争主要体现在两个方面,一是时效性;二是独家性。"谁能第一时间抢到'独家',谁就能获得胜利"已经成为各新闻媒体的标榜口号。随着技术的进步、网络的普及,越来越多的电视新闻工作者发现,第一时间的"独家"早已经成为明日黄花,谁能在第一时间找到最适合的表达方式、做出最人性化、最易于接受和传播的新闻,那才是真正的赢家。也正是在这种觉悟的引导下,"娱乐化的新闻"被提上了日程,并以迅雷不及掩耳之势普及在各大新闻媒体中。

娱乐新闻是传播内容娱乐化,而娱乐化的新闻则是传播方式的娱乐化,一种娱乐化的表达方式。具体来说,娱乐化的新闻"在内容题材上,偏向软性新闻,减少严肃新闻的比例,增加名人趣事、日常事件以及煽情性、刺激性的犯罪新闻、暴力事件、灾害事件、体育新闻、花边新闻等软性内容;或者,尽力软化硬新闻,所谓'硬新闻软着陆',即竭力从严肃的政治、经济变动中挖掘其娱乐价值。在表现形式上,强调故事性、情节性,从最初强调硬新闻写作中适度加入人情味因素、加强贴近性,衍变为偏重于趣味性和吸引力,强化事件的戏剧悬念或煽情、刺激的方面,走新闻故事化、新闻文学化之路。"①另外,主持人也一改传统正襟危坐的播报方式,用调侃休闲的话语、亲切生活化的形体动作拉近了与受众之间的距离。当然,不是任何新闻都可以娱乐化,娱乐化限定了新闻的题材和范围。只有社会新闻、文化新闻、体育新闻等与娱乐业紧密相关的内容,才能做成娱乐化的新闻。

国内的娱乐化新闻不胜枚举,如由江苏城市频道率先提出"民生新闻"口号并一鸣惊人的《南京零距离》,杭州西湖明珠频道以及生活频道分别推出的方言播报式的《阿六头说新闻》、《我和你说》,陕西电视台都市青春频道的《都市快报》,以及安徽电视台的民生新闻栏目《帮女郎 帮你忙》、湖北电视台综合频道新闻栏目《综合1时间》等。从上述的举例,我们就可以看出民生新闻成为了娱乐化新闻当之无愧的代言人。让我们来看一下 CMS 媒介研究在 2007 年上半年

---

① 黄学建. 中国电视娱乐文化批评. 北京:中国传媒大学出版社,2010:49 – 50.

对全国部分地区的民生新闻节目及其收视情况做的分析,见表10－1和图10－1。

表10－1　2007年上半年全国部分地区播出的主要民生新闻节目及收视状况

地区	节目名称	频道	播出时间	语言	收视率/%
成都	成都全接触	成都电视台公共频道	18:10～19:40	普通话	2.82
重庆	天天630	重庆电视台新闻频道	18:30～19:30	普通话	9.44
合肥	第1时间	安徽电视台经济生活频道	18:30～19:30	普通话	9.71
长沙	都市1时间	eTV湖南经视都市频道	18:45～20:00	普通话	3.79
郑州	都市报道	河南电视台都市频道	19:30～20:10	普通话	2.96
西安	都市快报	陕西电视台都市青春频道	21:30～22:15	普通话	6.17
济南	拉呱	山东电视台齐鲁频道	17:20～18:05	方言	18.09
昆明	都市条形码	云南电视台都市频道	17:50～19:05	普通话	4.83
福州	现场	福建省广播影视集团新闻频道	18:20～19:00	普通话	3.95
长春	守望都市	吉林电视台都市频道	18:00～19:30	普通话	8.55

数据来源:CMS媒介研究

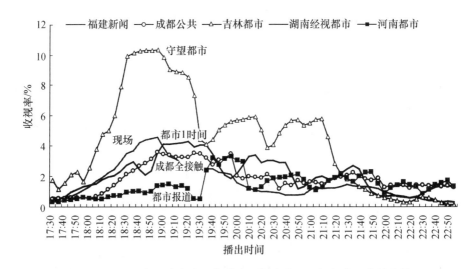

图10－1　2007年上半年全国部分地区播出的民生新闻节目分钟走势

表10－1中列出的部分地区的主要民生新闻栏目,在当地新闻栏目中的收视率均处于领先位置,有些也长期处于当地所有节目收视排行的前列(如

重庆台的《天天630》)。从部分频道的分钟收视率图也可以看出(图10-1),该频道的民生新闻节目时段也是本频道收视率最高的时段。① 下面笔者将结合安徽电视台的《帮女郎 帮你忙》节目具体分析一下新闻是如何用娱乐化来表现的。

《帮女郎 帮你忙》是安徽电视台经济生活频道2008年10月18日正式开播的一档民生新闻栏目,每日直播,时常30分钟。从其节目的口号"美丽帮女郎,天天帮你忙"中我们就可以发现节目强化了"帮忙"的元素。这档新闻节目不仅注重民生新闻节目的报道,还推出了由7位美丽聪颖的女出镜记者组成的特色采访队,在记者明星化包装上进行了尝试,由此,"帮女郎"这个带有娱乐色彩的服务品牌在民生新闻中声名鹊起。在内容上,《帮女郎 帮你忙》贴近百姓生活,报道并帮助受众解决实际生活中的一些矛盾问题。如"孩子要外婆不要爸爸"、"老婆和丈夫的工友私奔"、"鸡棚频频神秘失火"、"欲赶老人出门,儿媳竟然上房揭瓦"等,虽然只是生活中普通的纠纷与矛盾,但节目却将其故事化、情节化,在尊重事实的基础上,用娱乐化的元素进行包装,吸引受众的眼球。单是从上述的新闻标题中我们就可以体会其悬念性的设置,接着,帮女郎记者将拨开迷雾,条分缕析地为受众呈现事件发生的全过程;在包装上,《帮女郎 帮你忙》吸收了娱乐节目的包装元素,例如配乐方面就大胆的采用了网络流行或者影视剧中流行的音乐或插曲,而且并不仅限于纯音乐。如在2010年4月18日的"欲赶老人出门,儿媳竟然上房揭瓦"的这段新闻中,就分别采用了带有悬疑性的背景音乐、煽情性的《雨的印记》钢琴曲、节奏性强的《越狱》中的插曲,以及曲调悠长的《卧虎藏龙》中的插曲,甚至在本段新闻的最后配以与本段新闻主题相契合的《孝敬父母》的歌曲,将故事化新闻的情绪推到了最高潮。再如"老婆和丈夫的工友私奔"这段新闻,男当事人用三句话描述了其工友,"会开摩托车"、"老板的孙子"、"人长得比我漂亮",于是节目就采取了综艺节目的俏皮包装方式,分别用摩托车和绅士抽烟的简笔画配以滑稽的声音效果来呈现这段新闻;在设置上,注重利民性与互动性。首先由"紧急求助"开始每天的节目,帮助受众解决燃眉之急。中间设有演播室的两位"帮女郎"记者现场连线帮助环节,如为丢车牌的车主提供信息等。最后,节目会从短信参与的受众中抽取3名幸运观众,并以话费等形式予以奖励。正是新闻理念与娱乐化元素的完美配合,使得《帮女郎 帮你忙》节目在收视率上也有着不俗的表现,《帮女郎 帮你忙》收视率见表10-2。

---

① 陈明. 中国民生新闻节目收视分析. 北京:中国传媒大学出版社,2010:209-210.

表10-2 2009年4月4日至4月19日《帮女郎 帮你忙》收视率

日期	时段	片名	收视率%	市场份额
4月4日	17:56~18:00	为了干儿子,我都离婚了	3.788	19.387
	18:01~18:04	爸爸爱上干妈,想用儿子留住她	4.257	21.464
	18:05~18:08	妈妈,再爱我一次	4.870	24.416
4月5日	18:06~18:10	深深母子情,牵动观众心	3.268	21.753
	18:10~18:13	小家富头部受伤,凌小鸿决心做个好父亲	3.214	13.976
4月6日	18:10~18:13	家富眼伤无大碍,母子通话泪沾巾	2.818	19.308
4月19日	17:54~17:59	家富眼伤逐渐康复,干妈探视泪流满面	6.841	32.219
	17:59~18:02	时隔半月相见,家富不认干妈	7.695	35.269
	18:03~18:06	小代是个好女人,前夫要和她复婚	7.765	35.272
平均			4.945	25.509

注:央视·索福瑞安徽省网数据

从以上的分析中可以看出,这些年民生新闻在电视新闻界异军突起,并取得了不俗业绩,并由此带动了娱乐化新闻的进一步发展,做"好看"的软新闻、"有用"的民生新闻是越来越多的新闻工作者所追求的目标。注重人文关怀、贴近普通百姓、回归新闻现场、展现同步记录、编排制作娱乐化、播报方式亲切自然、走新闻故事化、情节化、细节化之路。就像《帮女郎 帮你忙》的节目理念"以故事的方式说新闻、以新闻的态度讲故事",新闻的发展已经离不开以新闻故事化为代表的娱乐元素了。

3. 结束语

电视新闻随着电视的发展,逐渐成为了"立台之本",代表电视台的身份和地位。如今,我们不能否认电视新闻的娱乐化趋势日益明显,但是也正是因为电视新闻的存在,才使得电视节目没有完全淹没在娱乐的氛围之中。

对于新闻娱乐化这个问题,学界和业界争论已久。笔者认为新闻娱乐化并非绝对不可以,而应该以一种恰到好处的方式呈现出来。"电视新闻应该具有一定的审美性,同其他艺术一样,给人们带来审美愉悦和审美享受。也就是说,电视新闻不仅应向人们展示客观事实,而且应通过新闻叙事手法的娴熟运用,新闻表现手段的综合运用,使人感兴趣、使人快乐、令人惊奇,使自身具备吸引观众来看的魅力。形象性和现场感是电视新闻的核心元素。电视新闻应依靠富有视觉冲击力的画面、令人震撼的事件现场、内涵丰富的细节、充满悬念的叙事结构,增强新闻的审美性,使信息的传播更富有感染力和影响力。"①新闻的基本准则是真实和客观,主要功能是传递信息,在不违背其准则和功能的基础上,娱乐是可以有的,但同时也应该警示新闻内容与娱乐化之间的主次地位。德国记者协会主席赫尔曼·麦恩指出:"当信息'包装'服务于市场推销目的,因而'包装'比信息本身更受重视之际,信息对公众的告知功能也就名存实亡了"②这句话其实就深刻的暗示了娱乐和新闻之间的关系。所谓的"包装"就是我们所指的"娱乐"这层外衣,我们之所以将新闻节目穿上这层漂亮的"外衣",目的是为了吸引受众的眼球更好的传递出有价值的信息。但是当"外衣"太过于华丽和复杂的时候,它就有了喧宾夺主的嫌疑,这在无形中就剥夺了受众的知情权。我们常说的硬新闻软着陆就会经常出现上述问题,当受众不能从新闻中得到为自身生存、发展提供指导的信息时,对于信息的饥渴会迫使他们选择放弃收看此节目,也许一时的猎奇、耸人听闻会有助于节目此时段的收视率,但那也只能是昙花一现,不能长盛不衰。所以笔者认为,娱乐化应该在不破坏新闻本质的前提下尽可能的最大化。例如对于软性新闻的报道,可赋予其故事化、情节化和细节化的特点,让受众印象深刻回味无穷。在硬性新闻的报道上,不应将重点本身放在对其过度娱乐化处理上,而应在新闻的编排顺序上多下功夫。如采用吊床原则,采用两则软性新闻夹一则硬性新闻的编排或许就是不错的尝试。

总而言之,在不破坏新闻的基本原则和功能的前提下,新闻的娱乐化无可非议。至于娱乐新闻,因为其本身就有向受众传递娱乐、八卦信息的功能,其娱乐内容和娱乐方式更不必大伤脑筋,只要受众能接受,在不歪曲事实的前提下,就让娱乐新闻更加有喜感吧。

二、电视社教节目娱乐化

社教节目的全称是社会科学教育类节目,它是运用电视技术和艺术手段对观众进行社会教育、文化教育的一类节目样式。这类节目寓教育于娱乐,寓教化于服务,寓宣传于信息、文化知识的传播之中。

说起"寓教于乐"的理念,最早我们可以追溯到古罗马诗人贺拉斯的《诗艺》,"诗人的目的在于教益或在于娱乐,或者在诗中使娱乐和教益相结合……庄严的长老冥落毫无教益的著作,傲慢的骑士轻视索然寡味的诗歌;寓教于乐的诗人才博得人人称可,既予读者以快感,又使他获益良多。"在我国古代,这种寓教于乐的理念则和"文以载道"不谋而合。在这一价值体系中,文学艺术的功用

---

① 欧阳宏生. 电视文化学. 成都:四川大学出版社,2006:253.
② 自吴飞,沈荟. 现代传媒、后现代生活与新闻娱乐化. 浙江大学学报,2002.

是作为"道"的传播载体,用"道"所蕴含的主流文化的传统规范去教化民众,从而将主流文化向各阶层渗透,达到现行社会结构稳定于一统的目的。① 也正是源于"文以载道"的这种传统观念,在中国文化的积淀过程中,任何一种艺术形式都应有它所蕴含的某种意义。于是,当电视逐渐变得泛娱乐化的今天,人们对于其被夸大的娱乐功用进行了体无完肤式地批判。对于这种批判,我们要清醒地对待。一方面,严肃的批判可以给处于娱乐文化的电视工业敲响警钟。另一方面,对于电视的娱乐功用,我们也应该给予正确的评判。社教节目作为承载了最多教育意义的电视节目,其发展对社会的传承、文化的普及具有重要意义。

  传统的社教节目是以教育功能为主导,但自从"以传者为中心"到"以受众为中心"的电视传播方向理念的转变,社教节目也调整了定位,即由组织社会教育转向传播社会文化,同时增强服务功能。如此,呈现在受众面前的电视社教节目就可以粗略地划分为知识性节目、对象性节目、服务性节目、课堂教学性节目等。知识性节目如中央电视台财经频道的《经济与法》、武汉电视台的《科技之光》;对象性节目如中央电视台少儿频道的《智慧树》、军事农业频道的《聚焦三农》;服务性节目如湖北经济电视台的《何嫂五分钟》、广东电视台的《家庭百事通》;课堂教学节目如中央电视台的科教频道《百家讲坛》。当然以上这些只是众多科教节目中的一部分代表,但是它们或多或少都有着新时代下社教节目的一些特点,如结合各种艺术表达方式对受众进行潜移默化的宣传引导,注重与观众的互动,吸引受众参与节目,用讲故事的方式向受众普及知识等特点。

  央视财经频道的《经济与法》节目就是一档以"用案例说话,推进中国市场经济规范进程"为宗旨的专业经济法制栏目。它的特点首先在于节目用情景再现和真实人物穿插的方式将案例的始末完整的表现出来,即融入讲故事的手法,注重其情节与故事的完整性;其次,节目将主持人的串联穿插在案例的讲述过程中,不仅对案例的叙述有推动作用也对受众理清案情脉络有很大益处;另外,每次节目都会结合案例将相关的法律知识予以讲解,使受众深刻地理解相关法律的具体应用。"法律、悬念、情理、道义,讲讲身边经济事,说说生活情理法",这是节目片花中的一段话,也正是以上三个特点的共同支撑,才使这段话变得名副其实。少儿频道的《智慧树》则是面向3岁~6岁学龄前儿童的一档益智类社教节目。节目主要以活泼生动的形式,在一个个设定的场景和游戏中快乐学习、健康成长。如学习画蛋糕和切蛋糕是在铛铛和嘟嘟两个卡通人物以及铛铛歌的陪伴下共同完成的,英语句型的学习也是在可爱的小动物所发生的故事场景中学习的。由于小朋友是目标收视人群,所以节目的娱乐元素始终贯穿。广东电视

---

① 黄学建. 中国电视娱乐文化批评. 北京:中国传媒大学出版社,2010:45.

台的《家庭百事通》是用靓女主持加专家指点的方式为观众送上实用的生活小窍门,同时节目也会和热心受众进行互动,将其生活中的拿手绝活搬上荧幕。节目形式活泼,多配以轻松的音乐,以及日常化的情节设定。中央电视台科教频道的《百家讲坛》是社教节目课堂教学类的典范。《百家讲坛》是一档汇集"名家名师"的科教人文类讲座栏目,"让专家、学者为百姓服务,在专家、学者和百姓之间架起一座桥梁,从而达到普及优秀中国传统文化的目的"是其节目宗旨。题材上,偏重故事性和趣味性较强的历史文学类选题,便于受众接受;叙事视角上,强调对历史人物的现代解释,而且采用引人入胜的叙事方式,将事件戏剧化、悬念化,将宏大叙事细节化;正是因为这一系列的处理取得了较好的传播效果,课堂教学类节目所蕴涵的深层知识和思考才得以有效传递。①

对于以上节目的举例分析,我们不难发现故事化、情节化、细节化、悬念性、趣味性成为了社教节目的普遍元素,从传统的正襟危坐式的"传道授业解惑"到真正的"新闻窗、百花园、知识库、服务台"的转变,这一过程与节目制作理念的转变,尤其是与娱乐化元素的影响是分不开的。不难发现社教节目中引入了电视娱乐节目的传播观念,以更加轻松愉快、喜闻乐见的方式来展现内容。讲故事的方式、情景再现的运用,使得受众在欣赏一个故事片的同时还掌握了相关的知识。当然,对于社教节目的"寓教于乐"到底是名副其实还是徒有虚表我们还需要进一步的思考。

《走近科学》从1998年开播,一路走来产生了不少优质的电视科教节目,在各类节目评奖中也屡次获奖,堪称是中国电视科普的一面旗帜。栏目创设之初的定位是"贴近时代、贴近生活、贴近大众",一个可以和观众一起走近科学、认识科学、并用科学知识指导生活的一个深入浅出的科普节目。但是,受众需求的不断增加也促使《走近科学》顺应了娱乐化的潮流。虽然科普娱乐化确实提高了其收视率,但弊端也随之浮出水面。节目中充斥了奇闻轶事、怪异现象而且还被过多的神秘色彩笼罩,于是有人会叫它"走近伪科学"、"走近迷信"。我们常说电视节目要贴近受众,但是如果对"贴近"不加分析地一味应用,就会使"贴近"变为"迎合",所以媒介应该以一个冷静的心态去与受众保持一定的距离,把握这个"度"成为了电视在发展过程中较为重要的问题,社教节目尤为如此。

综上,社教节目的质疑热点就在于它该不该娱乐化。其实,社教节目从某种程度上说是属于精英文化的,但是当它登上了电视这个大众文化传播的主要媒介,它的生存之道就不能简简单单归为精英文化之列了。但笔者认为,就像"做

---

① 黄学健.中国电视娱乐文化批评.北京:中国传媒大学出版社,2010:88.

人不能忘本"一样,一个节目诞生之初的初衷不可变。社教节目是向整个社会传播科学文化,进行社会教育的节目,这个最后的坚守不可动摇。"娱乐"可以有,"娱乐"也必须有,但是它只能作为为节目保驾护航的手段,一种插科打诨的笑料,绝对不能动摇"内容"在社教节目中的地位。

三、电视文艺节目娱乐化

文艺节目又被称为"娱乐类节目",对于它的定义和分类,在我国的电视学界,人们有着不同的认识。在日常的电视荧幕中,我们不仅可以看到情节跌宕起伏的电视剧、结合多种艺术形式的综艺晚会,还有真人秀、脱口秀、益智娱乐等新形式的娱乐节目。

其实,从电视播出的第一天开始就有娱乐节目了。1936年11月2日,BBC在伦敦郊外的亚历山大宫播出的那场颇具规模的歌舞节目,拉开了世界电视事业的序幕。只不过当时的学者对于电视这一新奇的事物没有足够的认识,所以对于首次播出的娱乐节目没有相应的归类记载。但是即便如此,也没有阻止电视娱乐节目不断发展壮大的脚步。

电视娱乐节目的源头在欧洲,英国早期的电视所记录的内容就有一定的娱乐性,例如赛马、加冕典礼和古典音乐会演出等,当时的电视工作者并不对这些素材进行任何处理,只是把它们记录下来并忠实地展示给观众。BBC早期的《拼写蜜蜂》(世界最早的电视游戏节目,参赛者的任务是正确拼写单词)、《我的位置在哪里》(猜谜游戏)、《盛大综艺演出》、《我为你带来信息了么?》,法国电视二台的游戏节目《猜字谜》、《金字塔》、《爱人们》,美国的《CBS电视游戏节目》、《苏利文剧场》、《猜猜我的职业》等都是其早期的娱乐节目形态,虽然形态较为单一,但还是为以后娱乐节目的发展奠定了基础。

我国的电视娱乐节目起步较晚,1990年央视相继推出的《综艺大观》、《正大综艺》标志着中国电视娱乐文化的开始。自此之后,中国电视的综艺节目经历了"表演"、"游戏"、"益智"、"真人秀"四个阶段。代表节目分别为《综艺大观》、《正大综艺》、《曲苑杂坛》、《东西南北中》;《快乐大本营》(湖南卫视)、《欢乐总动员》(北京台)、《非常周末》(江苏卫视)、《玫瑰之约》(湖南卫视)、《相约星期六》(上海卫视);《幸运52》、《开心辞典》;《超级女声》、《非常6+1》、《星光大道》等。但这四个阶段也只能概括中国娱乐节目发展的大致方向,因为在这一过程中还有很多其他种类的综艺节目产生,如音乐电视栏目《中国音乐电视》,谈话节目《实话实说》、《鲁豫有约》,脱口秀节目《东方夜谭》、《锵锵三人行》等都为中国电视娱乐文化抒写了绚烂的篇章。下面笔者将结合国内外的节目来谈一谈娱乐文化与这主要的四个阶段的综艺节目的联系。

1. 表演类节目

毫不夸张的说,一年一度的《春晚》是唯一"幸存"下来的传统表演类综艺节目。在其刚推出的头几年,同时受到专家、学者、观众的一致好评。"作为一档大型电视直播节目,《春晚》对中国最重要的传统节日进行了仪式化、媒介化的传播,以独特的方式反映了当代中国人的社会生活和心路历程,成为现代化进程的一份文化记录。"①过去,这是一档让中国老百姓大开眼界的节目。一方面,它为人们提供了一种娱乐消遣的方式;另一方面,它让亿万中国人民同一时间感受着同一种传统的、民俗式的情感。如今,在泛滥的娱乐节目面前,春晚的娱乐消遣功用已不再那么重要,但是其纽带的功用却越发的突出。于是,《春晚》的本质产生了变化。以前它是以节目带动主题,重点是为人们枯燥乏味的生活带来一年一度的快乐。现在它是以主题推动节目,重点是用中华民族的凝聚力传承中国的文化与传统。从近几年的《春晚》中,我们可以明显地看出,春晚在宣扬主流意识形态、地域文化与民俗的展示方面都给予了足够的重视,它"把观众'囊入'到有根可寻的民族文化长河中,体认个体所依赖的文化渊源,获得同宗同族同种同根的文化皈依感,获得己身所属华夏族群的实在感、踏实感。"②人气强盛的娱乐明星、绚烂多彩的舞美设计、丰富多彩的表演节目等娱乐元素包围了整个舞台,而人们的文化皈依感就是在这雅俗共赏的舞台娱乐和热闹非凡的节庆性娱乐的共同作用下得到了认同。

和《春晚》相比,《欢乐中国行》无疑是表演类综艺节目在当今时代的一个典型代表。它注重结合中国的地域文化和城市魅力,带领受众游遍祖国的大好河山,并在表演节目的过程中和观众进行互动,室外广阔的观众席、绚烂的舞台设计、明星大腕的倾情奉献,无疑让它成为了将地域文化和娱乐文化结合地非常成功的一档节目。

2. 游戏类节目

首先我们来看一下体育游戏与电视的结合所产生的游戏节目。法国最负盛名的节目《夺标》,就是此类游戏节目的典型代表。该节目自1962年创办以来,收视率一直在40%以上,节目中来自两个不同城市的代表队,通过极富幽默感和趣味性的体育竞技游戏,折射出千姿百态的城市文化。另外,每次节目都会有一些新的游戏,到不同的城市还会有和这个城市相关的游戏,游戏环节的设置都会为观众带来视觉上的巨大冲击。这档节目被中央电视台引进后更名为《城市之间》,也获得了巨大的反响。此类游戏节目将体育精神与娱乐精神相结合,用

---

① 黄学建. 中国电视娱乐文化批评. 北京:中国传媒大学出版社,2010:134.
② 耿文婷. 春节联欢晚会的理性省思. 文艺研究,2003,(3):103.

精彩的游戏环节吸引受众,同时也展示着各国家及其城市的魅力。

另一类比较常见的是室内综艺游戏节目。中国内地此类节目崭露头角是在20世纪的90年代,北京电视台的《开心娱乐城》、《黄金乐园》以及当时上海东方电视台的《快乐大转盘》等都是早期游戏类节目的代表作。后来港台娱乐电视节目的制作方式更是催生出了中国内陆的以《快乐大本营》和《欢乐总动员》为代表的全新姿态的游戏类节目。随着游戏类节目的不断发展又产生了近几年比较流行的婚恋类游戏节目,如江苏卫视的《非诚勿扰》,节目一经播出便引起了巨大的轰动。《非诚勿扰》是2010年1月15日江苏卫视制作的一档婚恋交友节目。有人将它定义为真人秀节目,但是笔者更偏向于将它归为游戏类节目之中,因为它是在一定的游戏规则下进行的,虽然说节目的最终目标在于婚恋交友,但是游戏的规则限制了这最后目标的实现。场上的男嘉宾有因为"游戏"中女嘉宾的灭灯而中途退场的,有因为"游戏"结束时女嘉宾不情愿而孤单落寞的,所有这一切的最终解释权都在游戏的规则上。游戏类节目有两大要素:一是好看,二是好玩。在《非诚勿扰》中就对应了如下几个要素。首先是24位靓丽的女嘉宾,在舞台灯光和华丽服饰的映衬下,在镜头前显得格外养眼;其次是潮流的舞台设计,点评嘉宾、女嘉宾、主持人和男嘉宾分别在舞台的不同角落,随着游戏的进程,男嘉宾和女嘉宾的位置会产生相应的变化,此时舞台上的距离也对应着双方的心理距离,再加上灯光和配乐的变化,使得整个舞台充满了幽默、悬念和浪漫的气息。另外,男嘉宾和女嘉宾气场的碰撞以及乐嘉和孟飞节目中的斗嘴更是提升了整档节目的可看性。可以说,《非诚勿扰》是将传统的婚恋观融入到了娱乐文化中,并借助于电视这种传播媒介进行传播。于是,《非诚勿扰》既能达到游戏类节目所带来的娱乐效果,又能在大众中引发婚恋观与道德准则等舆论话题。

3. 益智类综艺节目

1998年,《谁想成为百万富翁》在英国ITV电视台问世后,立即在英国本土取得巨大成功。"除了迅速占领了市场59%的份额外,节目还陆续在美国、荷兰、日本、澳大利亚等国家推出。到2004年初,使用其节目样式的国家已达108个。"[1]中国中央电视台的《开心辞典》也正是将《谁想成为百万富翁》本土化之后取得了巨大的成功。而在其之前的《幸运52》则是源于英国的娱乐节目GOBINGO,并成为了中国家喻户晓的娱乐节目。

和早期的纯益智类节目相比,现在的益智类节目又加入了体能的考察以及对冒险与刺激有所担当的心理考量,使得益智类节目更加好看。如2010年6月

---

[1] 韩青,郑蔚. 电视娱乐节目新论. 北京:中国广播电视出版社,2005:14.

美国 ABC 播出的《高空坠落》，节目的演播室设在一座十层楼的顶端。节目中，选手回答各类问题，最高可获得 100 万美元的奖金，同时也有机会获得如钢琴、名车、巴黎之行等大奖。这些奖金和奖品的模型被放在传送带上，如果参赛者没有及时答对题目，奖品和奖金将从楼上坠落。再如 2010 年 4 月英国 IVT 播出的《挑战 19 码》，它是一档大型演播室内集益智和竞技为一体的综艺节目。每期节目有四名选手参与，节目主要考察这些参赛者的智力和体能两个方面。在演播室中，选手和抢答器之间有 19 码的距离，并在中间设置了各种障碍，选手必须成功翻越这些障碍后，才能按到抢答器并回答问题，奖金最高为 10 万英镑。由此可以看出，益智类节目中脑力、体力、心理素质的比拼越来越精彩了，不过巨额的奖金诱惑还是让受众和参赛者都大呼过瘾。

4. 真人秀类综艺节目

再来看看荷兰首创的"真人秀"节目《老大哥》(Big Brother)，这是世界上最初的"室内真人秀"节目，十名背景不同、性格各异的选手，进入一所封闭的房屋共同生活。生活细节被屋内无处不在的摄像机和麦克风记录下来，制作成每天半小时或一个小时的节目。节目的过程中会由选手和观众共同淘汰没人缘的选手，而坚持到最后的选手就可以得到大笔奖金。《老大哥》在荷兰取得成功后，迅速被德国、丹麦、澳大利亚、美国等 18 个国家模仿制作了各自的版本，如美国 CBS 的《生存者》，福克斯电视公司的《诱惑岛》，法国的《阁楼故事》，德国的《硬汉》等，它们几乎都成为了西方世界最火爆的电视节目。[1] 相比较而言中国湖南经视推出的相应版本《完美假期》却没有取得成功，究其原因可能是《老大哥》"真人秀"在中国的水土不服。

看过室内的生活体验之后，我们再来看看户外的生存体验。2008 年 6 月 15 日，韩国 SBS 电视台开播了一档户外体验性节目《家族诞生》，节目是由主持人刘在石和 7 位固定嘉宾(李孝利、朴艺珍、李天熙、尹忠信、金秀路、金钟国、姜大成)以及 1 名~2 名特邀嘉宾一起参演，以"家族"形式进行两天一夜的共同生活。每期节目均选择乡间农村的一户人家，多为只有老年人的家庭，制作组送家里的老人去旅行，由"家族"成员为老人看家，完成老人交代的任务，以及亲手料理一日三餐、进行趣味性游戏等环节。具体来说，共有"目的地集合"、"农活体验"、"游戏"、"晚饭时间"、"床位排名"、"早饭时间"六个环节。节目的特别之处在于拍摄地选择了能让观众耳目一新的乡村，而且每个环节都能恰到好处地配合农村当地特有的风土人情。于是受众在收看节目时，不仅能欣赏到原生态的风景还能在节目中挖掘到明星平民化的一面。对于娱乐节目来说，一般不会

---

[1] 韩青,郑蔚. 电视娱乐节目新论. 北京:中国广播电视出版社,2005:19-20.

有固定的脚本,只有预先设定好的环节,节目的进程以及现场环节完全是由主持人和嘉宾根据情况共同掌握的。在这种情况下,节目参与者的实际性格也完完全全地展现在了受众面前。"国民兄妹"(刘在石和李孝利)、"阿呆阿瓜"(刘在石和姜大成)、"金继母"(金秀路)、"甜美杀气艺珍"(朴艺珍)、"天德瑞拉"(李天熙)、"老人家"(尹忠信)等都成为了观众们喜爱的角色。节目所呈现的仿佛就是一部有着温馨家庭情节的连续剧,一个大家族中不同性格特点的成员一起为观众带来了生活中的快乐。① 除了娱乐节目中常见的包装,这档节目的独特娱乐元素是其成功的必要保障。首先在于娱乐明星的选择,不论是有韩国"国民妖精"之称的李孝利、韩国人气偶像团体BigBang的主唱成员之一姜大成还是韩国最搞笑的综艺节目主持人刘在石,都有极大的收视号召力;其次在于精彩的环节设置,田园和娱乐的联手无疑为节目带来了一股清新之风。与演播室的道具设计游戏相比,小溪间背人游戏比赛时的摔入水中以及农家大院里围坐一圈的"真心告白"游戏,做农活时明星们的百态等,都会让受众很自然地感受到一种来自田园的"娱乐风",而且出身演员的明星们又把这股娱乐风刮得像生活一样自然;在节目的设置上,第一集的开头部分给笔者留下了深刻的印象。节目以"走红地毯"和新闻发布会的方式开始了第一期的节目,主持人和7位嘉宾身着华服陆续出现在"会场"中央,而所谓的"会场"没有记者、没有观众,没有宴席,有的只是一个简单的搭台,和一个拿着傻瓜相机的"冒牌"记者,明星盛装与冒牌会场的反差引发了节目的笑点;另外,节目风格的混搭也为节目的成功奠定了基础。金钟国、李孝利、朴艺珍三者之间的感情线,为娱乐风格强盛的户外体验节目带来了一丝浪漫情怀。观众在从节目获取快乐的同时,也在为参与者进行配对,在网上甚至还有"钟笑"粉丝和"钟针"粉丝的竞争,从而又进一步提升了节目的影响力和知名度。

平民选秀当然也是"真人秀"节目的一个重要范畴,不论是湖南卫视的《超级女生》、还是中央电视台的《非常6+1》和《梦想中国》,这些能广泛提高普通大众参与性并且体现"民意为先"精神的节目都给受众留下了极为深刻的印象。这些选秀的特点是选手的"低门槛"进入,但是参赛主题有一定的限制。它们为观众呈现了一个由"丑小鸭变白天鹅"的过程,不光是舞台上选手们精彩的展示能带给观众视听的盛宴,选手海选时的笑料百出更是将大众的娱乐神经提到了最高点。另一类平民选秀和上述节目略有不同,例如韩国SBS电视台在2007年1月13日推出的节目Star King则是一个代表。节目通过Ucc视频征集拥有不平凡能力的普通人来到节目现场展示自己的才能,无论年龄、性别、国籍、只要你

---

① 王憧晶. 韩国电视娱乐节目形态研究. 杭州:浙江大学出版社,2010:102-107.

具备特殊的才能,哪怕是再微不足道的才能,只要你有勇气挑战,都有机会站在Star King 的舞台上。每期节目会有明星来担当嘉宾,同时还会请明星去挑战,这样就使得明星和选手间产生了良好的互动,每期选出的优胜者会获得大额奖金并可以继续挑战,如果三连胜则可以获得奖金500万韩元。Star King 有以下几个特点。首先,它是一档没有限定主题的真人秀节目,由此,参赛者可以根据自己的情况自主选择参赛内容;其次,明星嘉宾的做客也成为了这档真人秀节目的亮点。节目本身有4 名~6 名固定的艺人作为嘉宾出演,同时每期还会邀请更多不同的艺人作为嘉宾出席,他们就坐在舞台上的一个阶梯式的嘉宾席观赏精彩的演出,他们的到来除了增加节目的人气,还会时不时地被请到舞台中央与参赛者进行互动。嘉宾和主持人在舞台上的插科打诨,有效地缓解了挑战者的紧张心理,于是让舞台看上去更像是一场娱乐而不是激烈的奖金角逐。① 笔者在观看Star King 的时候很自然地联想到了中央电视台综艺频道的《想挑战吗》,后者也是将世界各地人们的绝活在节目中进行展示,只不过挑战者的竞争对象是吉尼斯世界纪录。笔者认为,在综艺节目的娱乐性方面《想挑战吗》略逊一筹。首先,每期挑战者几乎都是挑战成功,这使得节目的悬念性不大;其次,邀请的明星嘉宾多是在一旁起到观看与预期结果的作用,与挑战选手的互动程度太浅,起不到明星活跃舞台的作用;另外,吉尼斯世界纪录的认证分量太重,从某种程度上说削弱了该节目的娱乐性。

还有一类真人秀节目是将宣传性和娱乐性相结合。如2010 年2 月美国CBS 推出的《卧底老板》,在每集节目中都有一位大企业的老板走出舒适的办公室,以伪装的身份到基层做一名实习员工。在这个过程中,他了解自己制定的政策对公司产生的影响,找出公司在管理上存在的问题,并近距离接触那些为公司默默做出贡献的普通员工。最后,他公开自己的老板身份,并通过物质奖励、升职或举办活动等方式回报那些辛勤工作的员工。这档节目的制作不仅可以帮助该企业老板了解自己公司的内部情况,同时也起到了为该企业进行宣传的作用。节目中,老板的"伪装"和"恢复"在镜头的作用下突出了"变身"的仪式感,实际上,老板是在一定的规则下在自己的公司进行了一场真人秀,公司的员工则在真实的工作岗位上,在不知情的情况下进行着同一场秀,也正是因为"当局者迷,旁观者清",才使得这档真人秀吸引了受众的注意力。

娱乐文化与电视文艺节目的联系还有很多方面,以上只是选取了几个比较有代表性的节目加以探讨。不过相信大家从以上为数不多的举例中可以看出,电视娱乐节目不仅发源早,形式多样,还会在各个国家和地区产生巨大的影响,而且它是一个不断推陈出新、相互模仿借鉴的过程,"本土化移植"的好坏直接

---

① 王憧晶. 韩国电视娱乐节目形态研究. 杭州:浙江大学出版社,2010:150、157.

决定了节目的成败,当然也不能仅仅因为害怕失败而不去尝试。例如笔者认为韩国的偶像真人秀节目是一档很适合移植本土化的节目,韩国MBC电视台2005年就播出了专为新生男子偶像组合SS501打造的节目《谢谢你叫我起床》,节目中主要展现的是针对偶像组合的赖床坏习惯,用一系列的手段叫成员们起床的情景。受众不仅可以看到成员们的集体宿舍、还可以看到他们睡眼惺忪的样子,可以极大地满足受众的好奇心。再如1999年MBC制作的《GOD的育儿日记》、2009年KBS制作的《少女时代的Hello Baby》、2010年制作的《SHINee的Hello Baby》等节目是让偶像组合担当一天的父母,用镜头记录下他们和小孩子共同度过的一段有趣时光。以上的这些节目都带有强烈的娱乐元素:主人公的明星化、明星的平民化、故事的趣味化等。节目不仅可以创造较高的收视率,满足观众的窥探和娱乐的心理,更能提高明星的人气、扩大其影响力。如此来说,中国娱乐节目形态的开发仍具有很大空间。

我们经常说电视浅俗、浮躁,其实正是因为电视节目"以'娱乐'的名义施与感官无限度刺激性的满足,将文化艺术对人类心智应有的内在调动迁移到对感官的外在调动"①,仿佛只要和感官而且仅止于和感官扯上关系,电视就没有深层次意义,就要被人鄙视。有的学者指出,在电视娱乐节目中娱乐文化主要表现为"以自由的心态观照生活、以趣味的方式处理生活,使生活多样化、喜剧化,在轻松愉快的氛围里达到寓教于乐的目的"。② 但是笔者却认为寓教于乐的目的不一定是电视娱乐节目的必备目标。"电视本是无足轻重的,所以,如果它强加于自己很高的使命,或者把自己表现成重要文化对话的载体,危险就出现了"③。虽然娱乐文化有认知教化和文化传播功能,但是它同时也具有满足需要和调节关系功能。在娱乐文化盛行的今天,大众所追逐的是娱乐带来的快感。西班牙美学家乔治·桑塔亚纳把娱乐快感分为了"肉体快感"和"审美快感"两个层次。娱乐节目,作为娱乐文化中的一员,它不仅满足了参与者的"肉体快感",更加满足了受众的"审美快感"。由此娱乐文化不仅满足了受众的生理和心理需要还为日常生活中人们之间的交流提供了完美的话题。

任何文化都不是一成不变的,电视的娱乐化有其深刻的社会根源,它是在顺应时代潮流的基础上发展而来的。对于娱乐文化和电视节目之间的探讨当然也并不能止于此,因为电视节目形态在以后的发展中必定是蔚为大观,也许娱乐文化又会以新的身份加入发挥不一样的作用。

---

① 高鑫,贾秀清. 21世纪电视文化生存. 北京:中国国际广播出版社,2006:148.
② 欧阳宏生. 电视文化学. 成都:四川大学出版社,2006:265.
③ 尼尔·波兹曼. 娱乐至死[M]. 章艳,译. 桂林:广西师范大学出版社,2004:20.

第十一章 大众文化与影视

大众文化与市场经济的发展紧密联系,其内容的广泛性、大众性、通俗性使影视作品更容易走进人们的生活,大大推动了文化平民化的进程。然而另一方面,它的模式化、感性化也越来越表现出某种浅层次、游戏性的特征,大众文化产品正在不断地与主流文化和精英文化争夺空间。

第一节 大众文化与电影发展

大众文化与电影发展关系密切,冯小刚电影是代表之一。

冯小刚是很多人喜欢的电影导演之一。从1994年第一部影片《永失我爱》至今的十几年间,冯氏影片的票房一路攀升,从文艺片到贺岁喜剧片再到一般的剧情片,冯小刚通过十几年的摸爬滚打,显然已经形成了品牌。"没完没了"的冯氏影片与广大的观众约定"不见不散",他不仅仅创造了商业上的神话,更是取得了中国本土电影模式探寻上的成功。

故事化。冯氏影片以较强的故事性、戏剧性支撑影片的内容,而非动作、色彩、特技等一些故事外的元素。冯氏影片讲述的都是假定性很强的故事,并与现实生活挂钩,表达了普通平民大众的梦想。冯氏电影通过一个个的故事为大众造梦:权利梦、明星梦、金钱梦、爱情梦等,把人们生活中的问题通过故事的方式玩笑化、游戏化。在对故事化的选择上会考虑到观众的承受能力和其他方面的因素。《甲方乙方》每件事的结尾都回到了一种主流社会价值取向上,《非诚勿扰》也在欢笑声中回归到了传统的意识形态。在故事的设置上都控制到观众能接受、乐于接受的范围之内,但故事化也并非一味的迎合观众。

喜剧风格。首先是人物造型的搞笑性。搞笑的人物造型已成为冯氏影片宣传海报的主打元素。《甲方乙方》海报中葛优与刘蓓的传统婚服造型已成为贺岁片中的经典。人物造型的搞笑性已经成为冯氏影片的一个特点,且具有系统化与关联性,一部影片的人物造型容易使人想起其先前其他冯氏影片中的造型,其次是故事情节的游戏性。冯氏影片以游戏的方式讲故事,几乎每部都存在游戏化的故事情节。但冯氏影片在看似游戏的故事背后也隐藏了深刻的社会价值内涵。从《甲方乙方》的"好梦一日游"开始,冯小刚就在其影片中一部部的诉说"游戏的人生,真实的世界",《手机》是人与人之间的"捉迷藏",《天下无贼》则是人性之间的"赌博游戏",《夜宴》是权力与欲望的游戏。冯氏影片通过游戏化达到一种悖反的喜剧效果。最后是人物角色的喜剧化。冯氏影片中的形象多为小人物形象,但在身为小人物的同时又因为其个人的品格和行为被冠上了"英雄"的帽子,他们本身就是理想世故、诙谐幽默、油嘴滑舌的小市民,《甲方乙方》中帮别人实现梦想的小老板姚远,《没完没了》中逼朋友还债的司机韩东,《手机》中欺骗老婆但东窗事发的严守一,《天下无贼》中偷盗集团老大黎叔,还有《非诚勿扰》中回国征婚的海归秦奋,他们"平民"与"英雄"的双重角色对比使人物充满喜剧性。

电影《唐山大地震》讲述了一个"23秒、32年"的故事。1969年,卡车司机方大强在祈祷中迎来了自己的龙凤胎儿女方登、方达。妻子李元妮差点因为难产送命,好在母子平安,一家人欢喜地离开医院,从此过上普通却幸福的生活。时间走到1976年,唐山这个中型工业城市,一家人虽然只拥有很小的空间却温馨和睦。姐姐方登明显比弟弟方达要活泼,方大强经常出门在外,好不容易回来一次,姐弟俩都特别高兴。7月的一个傍晚,方大强回到了自己的家,在社区外的马路上,方大强和元妮躲在卡车上亲热,突然——地震了。为救孩子,方大强死了,方登和方达被同一块楼板压在两边,无论想救哪一个都要放弃另一个。元妮选择了从小体弱多病的弟弟方达,而头脑清醒的方登听到了母亲作出的抉择。震后,元妮独自抚养着儿子,选择坚强地活下去,而劫后余生的方登则被军人王德清夫妇领养,进入了一个全新的世界。母女、姐弟从此天各一方直到32年后的汶川大地震,他们的生命轨迹才重新走到一起……

在2小时的电影中,冯小刚用他独特的平民视角,再加上自身的经历为我们构建了一个中国32年来的发展史。它讲了改革开放,讲了私营个体户,讲了南下淘金,讲了高考,讲了大学生,讲了未婚生子,讲了涉外婚姻,讲了旅游业的蓬勃发展等。同时它也是一个大大出乎我意料的故事,因为它并不是简单地讲述失去亲人如何走出阴影,也不是简单地卖弄生离死别的惨痛,冯小刚这次非常有诚意地做了一个好故事,他在用这部电影讲述一场灾难带给人的伤痕,面对这伤痕,有的人选择逃避,有的人选择天天往上面撒盐,有的人选择遗忘……

伴随着中国改革开放的三十年,冯小刚向观众娓娓道来这些人这些年的生活。其实《余震》这个原著小说的名字的确更适合电影,因为这部电影已经不单单在讲述唐山大地震,这场地震只是一个引子,它只占片中前10分钟,剩下的近2小时,是在为我们讲述地震如何改变了一个平凡的家庭。

《唐山大地震》讲述了特定历史背景下的一个小故事,以小见大,反映了社会和时代气息,强调的是以家庭关系为核心所营造的安全感。作品从普通人物的日常行为中,挖掘中国人的心理特点,以"亲情"探讨复杂的人性,并触及人们的心理治疗问题。片中描写这种大灾难给人们造成的心灵创伤、如何修复创伤以及对于亲情、善心、感恩、宽恕和原谅的种种思考,反映了亘古不变的民族凝聚力和人性的光辉。这正是冯小刚作品一贯追求的价值取向。

影片合乎主流意识形态,不设定灾难的"预言者"角色;挖掘中国人心理特点,以"亲情"探讨复杂的人性。

电影起于"两个孩子只能救一个"的选择。一场地震,不仅使李元妮失去丈夫,还让她在作出救儿子不救女儿的选择后,开始了纠缠一生的内疚和自责,这样的爱恨纠结,引爆了一场又一场的泪水。《唐山大地震》讲述的只不过是在特定历史背景下的一个小故事,只是这小故事里蕴藏了一代人心中不可磨灭的大情感以及亘古不变的民族凝聚力和人性的光辉。

影片的创作思维无疑是一个巨大的创新:用贴近人心的温情故事来以小见大,反映了社会和时代气息。一个一家四口人的经历,却代表了多少个有同样经历的家庭呢?32年后的母女重逢是亲情的伟大力量;收养女儿的解放军夫妇无私的爱感染着人心;还有姐弟俩32年后不约而同地奔赴四川灾区救援是在经历灾难时受人救助后的感恩之情。丰富的情感使得影片显得十分饱满,充实而生动。所以说,小故事中隐藏的实际是大情感,是血浓于水的亲情、是博大无私的爱心、是知恩图报的良心,是人性的光辉的集中反映。

亲情既是一切人性的基础,也是一切人际关系的根基,更是一个家庭、一个民族成长与发展内在的动力。更重要的是,对一部电影来说,这样一个角度既是平凡的,也是超越平凡;既是琐碎的,也是深邃的,这就使得电影有了进退有余的可能。

冯小刚在谈到《唐山大地震》时说:我的《唐山大地震》是一部内容大于形式的电影。当然我们也要让观众看到那些具有强烈视听冲击力的画面,这些手段我们都有;但我们更希望把观众带入人物的内心世界。这就是我们要做的事。我觉得这部电影真正"震"的不是这些房屋,而是我们每个人的内心。如果能做到这一点,影片就成功了。

追根溯源,我们不难发现冯小刚影片中始终贯穿着的价值观。

在《天下无贼》、《非诚勿扰》等片子里,人物不管怎么调侃,怎么不着调,朋友之间和亲人之间的情感自觉不自觉都会在片子里流露,也就是"人道主义"的大原则在这个片子里,它符合冯小刚对家庭的看法。冯小刚痴迷于人性中最柔软最温暖的部分。正是因为这一点,我们能真正感受到唐山人心底的这道伤口。当人性被天灾逼到极限时,我们看到了亲历者内心的崩溃和坍塌。这种伤痛不仅是地震发生的瞬间,也不仅是失去亲人的那一刻,更是伴随着那些幸存者日后每天的生活。《唐山大地震》的故事是残酷的,母亲面对的是一个死局,无论她做出什么样的选择,都将为此纠结一生。几十年过去,当年的废墟已经被清理得了无痕迹,震塌的房子也都得以重建,但她内心深处的这道伤口,实际上一直没有愈合,李元妮就是守着这些心灵深处的废墟。可以说,地震只有23秒,而本片那些主人公内心深处的余震却持续了32年。

"当灾难的飓风扫过之后一切都不复存在,唯一留下的就是亲情。靠着这唯一剩下的亲情支撑着他们的生活,这是他们活下来的希望和勇气"。[①] 所以,在电影里,冯小刚安排了个大团圆结局,让李元妮一家三口团聚,彼此原谅。他就是希望让观众感觉到:"地震把所有东西都摧毁了,唯一剩下的就是亲情。"对于最后的结局处理,冯小刚早就预料到可能会有人觉得他没有将主题的深刻性再推进一步,就像之前的《集结号》,很多人告诉他就应该让谷子地在寻找战友的途中饿死,这才叫深刻。但这显然不是冯小刚的风格,在他看来,这种所谓"大团圆式"的结局,与其说是为了迎合观众,不如说是为了迎合他自己,他说自己天性中向往温暖和光明的东西,如果非要留下一个残酷的尾巴,他反而觉得违背自己的良心和愿望。"我们这个电影非常非常人道主义。其实不仅这一部电影,我所有电影都贯彻人道主义。这符合我的(风格)。艺术片往往要拍人性的恶,我为什么拍不了艺术片,就是因为这样。"

很多看过电影的观众说,泪水是被影片里彰显的大爱所感动的,虽然看见的是一场灾难,但心却是温暖的。冯小刚的影片不管是悲剧还是喜剧,这个核心一直不动摇。所以,谈到这部电影的情感诉求时,他屡次强调同一句话:"你会哭,但哭完了之后,心里是暖暖的。"

电影《唐山大地震》给人们带来的启示是多方面的,它关乎中国电影的艺术追求。《唐山大地震》抛给中国文学和中国电影深刻的反思。因此,直到今日,影片票房已突破6亿人民币的时候,我们仍然需要用一颗朴素感怀的心去对待它。因为它带给我们的除了泪水所凝聚的深切感动以外,更多的是对于亲情、善心、感恩以及宽恕和原谅的种种思考。并且我们坚信,这种思考会随着物质文化水平的提高和精神世界的丰满而愈发深刻。

---

① 冯小刚."5亿票房"还是保守说法.解放网,2010年5月31日.

2008年发生的汶川大地震,曾感动了无数文艺工作者深入抗震救灾第一线,创作出一批感人肺腑的文学和影视作品。冯小刚避开了离灾难发生时间太近、容易触动人们敏感神经的汶川,而选择了发生在32年前的唐山大地震,同时又让影片中一对离散的母女32年后意外重逢于汶川,从而将中国两次破坏性最大的地震巧妙而自然地联系在一起,涵盖了广阔时空并深化了作品的主题。

　　余震32年,对人心的伤害可能远远超越了和平年代人们的想象力。当人性被天灾逼到一个角落和绝境,亲历者内心的崩溃和坍塌也可能同样处于黑暗。"几十年过去了,废墟已经被清理得了无痕迹,震塌的房子也都重建、恢复了,但内心深处的这种伤痛,实际上一直没有愈合。几十年的时间,我觉得这些亲历者,这些失去亲人的人,他们每天就守着他们心灵深处的废墟在度日。"①冯小刚说。而在女主角徐帆看来,人有各种各样的痛苦,但却不一定有各种各样的发泄渠道。从这个角度来说,《唐山大地震》与传统的主旋律影片并不相同。电影则直接抒写温暖的部分,并不是假,只是人性的另一种需求的反映。

　　作为一部现实主义题材电影,《唐山大地震》没有赘述唐山大地震事件本身,而是转而描写这种大灾难给人们造成的心灵创伤以及如何修复创伤。这是一个无法回避的问题,但却很少有文学作品或者电影作品去表现。

　　是的,灾难过后,摧毁的房屋可以重建,龟裂的大地可以填平,然而受伤的心灵呢? 影片中抛给人们的心理治疗问题也比较明显。经过地震,方达成了身体上的残废,方登成了心理上的严重残疾——早恋,大学怀孕,退学……这些都是更为严重的心理残疾。心理的残疾和缺失,只有在这种温暖的理想希冀中,现实失序的残酷与压迫性才能得以缓解。它是虚伪的,但当温情被塑造后,人们从自身的人情与感伤本能出发,就会天然拥抱这温情虚伪的慰藉,社会矛盾冲突就会由此缓解。其实,电影工业从它诞生的那一天起,就在这样自然地迎合人们与社会双重需求的前提下,赢得有关艺术境界的美誉,从而获取商业价值。无论好莱坞还是欧洲电影、俄罗斯电影,无不如此,只不过价值观导致表达方式不同而已。《唐山大地震》表现的不仅是灾难,更是灾难带给人们的精神创伤,表现的不仅是亲情,更是亲情带给人们的道德思考。李元妮选择的是坚守,她坚守着中国女性最基本也是最传统的道德操守;方达选择的是逃避,用现时的成功疗治历史的伤痛;方登选择的是固执,但却在一定程度上既折磨了别人又折磨了自己。

　　三个人的选择既相互纠结,又相互矛盾,构成了现实社会的道德困境。

　　有人评价说冯小刚由一个娱乐导演变成了一个"公民导演",但我们也许可以说,这是"冯小刚作品中现实主义的新高度"。《唐山大地震》的主题是"温暖

---

①　十问冯小刚《唐山大地震》人道主义才是最重要.红网(长沙),2010年7月16日.

人心",不让大家看到伤痛,看到伤疤,更多看到故事和人物后面的坚强。

好莱坞大片往往通过技术手段将意识形态的所谓艺术表现发展到了极致,从《泰坦尼克号》到《阿凡达》,无不成为牵制、感化人心的典范之作——技术越高明,就越能混淆现实中无法消弭的社会关系,营造出令人心灵得以改正的理想国。每个营造精致的理想国都会成为一枚牵动你心弦的催泪弹,最后,压迫一定会解除,结局一定会帮助你获得一次心理的洗涤与释放。

从这些前提看冯小刚,他或许是最早敏感到了社会流向与电影工业本质关系的一个中国导演,他的一步步跃进正是在这个基础上命运之手的推力。也正是在这个基础上,他的一部又一部电影才总能从立意到最终实现都能超越也许比他掌握了更多社会或艺术资源的对手。从《集结号》到《唐山大地震》,他的视角从一个个人对一个团队的情感转向了家庭,把对正义的弘扬转为对怨恨的疏解,伦理与道德的调和,在以温情来重建破碎的家庭关系背后,显然是这个社会迫切需求的缩影——冯小刚强调的是以家庭关系为核心所营造的安全感,这是多么敏感的对社会普遍矛盾的感知!而唐山与地震,只不过一个符号而已。有关这部电影,更值得考察的是,当它终于变为与社会需求极端合拍的意识形态时,能激发出多大的艺术能量与社会能量?这正是我们关注它的前提。

娱乐的饺子皮,商业的饺子馅,以幽默调侃的方式抒写着都市人的都市风情,这是冯小刚贺岁片的冯氏秘方。就商业运作来说,冯小刚几乎成为中国电影界的一面大旗,在并不景气的中国电影界,很长一段时间里能够为可怜的票房带来生机和活力的恐怕就只有他的电影。从这个意义上,冯小刚在中国电影史上是占有显著位置的。所以在人们的眼里,冯小刚成了一个"无法复制的楷模",而这种成功在于他的性格,在于他的生活阅历、在于他的人生练达——"周旋于是非的智慧,平衡于上下的韬略,提防明枪暗箭的辛苦,承受浅薄误解的委屈"。[①] 在电影创作并不疏朗的生态环境里,他打的是擦边球;在左突右奔的生存竞争中,冯氏电影的招牌已经挂起来了,而且回头客越来越多。

仔细看看冯氏电影成功的最重要的因素,那就是他独树一帜的娱乐风格。1997年冯小刚导演的第一部"贺岁片"《甲方乙方》,带给观众的感觉是一种久旱逢甘霖,是一种不期而至的审美愉悦,人们怀着诧异的惊喜和宽容的心态面对着新鲜而又轻松的"贺岁片"。从此以后,每年的新年档期,人们对冯小刚的"贺岁片"有了一份期待。到目前为止,冯小刚共拍摄了八部以"贺岁"为主题的商业电影,这些影片反映的内容基本上都是和现实联系很紧密的,关注的多是普通人的情感和各阶层人遇到的新鲜问题,而幽默诙谐的语言风格、调侃洒脱的人生

---

① 冯小刚. 我的青春献给你. 上海:长江文艺出版社,2003.

态度更是迎合了观众的审美需求。《甲方乙方》用几个看似荒诞的超现实故事完成了人们现实生活中无法实现的梦想,老百姓的"住房梦"、"大款梦"、"明星梦"通过甲方、乙方的契约合同轻而易举的实现,娱乐地化解了人们心中的渴望;《不见不散》中跨越祖国和大洋,刘元对李清的浪漫爱情,半宿命的"不见不散"让有情人终能好人好梦;《没完没了》奇特的故事架构,更是演绎了一场惊险的感情游戏……这其中的轻松娱乐的风格让冯小刚的电影在人们心中的位置一路飙升。娱乐本身是没有错的,对于中国的影视艺术来说,能够学会真正的娱乐是件好事,"一个拒绝娱乐性享受,勤奋于它的严肃艺术文化的人,将使生活不和谐。没有任何事实证明娱乐的享受对艺术的享受是有害的,只是不同种类的享受罢了"。①冯小刚选择娱乐的方式作为自己影片的精神气质,既符合自己的创作风格,也符合观众的观赏心理。从这个意义上来说,冯小刚的片子,的确有它存在的独特意义。然而关键是我们需要的是怎样的一种娱乐,作为电影艺术来说,我们是不能仅仅止于乐却不知为何而乐的,仅仅停留在感官的快意中,对于精神世界的满足是无益的。"好的艺术以娱乐艺术所没有的方式和程度来扩充意识,而大多数时间中的大多数人,和有些时间的所有人,都愿意使他们的经验、理解、判断、和决定的习惯得到证实和满足,而不愿扩大和变化,这说明了为什么好的艺术不能总是流行的"。这也是冯小刚电影能够得到众多青睐的原因,正因为他的影片迎合了观众的心理,完成了人们对自己"经验、理解、判断和决定的习惯"的印证和确认,得到了大多数人的心理认同,所以人们在他的影片里既找到了自己的影子也释放了现实生活中的苦恼与压力,这是它的积极意义。然而如果从更高的一个层面上讲,却并没有达到"扩充人们的意识"的目的,并没有实现对人们精神向度的指引。在《手机》中人们看到的是周旋于三个女人之间的严守一的仓皇和狼狈,却看不到对伦理生活和精神生活的清晰的理解和诠释;在《天下无贼》中,人们看到的是导演为我们设计的飞天大盗刘德华和犯罪团伙头目葛优的精彩表演,却没有富于价值意义的人生提醒。尽管冯导的用意是要给大家一些思考,不再是笑一笑了事,但是影片所传达的精神追求的确有些跑偏的迹象,在这里,我们看到的是精神的缺场、审美的迷失。特别是当某些人要把冯小刚的电影当作中国电影的主流电影,并且希望这样的主流电影再多一些的时候,我们就不得不仔细思考一下其电影的精神内核了,作为观众喜爱的导演,他是否能够引领人们的审美趣味?他的电影是否能担当起主流电影的这种责任?这不是一个可以轻松面对的问题。

冯小刚自己曾经这样说:"我觉得我骨子里有一种幽默感,不论自己创作还

---

① H.A.梅内尔.审美价值的本性.刘敏,译.北京:商务印书馆,2001:39.27.

是看别人的作品,包括看正剧,我都能从中看出能演化成喜剧的东西。"①冯小刚骨子里的幽默感的确融化到他电影的每个细节之中,给他的作品带来了喜剧幽默的色彩,比较沉重的主题往往通过幽默和反讽的手法被化解掉了,影片中所呈现的是一种后现代主义的哲学情怀。然而幽默和油滑也许只是一步之隔,把握不好就会是不同的结果,过多的回避和调侃变成了对现实的一种遮蔽和逃逸。况且并不是什么都可以化解掉的,也并不是都需要化解掉的,我们并不是什么时候、什么事情都可以处理成喜剧的,生活中是不能没有悲伤和苦难的,而一切最真切的表情才是最有分量的。我们需要学会面对,我们需要把一些美好的东西撕碎了给人看,我们需要从沉静的思考中体会生命的厚重感。亚里士多德认为,在悲剧中悲伤的观众可由他所感到的恐惧与哀怜来"净化"。如果不给以宣泄的话,河流就会泛滥和冲毁堤坝。如果人要生活得合情合理,那就有必要使他充分意识到人们或多或少感觉到的情感,艺术是实现这个命题最有效的手段之一。

冯小刚的贺岁片伴随着中国电影市场化进程的不断深入而进入了广大观众的视野,是艺术与市场结合的必然产物,它追求时效性,制作周期紧凑而严格,选材大都通俗易懂,贴近生活,并且喜剧风格也迎合了观众的心理,他的电影成为20世纪90年代后期中国电影的一道独特的风景线,他的电影是一种后现代性文化形式,是一种大众性的世俗文化形式,是一种消费性文化,是后现代商品社会的表现形式。

冯小刚贺岁片的喜剧模式以及其喜剧因素,是"迎合了当下社会和观众的一个审美热点,这与后现代消解悲剧感和深度感思潮有一定的联系"是与大众审美的世俗化走向与消费心理有着直接的关系。他的电影调侃的嘲讽风格,淡化政治倾向,加强娱乐性和消费性,非常搞笑和逗乐。因此,冯小刚的"喜剧性"更集中体现为"游戏性",他是一种解构的手段。当把什么都消解了以后,生活也就成为游戏,用游戏化的方式来消解现实的挫折和无奈,解构传统道德的庄严和神圣。具体表现在以下几个方面。

首先,情节上的游戏性:《甲方乙方》是典型的情节游戏,就是为了满足客人梦想需求所设置的一场场游戏的组合;《没完没了》就是雇工与雇主之间的一场讨债游戏大比拼;《大腕》更是将一场带悲剧性质的葬礼变成了一场后现代狂欢的喜剧化游戏。

其次,语言上的游戏性。冯小刚影片运用调侃、反讽的语言,充分发挥语言的诙谐幽默的表现力,调侃本身就是一种消解方式,经典台词在其影片中随处可见。如"和平年代就是巴顿也得在家好好呆着,撒野警察照抓他。国家有咱们

---

① 余馨,冯小刚. 与冯小刚谈不见不散. 当代电影,1999:46.

强大的人民解放军护卫着,也用不着你,你还是好好卖书做你的良民吧"。(《甲方乙方》);中文培训班里,美国警察集体起立喊:"首长好","为人民服务"。"我也想今天晚上就打冲锋,明天一早把蒋介石几百万军队全部消灭,可是不行啊,同志,我们今天大踏步的后退,就是为了明天大踏步的前进。"(《不见不散》);"我正琢磨着,我是趁热打铁,把生米煮成熟饭呢,还是不着急,等到秋收以后。"(《没完没了》);"做人要厚道"(《手机》)……这些话俏皮犀利。使我们笑完之后感受到冯小刚对生活的调侃,对人生的游戏态度和对主流话语的嘲讽与不恭。

三是叙述结构上的游戏化,冯小刚的贺岁片大多都没有严格意义上完整的情节(《集结号》除外)而是片段连接。如《甲方乙方》是由"好梦一日游"公司业务所串联起来的一个个小故事,没有以一贯之的戏剧内核;《不见不散》事先没有任何背景交待,观众也只能跟着女主人公一起陷入刘元所设置的一个个善意的骗局之中去;《大腕》更是假借一场喜剧葬礼将一个个狂欢的场面串联起来……给人一种游戏的不真实和不确定之感。

第二节　大众文化与电视综艺节目发展

中国综艺节目始终处于不断发展的状态,也经历了几个阶段的演变,虽然有些不同类型的节目几乎是同时出现在电视荧屏上的,但是也呈现出了一定的过程性和规律性,在某种节目类型萎靡不振之际,另一种新的节目类型便会新鲜出炉,总的发展状态是演进性的,各种节目初创之时难免会出现各种弊病和问题,总需要从前面的节目中借鉴许多有益成分为己所用。中国综艺节目发展演变大体有以下几个方面的原因:

首先,受众精神文化生活和审美需求的变化是主导原因。在以受众为本位的电视传播理念下,任何脱离观众的电视节目都不会有长久的发展,而作为电视文艺的主导节目形态的综艺节目,更必须把观众的欣赏兴趣和审美品味作为自己节目的主要价值导向和审美取向。从最开始的表演类综艺晚会到后来的游戏娱乐、益智博彩再到真人秀节目和创业励志类节目,这些节目类型或退出荧屏或不断更新或风起云涌无不是在电视观众欣赏口味和娱乐需求的变化中进行,表演类综艺晚会的出现是观众渴求电视台创作文艺节目来减轻生活的压力和改变电视说教的传统的结果;游戏娱乐类节目是电视观众呼吁改变电视作为神圣舞台而为自己不能参与其中并娱乐自身的现状的结果;而益智博彩类节目的出现是迎合了电视观众获取知识的需要和通过赢取奖项来满足自己欲望和自豪感的动机;真人秀节目则是在电视观众日益高涨的参与性和表现自我实现自我的自娱自乐需求达到一定的高度所出现的必然结果;创业励志类节目更是与电视观众渴望成功和实现人生价值的远大理想一拍即合。

其次,电视传媒的特性是综艺节目发展演变的重要制约因素。电视传媒是党和政府的喉舌,是联系政府和广大人民群众的桥梁,电视的这一媒体属性要求电视节目不仅要满足电视观众各种欣赏、娱乐、休闲的需求,还要起到舆论宣传的作用和一定的文化教育功能,不能脱离自身的文化使命;综艺节目虽然以娱乐性为主要特性,但是在追求娱乐的同时也要注意节目的文化含量和教育意义,不能"纯娱乐而娱乐",而要"寓教于乐"。综艺晚会将各种文化艺术门类通过电视化的包装,在带给人们文艺的欣赏和身心娱乐的同时,于无形之中传播着党和国家的舆论导向和各种文艺方针;益智类节目则将知识和娱乐一并纳入到节目当中,在带给人们欢乐的同时也让观众得到知识上长进,犹如一个硕大而又不失轻松和洋溢着青春激情的大课堂;而游戏娱乐类节目和真人秀节目过分追求娱乐而忽视文化内涵遭到的批判正是因为背离了电视的媒体属性和所承担的传播任务,创业励志类节目是将成功人士的人格魅力和不凡品质传递给电视观众,更具教育意义。

再次,社会生活的发展变化引起的人们社会心理的变迁是导致综艺节目趋新求变的深层原因。改革开放的深入推进和人们生活水平的不断提高,使得人们的精神价值和心理状态发生着悄然的变化,人们由最初的自我封闭逐渐的走向开放,走向娱乐,走向表现自我展现自我的活跃氛围中。电视也便由最初的说教味浓重、教化姿态明显转而推出娱乐式的综艺节目以适应电视观众的娱乐和休闲需求,表演类综艺节目便是这一变化的产物;当电视观众不再满足于守在电视机旁持观望状态时,游戏类节目和真人秀节目又给了他们展现自我的平台,让他们的表现欲望得以满足,让无数的电视观众体会被关注被呐喊的激动和喜悦;而当电视观众面临知识经济时代的挑战时,益智类节目将知识海量的呈现给他们,让他们应和着时代的发展,知识的累增;当观众渴求像创业英雄一样成功,像他们一样实现自己梦想时,创业励志类节目则给他们的梦想指路,为他们的成功加油助威!

最后,电视节目之间的界限逐渐模糊,互鉴和融合地不断改进是综艺节目变化发展的有益途径。综艺节目在发展过程中不仅突出娱乐性和参与性等自己的优势,而且还注意借鉴其他类电视节目的特长,如益智类节目风靡一时就是与借鉴了社教类节目重知识性和文化教育内涵的特点有关,当真人秀节目因过分追求华丽的包装和形式上的视听快感而遭致徒有其表的批判时,电视台又将古典名著这种深具文化意义的内容纳入节目中来,容文化和知识,娱乐和参与于一体,走出了"纯娱乐"的低俗之路,开这一先河的便是北京电视台的《红楼梦中人》节目;有的综艺节目还从服务类节目那里取经,如中央电视台的《绝对挑战》节目就是将当下就业问题作为节目的重要出发点,将人才就业的种种问题以综艺节目的方式一一呈现,节目不仅具有知识性、娱乐性和参与性,而且也颇具服务性,深受面临就业问题观众的青睐。纵观几类节目的演变,无不都是在吸取了前类节目的经验和教训的基础上进行的,当刻板的单纯文艺呈现声色退去时,益智走向风光,而当安静有序无以给观众刺激时,游戏娱乐和真人秀风靡,当纯娱乐遭致批判时,创业励志又给人们一阵暖风。

  一种电视节目的发展演变有其自身的规律,寻求这一规律并将其作为发展的审美标准也是综艺节目在激烈竞争中寻求自己立足之地的必然选择,以上种种节目的演变过程是一种必然趋势,在此基础上,它必然在创新观念和审美价值标准的指引下继续演变和深化,继而为电视业带来更多的生机和活力,更为重要的是给广大受众带来更加完美的身心愉悦和心灵慰藉。

第十二章 主流文化与影视

主流文化主要指爱国主义、集体主义、英雄主义、理想主义等,在各种文化中占主导地位,与当政者关系密切。

第一节 主流文化与电影发展

主流文化促进了主旋律电影的发展,如《建国大业》、《建党伟业》、《云水谣》、《湘江北去》、《秋之白华》、《十月围城》、《辛亥革命》等。

一

电影《湘江北去》角度新颖,内容扎实,重点突出,是一部优秀影片,在我国革命领袖传记片发展史上特色鲜明,具有重要的地位与作用,堪称一部励志的力作,在主旋律影片中掀起了又一个高潮。

电影《湘江北去》与电视剧《恰同学少年》异曲同工。《湘江北去》片名与《恰同学少年》剧名均来自毛泽东词《沁园春·长沙》(1925年):"独立寒秋,湘江北去,橘子洲头。看万山红遍,层林尽染;漫江碧透,百舸争流。鹰击长空,鱼翔浅底,万类霜天竞自由。怅寥廓,问苍茫大地,谁主沉浮。携来百侣曾游,忆往昔峥嵘岁月稠。恰同学少年,风华正茂;书生意气,挥斥方遒。指点江山,激扬文字,粪土当年万户侯。曾记否,到中流击水,浪遏飞舟。"

《湘江北去》与《恰同学少年》都充满豪情,充满理想,充满诗意。毛泽东、杨开慧、蔡和森、向警予、何叔衡、陶斯咏、萧子升等具有诗人气质,他们风华正茂,朝气蓬勃,积极向上,奋发有为。《恰同学少年》比较细致,细节较多。《湘江北去》善于剪裁,高度浓缩,简明扼要,更注重电影的视听效果。电闪雷鸣在《湘江北去》中多次出现,突出了当时社会与时代的特征,也蕴含了革命风雷在激荡。

《湘江北去》从平民视角出发,把叙事重点放在青年时代的毛泽东身上,放在 1916 年—1921 年毛泽东在湖南、北京、上海期间的工作与生活,表现毛泽东等教学与斗争的故事。毛泽东当时是一个平民,当然他是一个有理想、有抱负的平民。他为中华崛起而教书、而斗争,特立独行,倔强坚毅,积极探索自己的出路与社会的出路。毛泽东不是神,而是人。他豪情满怀,充满理想,具有革命者的大无畏精神与伟大的人格魅力。毛泽东在长沙与北京学习了革命真理,提高了见识与本领。毛泽东以新民学会会员为骨干,创立《湘江评论》,声援北京学生运动。毛泽东不仅重视革命,也重视体育,带领人们做操,使该片增加了动感,也增加了观赏性。该片多侧面、多角度地塑造出立体的青年毛泽东形象。

　　该片生动地表现了一条江、一条线和一个国家的青春记忆,这条江指湘江,这条线指京汉铁路线,青春记忆指毛泽东、杨开慧、蔡和森、向警予等在青春时期探寻救国救民的真理。沉沉一线贯南北,他们走南闯北,积极探寻救国救民的道路。沧海横流,方显出英雄本色。

　　《湘江北去》以革命为主,以爱情为辅。该片表现他们风华正茂时同学之间的友情、毛泽东与杨开慧之间的爱情。可谓在风云岁月演绎红色浪漫,使影片刚柔相济、自然而然,增强了美感,增加了观赏性。保剑锋扮演青年毛泽东,形神皆似,演出了青年毛泽东的宽阔的胸襟与过人的胆识,也展示出青年毛泽东成长的关键点。周冬雨扮演青年杨开慧,显得端庄、文静、内秀,与毛泽东志同道合、齐心协力。

　　该片塑造出毛泽东、杨开慧、何叔衡、蔡和森、向警予等英雄群像。他们指点江山,激扬文字,用青春的火焰燃烧现实的寒冰,用艰难的探索寻找人生的坐标与社会的前途。他们胸怀天下,上下求索,在艰难困苦中探寻救国救民之路。面对挫折,他们发出谁主沉浮的呐喊;历经风雨,以毛泽东为代表的先进势力寻找到医治中国的良方。他们为中国共产党的创立作出了重要的贡献。他们将个人理想与国家民族命运紧密结合从而实现自我价值,能够激励当代青年。该片侧重展示精神性的、神圣性的内容,而非世俗性的、物质性的东西,给观众以人生感悟而非感官享受。

　　《湘江北去》将伟大人物平民化,表现自强不息、厚德载物、百折不挠、奋发向上的精神,追求真、善、美,激发人们追求理想的热情,因此具有很强的感染力。该片塑造平民偶像,塑造更贴近百姓的伟人,在主旋律基础上彰显人性,追求理想,是一段青春励志的旋律和一首红色激情的交响。引导人们积极向上,这是时代的呼唤。善于安排叙事线索,有效地表现有关中国现实与前途问题,紧扣人物形象与故事情节来安排时间与空间,精彩的细节不断出现。以真情实感为叙事动力,以真实的情感打动人,合乎民心,合乎民情。

该片塑造出众多个性突出、富有生活气息的人物形象,表现了深刻的思想内涵。改良主义、无政府主义、马克思主义等各种思潮在新民学会的成员中交锋,成员间逐渐产生了思想的裂变。陶斯咏主张教育救国,选择离开。从法国回来的萧子升更加信仰无政府主义。他们虽然道路不同,但仍然是朋友。他们不同的思想观念、不同的人生道路而产生的矛盾冲突,引人深思,耐人寻味。

《湘江北去》在叙事方式上,适当地融入了一些时尚的元素。每个时代有每个时代的时尚,不同时代的时尚有部分相同的因素,如英俊漂亮、衣服得体、思想先进、观念开放、积极向上等。在《湘江北去》中,毛泽东、杨开慧、蔡和森、向警予、陶斯咏、萧子升等具有一些青春时尚的重要特征,他们青春俊美,追求当时新颖、时尚的思维方式,在衣着方面也是恰倒好处。该片从几个主要人物的衣、食、住、行、生活观念,到理想的追求,都展示出一些时尚的元素。几个主要人物思维敏锐,语言清新健康而充满诗意。该片表现他们风华正茂时师生之间的友情、同学之间的爱情。该片造型美观大方,色彩明晰恰当,给人以高雅的艺术享受。该片适当地融入了一些时尚的元素,与当代青年审美比较接近,对青少年观众具有很强的亲和力,让青少年观众更容易接受。

《湘江北去》不仅塑造出湖湘优秀青年的群像,而且表现了杨昌济、陈独秀、李大钊、胡适等当时杰出知识分子的代表形象。当时的毛泽东、杨开慧、蔡和森、向警予等湖湘优秀青年处于成长过程,深受杨昌济、陈独秀、李大钊、胡适等新文化运动代表的熏陶。杨昌济、陈独秀、李大钊、胡适等是中国知识分子的脊梁,是中华民族和世界优秀文化的传承者与发展者。他们的理想、抱负与思想闪耀着光芒,他们活得很有意义。他们的远大志向、宽广胸怀令人敬佩,对青年人产生了很大的影响。陈独秀是新文化运动的主将之一,也是中国共产党缔造者之一,思想活跃,脾气大,与人争论时喜欢摔杯子。辜鸿铭独特而坚强,认为有形的辫子容易剪掉,但是无形的辫子难以剪掉,实际上指出了封建思想在中国社会根深蒂固。他与陈独秀思想不同,争论激烈,但是当陈独秀被反动军警抓到牢狱时他用鲜血按手印参加营救。他们个性鲜明,栩栩如生。该片刻画这些人物没有简单化,没有片面化,而是通过精彩的细节准确地表现他们独特的个性。这是该片的一个亮点。

导演陈力善于把握大的社会思潮,善于举重若轻。《湘江北去》是导演陈力的一部力作,在众多的革命领袖传记片中也是一部力作。该片有利于主流文化的建设,有利于主流价值观的建设。

二

2011上映的《秋之白华》作为第十八届北京大学生电影节开幕影片,是一部优秀的人物传记片。我国具有人物传记源远流长的优良传统。人物传记与传奇小说不同,与才子佳人小说也不同,人物传记应该是真人真事,不能虚构。《秋之白华》吸取了人物传记的营养,建立在瞿秋白与杨之华真人真事的基础上,并进行适当的艺术加工而形成。《秋之白华》是一部既优美又忧伤的电影,令人深思,使人回味。具有鲜明的特点,主要表现在三个方面。

第一,采用散文诗结构,以小见大。

《秋之白华》导演霍建起,主演窦骁、董洁,共同演绎出一部让人感动的影片。导演霍建起拍过《那山那人那狗》、《暖》等影片,善于采用散文诗结构,具有浓厚的唯美色彩。瞿秋白一生需要表现的内容很多,其中部分内容比较复杂。《秋之白华》采用了散文诗结构,有利于哪些表现、哪些不表现、哪些重点表现、哪些一般表现、哪些部分节奏快、哪些部分节奏慢。

《秋之白华》与以前有关中国革命领导人的影片相比,有所不同。《秋之白华》没有采用宏大叙事方式,而是以小见大,注重人性化表现与生活化表现。影片以瞿秋白与杨之华的名字作为片名,表现了对他们的礼赞。

《秋之白华》与电视剧《恰同学少年》都是表现中国革命领导人青年时期的革命与爱情,可以相媲美,两者各有所长。电视剧《恰同学少年》采用了串珠式结构,表现了青年毛泽东的大智大勇、沉着善战,同时也表现了他与杨开慧的爱情,阳刚之美比较明显。《秋之白华》采用了散文诗结构,展示了瞿秋白光辉而短暂的一生,表现了瞿秋白与杨之华这对革命情侣浪漫、热情、忠贞、执着、苦闷和坚定的生活历程,显得比较淡雅而自然。

在《秋之白华》中,瞿秋白与杨之华懂得爱情,懂得生活,懂得革命。他们既谈风月,也谈风云,风月与风云兼顾。瞿秋白胸怀宽广,儒雅从容,才华横溢,风度翩翩,是一个书生领袖。杨之华漂亮端庄,有理想,有抱负,个性坚强,是一个寻求民主救国的新女性形象。瞿秋白与杨之华的爱情是志同道合的爱情。

该片把爱情(风月)镜头与革命(风云)镜头紧密地交织在一起,爱情镜头与革命镜头不断切换,两者相互影响,相得益彰。拍爱情的镜头是以革命镜头作为大的背景,瞿秋白与杨之华在革命风云中相识、相爱并结婚。革命风云不断变化,导致瞿秋白与杨之华有时相别、有时团聚,以致最后永别。该片镜头表现力较强,剪辑比较自然。

窦骁扮演瞿秋白,基本演出了瞿秋白的精神气质、思想感情、文化修养与人格魅力,但是声音显得小了点。董洁扮演杨之华,形神兼备,比较出彩,但是略显拘谨,在浪漫激越以及当时的时代特征方面可以再下点功夫。

第二,艺术真实与历史真实相统一,细节感人。

该片尊重历史,强调艺术真实与历史真实的统一。瞿秋白原配妻子王剑虹病逝后,杨之华喜爱瞿秋白,想与原配丈夫沈剑龙离婚,与瞿秋白结婚。他们三人在萧山、常州等地交谈后,达成相互理解与尊重的协议,在当时的《申报》上登了三份声明。一份是杨之华与沈剑龙离婚,一份是瞿秋白与杨之华结婚,一份是瞿秋白与沈剑龙成为朋友,这个情节新奇、浪漫、优美,同时符合历史真实。影片中这段故事用瞿秋白与沈剑龙写诗来表达他们三人之间关系的变化,既真实地表现了他们的内心世界,又显得高雅而含蓄。这在当时无疑是很新潮的,即使在今天依然是处理情感关系的一种友好而恰当的方式,因此受到观众的称赞。

该片细节生动感人。例如,瞿秋白与杨之华结婚后,瞿秋白将一枚刻有"秋之白华"图章送给妻子,并在她的手心印下这四个字,表示你中有我,我中有你,爱情永恒,以此成为他们一生相爱的见证。这个细节成功地表现了他们爱情之真、爱情之美、爱情之久,突出了该片的主题,使影片的名字更深地印在观众的脑海之中。再如,杨之华给瞿秋白做了一件缝有铜纽扣的衣服,不论是在路上还是后来在监狱中,瞿秋白一直穿着这件衣服,睹物思人。瞿秋白被捕后没有办法与杨之华见面,看到这件衣服,就像看见了杨之华。1935年瞿秋白在福建长汀从容就义后,这件衣服和他一起被埋入土后。直到中华人民共和国成立后,杨之华到福建长汀通过那几个铜纽扣寻找到了瞿秋白遗骨。这个细节揪人肺腑,真切地表现了瞿秋白与杨之华的爱情经得起时间的考验,经得起各种社会风浪的考验,他们的爱情堪称生死之爱。

第三,江南之美、人物之美与社会之乱,对比鲜明。

该片把江南水乡拍得很美,很有灵气,有些镜头像油画一样。这与当时混乱的社会现实形成强烈的反差,两者形成鲜明的对比。

瞿秋白与杨之华可以说是俊男美女,他们不仅具有俊美的形体与容貌,而且具有美好的品质与感情。他们胸怀革命理想,希望创造出一个自由、民主的新中国,这一理想崭新而美好,与当时社会现实形成巨大的反差。他们的美好理想与当时黑暗的社会现实也形成鲜明的对比。

人格之高与时代之悲,形成鲜明的对比。瞿秋白"生如夏花之绚丽,死如秋叶之静美。"瞿秋白具有坚强的意志与高尚的人格。蒋介石集团把瞿秋白这样一个才华横溢的人杀害了,实在太凶残,这是时代之悲。瞿秋白的死,是美的毁灭,让人感到强烈的震撼与无比的悲伤。

借用夏明翰的诗:"砍头不要紧,只要主义真。杀了夏明翰,自有后来人。"可以这样说:"砍头不要紧,只要主义真。杀了瞿秋白,自有后来人。"瞿秋白是蔡和森、向警予、夏明翰、张太雷、肖楚女等烈士的代表之一。

红军主力长征,没有把瞿秋白带上,以致瞿秋白被国民党反动派军队抓捕杀害,这也是时代之悲。假如长征队伍把瞿秋白带上,瞿秋白可能会活下来,可能会发挥更大的作用。

《秋之白华》欢乐之声较少,忧伤之音较多,瞿秋白与杨之华忧国忧民,大部分时间生活在斗争与动荡之中。欢乐之声与忧伤之音也形成鲜明的对比。

《秋之白华》主要的色彩是灰暗的,明亮、鲜艳的色彩较少,灰暗的色彩与明亮的色彩也形成鲜明的对比。尤其是影片中的雨景和雪景,直接把观众带入一个寒冷而忧伤的氛围之中。

笔者提点有关建议。人物传记片很难拍,尤其是中国革命领导人的传记片更为难拍。编剧、导演、主演均会受到一些约束与限制,不那么自由。因此,该片谨慎有余,自由不够。有些精彩之处往往点到为止,不够淋漓酣畅,给人意犹未竟之感。

瞿秋白与杨之华最后一次分别,是什么人把瞿秋白带到中央苏区的?瞿秋白为什么未能参加长征?他是怎么被捕的?影片交代得不够清楚。

主要人物有的话说得不够恰当、不够自然,例如,瞿秋白在被捕、进牢狱后说:"中国豆腐很好吃,天下第一,别了。"引起观众笑场,这句话与前后情境以及人物性格不够吻合。

当然,瑕不掩瑜,《秋之白华》是一部催人泪下、发人深省的优秀影片。

三

奥运体育电影从一个方面表现了主流文化。奥运体育电影表现了强烈的拼搏精神与人文关怀,既强调个性张扬,又重视团结协作,展示出青春之美、形体之美、力量之美,赞颂了坚强的意志与乐观的心态,给人以激励与鼓舞。风格多样,有的深沉厚重,有的轻松愉快。

拼搏精神与人文关怀是奥运体育电影的主题,也是灵魂。中国《闪光的羽毛》表现出顽强的拼搏精神,这在珊珊与她的教练文振天身上体现得很明显。九红、珊珊等几名羽毛球种子选手少儿时代在教练文振天的真切关爱与精心培养下,克服各种困难,逐步成为世界羽毛球冠军,为国争光。《筑梦2008》以鸟巢的设计、建造为线索,讲述了跨栏运动员刘翔、体操小运动员等故事,展示出中国人与理想一起飞翔的精神,表现了浓郁的人文奥运之情。刘翔本色演出,勤学苦练,自强不息,走出一条成功之路,翱翔在广阔的蓝天,真实生动,非常感人。

英国《火的战车》故事好看,正确处理了宗教与奥运决赛之间的矛盾,表现出顽强的意志和献身的精神。影片中"剑桥男生四重唱"是对哈罗德·亚伯拉罕的由衷赞美,强调了他身上表现出的自信与生气勃勃。

德国《伯尔尼奇迹》表现了德国人的拼搏精神。奇迹来自赫尔穆特·拉恩神奇的左脚。当坚韧的德国人距离雷米特"女神之吻"只有一步之遥,却偏偏面临匈牙利人开场八分钟连入两球的艰难困境时,正是他挺身而出,凭借一次助攻和一个铲射扳平了局势——2 比 2。奇迹在最后时刻发生,导演用精彩动人的镜头,表现了德国队与雷米特金杯的第一次亲密接触:下半场第 85 分钟,赫尔穆特·拉恩闪电般地扣过一位红色防守球员,左脚雷霆一击,德国队击败匈牙利队,获得冠军。德国人用足球抚平战争的疮疤,恢复了自信心,点燃了复苏的精神。该片启发人们怎样随机应变、走出困境。

奥运体育电影既强调个性张扬,又重视团结协作,展示出青春之美、形体之美、力量之美,赞颂了坚强的意志与乐观的心态,给人以激励与鼓舞。

篮球、足球、排球、橄榄球、花样游泳等比赛既需要个人水平,也需要团结协作,个性张扬与团结协作的关系会直接影响团队的成败。美国《挑战》,中国《沙鸥》、《梦之队》、《扣篮对决》、《买买提的 2008》,英国《火的战车》,德国《伯尔尼奇迹》,日本《五个游泳少年》在这方面表现得比较生动。

美国《挑战》表现橄榄球(美式足球)比赛,竞争性强,比较残酷,节奏较快。队员个性张扬,甚至飞扬跋扈。在关键时刻,他们还是强调只有团结协作,才能取得胜利。日本《五个游泳少年》表现了日本人的团结与执着。

个性张扬与团结协作不仅来自队员、教练,而且来自观众。《伯尔尼奇迹》导演沃特曼通过一个 11 岁小男孩马蒂亚斯一颗热爱足球的真挚心灵,表现了一个关于足球是如何救赎家庭危机、同时又抚平整个国家战争疮疤的奇迹故事。在神父和家人的帮助下,马蒂亚斯的父亲终于走出了战争后遗症笼罩下的阴霾。就在决赛前夜父亲居然借来了一辆汽车,载着马蒂亚斯踏上了前往伯尔尼的路程,去为他心目中的偶像"老大"加油。原来不了解足球的德国新娘子在足球场情不自禁地给德国足球队呐喊助威,她带动了广大观众与她一同呐喊助威,从而使影片进入一个高潮。这从一个方面表现了德国观众对足球的热爱,对民族复兴的关注。

田径比赛主要靠个人,其实团结协作也很重要。选手之间会相互影响,《火的战车》充分展示了田径运动员亚伯拉罕、利德尔、林赛之间相互促进、共同提高,生动而深刻地表现了田径运动员团结协作与相互帮助的精神,真实感人。

奥运体育电影大多摄影漂亮、音乐动听,突出了体育运动的特点。

《火的战车》导演用长镜头从容不迫地表现运动员们在海滩上列队跑过,每一张年轻的脸上透露着坚定有力的表情。与之配合的主题音乐舒缓而昂扬,恰如画面中层层海浪,激荡人心。影片结束时,画面又回到开片,首尾照应紧密。

《伯尔尼奇迹》真实地再现了世界杯历史上最大一个冷门的全镜头,包括每一个进球的时段,每一次类似的进球,每一张酷肖的面孔。导演根据当年德国球员的照片,在应征的数千个人中遴选演员,球技和演技一样重要,甚至包括当时决赛球员通道中鱼贯而出的序列,德国电影人表现出了一丝不苟的求真务实精神。镜头里空旷的训练场上,一个孤独而硕大的球门几乎占据了我们全部的视线。在德国队前三场比赛中,赫尔穆特·拉恩只能一直端坐在板凳上,眼睁睁地看着队友被匈牙利人踩在脚下肆意蹂躏。此时此刻,他就像一只困兽犹斗的猎豹,积蓄着浑身的能量等待教练的召唤——果然,在接下来的决赛中,这位脚法独特、速度惊人的右边锋——教练赫尔佐格的法宝,成了匈牙利足球队的杀伤性致命武器。奇迹来自主宰伯尔尼阴晴圆缺的上苍。教练赫尔佐格在赛前接受采访坦诚地说:"如果天气晴朗,匈牙利人将势不可挡。但如果下雨,场地将变得湿滑,也许我们就有机会。"所以,他们更加期待阿迪达斯的防滑鞋钉能给他们带来好运。果然,在德国球员们走出酒店的一刹那,原本万里无云的伯尔尼上空忽然飘起了雨点,这是上苍对德国人的恩宠。从几个雨点到阵阵大雨,镜头拍得十分清晰,层次感很强,雨中的足球场给德国足球队带来了难得的机会,雨中的足球场拍得高潮迭起、扣人心弦。

　　《五个游泳少年》镜头常常定格在趣味十足的场景;镜头剪接自然流畅,让人感觉十分舒服。我们能看到几个少年在镜头特写下的表情很独特,给人们留下深刻印象。当他们第一次向各家店铺老板卖演出票,那些老板们知道他们是要演出花样游泳时反应出来的一组表情特写非常搞笑。铃木结识的那个樱木女中的木内静子长得很漂亮,出场方式十分有趣,竟然向自动饮料贩售机踢出了一个飞腿。这些镜头独特新颖,突出了人物的个性。

　　美国《挑战》多用摇滚乐,节奏较快,符合该片的情调。

　　奥运体育电影风格多样,有的深沉厚重,有的轻松愉快。深沉厚重如《火的战车》、《伯尔尼奇迹》等。

　　轻松愉快如日本《五个游泳少年》等。《五个游泳少年》具有喜剧色彩,好玩、有趣,让人轻松愉快。该片表现五个高中少年为了准备校庆节目竟然鬼使神差地决定表演花样游泳。从不自信、被嘲笑、怀疑,到柳暗花明遇到善人帮助,再到最后完成大逆转——在校庆当天完成了一次极壮观的花样游泳表演,使人感到轻松愉快。男孩子玩花样游泳比较新鲜,让人觉得好玩。高中阶段的男生们,有着成长中的健康体型和肤色,有着花一样的灿烂笑容,在浪里赤条条地表演花样游泳,几近纯真的境界。日本喜剧的夸张风格,哆里哆气与神经兮兮渗透进表演的每一个细节。青春期的少男少女,对于异性会有各种各样的表情,各种各样的心思。吸引异性的目的在这个年纪非但没有分散他们的才华展示,反而成了才思涌涌的动力。女校生把自己的游泳池借给男校生用,同时把男校生全部吸引过来。她们组织最拿手的啦啦队,用尽全力尖叫、呐喊,而这时候男生们热血上冲,心气高涨,达到最佳状态。该片节奏有张有弛,搞笑轻松的场景与细节几

分钟出现一次,让观众发出会心的笑,娱乐性很强。

《闪光的羽毛》部分深沉厚重,部分轻松愉快。《搏击操》荡漾着浓厚的青春气息,显得轻松愉快。但是有点简单化,有点粗糙。

与外国优秀体育影片相比,国产体育影片显得比较薄弱。台词简单化,政治性较强,有的比较牵强附会,比较生硬,艺术感染力较弱,如《七彩马拉松》等。希望国产体育影片借鉴外国优秀体育影片,塑造出一些个性鲜明的体育明星形象。

第二节 主流文化与电视发展

一、主流文化

主流文化是在社会文化语境中经常提到的一个词语,那么什么是主流文化呢?主流文化其实是表达社会主体意志(国家意志、利益和意识形态)的文化,是一个社会、一个时代的精神文化主流,是促进社会和人健康向上的精神动力。一般说来,任何社会、任何历史阶段的文化形态都不是单一的,无论是西方还是东方,都有着一种主流意识形态和主流文化的存在。

同时,主流文化也是一个社会中具有主导性和规范性的文化,代表国家意志,以具有稳定性和延续性的社会理想和价值规范,给予大众社会认同,促进民族凝聚和社会稳定。综合起来,主流文化具有以下特质:

(1)主导性。主流文化是一国的强势文化,它有政府的积极干预和社会成员的广泛参与,在文化体系中处于主导地位,影响和指导着其他文化的发展,反映一个国家文化的发展方向,决定着国家文化的根本性质。

(2)权威性。主流文化代表国家意志,反映统治阶级思想,由政府倡导,对社会成员进行价值引导、思想教育和行为规范,对现存社会秩序起着支持和维护的作用。

(3)强制性。主流文化建立在国家权力的基础上,有国家强制力做后盾,对各种亚文化中与其相抵制的部分进行规范和引导,从而保证国家的安定团结和社会的健康发展。因此,世界上的任何国家的任何一届政府,无论代表哪个阶级或生活集团的利益,都会不同程度地对传播媒介实施干预和控制,控制主要是为了保证它不偏离社会主流文化的轨道,并且要求他们为统治集团的意识服务。

主流文化建立在国家权力的基础上,它与国家政治密切相关,它反映国家的意识形态,规定一国的文化性质,体现文化发展的根本方向。随着教育事业的发

展、知识分子的增多以及商品经济的发展而发展的精英文化和大众文化。主流文化对精英文化和大众文化起着主导作用,精英文化和大众文化是主流文化有益补充。三者相互影响、相互渗透、形成一种互动关系。

值得注意的是,当前大众文化发展迅速,在影视作品中,各种情景剧、通俗喜剧、言情片,大多提供一些无深度的、平庸的生活模式,那些"小混混"形象和粗俗的打斗,以及帝王生涯,隐私等,诱导大众消解现代生活必须的价值观念、道德准则和进取精神。因此在这种情况下我们更应该大力提倡和发展主流文化,同时引导通俗电视剧,使其向着先进文化的方向发展,成为主流文化的有益补充。

在坚持主流文化核心地位不动摇的根基上,应该引导各种不同层次、品位,不同样式品种的非主流文化的健康发展。应以"以我为主,为我所用"的精神传播主流文化,吸收世界上的一切优秀文化成果,博采众家之长,从内容和本质上吸取其他文化形态之精华,构成代表先进文化方向的独特而强大的内涵。

二、主流文化与电视剧

主流文化对我国电视剧创作中影响较大。20世纪90年代以来,中国的文化格局由一元的政治文化转向主流文化、精英文化和大众文化的多元并存;文化类型上由单一的本土文化转向本土文化与外来文化并存。这一时期,电视剧的"视觉样式"也发生了根本性的变化。随着国家社会政治经济的巨大变迁,电视剧创作已经从过去比较单一狭窄的题材与风格中走了出来,艺术水准与制作水准也不断提高,无论从质量还是从数量上都达到了前所未有的水平。言情、武侠、古装历史等各种类型不断发展,城市与乡村、历史与现实等各类题材不断涌现,呈现出良好的发展态势。虽然电视剧无论是从题材、风格还是种类方面都发生了翻天覆地的变化,然而对主流电视剧的关注却是中国影视界一直关注和探讨的话题,以宣传主流文化的电视剧始终占据了中国电视剧的首要位置。

在当代中国,主流话语对文艺的要求经历过三个阶段。即"十七年"到"文革"的"文艺为政治服务,文艺为工农兵服务";"文革"结束后"文艺为人民服务,文艺为社会主义服务";改革开放以来倡导"弘扬主旋律,提倡多样化"。这三阶段的要求虽然在表面上看来显示出越来越宽松和开放的姿态,但是其内在的"文以载道"的"教化"目的却始终如一。主流文化,在当下的社会生活中倡导和关注的是全民族的安定团结,是国家的安全和政权的稳固,是国民经济的发展速度,是社会主义精神文明建设,以及人民生存状况的改善,主流文化在电视剧中始终处于主导地位,而这种主导地位,是通过法律、法规、政策导向、日常管理、审查、体制传播,奖励引导和财政支持等各个层面的体制力量得以充分保证和具体落实的,法律法规如:1994年颁布的《有线电视的管理规定》,1995年颁布的

《电视剧制作许可证管理规定》、《中外合作制作电视剧管理规定》、《影视制作经营机构管理暂行规定》,1997年颁布的《广播电视管理条例》等,都从根本上规定了中国电视剧制作的基本走向,每年一度的电视剧题材规划会、各种审批程序,从具体操作层面保证了主流文化的主导地位。飞天奖、金鹰奖、骏马奖、金剑奖、"五个一工程"奖等,以及对重点片的财政支持,鼓励和引导电视剧向主导文化靠拢、看齐。各级电视台作为电视剧的播出系统则完全统摄在体制文化之内。而在保证了主导文化在电视剧制作和传播的主导地位的同时,客观上也防止和降解了外来文化对本土文化的冲击和蚕食,使中国大陆电视剧没有走高度商业化和媚俗化的道路,而从整体上保持了阔达、深厚和具有中国传统伦理道德色彩的中国大陆电视剧本土化的风格。

随着时代的发展,伴随国家社会政治和文化变革的拓进,主流意识形态也开始走向现实化、生活化。它在大众文化的飞速发展上进入日常生活领域,在世俗人性的层面,传递国家和体制的价值诉求。这种新时期下的主流意识形态视听创作,正迅速地成为当下大众喜闻乐见、感同身受的影像体验,这种经过非常巧妙的意识形态转换的准主流影视剧,代表作品有《海之门》、《两圣地》、《刘老根》、《士兵突击》、《乡村爱情》等现实题材作品。《五月槐花香》、《乔家大院》、《玉碎》、《闯关东》等历史题材作品,《亮剑》、《历史的天空》、《恰同学少年》等革命史诗作品。审视《士兵突击》、《闯关东》、《历史的天空》等引起社会强烈关注的优秀作品,其审视过去,可谓准确还原历史时空;反映现实,以低姿态介入当下人生,呈现在观众面前的是一种充满人性温热的道德影像,却又是鲜明的国家意识形态镜像。创作者们竭力在主流意识形态和大众日常生活之间找到一种"相关性",尽量消除主流意识形态和大众日常生活之间的距离。

这些作品在"情感化布道"、"娱乐化启示"上凝结感染力,建构潜隐的民族精神价值。作为一种兼顾主流意识形态和当代受众的"主流电视剧",这些电视剧普遍具有鲜明而生动的意识形态倾向性。植根于大众心理的世俗情怀。这是源自深厚的文化底蕴的选择,也是在全球化时代对民族影视、主流文化艺术方向的理性坚守。

三、主流文化的代表之一:高希希影视剧

1. 初涉影坛的"主旋律"导演

高希希是近些年来电视导演界里杀出的一匹"黑马",从一名电影美工,到北影导演系的研究生,再到今天备受观众喜爱的平民导演,高希希的导演之路如同一幕戏剧一样充满了人生的变化无常。高希希从1994年开始执导电视剧到现在已经整整13个年头了,从题材上来看,有心理悬疑剧、军旅题材剧、家庭伦

理剧和婚恋题材剧等;从阶段上来看,高希希的创作可以分为两个阶段,第一阶段(1994年—2000年)的创作几乎是以主旋律电视剧为主。1994年,他在二集电视剧《下海的日子》中担任导演,该剧获得了"金星奖"二等奖和"飞天奖"三等奖。1995年,高希希在空军电视艺术中心工作的妻子白玉准备开拍一部六集电视剧《追日部族》,希望高希希帮忙。于是夫妻双方有了第一次合作,凭借这部电视剧高希希本人获得"骏马优秀导演奖";第15届"飞天奖"三等奖;第八届电视剧"金星奖"三等奖等奖项,也得此契机进入到空军电视艺术中心,一个可以让他大显身手的舞台。1996年他为中央电视台、全国总工会拍摄十集专题片《当代英杰》;1997年拍摄了二十集系列电视剧《女工情话》、六集电视连续剧《笑傲苍穹》和《牧云的男人》,其中《笑傲苍穹》获得了第十三届电视剧"金星奖"二等奖;第十九届中国电视剧"飞天奖"中篇三等奖等奖项,而《牧云的男人》则获得了当年的"金星奖"和"飞天奖"的三等奖。

从1999年开始,高希希又专攻电视电影,先后执导了《劲舞苍穹》、《公鸡打鸣母鸡下蛋》、《兵哥》、《祝你平安》、《冬天的记忆》、《数字英雄》等十五部电视电影,这些电视电影题材多样,有都市的、农村的,有军事的、高科技的,有正剧、有喜剧,喜剧中又有无厘头式的。在拍摄电视电影的过程中,不仅让他对各种题材、各种风格的作品进行了尝试,同时也让他对空军电视艺术中心的演员们进行了一次排练式的磨合。这些都为他以后的横空出世奠定了牢靠的基础。这些主旋律作品虽然让他获得了许多政府奖项,然而却因其鲜明的主流意识形态而较少得到普通观众所认同,因而这一时期的作品鲜为人知;从2000年以后,高希希则站到了平民文化的浪尖上,在坚守主流文化的前提下,开始了自身巨大的转变,在这一阶段他拍摄的电视剧《花非花》、《历史的天空》、《幸福像花儿一样》、《结婚十年》、《搭错车》等剧无一例外都获得了较高的收视率,备受观众的喜爱。

从最初的主旋律导演到现在的站在平民立场创作主流电视剧的导演,在这背后体现了一种社会文化思潮的转向。20世纪90年代伊始,中国的文化格局由一元的政治文化转向主流文化、精英文化和大众文化的多元并存,一方面主流意识形态不断被强化,另一方面大众文化开始迅速崛起,通俗电视剧浪潮在20世纪90年代中后期铺天卷地而来,电视剧领域发生着翻天覆地的变化,在这一场文化变革中,高希希渐渐摸索出了自己独特的艺术风格,在坚持主流文化的立场上融入了大众文化的元素,因而备受观众的喜爱,开始在电视剧领域占有了自己的一席之地。

2. 塑造"平民化"的主旋律人物形象

高希希从1994年开始执导电视剧到现在已经整整13个年头了,从形态上来看,有心理悬疑剧、军旅题材剧、家庭伦理剧和婚恋题材剧等。当我们站在今天的时间指尖上,对一个导演进行历史的概论时,其结论未免有些牵强与不全面。但对一个电视剧导演的客观与公正的评价,我想要比其他更为重要。高希希导演一直在用自己的作品说话,从他的作品里面,我们看到他始终站在主流文化的阵营中,他成熟的影像风格,平民化的叙事意识和塑造的真实生动的人物形象。《历史的天空》中对革命英雄人性化的刻画;《结婚十年》中对家庭婚姻生活以及所折射出的时代背景的平民化的书写;《搭错车》中对小人物命运的关注以及中国主流文化中传统伦理道德的呼唤。在高希希的电视剧中,对平民化人物形象的塑造是显而易见的。通过这些"平民化"人物形象的确立,使观众感受到"历史的沧桑感"、"往事的追忆感"、"现实的无奈感"……这些平民化的主旋律人物形象不仅缩短了与观众之间的距离,而且使观众能够借以想象、联想,唤起每个人内心深处的岁月记忆和当下的自身处境,并从中领悟、感受、品位某种人生的真谛。

艺术离不开对人物形象的描绘,对于任何一部电视剧来说,能够塑造出站得住脚的人物形象最为关键。荧屏上人物形象塑造的好坏,不但时常成为观众对电视剧品头论足的中心,还往往成为划分电视剧创作水准高下的分水岭。转型之后的高希希很注意人物形象的塑造,在剧本的选择上他始终坚持一点,就是要看这个剧本是否能真实、深刻地反映事物与人。作为一名导演他想让观众看到的是一个人面对生活的力量,他要拍一个真实生动的"人"。人物形象"立"起来了,整个电视剧也就"立"起来了,只有这样,创作出来的电视剧才会被老百姓接受和喜欢。

1)"主旋律英雄人物"打破类型化

在以往军旅题材的主旋律作品中,塑造出来的往往是高大全式的英雄人物形象,这种革命人物模式现在的观众基本不认同,因为只是人物素描,没有深入到人物内心中去,所以无法唤起观众的共鸣。评论家李洁非从文学发展史的角度谈了自己的看法:"我们过去号召写工农兵,总是被英雄主义笼罩着,从小人物身上反映了高、大、全,普通人变得不普通,因而难以被人接受。"高希希导演早期的作品也存在着同样的问题,如《当代英杰》、《笑傲苍穹》、《追日部族》等剧中的人物形象,无一例外地带有这种"高、大、全"的特征。《追日部族》就讲述了一群空军的雷达兵在救助少数民族的时候所遇到的一些困难,在人物塑造方面还是很模式化。转型之后的高希希对这类英雄人物的塑造有了更为深刻的理解,他尝试着在历史的大背景下塑造"小人物"的成长。特别是在电视剧《历史的天空》中,高希希导演努力地去避免以往主旋律影视剧存在的只有事件、人物被事件淹没了这一问题,在保留事件的基础上把人物拍出来,塑造出更加真实的革命者形象。尤其是姜大牙这样一个一身匪气、个性鲜明的革命者形象,他的身上有着普通人的优点与缺点,因为真实,所以得到了观众的普遍认同。

《历史的天空》中主人公姜必达早年大名姜大牙,他是一个从蓝桥埠走出的米店伙计,只因有颗异常巨大的虎牙得名,他没有多少文化,有限的知识也是从说书中听来的,还常常搞得颠三倒四,如用"兔子不吃窝边草"形容娶不到手的媳妇进行心理安慰,平时说成语也是似是而非说不周全,满嘴粗话,身上兼有匪气与豪气。美丽而富有朝气女新四军干部东方闻英让姜大牙临时改变了主意,愿意留下来试一试。姜大牙是为东方闻英这样一个女人而革命的。这在中国革命历史题材电视剧中简直是石破天惊的一幕。

导演深入地刻画了姜大牙留在游击队里以后的行为。在大大小小的战斗中姜大牙抡起大刀向日寇砍去;为掩护队友撤退一个人同日军赤膊相向……,这些都是他作为一个"英雄"英勇的一面。与一个"英雄"行为不相符的是,姜大牙虽然在战场上出尽了风头,但是离开战场,他又有许多非革命的行为,如打鬼子有功从小队长到中队长以至大队长的每一次提拔总让他满心欢喜"又升官了";因傲慢无礼遭到杨庭辉严肃的批评,为改正错误提出的条件又是让自己心仪已久的东方闻英做政委配合工作以提高政治觉晤……。改造初期,姜大牙的每一个优点似乎都附和着缺点,每一个理由是那样冠冕堂皇让人挑不出道理却透着股农民式的"狡猾"。姜大牙在战争和政治的磨炼和帮助下,逐步显示了优秀的品质和卓越的智慧,由一个只有匹夫之勇的莽汉成长为一名足智多谋的指挥员,最终修炼成为一名具有高度政治觉悟和斗争艺术的高级将领。

此后,在解放战争、抗美援朝、拨乱反正时期的历练中,姜大牙都表现出有着姜大牙和姜必达混合体的为人处世的性格特点。曾经为每一次提职而像小孩子一样高兴的姜大牙,新时期被重新任命后面对新的形势却冷静地提出离休那场戏,完成了对姜大牙这一个性鲜明的军人形象从农民到我军高级将领的成功塑造。姜大牙的出现使全无瑕疵的革命者形象不见了,成为了从生活中走出的活生生的人。而该剧的魅力也正在于此,透过大的时代背景,直面人物的内心世界、精神追求,用这种平民化的手法生动感人地再现了一个革命家和革命集体的成长过程。而这种从平民化视角去书写体现主流文化与精神的电视剧,则是高希希电视剧的一个重要特征。

2)传统伦理氤氲中的女性形象

在高希希看来,中华民族的女性是伟大的,经过九死不悔的历练,中国的传统美德在女人身上体现得特别完整,而对于中国传统美德的歌颂也是主流文化在电视剧中的重要体现。在电视剧中,只有把女性表现好,男性的魅力才能彰显出来。因而高希希从骨子里便想把女性塑造成"英雄"。在他的电视剧中,既有东方闻英这样的女英雄,一根筋的部队文工团员杜鹃,忍辱负重的韩梦,女中豪杰柏香茗，还有具有悲剧色彩的项青。

在《历史的天空》中，当男性角色在突破以往军事题材电视剧的英雄想象的拘囿时，女性也在一种全新的语境下诠释着自身存在的意义。在剧中，东方闻英是善良、纯洁、高尚的代表，她是在革命队伍的历练中成长起来的一个小女英雄，是姜大牙的成长照映了她的成长，他们是互相成长起来的一对儿，姜大牙如果没有她成长不了，东方闻英没有姜大牙也成长不了。对于姜大牙来说，参军之前对于女性的追逐可以用本能来解释，但是自从东方闻英出现后，一个崇高的概念"爱情"便开始注入到姜大牙的生命之中。东方闻英始终用一种纯净、善良、信赖的目光看待姜大牙，这反而使姜大牙在困惑中收敛了鲁莽，不敢轻易造次。从最初握着东方闻英的手不放，到后来别有用心地要求她和他一起去陈埠县并肩战斗，再到尊她为师，直至后来发展成为真正的爱情，正是东方闻英一步步改掉了姜大牙身上的一身坏习气，使之成长为一名优秀的军人。姜大牙因她的纯净而纯朴，因她的美丽而美好……

导演对东方闻英塑造的最重要的一笔，就是东方闻英牺牲之前的一场戏。东方闻英带着一个连去掩护国民党七十九团撤退，当时的七十九团是国民党的王牌军，看不起东方闻英，说："你一个小姑娘，还掩护我们，兵力不足、枪炮又不够，你们就一个连的兵力，我们大兵团都过来了，把她架走，我们自己打。"在这种无奈的情况下，东方闻英拿起手枪对准自己，她对国民党军说："因为我是共产党的政委，我跟你们团长谈判的时候，答应了要掩护你们撤退，共产党是讲诚信的，所以今天我必须垫后。如果你们不让我垫后，今天我就在这里把自己打死。"当着那么多国民党士兵的面，一个女政委说出这些话是非常令人震撼的，最后东方闻英牺牲在了战场上，这让观众看到了一个女英雄的成长过程。在她身上体现了主流文化中传统女性善良、纯洁、高尚、英勇的一面。

在《花非花》中，高希希塑造了项青这个具有悲剧色彩的女性。项青生长在一个没有幸福的家庭里，从小她便面对着冷酷的母亲，长大后她每天都在想着如何能逃离母亲那双冷漠的眼睛，可是当母亲真的被她逼疯了以后，她却失去了生活的支点，导致了一系列的犯罪。在高希希看来，项青是非常值得同情的，因为是家庭生活的不幸让她从小就留下了心灵上的阴影，最后走上了歧途。但项青又是一个很有智慧的女性，甚至可以说是一个女"英雄"，因为在剧中每一次犯罪之后，她都能走到警察的前头，拿出自己不在现场的证据。这种智慧让人觉得很惊诧，即使是司马克这样优秀的警察面对她时也没有办法，甚至还爱上了她。电视剧结尾的一场戏可以说是画龙点睛之笔，项青又一次赶到警察前头坐上飞机逃脱了警察的追捕，只是这个聪明的女人什么都算到了，唯独没有算到她能爱上警察司马克，为了爱，她又飞了回来，交待了犯罪事实，最后死在司马克面前。

在剧中,高希希是把项青当成一个女英雄来塑造的,因为她的本质是善良的,只是由于缺乏家庭的温暖和爱,她才走上了一条毁灭之路。

到了《结婚十年》,女主人公韩梦更是一个符合中国主流文化,具有传统伦理道德美德的东方女性。剧中的成长是一个任性、固执的男人形象,做事情不想后果,一切依着自己的性子来,像一个永远长不大的孩子。和成长相比,剧中的韩梦几乎是完美的,她母性十足、乐观且善解人意,是一个愿意为爱情放下一切东西的人,她能把所有的生活压力都承担在自己身上,把所有的困难都包容下来,并且把它们变成一件轻松的事情,这是她身上最伟大的一点。

在周围人的眼中,他们是一对十分令人羡慕的夫妻,为了改变生活的窘境,两个人努力地打拼,成长虽然在事业上屡遭挫折,但是韩梦从来没有过分责备他,更多的却是包容和鼓励。后来他们终于从简陋的筒子楼住到宽敞明亮、现代化设施齐备的大房子里,韩梦从一个倒闭的半导体厂的技术员变成了电视台一个栏目的制片人,成长从一个一筹莫展的摄像变成了一个广告公司的大经理,生活和境遇发生了太大的变化,当物质生活好了的时候,他们的婚姻生活也发生了变化,人也跟着变了。从前下围棋时饶有兴趣的争执不见了,彼此交流思想的次数也日益减少了,各人都在忙着自己的事业。这时,暗恋者开始显露。成长是最有男子汉自尊的,不能容忍任何男人亲近他的妻子,不管妻子有没有过错,他都会暴怒,甚至不近情理,不论是对待新认识的杜总还是多年热诚帮助韩梦的老同学老班长。但当他自己忽然读到王菁的一本日记,面对着这个从少女时代就爱恋着他的美丽女子时,却抵挡不住猛然袭来的狂热激情。和睦的家庭氛围遭到破坏,夫妻间的情感和性格冲突一直闹上了法庭。结婚十年后,他们终于分手了。和韩梦相比,成长的性格弱点暴露得很明显。韩梦在所有爱慕者的面前,始终保持着清醒的理性和对丈夫的一往情深,对儿子的倾心热爱和对家庭的眷恋。后来成长由于一个考虑不成熟的投资决策导致了公司的破产,失去了一切。这时他才意识到韩梦的美好,家的温暖,宽容的韩梦重新接受了他。

韩梦在这场并不惊心动魄但却意味深长的家庭戏中,显示出了她的清纯和高贵,还有宽容!有意思的是,当初高希希拿到的剧本是要把韩梦塑造成一个"刘慧芳"式的好人,但高希希认为如果那么做的话,人物就会不真实。刘慧芳的善良、忍让、宽容等道德感与现实生活有很大的距离。所以高希希并没有像剧本那样把韩梦塑造成一个"老好人",而是让她成为一个婚姻的捍卫者,当第三者侵犯到她家庭的城堡里来的时候,她也有一些冲动、不理智的行为,例如跑到第三者王菁的家里去撕毁日记,把人家家里搞得乱七八糟,但她同时又是一个伟大的女人,因为在关键的时刻,她能忍辱负重。她的善良、贤淑与宽容是让我们感动而敬佩的。

《幸福像花儿一样》这部军旅题材的电视剧是以女文工团员杜娟为主角的戏,可以说杜娟对于整部戏来说至关重要。许多观众认为该剧"第一次把军旅题材的戏拍得像韩剧",这在很大程度上归功于杜鹃这一军中女兵形象的成功塑造。在剧中,杜娟是个执著、坦诚的女孩,没有心机,总是大大咧咧的。她是位单纯善良的舞蹈演员,她爱事业爱生活,像阳光一样照耀着周围的人。杜鹃的单纯、热情与善良在她一出场的时候就被表现出来。在庆功会演出结束后,当战斗英雄林彬带着保根儿来到后台,要求女演员和即将转业的战斗英雄保根儿握手时。看不起"土包子",又想在首长面前装得腼腆一点的李梅不愿伸出手来。这时林彬上前扒下保根儿的上衣,对着大家说道:"他满身是伤,一处是子弹穿透了胸,一处是穿过的子弹离心脏只有0.1厘米。全连100多人,回来的只有我和他两人。他现在要走了,要求和女演员握一次手,这点要求过分吗?"在一旁的杜娟被感动得泪流满面,她替保根儿穿上衣服,和他热烈拥抱。林彬和围观的人们都为这个单纯、善良的女孩的行为感动得热烈鼓掌。杜鹃的单纯、善良和李梅的世俗在一出场就形成了鲜明的对比,也为以后两人的性格走向埋下了伏笔。

　　杜娟的单纯执拗和李梅的圆滑老到相映成趣。一个在生活中跌跌撞撞,坚守自己的梦想;一个在世俗的社会中如鱼得水,追寻想要的幸福。对于李梅而言,幸福开始的时候意味着嫁入干部家庭,后来则意味着丰富的物质生活。当她找到了新的幸福,她便会毫不在乎地放弃当初的幸福。杜娟是在坚守中寻找幸福,李梅则在改变中寻找幸福。杜娟虽然理想化,但很容易满足,她的心中没有欲望,而李梅则欲壑难平。杜娟和林彬的感情在分分合合中升华为友情,而和白杨的感情在吵吵闹闹中凝结成亲情。杜娟是善良的,单纯的,在经历了那么多磨难后终于收获了属于自己的幸福。正如片中所说,生活本来就是残忍的,也是美的;如果没有残忍和磨难,就没有美。

　　杜娟虽然单纯、善良却也有很多小缺点,例如她单纯倔犟执拗,非常理想化,像人们所说的一根筋……然而这个人物却很真实、自然,贴近现实生活。虽然高希希刻画的是一个军中女性形象,然而在观众看来,杜鹃只是一个穿了一身绿军队的邻家女孩,从她的身上,我们看到的是洋溢着纯真爱情与激情的青春岁月。在那个青涩年代,很多单纯、倔强的小女孩就是像杜鹃这么走过人生的沟沟坎坎,因为不谙人情世故,步入社会以后处处碰壁,但仍矢志不改。杜鹃的形象与我们的生活是那么接近,以至于我们不得不对她有一种认同感和亲近感。

　　在女性形象的塑造上,高希希塑造了几个真实、亲切,具有中国传统美德的女性形象,他们又无一例外地寄托着导演的一种理想主义的憧憬。东方闻英是善良、纯洁、高尚的代表;杜鹃虽然有点一根筋,但却单纯、善良、坦诚;韩梦更是一个典型的符合传统理想的"好"女人形象,她温柔善良、宽容,是扑入大地的

"圣母",男人心中完美的"女性"。这几个女性形象的塑造是导演对中国主流文化中善良温柔的传统女性的一种向往和回归。这与当下的社会心理有一定的关系,在改革开放以后,传统的伦理道德观念受到了西方思潮的强烈冲击,主流文化中的社会价值、道德观念开始迷失,女性也从20世纪90年代之前围困于家中的"传统"女性,到20世纪90年代前后改革风潮下走出"家门",为自己寻找出路的"娜拉"。事业成功的女强人;自我意识强烈,聪慧美丽的白领丽人,"情人"等形象的出现……于是我们看到了关于爱情的"情爱画廊",看到了"来来往往"之后直接宣言要"让爱做主",看到了张扬的欲望是如何冲击着伦理道德的防线,撞击着古老的东方文明。

与此同时,那些传统的伦理美德也离女性越来越远,成为一个已去的"刘慧芳"时代的标签,取而代之的则是当前越来越混乱的社会伦理道德关系。经历了几年的消费主义热潮之后,人们渴望回归传统,渴望纯真、善良、宽容的传统东方女性能够重新回到生活中来。高希希无疑暗合了这一社会心理现象,抓住了百姓的心理诉求点,用影像为我们完成了传统女性在屏幕上的回归。东方闻英、杜鹃、韩梦,他们身上所拥有的传统美德无疑切合了观众的心理,满足了观众的审美期待。在这里,回归成为一种朴素的美学基调,一种对现实生活的鲜明对照,一种对主流文化、传统伦理道德的肯定与尊重。

3. 高希希电视剧:平民叙事中的主流文化策略

1)与传统伦理相暗合 平民意识强烈

电视剧的主要魅力来自于故事,来自于人们在日常伦理诉求中对精神困境的深层关怀,进一步地说,人们对伦理期待的满足是构成电视剧审美快感的主要因素。人们对伦理期待在电视剧中的实现,以及伦理期待对人们精神上的满足都能增加观众观看的深层愉悦。电视剧里的故事之所以能够获得广大观众的青睐,主要原因是伦理问题与广大观众都切身相关,并能对不同身份地位、文化背景的人提供各种心灵参照。

(1)"伦理美"与"亲和美"的回归。

普列汉诺夫曾经说过:"任何一个民族的艺术都是由它的心理所决定的……在一定时期的艺术作品中和文学趣味中表现着社会心理。"我们已经知道,社会经济基础对其上的意识形态,如宗教、哲学、艺术等起着复杂的决定性作用,不过在这上下层结构之间,还存在着一些"中间环节",普列汉诺夫所说的"社会心理"便是这"中间环节"之一。

由此我们可以看出,传统的民族文化心理对艺术审美有着不可摆脱的牵制力与规范力。而且,相对于意识形态领域而言,它具有原始的朴素色彩与现代流行色彩相混合的特征。一方面体现为传统道德、习俗、观念、理想等,另一方面又标识着当代社会的时代精神、民族个性、时尚潮流等时代审美因素,这种传统与现代的制约关系及其催化作用在电视剧的审美价值定位中是十分巨大的。

当历史的车轮驶入20世纪90年代中期以后,随着我国改革开放脚步的进一步加快,人们的思想发生了很大的变化,而最为引人注目的是,人们的认识思维方式、价值观念体系、行为心态趋向也迅速转型。社会的发展变化让上一代人感受到了心理体验上的巨大冲击,也影响了下一代人的心理成长。公认的家庭婚姻观、社会责任观、价值思想观、人生处世观等逐渐被破坏颠覆并得以重新建构。毋庸置疑,中国人在20世纪90年代经历了物质领域和精神领域翻天覆地的变化。然而,这一场消费主义的风潮之后,人们更渴望一种回归。

而《搭错车》更是一部展示人间真情的苦情戏,这部电视剧把故事的背景设定在北方城市,讲述了废品收购站哑巴职工孙力含辛茹苦养育养女阿美,又陷入与阿美亲生父母人事纠葛的感人故事。高希希以写实的手法真实地再现了20世纪70年代—20世纪90年代的生活印记,让观众和剧中人物一起重温了那段时光。剧中的男主人公哑叔孙力是由李雪健扮演的,当年电视剧《渴望》使李雪健塑造的代表着民族的美德和百姓的纯朴的"宋大成"走进了千家万户。而在《搭错车》中,李雪健又再现并升华了这类"好人"形象,虽然都是集众多中华传统美德于一身的人物,不同的是,《搭错车》比《渴望》所传达的传统美德有更深的拓展,哑叔孙力也把人性中的真善美表现得更贴近真实的生活。

在这部剧里,哑叔孙力高超的表演释放出一种善良的人性的力量,这种穿越世俗的力量唤起了观众心灵深处对纯朴善良的渴望。剧中的哑叔善良、忠厚,又有点倔强,他虽然是一个残疾人,却有着很强的自尊心。虽然跟养女阿美毫无血缘关系,却宁愿单身一辈子,靠收购废品为生,含辛茹苦地把阿美养大成人。哑叔孙力虽然贫穷,却不愿意阿美靠唱歌来养家糊口,这种淳朴的爱让人感到温暖,又饱含着生活的辛酸。印象最深的是在第21集中,阿美要出国,孙力被逼无奈,将阿美的户口给了她之后,就将阿美锁在门外,可爱而善良的阿美则在门外撕心裂肺地喊了三十二声"爸","爸,我不出国了,爸,我哪儿都不去了,你让我回家。"最后她竟然用她那只柔弱的手击碎了玻璃,手上沾满了献血。其情感真挚,可见一斑!而阿美身上的那种骨子里透露出来的单纯、善良和孝顺是《搭错车》所颂扬的又一闪光品格。当观众一边为哑叔流泪时,一边也会忍不住破涕为笑——为了不让苏明生同阿美签约,孙力用一大堆白菜将他挡在门外;在李玉琴得病住院后,夜里他在医院楼道里龇牙咧嘴,那是因为他的脸被冻僵了;在苏民生用卑鄙手段挑明阿美身世受到极大伤害时,回到自己家在李玉琴面前用口型说出"欺负人";李玉琴去世时继续为她剪指甲直至涕泪交零轻轻伏在她的胸前等,这些从真实和穷苦中流露出来的幽默,不能不令人感动。为了一个和自己毫无血缘关系的孩子,全凭自己的双手把孩子拉扯大,这是多么不容易,高希希正是要通过哑叔孙力与养女阿美的感人故事来传递人间的真善美,颂扬中华民族几千年的传统美德,让人们在物欲横流的今天感到人间尚有真情在,只要你用心去发现,去感觉,那一丝丝温暖的真情就萦绕在你的身边。

《搭错车》不仅描绘了爱情、亲情,同时刻画了哑叔孙力与热心肠的胡爸爸这段患难之交的情谊,该剧虽然着墨不多,却把两个普通老男人的命运紧紧地连在了一起,让人们对人间真情并没有绝望,而像苏民生这样彻头彻尾的生意人是不会感悟到这样的人间真情的,无论社会怎样发展,苏民生的行为都会遭人鄙夷和唾弃的。导演就这样完成了对中国传统美德的一次回归。

(2)贴近大众,平民意识强烈。

主流文化与平民意识是紧密联系的,只有平民的生活或者是以平民视角来关注的生活;普通大众看起来才会最具真实,最具活力。

电视剧或许能够更好地反映社会的集体潜在紧张感。因为,电视剧能够生存的最基本条件——大众性,往往产生于该剧与同一时代社会主导思想、主要观念和基本愿望的一致性。

高希希导演似乎深谙此道,他的几部电视剧很好地把握住了主流文化主导下的大众文化的命脉所在,在当今社会的思想、文化的发展变化下,电视剧中的人物形象都带着社会、文化转型期的显著特征,社会的剧烈变革都在他的电视剧中留下了深深的投影。最主要的表现之一就是向大众、向平民的贴近和对于人情、人性的刻画。着力表现普通平民百姓家长里短的感情纠葛,表现他们的喜怒哀乐、表现他们的忧愁烦恼,人物的性格也日渐丰富、丰满起来。

高希希导演的电视剧没有恢弘壮阔的场面,也没有巨星级的演员阵容,更没有强烈的视听冲击,究竟是凭借什么赢得众多观众的青睐?和同为平民导演的杨亚洲不同,杨亚洲导演的电视剧,将摄像机聚焦于女性,讲述女人的故事,而且他的镜头具有一种文人的气质;而高希希导演则跳出这种主观叙事,站在故事之外,用一种更为客观通俗化的叙事方式来表现生活。

在所有刻画婚姻生活的电视剧中,《结婚十年》可圈可点。1997年出现的《牵手》是这类婚恋题材电视剧的开山之作,2004年的《中国式离婚》则把这类剧推向了一个高潮。而高希希的这部《结婚十年》无疑是一部承上启下之作。这部剧虽然只是反映了一个小小家庭的矛盾、变化,甚至只是一个男人和一个女人的简单故事,却在那一年引起了一阵收视狂潮。

高希希导演的这部电视剧,讲述了成长(陈建斌饰演)与韩梦(徐帆饰演)两人结婚十年的婚姻历程。从风格形态上来看,它是一部"逼真"的生活作品,可以说是"讲述老百姓自己的故事",没有洋房跑车,没有白领们的情感纠葛,让观众没有距离感,只是照着现实,娓娓道来,然而深入人心。无论是那座富有象征意味的将被拆毁的筒子楼、那一扇旧铁门、慈爱的单大爷传呼电话的小窗口,还是住在筒子楼里的一家家质朴的老百姓,所有这些都联系着成长和韩梦的青春岁月和人生命运而使观众领略到了平凡生活的气息。在《结婚十年》中,创作者实际上是非常注重叙事的感觉的,那些松散的故事给人以极其精致的印象,它不经意地开始叙述,轻松自如地转折和衔接,虽然描写的只是日常的生活,但每个片断都写得非常生动,有着穿透生活的力量,能够和现实生活对话并且没有任何意识形态上的先见和偏见。徐帆和陈建斌自然轻松的表演让观众有身临其境的感觉,那种夫妻之间的关系、生活的细节和其中细腻的情感不仅生活化,也引发了观众心底的悠长感动。

在该剧中,导演总是以一种温情的眼光和真诚的心态,去描绘男女主人公情感的困惑、生活的磨难,以及百姓人生无可回避的苦涩和炎凉冷暖,体现出导演对这种人生况味的搜寻所独有的功力和匠心。结婚十年后,成长已经深深地懂得了婚姻与爱情都需要奉献、忠贞和责任。人们在成长之中学会了成长,结婚十年,他们经历了生儿育女、下岗、打工、分居、破产、重逢等大事。这是现代都市夫妻、婚姻家庭的一面镜子,每一个人都能从中看见自己。

2)平民叙事中的"主旋律"策略

改革开放以前,我国的主导文化以政治一元化的面貌出现,主宰、支配着文艺创作,电视剧表现为政治的直接延伸。改革开放以后,文化由一元走向了多元,文艺创作也逐渐脱离了政治的一元化。在这种转变的过程中,一方面主导文化仍然是国家意识形态的表现形式;另一方面,主导文化随着社会的变革与时俱进,由单一的教化转变为寓教于乐。在这其中,"主旋律"电视剧无疑发挥了自身巨大的意识形态作用。它是一根利用和满足观众欲望、制约和影响观众思想的隐形的指挥棒。

作为一种类型或概念,关于它的定义有很多。什么是"主旋律"。"主旋律"这一说法真正开始流传是从20世纪80年代中期开始,随着影视作品的普及,弘扬"主旋律"成为国家在文化领域执行的基本政策,具体表现在主管部门以创作规划、资金、技术投入和发行保证为手段,强势领导弘扬主旋律的影视作品。主旋律在中国"唱"了几十年。但在以前,一听到主旋律作品,人们的第一反应就会想到革命历史题材和英雄模范故事,高、大、全的人物和假、大、空的情节。人们习惯于把宣扬社会与民族主流意识形态的影视作品归入这一类。这类"主旋律"作品一味在好人好事上做文章,却离普通人很遥远,使得观众对这一类型的影视作品抱有强烈的戒备心。

随着时代的发展,"主旋律"在寻找出路的过程中,也在与时俱进,那么在电视剧创作中又要如何看待和体现主旋律呢？在认识上，我们不能把主旋律僵化成一种模式或拘泥于一种风格，这将会是对"主旋律"片面狭隘的解释。时代需要多样化的"主旋律"，需要在题材、内容、风格、形式等方面齐头并进，只有这样的多样化才能如实地反映社会和时代的现状与变迁，满足普通观众不同的欣赏口味与需求，才不至于走入单一、狭隘的主旋律的桎梏中。以往的那种认为"主旋律"创作一定要追求"宏大叙事"，只能在所谓"大题材"上唱响"主旋律"，只能去塑造"英雄楷模式"的人物形象的观点，其实是捆住了创作者的手脚，这样的结果常常是主创人员为"宏大主题"、"英雄楷模"所累，为了"主旋律"而"主旋律"，反而制约了主旋律电视剧的发展，使它离普通观众的审美乐趣也越来越远。

近几年来，主旋律电视剧娱乐化的方式逐渐成了一种新的创作趋势。所谓主旋律电视剧娱乐化，在内容上，它尽量避免直接宣扬国家意识形态、党的方针政策；在表现形式上，减少了以往的思想性，转向了思想性与娱乐性并重，并强化了故事性、情节性，强化事件的戏剧悬念或煽情，竭力在各种日常事件、百姓生活、婚姻爱情中歌颂人性的崇高等信念。这种娱乐化的方式让观众更容易接受主旋律电视剧。

高希希认为，主旋律本身并不是一件坏的事情，为什么叫主旋律，是因为这个民族本身需要弘扬一些精神理念。面对主旋律题材，他早已摆脱了早期创作中的稚嫩，而越发成熟。高希希今天的创作虽然没有打出"弘扬新时代的主旋律"的旗号，然而它却将主导文化的精神话语与伦理话语、市民情趣自觉地组合到一起，以一种老百姓所喜闻乐见的方式来宣扬主旋律。在他的电视剧中所蕴含的真实情感和平民意识，所阐发的积极主题和精神追求，所塑造的逼真的人物形象以及所展示的演员深厚的表演功力等元素都保证了艺术质量和观赏效果，因而也获得了观众的肯定。例如我们所熟悉的"革命历史题材"电视剧，以往的这类剧或者是图解历史，把电视剧当作历史的声画教科书，宣教色彩浓重；或者是将红色经典作品歪曲注水庸俗化，使之不伦不类，真正能深入人心的作品少之又少。近几年来，一些军旅题材剧以其独特的视角重新进入了观众的视野，如2002年根据石钟山小说改编的《激情燃烧的岁月》，2003年的《历史的天空》，2005年的《亮剑》等作品。这些作品打破了军旅题材剧的模式化、类型化创作方式，弱化了道德楷模，却彰显了人性的自我。作为军人的高希希，在这股军事题材热中力拨头筹。既有正剧风格的《垂直打击》《历史的天空》，也有偏重爱情叙事的军旅题材剧《幸福像花儿一样》，虽然题材不同，但每一部电视剧都广受欢迎。从总体上来看，高希希电视剧中所体现出的主旋律策略可以从以下几个方面去把握：

（1）从个性化角度展现"主旋律"人物身上的亮点。

在人物的塑造上，一定要有个性化，这种个性化体现在独特的经历、品格、气质、行为方式、身处环境等。独特的行为会凸显出独特的性格特征，而这种独特正是避免模式化、类型化所必需的。尤其是同种类型的人物，更要突出其个性，在独特的经历、事件、成长的过程中，细致刻画出其与众不同的典型性格和独特的行为方式。

《历史的天空》中，这本来是一个典型的关于我党抗日、颂扬英雄人物形象的主旋律题材，但该剧着意将主旋律的思想"人性化"、"真实化"、"个性化"，塑造出姜大牙这样一个草莽英雄形象，姜大牙的性格非常鲜明，所有的剧情都是跟着人物的性格走，以人带事。一方面，他在战斗中屡建功劳；另一方面又经常暴露出个人英雄主义、本位主义、小农意识、刚愎自用等毛病。在他们的身上，集中了那个时代中国农民军人的许多突出的优点和缺点，正是这样的真性情才打动了观众。军事题材的主旋律本来是很受限制的，但高希希却把原本类型化、模式化的英雄人物还原为真实而多面性的人物。

军人的性格大多粗犷豪迈，但《幸福像花儿一样》中的白杨和林彬，虽然同为军人，但性格却大相径庭。白杨热情奔放，走到哪里就会把阳光带到哪里，但同时他的身上又有着大院子弟的霸道和傲气；而林彬则非常内向、忧郁，因为是一个从穷山区里走出来的孤儿，所以就更加敏感、自卑。一个是从前方战场上回来的战斗英雄，一个是每天吵吵着要去战场打战的"公子哥儿"。正是对他们内心世界的欢愉和痛苦的表现，才让观众看到他们身上今天我们某些社会与人物的真实状态。

（2）从情感方面寻找"主旋律"题材的塑造视角。

无论是哪种题材的电视剧，各类人物都有复杂的情绪表现。渲染情绪、展现真情是电视剧形成震撼力的点睛之笔。没有情，就没有戏，人物就会概念化。

《幸福像花儿一样》是一部军旅题材的爱情剧，导演将爱国主义的叙事融入到几对军人的爱情婚姻中去，爱国主义、英雄主义成为一条暗线，而爱情婚姻叙事成为了全剧的重心。电视剧的第一集，高希希就是在告诉观众什么是英雄，开始了一个重塑英雄的过程。林彬和保根儿是战斗英雄，整个参加202高地战斗的全连士兵只剩下了他们两个人，参加庆功会的时候，就要复员回家乡的保根儿希望能和舞蹈演员大梅握一下手，拥抱一下，然而却被大梅拒绝了，这时英雄连长林彬的一番慷慨陈词，再加上保根儿的一身伤疤，不但没让观众觉得假、做作，反而让观众对他们产生了一种深深的认同感和同情，使得电视剧在第一集中就把崇高这个概念贯穿到这部军旅爱情剧中。同时在剧中，每一次当林彬悲伤难过的时候，导演都会用镜头闪回到以前的战争的场面，这些年轻的军人所经历的残酷战争和当时军区里阳光般的生活也形成了一种鲜明的对比。

《历史的天空》是一部充满了阳刚之气的电视剧,打动人心的不仅仅是人物的性格与命运,还蕴含着丰富的人间真情:爱情、战友情、兄弟情……在剧中,姜大牙与东方闻英之间的爱情具有浓烈的浪漫主义色彩,可以说是推动剧情发展、人物命运转变的关键因素,这条情节线的加入,使得整个剧情的节奏得以控制,时而铿锵有力,时而旖旎绚烂。在姜大牙和朱一刀之间则充满了浓浓的兄弟情、战友情。两人一起进了新四军,一起并肩作战,经历了那么多场战争的洗礼,他们之间早已是血浓于水的亲兄弟了。然而他们同时也是上下级的关系,所以当朱一刀犯了原则上的错误时,姜大牙都要毫不留情地谴责他。

(3)从演员自身表演上寻找真实的突破口。

演员表演是否真实到位也是一部作品是否成功的关键,尤其是在主旋律电视剧,主要人物形象如果塑造得不成功,就会影响到观众的观看热情。

在高希希的电视剧,人物形象的成功塑造可以说是一大亮点,这跟演员真实到位的表演分不开。李雪健可以说是一位实力派演员,在《搭错车》中,他用传神的表情和极有分寸感的肢体动作代替了语言,演活了一个沉默不语、伟大至极的父亲角色。而在《历史的天空》中,他又摇身一变成了一个运筹帷幄、知人善任的司令杨庭辉。殷桃则是一位新秀,虽然演技上颇具争议,但不可否认的是她还是演活了一个秀外慧中、聪颖美丽的东方闻英,还有世俗化的大梅,朱一刀、张普景、万古碑、白杨、林彬、杜鹃……每一个人物形象都活灵活现、深入人心。

四、主流文化与电视节目

在传媒高度发展的今天,电视媒体以其独特的优势无疑成为影响力最大、传播范围最广、受众数量最多的媒体,美国传播学家拉斯韦尔曾经在1948年发表的论文《传播在社会中的结构与功能》中概括人类传播活动的三大功能为:监视环境、社会协调与传承文化遗产,作为弘扬优秀传统文化、主流文化的重要载体,电视承担着义不容辞的责任。

在弘扬优秀传统文化的过程中,电视发挥着不可替代的作用,这是由电视的自身特点所决定的。电视的出现是20世纪的一项重要事情,它不仅是一种有重大影响力的新闻媒体,同时又是一种受欢迎的文化和文化载体。电视文化的特殊地位和作用主要表现在:

(1)普及性。近年来我国电视发展迅猛,其覆盖面之广,观众之多,收视时间之长,影响力之大,已为书籍、报刊文化难以企及。

(2)大众性。电视文化是一种大众文化、通俗文化。不论男女老少,不论文化层次高低,即使目不识丁,只要耳聪目明,都能收看。

(3) 形象性。电视文化是一种形象性很强的文化,给人以直观的视觉效应,形象生动,具有很强的艺术魅力。它较之印刷文化对受众的感染力更强,对人的思想所起的潜移默化的功能更广更大。

(4) 包容性。电视文化是一种包容性很强的文化。古今中外,各种形式的文化艺术都可以包容进来。电视不但大量制造文化,而且还大量复制文化,传播文化,从根本上改变了以往文化自然累积的状态。

(5) 权威性。电视文化是一种具有权威性的文化。广播电视是党和政府的喉舌,得到广大观众的信赖,由电视播出的节目,对观众有明显的导向作用。

电视的产生,是文化口传时代人类认知交流方式的变化再现。电视集声音、画面、文字于一体的"多媒体"特征,加上其口传文化无法比拟的传播效率,使人类继文字印刷和广播时代之后,重新获得生动直观的信息交流与认知的可能。因此,在传统文化的保存与传播方面,电视媒体具有最充分的适应性,具有潜力无穷的工具价值。总之,在弘扬传统文化方面,电视承担着义不容辞的责任,也有着先天的优势,理应承担起传统文化保存与传播的历史使命。

然而人们看到,在电视媒体日益市场化、电视节目日益娱乐化、低俗化的今天,民族优秀传统文化的传播正在被许多电视媒体所忽视,传统文化中正确的价值观念在照搬西方"娱乐至死"的电视节目中被扭曲或异化,传媒理应承担的教化功能被淡化或遗忘。在这种情况下,一些电视受众的伦理体系出现了混乱,价值观念陷入了迷茫,并由此引发了一系列的社会问题。电视媒体如何充分利用自身优势,担当起弘扬中华民族优秀传统文化的使命,对观众起到应有的思想引导和文化提升作用,已经开始引起当代电视人的思考和探索。

在这种思考和探索之下,我们的电视人推出了一些旨在弘扬主流文化的电视栏目,如被广泛称道的山东卫视的《天下父母》,中央电视台的《中华民族》、《欢乐一家亲》、《欢乐中国行》等。《中华民族》栏目多年来致力于展现中华各民族悠久的历史文化,介绍中国西部的地域、人文环境,通过这档栏目让观众了解到各民族的传统习俗和文化传承,各民族同胞的精神面貌,无疑促进和加强了各民族间的团结和交流。而作为家庭才艺展示类栏目《欢乐一家亲》,则是全家齐动员一起走上央视大舞台,以展示家庭才艺,体现家庭和睦为目的,通过一个个普通家庭的生活经历,淋漓尽致地表现出一个个温馨和睦小家庭的真情实感。《欢乐中国行》栏目则是中央电视台综艺频道一档大型综艺类栏目。节目自始至终贯穿着联欢的色彩,栏目集中展现了全国各地所取得的文化进步,对促进社会的团结、和谐、进步,弘扬主流文化起到了巨大的作用。多年来,该节目深受观众喜爱,收视率稳居综艺频道收视排行榜前列。

1. 《开心辞典》栏目解析

《开心辞典》是中央电视台经济频道的一档娱乐类节目,该栏目结合经济频道的特点,同时为响应党中央"科教兴国"的号召,于2000年7月7日推出的新型益智类节目。仅用6个月时间,它的收视率就跃居CCTV-2第一,最高时达3.79%;此后收视率稳居CCTV-2前两位,成为每周五22:05中央电视台所有频道同一时间档固定节目中观众最多的节目。作为一档新型的益智类娱乐节目,不仅在开播之初给人耳目一新的感觉,经过多年的锻造,《开心辞典》更加完善和成熟,逐步成长为CCTV-2的品牌节目之一。

2. 《开心辞典》栏目定位

探索《开心辞典》的成功,节目定位无疑是最重要的,众所周知,《开心辞典》最初是引进了国外益智类节目的全新理念,然而仅仅引进节目模式是不够的,《开心辞典》之所以能成为今天的品牌节目,有广泛的知名度和美誉度,这和该栏目的本土化改造是分不开的。《开心辞典》准确锁定以"家庭"为基础的收视群体,围绕中国传统的亲情观念,利用"家庭梦想"和"平民智力英雄"等核心概念,满足了观众日益旺盛的娱乐消费需要,同时又契合了中国社会的传统伦理文化,取得了非同凡响的市场效果。节目开播到现在,收视率稳居CCTV-2前茅,并于2003年6月以CCTV-2的精品节目之一率先闯进CCTV-1播出,拓展了节目的收视平台。

与其他娱乐性节目相比,《开心辞典》节目最大的不同点是将网络、电视两大媒体紧密结合,实现了真正意义上的节目与观众的互动。全国的电视观众可以通过网络、声讯电话或走进观众的第三种选拔方式进入《开心辞典》在全国进行的选手复试,最终晋级中央电视台演播室参加角逐,实现全家人的梦想。

3. 栏目口号:一人努力,全家幸福

家庭和睦一直是中国传统伦理文化中的关键,也是我们倡导的主流文化的基础。《开心辞典》节目独创的"家庭梦想"概念完全契合了中国主流文化,是一档从中国传统伦理文化出发的节目,该节目的家庭梦想由参赛的家庭成员共同提出,商品组合来源于普通家庭的未来采购计划。与此同时,该节目还特别出资邀请选手的一名家庭成员来北京演播室现场助战。不难想象,在亲友团热切目光的注视下,帮助自己的父母爱人和儿女实现梦想,为家人而战,成为选手们调动智慧、鼓足勇气的动力。《开心辞典》让选手尽情地挥洒才情,让家人美梦成真。

4. 特别节目:开心学国学

《开心辞典》虽然是一档益智娱乐类节目,但其栏目的宗旨和出发点却是从作出高品质的益智节目出发,力求增加节目的文化底蕴,使节目向着开心、益智、怡情、家庭和睦、社会团结方面发展。在它的特别节目《开心学国学》中就体现得特别明显。

一说到"国学",人们或许会立刻跟"古老"、"晦涩"、"大师"一类的词汇挂钩,由《开心辞典》发起主办的暑期特别节目"开心学国学"打破了"国学"在人们心目中枯燥、晦涩的观念,通过在全国范围内的国学知识竞技将"国学"概念带给千家万户,令国学基础文化知识深入人心。同时为了拓宽节目的影响力,特别节目"开心学国学"共设置了武汉、重庆、西安、杭州、北京、港澳台及海外等六大分赛区,共吸引了逾万名国学爱好者积极报名参与。经过严格考核,每个赛区都决出100位佼佼者齐聚北京参加"100进3"的角逐,比赛以"七步对决"形式进行,最终有18人从这600位国学高手中脱颖而出,争夺进入全国决赛的9个席位。最终将会有18位国学精英诞生。

国学大师张岱年曾经说过:"作为一个中国人,就是要有民族自尊心、自信心,而培养民族自尊自信,需要了解优秀的民族文化传统.中国优秀的传统文化,现在不是讲得太多,而是还没有被充分地发扬。所谓批判继承当然是要有所批判,但主要还是要把优秀的传统继承下来,发扬光大。""一个对本民族的历史与文化知之甚少的人,在精神上便缺乏一种归属感;一个对自己的传统不懂得继承发扬的民族,便无法自立于世界民族之林。"这些话对于当前电视媒体人来说,更具有非同寻常的现实意义。电视媒体人需要进一步加深对传统文化的认识,阐析其内涵,把握其精华,发掘其价值;要从提高节目品位入手,弘扬中华民族传统文化,提高节目的思想性、艺术性、可观赏性。可以看到,凡有精品节目,凡是能经得住时间考验的作品,本身必含有丰富的人文内涵,符合传统文化的价值观,符合受到千百年来传统文化熏陶的民族受众的心理。因此,当今时代的电视工作者应着眼于打造精品栏目,必须在节目的创意上高起点,增强节目的文化底蕴。防止只注重消遣性和娱乐性而忽视理想和情操的追求,只注重经济利益而忽视媒体对文化的继承和弘扬、对受众素质的引导和提高的使命。当前要千方百计提高电视节目的文化品位和艺术质量,避免低俗,趋向崇高,少一些庸俗、媚俗,多一些健康的情调。电视娱乐节目应该多点文化含金量,多点民族文化精髓,着开心、益智、怡情、悦性、美感的方面发展。"

而作为电视文化的生产者,传播者的世界观、人生观和价值观时刻都在左右着电视文化的构建和传播的质量和效果,可以说,中国电视文化传播质量的好坏和品位的高低取决于每位电视从业人员职业能力的大小、传播理念的成败以及职业操守的优劣。节目的思想品位、文化意蕴和审美情操,事关营造是深刻还是浮浅,是沉稳还是浮躁、是幽默还是油滑、是健康还是庸俗的受众鉴赏心态的大计,也是事关是提高还是降低民族的文明素质的大计。

第十三章 精英文化与影视

精英文化主要指知识分子的所思所想,他们往往站在时代的前列,忧国忧民,深谋远虑,他们胸怀宽广,具有远见卓识。

精英文化对电影电视产生了深刻的影响,如新作者电影、文化类电视栏目、电视访谈节目等。

第一节 精英文化与电影发展

新作者电影对传统作者电影有所继承,有所发展。新作者电影具有鲜明的作者个性,积极进行艺术探索,表现人类共同关心的问题与价值,具有一定的普世性,具有较高的文化内涵与文化品格。新作者电影与实验电影、独立电影、地下电影有交叉关系,但侧重点不同。新作者电影在艺术上作出了较大的贡献,但部分作者电影在市场上往往陷入困境。新作者电影应该走产业化道路,但产业化道路比较曲折、比较艰难。

一、艺术上的贡献

作者电影在艺术上积极探索,贡献较大,为电影发展拓宽了道路。

埃里克·侯麦是国际作者电影代表之一。埃里克·侯麦是法国电影新浪潮奠基者之一,曾做过文学教授,写过小说,曾是著名的《电影手册》的创始编辑之一,与让吕克·戈达尔、弗朗索瓦·特吕弗、雅克·里维埃等后来著名的新浪潮导演一起工作,并做了7年主编。侯麦20世纪50年代开始拍摄短片,随后一直坚持创作到2007年,共拍摄了超过50部作品。他的影片拍摄手法细腻简约,注重人物对话与内心刻画。从以交响乐变奏曲形式构思的"六个道德故事系列",到充满城市话题与多角逐爱的"喜剧和谚语系列",最后到20世纪90年代集大成的"四季系列",侯麦一直孜孜不倦地围绕两性、道德等主题,探讨让人捉摸不定的人性和情感。

在电影创作上,由于坚守自己根深蒂固的天主教传统价值观,侯麦与戈达尔等激进的新浪潮导演产生了艺术分歧。20世纪60年代,《电影手册》已经具有明显的政治倾向,侯麦指责他的同事们逼迫他接受激进的现代主义和左倾思想的方式是一种"恐怖主义"。作为对他们的回应,侯麦说道:"不要害怕没有体现出现代性,我们应该敢于反抗潮流。"这句话成为侯麦一生电影创作的写照。2001年,威尼斯电影节授予侯麦金狮终身成就奖。2010年,侯麦去世后,英国《卫报》评价道:"他并不流行,但却永垂不朽。"《沙滩上的宝莲》将少女的纯真与成人世界的虚伪两相比照,风趣辛辣。"喜剧和谚语系列"第三部,引人入胜。《克莱尔之膝》、《面包店的女孩》、《好姻缘》、《夏天的故事》等进行了有益的探索,令人深思。

阿仑·雷乃是作者电影的大师,取得了丰硕的成果,如《广岛之恋》等在电影叙事、结构、镜头等方面进行了有意义的探索,获得了成功。

法国《电影手册》重视作者电影,为作者电影发展提供了平台,对作者电影发展作出了较大的贡献。

德国作者电影如汤姆·提克维尔自编自导的《罗拉快跑》具有很强的探索精神,采用游戏的结构,把真人表演与动画相结合。"罗拉为了解救男友而拼命奔跑,种种选择的可能消解了人生的必然性,突出了人生的偶然性。"[1]这个尝试是成功的,受到观众的欢迎,给电影人很多启发。

二、中国作者电影现状分析

中国作者电影代表人物有王小帅、贾樟柯、娄烨、宁浩、李杨等。

王小帅《青红》,贾樟柯《小武》、《站台》、《三峡好人》,娄烨《苏州河》、《圆明园》,宁浩《疯狂的石头》等对作者电影的探索均作出了积极的贡献。柏林电影节银熊奖得主李杨继《盲井》之后又一震撼心灵力作《盲山》参加第60届嘎纳电影节。

中国作者电影引起人们关注,它们内容丰富,风格多样,各有所长,成为中国电影一个重要组成部分,如《鸡犬不宁》、《我叫刘跃进》、《立春》、《左右》、《十全九美》、《爱情的牙齿》、《心跳墨脱》、《公园》、《箱子》、《夜店》、《世界上最疼我的那个人去了》、《我们俩》、《我们天上见》等。

主流文化与主流电影发展关系密切,主流文化与国家投资相结合,创造主流电影,占领主流院线与主流市场。大众文化与商业电影发展关系密切,大众文化

---

[1] 张智华.影视文化传播[M].北京:文化艺术出版社,2004:109.

与民营投资、中外合资相结合,创造商业电影,占领商业院线与市场。精英文化与作者电影产业发展关系密切,精英文化与独立投资相结合,创造作者电影,但在市场中常常处于困境,希望建立艺术院线。

消费时代具有开放性、及时性、直接性、复杂性,推动了主流文化、大众文化与精英文化的互动与发展,促进了民主化进程与社会启蒙,社会公器作用增强,有的大声疾呼,有的窃窃私语,拓展了电影发展的空间。

作者电影接近原汁原味,解构权威,主体意识增强,当然应该辨析其准确性。作者电影能够部分满足民众的知情权,是对大众传播权的一种张扬,能够促进有关舆论与热点的形成。新媒体时代电影传播方式有所增加,有网络传播、手机传播等。互联网能大大降低供给和需求的连接成本,各种电影电视可以在网络上传播,这也促进了作者电影的发展。

最近几年我国作者电影在数量、票房等方面逐年增加,当前娱乐文化的统治范式引起人们关注。这种状况让人既喜又忧,电影数量众多,往往泥沙俱下、鱼龙混杂,优秀之作所占比例太小,一些作者电影模仿、拼凑成分较多,表现自我较多,创意太少。原因多种多样,作者电影与民族文化、与现实社会结合是否紧密是其中一个重要方面。作者电影应该积极发掘民族文化的精华,表现现实社会人们真正关心的内容,在娱乐中展示真善美。

电影界对作者电影重视不够,作者电影本身存在一些薄弱环节。部分作者电影是阳春白雪,曲高和寡。部分作者电影太自我了,内容很狭窄,叙事简单,音像质量比较粗糙,难以观赏,难以产生共鸣。

作者电影既是个性化的,又应该有让人们产生共鸣的元素,如人的价值、人的情感等。

三、市场中的困境与出路

新作者电影放映方式主要有电影院、电影频道、网络、高校展映、社区展映等,这几种传播方式可以相互影响,产生互动效果。

中国作者电影能上院线的很少,能够上电影频道的也比较少,有些甚至生产出来就进了库房。像《左右》这些作者电影在国外获了奖,口碑很好,但还是票房很少,所以现在几乎完全商业化的院线就很少播作者电影,因而中国作者电影在市场上急需一种出路。之前国内学者对中国作者电影面临的困境做出了具体分析,大多数是在影片内容的改进上进行了深入探讨并提出了具体建议。但是,针对作者电影和市场关系的研究还比较少。笔者着眼于中国的作者电影市场出路,意在使内容和质量都过关的作者电影能在市场上大放光彩。

和市场连接最紧密的就是作者电影的发行,现在中国作者电影的传统发行方式包括：上院线、卖版权给碟市和卖给电视台，还有的会在高校和社区放映。要是上院线，这就意味着和"大片"竞争，"大片"对观众投放的铺天盖地的广告等宣传是起了较大的作用，不知名的作者电影相比之下竞争力较弱，院线大多会选择可盈利的"大片"上映，所以作者电影在院线这条出路困难很大。若你的片子没有名气或没有口碑的话，碟市也不会买你的版权。电视台给的钱可能还收不回拍片的成本。

除了这些传统的发行方式，我们认为网络发行是一种极为可行的方式。

第一，互联网能大大降低供给和需求的连接成本，作者电影可以在网络上建官方网站来宣传，或借助家人和朋友，写博客、建贴吧。例如，最开始使用开心网的只是新浪的员工，现在使用开心网的用户数量已经不知道是当初的多少倍了，而且每天都还在增长，所以不要忽视这种网络传播的力量，小雪球能在网络中滚成大雪球，作者电影在网络中说不定也能取得像"大片"一样的效应。只要网络电影正版化、健康化，互联网对作者电影是一个很有潜力的市场。

第二，作者电影不能像大片那样抽出1000万去宣传影片，但像《疯狂的石头》那样，通过口碑宣传是很容易在网络中实现的，特别随着新媒体的发展，像人人网、开心网，这样的虚拟社区越来越多，人与人之间通过互联网交流越来越频繁。据调查：现在院线市场的目标受众平均年龄是21.7岁，这意味着电影的受众大多是年轻观众，正巧和现在大量使用这种虚拟社区的用户是一样的。所以我们认为很好地运用互联网，可以为作者电影谋求一条极为可行的出路，并且创造奇迹，带动中国电影产业的发展。

第三，更大的市场意味着更激烈的竞争，观众们不再被那些"人造热门"牵着鼻子走了，他们有了更多的选择，中国作者电影应该找到自己与市场对口的优势。因为资金有限，作者电影不能像大片那样拼场面、比明星。《疯狂的石头》开了一个好头，让很多拍作者电影的中国电影人看到了希望。然而《疯狂的石头》的成功是难以复制的，我们应该认识到不只是喜剧可以赢得观众，赢得市场，作者电影还应该在多种电影类型上尝试，适应这种多元化的市场。面对作者电影资金短缺的现实，我们可以把这种劣势转换为优势，资金短缺就意味着导演要放弃那些吸引眼球的奇观和宏伟的场面，但它会促使导演去挖掘生活中最感人的细节，这样更容易和观众产生共鸣，积累口碑。

我们对中国的作者电影进行了更多的调查研究，对作者电影的市场出路进行了进一步的探寻。中国电影产业报告发布：2008年中国电影年产406部，居世界第三，票房年增长20%～30%，居世界第一，但406部中仅124部上映，可见中国的电影业存在明显的"长尾"。视频网络平台是中国作者电影的市场出路之一。

那些抱怨作者电影上不了院线的导演应该意识到：在现在这种信息化的时代，我国已经是全球互联网第一人口数量的国家，我们应该看到电影不仅有院线、碟市、电视台这些市场，还有一个更庞大，用"长尾理论"说就是无限庞大的市场，那就是互联网，它能使作者电影热映。首先，互联网能大大降低供给和需求的连接成本。其次，消费者在网络平台上会变得主动，因为在网络平台上，需求实际上是随着供应而动的，选择的迅猛增多就会释放出更多对新选择的需求。最后，作者电影放在网络上，时间因素也不用担心了，受众不用再去影院等了，要是想看，在网站上点击就可以，被看到的可能性，远比投放影院、电视台、碟市要大，并且看的人越多，评论就越多，口碑传播在网络的传播速度是极快的，要是金子就肯定会发光，《疯狂的石头》就是靠口碑传播带火的。并且，在网上视频生产者可以根据网友的意见修改自己的影片，再上传，形成良性互动，有利于激发个人的创造力和群体的智慧。无论是DVD的零售商，还是院线、电视台，它们都不能像网络那样有无限的货架，他们都会有自己的的经济极限，货架空间也是有限的，他们会不自觉的接受80\20原则，选择那些所谓的"热门"去销售，在某种程度上不利于作者电影的销售；而互联网对作者电影的销售是有利的。

　　网络中的推荐系统可以创造一个公平的竞技场，为负担不起经营成本的影片提供免费的营销服务，这便使市场需求在大热门和小制作之间实现了更均匀分配。中国作者电影把网络平台作为一种低成本的营销平台还有一种方式。《长尾理论》说：2005年，环球电影公司在网上发行了科幻片《宁静》的前9分钟——免费而且未加删减的前9分钟。为什么？他有能力这样做。把一部电影的10%在线传输给有兴趣的观众几乎没有成本，与巨大的营销价值完全不成比例——一旦被这个片段吸引到了情节之中，却还有扣人心弦的悬念尚未解开，心痒难耐的观众们只能花钱去趟电影院。这种方法对能上映的、高质量的中国作者电影也可以适用。所以我们认为很好地运用互联网，可以为作者电影谋求一条极为可行的出路，并且创造奇迹。

　　随着DV与视频制作工具的普及，现在网络上的"自我出版"很流行，很多人不仅会做职业岗位上分内的事，还会做自己想做的事，作者电影的生产者的队伍不断壮大，很多业余人士也积极地参与了进来，为中国电影提供了源源不断的想象力和创造力，促进了中国电影文化的繁荣。《长尾理论》也证明了：自我出版不是以商业利益为目标，经济利益可以让位给创造力，它可以作为作者电影制作人低成本的营销方式和一种自由流动的简历。这一点也证明了中国作者电影在网络平台上播放对于生产者来说是可行的。"长尾理论"让我们对数量庞大、种类多样的中国作者电影充满信心，希望在网络这个相对公平的平台上，优质的作者电影可以大放光彩。

作者电影可以在视频网络上播放,也可以在高校展映。高校大学生可能喜欢观看作者电影,在校大学生是作者电影目标受众的一个重要组成部分。高校可以成为作者电影研究、制作、传播中心之一。

作者电影还可以在社区尤其是知识分子居住较多的社区展映。知识分子可能对作者电影感兴趣,会促进作者电影的传播。因此,作者电影在社区和高校上映是可行的,《大话西游》在高校火起来,就是一个很好的例证。

笔者意在为中国作者电影在市场上寻找出路,让更多优秀的作者电影与观众见面,促进中国电影产业的发展和繁荣。新作者电影如果发展得好,那么可以与主流电影、商业电影三足鼎立,共同推动电影的发展。

第二节　精英文化与文化类电视栏目发展

一

文化类电视栏目如中央电视台的"百家讲坛"、北京电视台的"燕园话红楼"等引起人们的较大关注与浓厚兴趣。

文化类电视栏目按照节目形式基本上可以分为五种(主要以央视为例)。第一种为访谈式,以访谈的形式直接对话文化界当事人,探讨文化现象,畅谈文化作品,如《读书时间》等。第二种为纪录片式(专题式),以纪录片或专题片的形式探寻文化痕迹,多讲述历史维度的文化和文明,内容涉及文学、美育、历史、地理、科技等各方面,如CCTV-10推出的"教科文行动——暑期特别编排"、电视剧频道的《世界文化广场》、西部频道的《中华民族》。阳光卫视播出此类节目尤多,如《科技与文明》、《未解之谜》、《千年回望》、《战争攻略》等。第三种为新闻式,以新闻播报的形式报道最近最新的国际国内文化事件,如新闻频道的《文化报道》。第四种为电视艺术片式,以电视诗歌散文等电视艺术片形式来展现文化内容,如《电视诗歌散文》。该栏目在不断探索,推出的《中外抒情诗歌》系列,采取名诗、名曲相结合和演播室朗诵的方式;《中国古诗词欣赏》系列,以欣赏中国古典诗词为主,采取诗词与国画相结合的方式,充分利用电视高科技制作手段和三维画面设计。第五种为组合式,将文化解读部分与其相关内容(如娱乐成分)结合播出,如电影频道的《佳片有约》,节目以影片播放为主体,播放前后有专业人士对影片进行赏析。

中国教育电视台推出一档人文栏目《一方印象》,把教育与旅游相结合,即把介绍我国各地教育情况与展示该处风俗民情、人文精神相结合,定位比较合适。该栏目策划有一点新意，不同于单独介绍城市特色景区、名特小吃的旅游类节目，也不同于介绍我国各地名校情况的宣传类节目，而是把两者结合起来。如《一方印象——厦门》，观众可以从中感受到厦门的各种魅力：阵阵海浪拍打岩石或轻柔或壮观的景象；闽南特有的茶道文化；作为中国侨乡所特有的建筑；最后落脚点放在重教传统上。

电视诗歌、电视散文是很有中国特色的电视艺术样式，从1998年以来发展很快，中央电视台每年一度的展播比赛，都有一些精品出现。电视诗歌、电视散文吸引观众的是其情境、意境，最难表现的也是情境、意境。如果在电视诗歌、电视散文中适当地运用一些数字化技术，那么会有助于表现情境、意境，或者为观众创造一种氛围，引导观众去联想、想象。

《齐鲁风情》是山东电视台卫星频道打造的一档关于山东历史文化、城市建设、人文风貌、风土民情的节目，旨在将21世纪的山东形象推向全国、推向世界。它凭借鲜明的地域特色、独特的人文视角、丰富的文化内涵，逐步成为国内外观众了解齐鲁传统文化和现代文明的一扇窗口。《齐鲁风情》选取城市中最具特色的历史传承、风土民情、杰出人物、自然景观和最新考古发现来探寻城市本身独具魅力的个性特征。用跨越时空的方式讲述历史记忆、名人典故；用人文视角表现风土人情、自然山水的魅力；用引人入胜的故事表现人们的生活状态和精神风貌，从不同角度立体、全面地展现城市的主要特点。

从中央到地方，各种文化类电视栏目层出不穷。文化类电视栏目取得了一些成效，但现状堪忧。文化类电视栏目能否像娱乐类电视栏目那样掀起一些高潮，这是一个问号。这有外部的原因，也有内部的原因。

从外部原因来看，文化类电视栏目不受重视，常常坐在冷板凳上。电视栏目可以分为新闻栏目、娱乐栏目、经济栏目、文化栏目、生活栏目、体育栏目等。与其他电视栏目相比，目前我国文化类电视栏目处于受挤压的状态，困难重重。文化类电视栏目不是拉动收视率的主打节目，为了保持频道在黄金时段的竞争能力，电视台一般把文化类电视栏目安排在晚间第二时段（即晚上11时左右）、甚至第三时段（午夜以后）。这样，观看的人就越来越少。

从内部原因来看，部分文化类电视栏目逐渐走入一种误区，主要表现为：有的曲高和寡，我行我素；有的孤芳自赏，自娱自乐；这些都是不贴近观众的表现。电视传播是一种大众文化，如果观众不喜欢看，节目纵然做得高雅精致、较有情调，那也是枉然的。

二

千百年来，人类在自己的发展历程中，已经创造了绘画、雕刻、建筑、音乐、诗歌、舞蹈、戏剧、电影八大艺术,当人类进入电子时代后,一种新的文化艺术形态——电视文化艺术也就相应出现了,作为"20世纪的电子缪斯",它将人类载入了一个高度文明的21世纪。电视文化艺术便是电视整体构成中一个重要的组成部分。它吸取了三千年来的各种文化艺术营养,以及成熟的电视技巧和方法,但它既不是戏剧,也不同于电影,它是站在各种艺术巨人肩膀上成长起来的新的艺术女神。它独有的特点造就了其独特的魅力。其中,文化类电视栏目是不可缺少的一个组成部分。

进入21世纪,即进入卫星时代、互动时代、多媒体时代,数字图像压缩技术得到进一步推广,数字电视与高清晰度电视不断扩大使用范围,有线电视、电话电视、卫星直播电视、交互电视越来越受到重视。网络媒体、数字电视、DV及家用数字系统正逐步普及,加快了媒体竞争背景的演变,为电视文化艺术的发展拓宽了新思路、新手法,对电视创作与收视产生了很大的影响。这为文化类电视栏目的发展提供了新的平台。

以多媒体和信息高速公路为主体的"电子小屋"试验区,在美国、日本等地正在大力推广。2000年日本20%家庭拥有"电子小屋",2010年"电子小屋"在日本全面普及。多媒体和信息高速公路使全球每个角落都能通过分布式智慧网络的联系分享信息,实现相互瞬息交流和沟通。运用数字化技术和光纤通信技术,能成千上万倍地提高信息传输能力。这以技术通过集电话传真、计算机、电视、录像、电影为一身的信息处理、传输和显示的多媒体,将文字、声音、图像等高密度信息高速度、大容量和高精度地传送到每一个家庭、实验室、教室等,为人们提供声音、数据、文字、图形和影像的交互式多媒体服务。多媒体和信息高速公路具有省时间、高效率、通用性、高精确度、大储存量等优点,有力地推动着电视艺术包括文化类栏目的发展。

随着世界电视业的繁盛,电视艺术发展迅速,文化类电视栏目不断开出绚丽的花朵。

美国、法国文化类电视栏目之所以吸引大量观众,是因为它具有鲜明的时代感,具有强烈的都市色彩和时尚的生活方式,并适当地表现了丰富多彩的文化元素。温暖的小吃馆、街头大排档,繁华的闹市,古老的小街,表现了美国人和法国人现代而多样的生活方式,展示了独特的文化内涵。这些伴随着一定的文化习俗的节目,在观众看来才更有兴致,才够味。这些文化类电视栏目是真诚自然的,它真诚地演绎现实生活。它是朴素平实的,来自于平常生活的酸甜苦辣让观众从一个方面看到生活的真谛。它热情奔放,如同惠特曼的诗、雨果的小说,让人回味无穷。

世界电视业越来越受到全球政治、经济、文化、科技等因素的影响,新媒介的兴起与迅猛发展,国际媒介业与其他行业的兼并整合,大型跨国电视集团出现,全球文化与本土文化的交融与抗争。尤其是国际电信、网络的发展,给电视带来良好的伴侣,共同游览地球村,共同观赏无限风光。这对文化类电视栏目提出新的挑战,也带来了新的发展机遇。

努力探索适合于文化类电视栏目自身的发展道路,不断扩大在观众中的影响,以提高电视的文化品位,这是电视人的一项重要工作。

第三节 精英文化与电视访谈节目的发展
——以鲁豫访谈为例

精英文化与电视访谈节目关系密切,访谈的嘉宾、内容与形式往往受到精英文化的影响。

自2002年初开播以来,《鲁豫有约》的收视率一路飙升,主持人陈鲁豫一步步坐上内地访谈节目"一姐"的宝座。2007年3月5日,一篇名为《陈鲁豫:中国的"奥普拉"》的文章出现在CNN网站的页面上,文章将"中国奥普拉"的美誉毫不吝惜地加给了凤凰卫视著名主持人陈鲁豫,并对她坚持了五年(至2009年已有七年)的颇具中国特色的"脱口秀"节目《鲁豫有约》给予了充分关注与肯定。而白岩松在做客《鲁豫有约》(《白岩松·约会电视》2008年10月21日首播)时也曾借用别人的话称赞鲁豫的访谈技巧"无招胜有招"。

然而,经过长期的观看、分析不难发现,鲁豫还是深谙传播策略,自有一套传播"套路"的。下面将从提问技巧、与采访对象的沟通技巧以及与观众的沟通技巧几个方面略作展开。

一、提问技巧

作为访谈类节目主持人,最主要的工作就是提问。问题提得是否有针对性,能不能让采访对象有话可说,最终决定访谈节目的成败,并将如实地反映在收视率——电视节目的生命线上。从这层意义上说,提问的精妙与否是衡量主持人功底如何的重要标准之一。在《鲁豫有约》中,鲁豫的提问技巧可以概括为以下几点。

1. 提问具体

"要了解具体的东西,就要把问题提得具体。对记者来说,只有一般的东西是远不够的,是难于写成报道的。有了具体的东西,才能深入地认识一个事物的特征,才能在写作时进行具体的叙述和细致的描写,才能感染人"①。这里虽然

---

① 蓝鸿文. 新闻采访学. 北京:中国人民大学出版社,2000:311.

是针对纸质媒体说的,但对于电视媒体来说显然也可适用。

其一,问题细节化。例如,在采访孙俪的那期节目(《多面孙俪的花样年华》2008年10月24日首播)中,当问及孙俪当时在军队文工团的工资时,鲁豫问了以下一系列问题:"当时在团里拿工资吗?""高吗?""够吗?""拿来干吗?",从而从工资的有无、数量、水平以及使用情况等几个方面具体地说明了孙俪当时的工资情况。

其二,问题"极端化"。即关心与"第一次""最"有关的问题。此类问题由于具有较高的新闻价值而受到诸多记者的青睐。例如,在《周杰伦·音乐魔法师》(2008年11月19日首播)一期节目中,当问及周杰伦新专辑中的主打歌《稻香》时,鲁豫便问周杰伦有关"第一个唱给谁听"的问题。

其三,问题形象化。遇到"谈谈你当时的感想"之类较开放的问题时,鲁豫会罗列一些备选答案,将抽象问题具体化。例如,在《林忆莲·笑傲歌坛的铿锵玫瑰》(2008年12月6日首播)一期节目中,当问到林忆莲男人的什么品质最吸引她时,鲁豫紧接着列举了"正直"、"聪明"等几个选项。

这样做的好处是可以使采访对象更快地理解主持人提问的用意,同时也方便采访对象作答。然而,它的负面作用也十分明显,因为鲁豫的"提示"在一定程度上限制了采访对象的自我发挥,大多数采访对象会贪图简便地在鲁豫已经给出的几个"选项"中选择一个了事,虽然"这一个"自己刚刚也许并没有想到。以上面举的例子来看,林忆莲在回答中就只是把鲁豫给出的几个形容词稍稍展开了一下而已,这样的回答显然质量是不高的。

2. 提问注意寻找多个对象之间的联系,使1+1的效果大于2

如果有多个采访对象,鲁豫往往会让他们:其一,互相爆料。例如,在采访五月天(《五月天·青春期的歌》2008年11月14日首播)时,她问了如下几个问题:"在录这个专辑的时候,你们谁会有一些特别奇怪的习惯?""你们几个人谁说闽南话说的是最标准的?""那个时候谁是最受女生欢迎的?"其二,互相评价。例如在采访《奋斗》剧组(《赵宝刚青春继续·〈奋斗〉男主角三人行》2008年3月29日首播)时,鲁豫就关注了一下佟大为和朱雨辰互相看到对方第一眼时的想法。其三,进行互动。例如在采访周星驰和徐娇(《王者归来·再见周星驰》2008年1月25日首播)时,鲁豫就让徐娇以一个主持人的身份问周星驰一个问题……

这样的问题设置不仅是把几个采访对象当作单独的个体,更是通过发掘他们之间的"连接点",使其成为一个有机的整体,在带动现场气氛的同时,也得到更多"内幕",大大扩大了"1+1"的内涵。

3. 避开敏感问题

电视节目主持人是一个重要的"把关人"。"传播组织除了具有经营目标以外,还有自己的宣传目标或社会目标。""社会主义媒介认为新闻报道也是一种宣传活动,具有政治和意识形态的导向作用,并旗帜鲜明地表明自己的政治立场;……"①电视作为如今影响力最大的媒体之一,拥有广大的受众,更要时刻注意引导正确的舆论导向,如果某些敏感问题处理不好,不仅会造成不良的社会影响,甚至还会关乎栏目的生命。因此,主持人在访谈过程中要时刻警惕,避开敏感问题。

在采访蒋家第四代蒋友柏(《蒋家第四代蒋友柏的故事》2008年10月18日首播)时,鲁豫有意避开政治的问题,把蒋介石等政治人物定位为蒋友柏的亲人这样的角色来进行谈话,在谈话过程中,蒋友柏不经意间提到自己的生意有时会受政治立场问题的影响,我想鲁豫一定听到了相关的内容,她却没有深究,而是把蒋友柏又拉回到既定的谈话内容上来。还有一些情况是在节目中更加普遍存在的,例如说,当谈到打架等不算积极的内容时,鲁豫都会反复强调这种做法"不可提倡",有时还半开玩笑地要求出字幕。

4. 预设性问题

预设原本是一个哲学术语,"'语句的预设'可以理解为'使一句话有意义(或恰当)的前提条件'"②所谓含有预设性的问题,就是答案已经包含在问话当中,对采访对象具有较强的暗示性和引导性的问题。

例如,鲁豫采访周杰伦时问了这样一个问题:"遇见挫折应该怎么办?"紧接着周杰伦的回答,鲁豫补充说道:"是不是有的时候属于自己的那个时刻还未到?"后面一个问题明显具有预设性,这里面包含了"每个人都有属于自己的那个时刻"的隐性判断,也就是说这样的问题含有说话者强烈的主观意见。鲁豫这样问与其说是在等待答案,不如说是在寻求证实,而观众也几乎可以猜到周杰伦的回答。

含有预设性的问题几乎在每一期《鲁豫有约》中都能找到,有时一期节目中还不只一次出现。它的好处在于主持人可以很好地把握节目的内容,不会使采访对象的回答过于漫无边际,但另一方面它又束缚了采访对象的思维,削弱了采访对象的主动性。因而采用这样的提问方式要三思而后行,区分对象进行使用。有的采访对象年龄较小,经验不足,明明有想法却不能很好地表达,这时如果主持人适当地点拨、引导一下,不仅可以化解采访对象的尴尬,也能让观众更好地理解采访对象所要表达的内容。而有的采访对象年龄较大,经验丰富,具有较强的语言组织和表达能力,这时候最明智的方法也许是将问题直接丢给采访对象,

---

① 郭庆光. 传播学教程. 北京:中国人民大学出版社,1999:164.
② 杨树森. 普通逻辑学. 合肥:安徽大学出版社,2005:69.

只要适当地控制一下谈话的时间和方向即可。这样既可以体现主持人对采访对象的尊重,也可以让采访对象谈出具有个性化的内容,使节目更加精彩。

二、与采访对象的沟通技巧

在访谈类节目中,主持人与采访对象的关系,有的亲密如朋友,有的则对立如"敌人",《鲁豫有约》显然属于前者。有很多采访对象私底下就是鲁豫很好的朋友,例如在采访孙俪的那一期节目中,当孙俪谈到曾因为军队的演出而有机会与国家高层领导见面时,她对见到的领导欲言又止,最后她对鲁豫说:"做完节目我再告诉你。"由此可见,鲁豫和孙俪的关系非同一般。正是因为有这样的基础,才使得他们之间的谈话更加亲切自然。

1. 鲁豫的夸人技巧

鲁豫很爱夸人,也很会夸人,甚至她自己也在节目中直白地说:"我很爱夸别人。"汪凤炎、郑红在《中国文化心理学》一书中提到:"中国人酷爱面子的结果,还导致中国人有喜欢听好话的心理,因'好话'易给自己产生一种'有面子'的虚幻感觉。"①而鲁豫正是利用了这一心理,将"夸奖"变成自己与采访对象迅速拉近关系,激发采访对象说话欲望,营造轻松而温暖的节目氛围的"杀手锏"。当然,任何人都不会反感别人夸自己,这一技巧在采访外国人时也是屡试不爽的。

这种夸奖不仅体现在开场白、与采访对象寒暄式的问候以及节目过程中,同时也体现在整个节目的主基调上,按夸奖的直接与否可以分为两种:

其一,直接法。如鲁豫采访林忆莲时,开口就称赞林忆莲很漂亮、皮肤好等。采访白岩松时说他变帅了,"壮了但好看了"。采访汪涵时又说:"我觉得你状态挺好的。"(《汪涵·策神的成长与蜕变(上)2008 年 7 月 23 日首播》)这种方法用得比较多。

其二,间接法。一是巧借他人之口。如采访刘谦(《刘谦的魔法诱惑》2008 年 8 月 2 日首播)时,鲁豫待他坐定后对他说:"他们(现场观众)说你挺帅的。""他们说你有点像韩庚……"二是利用现场气氛。例如采访周杰伦时,鲁豫一语双关地说,今天现场太热了,并对周杰伦说,因为是你来,今天人才特别多。三是寻找采访对象与知名人物之间的相似之处,例如采访刘谦时,鲁豫有意提到自己在美国看大卫·科波菲尔(刘谦的偶像,世界级的魔术大师)表演的经历,然后很自然地说:"我发现你们眼神有相似的地方。"四是让嘉宾做拿手绝活,借助观众的掌声与喝彩讨好嘉宾。例如让周杰伦表演魔术,让蔡依林做彩带操(《蔡依

---

① 汪凤炎,郑红. 中国文化心理学[M]. 广州:暨南大学出版社,2005:117 页。

林的"蜕变"历程》2008年5月3日首播),让汪涵学宋世雄、赵忠祥解说,模仿张国荣唱歌等。应该说,间接的夸奖往往因为比较含蓄,不易察觉而又能实实在在地使嘉宾感到心中"暗爽",从而能达到更好的效果,但是由于这种方法的难度比直接法要大,所以操作起来不太容易。

2. 鲁豫的微笑技巧

心理学家证实,微笑是会给人压力的。因而,善于微笑的人不仅把它当成一种表情,更当成一种武器。对于鲁豫来说,有这样两种场合她会"运用"微笑:

其一,用微笑化解采访对象的"回击"。不是所有的采访对象都会积极地配合主持人的采访工作,相反,有许多采访对象是很善于"反客为主"的,时不时还会将主持人一军。

其二,用微笑带过嘉宾对自己的夸奖。有一期《鲁豫有约》主题是"催眠术",当时有一位嘉宾是来自加拿大的催眠大师,他一开口就称赞鲁豫:"我很喜欢看你的节目,有人说你是东方的奥普拉,但我觉得奥普拉是西方的陈鲁豫才是。"面对这样的溢美之辞,鲁豫也没有喜不自禁,而是用微笑稍稍回应一下,便很快进入采访的正题了。

微笑是一种看似柔弱,却很有力量的武器。它既可以缓解紧张气氛,化解一时尴尬,表现一种风度,同时也可以展现一个主持人良好的个人形象。特别是作为一位电视节目主持人,随时有成为"痰盂"的危险,宁可少说话,忍一时之气,也要永远保持微笑,才是明智之举。另外,主持人的微笑往往可以带动现场观众,甚至电视机前观众的情绪,共同营造一个统一、欢快、融洽的"磁场"。

3. 鲁豫的"拉拢"技巧

"拉拢"这个词听起来有点不顺耳,但是作为一个电视节目主持人,事实上最重要的工作之一就是"笼络人心":如果采访对象不喜欢你,你是问不出什么有价值的信息的;如果观众不喜欢你,甭管你有多高的学历和才能,都得"下课"。所以说,怎样让采访对象愿意把自己的故事说出来,并且是真实地、好听地、生动地说出来,这就是访谈类电视节目主持人要做的事。鲁豫显然深谙此道,她对这种技巧的运用大致可以归纳为以下几点:

其一,适当地介绍自己的类似经历,与采访对象产生共鸣。"我们喜欢那些与我们相似的人。不管他们是在观点上、个性上、背景上,还是生活方式上与我们相似,都会使我们对他们产生好感"[1]在《快乐谢娜的搞笑人生》(2008年9月4日首播)一期节目中,当谢娜谈到自己原先参加了一个全国大赛,初赛便被淘汰的经历时,鲁豫也简要说了自己曾经参加过类似的比赛,复赛时也被刷下来的

---

[1] 罗伯特·西奥迪尼. 影响力[M]. 陈叙,译. 北京:中国人民大学出版社,2006:220.

事,表达了对谢娜当时心情的理解,拉近了与采访对象的心理距离。

其二,及时地为采访对象解围。例如,周杰伦在节目中为现场观众表演自己刚刚学会的抖空竹,不慎出现失误,鲁豫立即向观众解释那个空竹是摄制组临时买的,周杰伦用惯了自己的道具,使用起那个陌生的玩意自然会不习惯。这样恰到好处的圆场给周杰伦消解了尴尬,也照顾了观众(尤其是粉丝)的感受。

其三,巧妙地与采访对象开开玩笑。在采访主持界的前辈赵忠祥(《赵忠祥·岁月随想》2008年10月4日)时,鲁豫请赵老师用播《动物世界》的方式解说一下体育赛事,在场观众无不捧腹。这样小小的"使坏"不仅不会使采访对象反感,反而使其觉得挺有意思,同时,类似的问题颇具戏剧性,可以活跃现场气氛,加强传播效果。

其四,委婉地控制采访对象的情绪。例如,在采访《头文字D》中的演员杜汶泽时,聊到兴起,杜汶泽突然兴奋得狂笑不止,场面开始有些混乱,鲁豫先是半开玩笑地说:"我再给你两分钟。"当发现杜汶泽并没有停止的意思时,她又转而对钟振涛(电影中杜汶泽父亲的扮演者)说:"你管不管你儿子呀?"这其实是在寻求剧组其他人员的帮助,说了这个之后,采访才得以继续。

三、与观众的沟通技巧

能否处理好与观众的关系与一期节目的成败息息相关。这里的观众有两层涵义,一是指节目录制现场的观众,二是电视机前的观众。

1. 节目录制现场的观众

节目录制现场的观众的角色是很微妙的,他们既是听众,也是参与者,主持人既要利用与观众的互动引出一期节目的主题,例如在"催眠秀"那期节目开始之初,鲁豫便让观众就"有没有听说过催眠?""是否相信催眠?""是否认为自己会被催眠?"三个问题进行举手表态,以这样的方式增强现场观众的参与度,同时使节目制作更活泼。主持人也要利用观众的热情使嘉宾感到自己很受欢迎,愿意更多地袒露心声,展示自己更好的一面,例如在前面提及的采访刘谦的那期节目中,鲁豫就是利用观众对刘谦的鼓掌和欢呼让刘谦渐渐开心起来,并倾向于将发生在自己身上的有趣经历说出来与大家分享的。

另一方面,主持人要注意控制好现场观众的情绪,不能让观众的言行影响访谈的正常进行和节目的录制,这一点在有名家大腕做客时尤其要注意。例如,当《头文字D》剧组主要成员云集《鲁豫有约》时,现场观众为周杰伦、余文乐、陈冠希等大明星的到来而异常兴奋,尖叫声不绝于耳,只听鲁豫开玩笑地提议道,我们这期节目有一个小时,不如就让他们站在这儿,你们尖叫一个小时,怎么样?接着她说:"我想你们肯定非常想听他们讲话。"于是自然地开始让每一位嘉宾进行自我介绍,将节目拉入正轨,访谈正式开始后,观众的情绪就相对平静了。

2. 电视机前的观众

主持人与电视机前观众的沟通主要表现在镜头感上。这与播音员的"对象感"类似。"'对象感'强调的是一种心理感觉,'播音员必须设想对象的存在和对象的反应,必须使之处于运动状态。'"①好的电视节目主持人可以透过冰冷的摄像机想象到观看电视的观众,只有这样,主持人的眼睛才会传神,传播才会有好的效果。而鲁豫在这一点上做得非常好,当观众在看《鲁豫有约》时,仿佛她就是在对着自己说话,十分逼真而生动。

在整个访谈节目中,主持人直接对观众说的话并不是很多,主要包括开场白,衔接语和结束语。开场白大多是对嘉宾的简要介绍,有时甚至十分简略,如:"我想大家应该知道我们今天的嘉宾是谁了,让我们欢迎……"结束语也很简单,大多是对嘉宾下一步行程的了解,送上一点祝福或是共勉。相比较而言,衔接语比较重要,因为它必须配合事先录制好的播出带,并和播出带一起形成整个节目的层次,这就要求主持人在与采访对象的交谈中时刻保持对时间的高度警觉,并能够比较自然地将当前正在谈论的话题转向马上要播出的带子里的内容,从而开启新的谈话主题。也就是说,主持人不仅要"沉下去",机智地与采访对象交谈,又要"浮上来",敏锐地把握好采访的节奏。

由此可见,依托于新闻学、传播学、心理学等理论基础,鲁豫创造了自成体系的传播技巧和传播策略,只不过,经过多年的磨砺,她早已对这些"套路"驾轻就熟,"有招"也幻化为"无招"了。精湛的传播技巧对一个访谈类节目主持人来说十分重要,否则,很可能出现"茶壶有物——倒不出(道不出)"的尴尬。

当然,只有传播技巧也是远远不够的。最近,《鲁豫有约》团队进入台湾,约请各路名人。由于观众对访谈质量不满,网络上爆发了一次对鲁豫的声讨。其中,雷同化问题和事实性错误成为观众诟病的焦点。

观众的指责并非毫无依据。"主持人对于自己所要主持的话题,必须从策划开始全力以赴地介入,详细占有资料,确定核心,整理思路,梳理脉络,并设计出问题,及提问方式、顺序、时机,此外还要提出或熟悉其他手段的运用。谈话节目主持人没有这样的前期准备,是无法真正成为谈话现场的组织者、驾驭者的。"②这一段话已经相当明确地对谈话类节目主持人提出了要求,而如今鲁豫陷入的问题似乎正好从反面验证了引文的最后一句话。可见,如果没有采访前的翔实准备,光有高超的访谈技巧,也只能是巧妇难为无米之炊。

---

① 吴郁著. 当代广播电视播音主持[M]. 上海:复旦大学出版社,2007:64.
② 吴郁著. 当代广播电视播音主持[M]. 上海:复旦大学出版社,2007:230.

另外,媒体的精品意识也是关乎节目成败的关键因素,不幸的是,这种意识正日渐淡薄。的确,传媒市场化条件下,如果一定时间内多做几期节目,无疑可以获益更多,但是,从长远来看,这种以牺牲节目质量为代价的大规模"复制",会逐渐使受众失去兴趣。在这次声讨鲁豫的同时,不是也有人称以后再也不看《鲁豫有约》吗?或许这是一时气话,但至少反映出人们对节目的不满。受众是媒介的衣食父母,失去受众,意味着失去收视率;失去收视率,意味着失去广告收入;失去广告收入,就该威胁到媒介的生存和发展了。因而,树立媒体的精品意识绝不仅仅是理论界的呼吁,更是市场的现实要求。

虽然目前《鲁豫有约》遭受冲击,但前面论述到的那些陈鲁豫的传播技巧仍然是积极而有效的。所以,我们相信,只要主持人采访前积极准备,媒体牢固树立"精品意识",《鲁豫有约》的发展仍然值得期待的!

第十四章 韵味、和谐与影视

第一节 韵味与电影电视发展

一

世界文化的多元发展与电影电视的关系表现在许多方面,韵味与中韩影视是其中之一。中国与韩国一些优秀的电影与电视剧具有韵味,如《台湾往事》、《孔雀》、《青红》、《如果·爱》、《理发师》、《疯狂的石头》、《三峡好人》、《云水谣》、《历史的天空》、《幸福象花儿一样》、《醉画仙》、《春香传》、《大长今》、《商道》、《明成皇后》等。

韵味是中国与韩国电影电视艺术经验之一。韵味不仅表现在形体上,更重要的表现在心灵里。韵味是东方气派的,既表现出真善美品格,又具有东方民族特色。韵味要求编剧、导演、演员等具有很高的艺术素养,韵味是衡量影视艺术水平高低的重要标尺之一。中国与韩国在文化上有渊源关系,有一些共同点,儒家、道家等传统文化等对中国与韩国均产生了很大而深远的影响,韵味是其中一个组成部分。

韵味是一个重要的美学范畴,在电影、电视、戏剧、戏曲、诗歌、音乐、舞蹈、绘画、书法等文艺部类中均有体现。韵味在艺术作品中是非常重要的,韵味的有与无或者多与少,直接影响艺术作品水平的高与低。陆时雍《诗镜总论》说:"诗之所贵者,色与韵而已矣。……有韵则生,无韵则死。有韵则雅,无韵则俗。有韵则响,无韵则沉。有韵则远,无韵则局。"范温《潜溪诗眼》说:"韵者,美之极。"他们认为韵味与美感是密切相关的,并且把韵味作为美的一种极致。这虽然有点极端,但表现了他们对韵味的一种精辟的见解,因而具有一定的合理性。

韵味对人来说,指一个人的气质、修养等的表现,韵味对演员来说尤其重要。

就文艺作品而言,韵味指展示在文艺作品中的精神气质和格调风度,包括美的内涵和形式,能激起欣赏者美感。韵味可以用来评价女子,也可以用来评价男子。

韵味的美感远高于感官的快感。韵味的美感是精神的享受,情操的陶冶,感官的快感是官能的享受,因而前者高于后者。

韵味与传神有共同点,但也有重要而显著的差别。传神是以形写神,取韵也必须有实在的形象表现,这是二者一致之处。不同点在于:传神重在生动鲜明地传达出客观事物的神态情状、个性特征,取韵则注重抒情写意,要求形象特征与编导主观情意相契合,用以表现编导对现实生活的独特审美感受、审美情趣和审美理想。有韵味的艺术形象不单纯是事物或人物的形体,而是含蓄、曲折地表现出言外之意、象外之象、味外之味的形象。这些言外、象外、味外之韵,与实在的形象有机地统一在一起,形成影视艺术的魅力。在某种意义上可以说,韵味比形象具有更为重要的审美价值和更大的美感力量,并且使形象获得以一驭万的审美效果。韵味是编导形象思维的产物,而又在审美时为观众的联想、想象和幻想所补充。较之内容单纯而确定的神似境界,韵味的内涵具有丰富多样性和不确定性,欣赏者因各自审美判断力和审美经验的差异,联想、想象和幻想的内容不尽相同,常常有见仁见智的情形。因此,韵味比神似的境界更加高远、阔大,韵味比传神的主观色彩浓厚,审美能动性也要强烈得多。

一些影视中的人物很有韵味,便让观众回味无穷。例如,中国电影《一江春水向东流》中的素芬、《早春二月》中的陶岚与韩国电视剧《大长今》中的徐长今,均具有美的形体和美的心灵,因而都很有韵味。《一江春水向东流》与《早春二月》结局归于困窘与迷惘,流露出一种伤感和失落;《大长今》充满挫折,也充满希望,她们都受到观众的高度赞赏,被称为永远的影视明星,在世界影视界闪耀着东方的光芒。她们与一些庸俗的性感明星不同,她们不仅容貌美丽,更重要的是具有很好的气质、情趣和表演艺术,所以很耐人寻味。

相反,一些影视中的人物缺少韵味,便会让观众感到失望。例如,电影、电视剧《红楼梦》中的林黛玉、薛宝钗、贾宝玉演得不够好,主要原因是该演员缺少林黛玉、薛宝钗、贾宝玉的气质、才华、情感等,即缺少林黛玉、薛宝钗、贾宝玉的韵味,人们看了以后总觉得与曹雪芹《红楼梦》中的林黛玉、薛宝钗、贾宝玉相差较远。

二

不同的演员具有不同的韵味。例如,李羚在《宋庆龄和她的姊妹们》中扮演宋庆龄,对宋庆龄的精神气质和情感风度把握得很准确,显得仪表端庄,韵味高雅,表现出一个从内心到外形都是那么完美的东方女性。她美丽、高洁,楚楚动人,又平易近人,亲切温和。这一切来源于她崇高的思想品质和坚定的信念,无论是爱还是恨,都是发自她的肺腑。如宋庆龄从日本回到家中,父母碍于世俗,不同意她与孙中山结合。全家人集合在一起强迫她与孙中山终止关系。她在全家的高压下感到惊恐,却不肯屈服,终于晕倒,这场激情戏,演得淋漓尽致,没有一点火气,把宋庆龄的修养和韵味充分表现出来。再如,《台湾往事》女主角由当代著名女影星蒋雯丽扮演,她是一个很坚强、富有时代气息的女性,表现出韵味的当代性。她言谈举止、穿着打扮既热情大方,又朴素本色,家庭主妇服是她的常装,她充满自信、自强、自尊、自爱、自主的精神,也是一个温柔的女性,她深爱丈夫和孩子。该片展示了家庭、民族与时代之间错综复杂的关系,在严峻的矛盾冲突中溶进一种温馨的情愫。她具有高尚的人格美,在权势面前,坚持自己的人格。日寇侵占台湾,她的丈夫坚持民族正义,便受到严重摧残,被整得精神不正常,乃至悲惨地死去。她的几个孩子比较小,公公年龄很大,家庭的重担主要压在她身上,这对她是一个严峻的考验。她挺直腰杆,含辛茹苦地渡过一个又一个难关,把几个孩子培养成优秀人才,实现了人格美。台湾光复后,她的大儿子以优异成绩考上了厦门大学,后来因为台湾与大陆关系紧张,她与大儿子隔海相望,二十多年未能见面。但她心里时刻惦记着大儿子,希望全家以及海峡两岸早日团圆,她的人格美折服了广大观众。该片以她与阔别很久的大儿子相逢来结尾,充满光明,让人感到欣慰、受到鼓舞,突出了她人格美的巨大影响,显示了真、善、美战胜了假、恶、丑。这样结尾,音响止而情未绝,画面完而意无穷,显得韵味绵长无尽。

同一演员在不同影视中往往表现出不同的韵味,例如上官云珠在《一江春水向东流》中扮演时髦的阔太太何文艳,显得风骚无聊;在《希望在人间》中扮演教授妻子陶静寰,显得聪明贤淑;在《早春二月》中扮演文嫂,显得凄惨忧郁。再如,潘虹在《人到中年》中扮演陆文婷,显得质朴深沉;在《井》中扮演徐丽莎,显得干练精细;在《末代皇后》中扮演末代皇后,显得忧郁困惑。又如,刘晓庆在《垂帘听政》中扮演慈禧太后,显得高贵、专横;在《芙蓉镇》中扮演胡玉音,显得坚忍不拔;在《原野》中扮演花金子,显得泼辣勇敢;在《春桃》中扮演春桃,显得精干多情。

不同的艺术家具有不同的个性,因而表现出不同的韵味,所体现的风格也不同。不同的韵味形成不同的风格美。陈道明修养深厚,温文尔雅;葛优逢场作戏,幽默风趣;姜文刚强有力,自然而然;张丰毅粗犷不羁,能硬能软;陈宝国豪迈大气,阳刚风流;周润发不怒而威,强悍霸气;刘德华潇洒倜傥,巧夺天工;张曼玉才华横溢,绚丽多彩;张柏芝天生丽质,光彩照人;成龙文武兼备,刚柔相济;周星驰想象丰富,善于搞笑;李英爱美丽端庄,柔中有刚;崔岷植狂放浪漫,不拘一格。

巩俐、章子怡与刘晓庆、林青霞韵味不同,因而表现出不同的风格美。张艺谋与李翰祥说:巩俐更重要的是她自己的味道,如论美,她没有林青霞美,但她有自己的个性,独特的气质,引人的东西。(参见李尔葳《东方美女巩俐》)他们说得确有道理。巩俐的气质既朴实又有现代感,追求自然天成,不矫饰加工,充满激情,显得韵味纯正,风格明快,这在《红高粱》、《秋菊打官司》中表现得很充分。而林青霞在《绝代双娇》、《东方不败》、《神龙教》、《射雕英雄传》、《杨乃武与小白菜》等所扮演的角色,给观众的总体感觉是清纯甜美、柔和清丽。

三

韵味与电影电视中的具体形象不同,它看不见、摸不着。对同一部电影或同一部电视剧,在不同人的感受中,有人觉得有韵味,有人觉得无韵味;有人觉得韵味长,有人觉得韵味短;有人认为是甲种韵味,有人认为是乙种韵味。也就是人们常说的仁者见仁,智者见智,一千个读者有一千个哈姆莱特。很显然,韵味具有间接性和伸缩性。

韵味不像文字、颜色、音符或人物形象等直接呈现在观众面前或听众耳中,而是蕴含在艺术形象之中,可以间接感受到,但难以直接看到或听到。韵味如镜中之花、水中之月,可以欣赏,可以感受,但又可望而不可即。

就电影电视而言,确实存在形象与韵味两个部分。形象是具体实在的载体,韵味是一种浮游于载体和意义之间的形态。

韵味是间接的,因而欣赏韵味应该采用品味、领悟等整体直觉的方式。这种整体直觉的方式要求欣赏者全身心地投入影视形象之中,与影视中的人物同喜同悲、同哭同笑,从而逐步欣赏出形象所蕴含的韵味,并与形象所蕴含的韵味达到契合。通过品味、领悟等整体直觉的方式,可使韵味由间接变为直接,由伸缩不定变为具体可感,从而完成审美主体与审美客体的和谐统一。

观众感受电影电视的韵味,客观上要求电影电视具有美感;主观上则需要观众具有品味它的能力。韵味的获得,需要观众对影视进行体味、玩味、品味,即对影视进行审美的内心体验活动。这种审美活动的心理基础是感觉,是在理性指导下对电影电视艺术形象或艺术境界进行体会玩味的感性欣赏活动,韵味只有在具体的欣赏过程中才能被感知。

韵味是伸缩的,能伸长,也能缩短;它是有限的,也是无限的。如果观众艺术感受力较强,那么在影视中便能领悟到各种各样的韵味。如果观众对影视缺少感受力,那么所得到的韵味必然是有限的、较少的。当欣赏者与编导、演员的几颗心能一同体味同一种心境,能一同感受同一种情绪,能够为同一种形象、景物、事件、情境或梦想而激动、颤抖,那么便可以从有限的影视形象中品尝出无限的

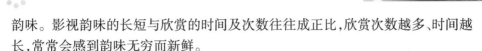

韵味。影视韵味的长短与欣赏的时间及次数往往成正比,欣赏次数越多、时间越长,常常会感到韵味无穷而新鲜。

一些影视韵味伸展性很大,常常绵延不绝;一些影视的韵味似淡实浓、似浅实深;如《台湾往事》、《孔雀》、《青红》、《如果·爱》、《理发师》、《疯狂的石头》、《三峡好人》、《醉画仙》、《春香传》、《大长今》、《商道》、《明成皇后》等韵味绵长,值得反复品味。《醉画仙》不同于好莱坞电影,也不同于欧洲电影,表现出韩国电影的魅力。该片突出了画家张承业的鲜明个性,在导演、摄影等方面堪称绚烂之极归于平淡,其中一个重要的原因是它吸取了中韩传统文化的营养,从而具有山水画与山水诗的意境,让人感到耳目一新。它荣获第55届嘎纳电影节最佳导演奖,当之无愧,从一个方面说明了中韩文化的沃土能够培育出具有东方神韵并在世界上大放光彩的影视之花。

联合国教科文组织发布《世界文化多样性宣言》:"文化多样性是交流、革新和创作的源泉,对于人类来说,就像生物多样性对维持生物平衡那样必不可少。……多样性的文化是人类共同的遗产,我们应该认定并应该确认,这种多样性有益于人类的当代和未来。"①诚然。文化多元化有利于促进艺术发展与人类进步。

韵味为中韩影视增加了丰富的内涵,在21世纪多元文化的交流与发展中,韵味会使中韩影视在争奇斗艳的世界影视百花园中发出绚丽的光彩!

第二节 和谐与电影电视

一、和谐与电影发展

贺岁片是从冯小刚的《甲方乙方》开始的,属于喜剧范畴,《命运呼叫转移》从内容到形式对贺岁片有所继承,有所发展,有所变化。

《命运呼叫转移》以贺岁题材、贺岁风格、贺岁阵容与贺岁档期取得了较高的票房成绩,在贺岁片中进行了有意义的探索与创新,具有喜剧色彩,取得了一定的成果,给观众带来了快乐与启示,当然也存在一些不足。

《命运呼叫转移》与《爱情呼叫转移》、《手机》相比,共同点是把手机作为重要的道具,不同点为《爱情呼叫转移》、《手机》侧重于手机呼叫使主角爱情发生

---

① 世界文化多样性宣言.联合国教科文组织关于保护语言与文化多样性文件汇编.北京:民族出版社,2006.

变化，《命运呼叫转移》侧重于手机呼叫使主角命运发生变化，用手机及时沟通可以改变人的命运，手机沟通化解了现代人越来越深的疏离感，也增加了人们的安全感。《误会》篇表现手机阴差阳错，使准备见网友的陈董事长见了病人，准备见黑帮的张大头见了网友，准备见病人的孙大夫到了黑帮那里，从而改变了三个男人张大头、陈董事长、孙大夫的命运。张大头是卖假药团伙头目之一，因同行被通缉而产生做正当生意的念头，他拿错手机，先遇桃花运，后遭桃花劫，向人们敲响了网友行偏敲诈勒索的警钟。陈董事长因长期生活在妻子家庭背景的阴影中，导致他想背着妻子在外找网友玩一夜情，因为拿错手机而被妻子误认为是孙大夫，从而进行了一场别开生面的谈话，展示出他们夫妻俩内心深处的秘密以及对家庭的责任感。孙大夫是个心理医生，沉着冷静，机智幽默，在危难之际用手机叫来警察，把不法分子一网打尽。他面对凶神恶煞的黑帮，仍然念念有词，据理力争，对嫌犯做心理分析，在搞笑中展示出喜剧色彩，让人忍俊不禁。

手机呼叫可以改变人物命运这一主题在《山区》篇表现得尤为成功，该篇讲述一个山村青年农民三儿诙谐幽默的成长故事，在四个故事中该篇表现非常出色。三儿用家传古董——陶瓷尿壶与郭画家换了一部手机，非常高兴。他把郭画家送给他的潜水镜当了墨镜，戴在头上，骑着自行车进城，显得十分诙谐搞笑。他翻山越岭去为手机充电、充值，执着地追求自己所爱的姑娘春燕，令人感动。在村妇难产的危急关头，三儿拿起手机与郭画家慌乱通话，居然歪打正着、能够指导村妇顺利生下孩子。他用手机与商人张大头联系，把山村里的红果卖出去了，自己脱贫致富，也给山村找到了一条发财致富的道路。他自然而然地娶到了自己喜爱已久的姑娘春燕。他已经成为一个富人了，仍然不忘本，仍然带着卖红果的钱分一半给张大头。这种冷幽默，非常出彩。手机把一个简单的男人变得不再简单。手机是三儿与外面世界的唯一联系工具。通过它，三儿可以在心仪的姑娘面前不再自卑，可以为山村里的老百姓排忧解难。一个手机从一个方面体现出三儿的重要价值，当然手机并不是影片的重点，它所承载的关于沟通改变生活的寓意才是影片的意义所在。葛优扮演三儿，通过一系列误打误撞的奇遇突出了三儿的憨厚，把三儿演得充满生命力，使三儿变得十分光鲜，把三儿的痴情、倔强、真诚的特质展现得淋漓尽致。他从表情到动作、从眼神到语言，把三儿演得十分有趣、可爱，充满人性的力量。他的幽默，深入骨髓。

这部影片对偶然性与必然性进行了有趣的探讨与生动的表现，这是对贺岁片的一个贡献。人生中充满了各种偶然，命运不是个人所能完全掌控的，人难以准确地预知未来。被称为闲人的山民通过使用手机变成了腰缠万贯的富人，满口谎言的奸商进行彻底的忏悔而变成了良心发现的好人，即将破裂的家庭因为及时沟通而转危为安，冥冥当中似有偶然性与必然性的转化，而手机成了这种转化的工具。人的良心在偶然性与必然性的转化中是关键,可以改变人的命运,手机在其中发挥了较大的作用。该片适当地运用了一些巧合,显得有些荒诞,但不荒唐。这符合贺岁片温暖的情调。

《命运呼叫转移》情节与细节不求深刻,但求娱乐,显得举重若轻,轻松愉快。在《山难》篇中,涉世未深、淳朴率真的儿童的心灵是成年人反省自己的一面镜子。这样一面镜子使滕少延进行深刻的自我反省,并痛改前非。这面镜子唤醒了滕少延内心深处最原始的那份善良,让他在最危险的时候记起了挽救那个小女孩与老人的性命,并最终挽救了自己的性命与婚姻。这样的大团圆结局,是符合贺岁片套路的。

有些细节比较生动有趣,具有插科打诨的效果。《误会》篇,张大头躺在女人身下说:"有理想"、"有追求",具有强烈的逗乐与嘲讽的意味。《山区》篇,春燕与三儿打赌说:"如果手机不响,你就是驴。"三儿缺少经验,未能及时让手机响起来,影片中三儿身后的驴子叫起来,观众随之会心一笑。手机因为电用完了而打不通,三儿很着急,大叫:"没电了!"一个老头在他附近边走边说:"我们这儿什么时候有过电?"手机因为钱用完了而打不通,三儿很着急,大叫:"没钱了!"一个老头在他附近边走边说:"我们这儿什么时候有过钱?"这样的插科打诨,引起观众浓厚的兴趣,也让人们进一步体会到三儿改变命运的不易。

《命运呼叫转移》一些台词幽默风趣,引人发笑,具有深化主题、突出人物个性的作用。例如张大头说:"别叫我平兄,平胸是我老婆,叫我平哥。"表现出他的一些酸味与无奈。三儿说:"做大哥是假,做大事是真。"蕴含着深刻的生活哲理。

百变香艳范冰冰演唱主题曲,周杰伦主唱片尾曲《彩虹》,给该片增添了一点音乐之美,该观众带来一点音乐享受。

《命运呼叫转移》取得了可喜的成果,但也出现了三个薄弱环节。

一为四段式结构太松散,四个故事风格不统一。四个戏,四个导演,四个男主角,缺少贯穿始终的男主角或女主角。张大头在《误会》篇、《山区》篇、《山难》篇出现,似乎把四个独立的故事串联起来,但他只是一个男配角,难以起到影响全篇的作用。《命运呼叫转移》把情景喜剧、刘仪伟的脱口秀、小品式喜剧、新生代的女版无厘头等混杂在一起,四个故事风格明显不同,在同一部影片中显得比较生硬。《命运呼叫转移》是葛优、杨立新、徐峥、徐帆、刘仪伟、范冰冰、王学冰、毛俊杰、孙周、阎妮、邱心志、孔维、姚晨、伊能静等众多明星加盟的影片,在强大、热闹的阵容下,难免有叙事的失衡,在戏份上很难平衡,在表现幽默上很难各司其职,明星群体效应没有充分发挥出来。四个故事给了群星不同的表现空间,但是没有协调好,只是葛优表演出众。其他明星有的镜头太少,没有充分施展才华；有的没有深入到角色内心，因此表演的效果不够理想。中国移动与有关手机的植入式广告太多、太生硬，也是造成该片前后风格不统一的因素之一。

二为《欢歌》篇游离于"命运呼叫转移"的主题，情节有漏洞。该篇以凄婉的风格表现了一个爱情能穿越生死的故事，实际上是"爱情呼叫转移"，而不是"命运呼叫转移"。岳为与宁灿相爱，岳为用真挚的感情为宁灿写歌，宁灿因为身患癌症将不久于人世而不与岳为见面，以至岳为非常痛苦。辛然与宁灿长得很像，但两人之间是什么关系？彼此怎么知道对方的手机号码？该篇没有交代。辛然为什么要按照一个神秘的手机短信去拯救岳为？该篇也没有令人信服的表现，因此显得比较突兀。

三为《山难》篇故事比较老套，可以说是"狼来了"故事的现代改编。滕少延欺骗父亲，欺骗妻子，欺骗朋友，导致亲朋好友不敢相信他。他在山上发生车祸时，向亲朋好友求救，亲朋好友认为滕少延仍然在欺骗他们，以至无人救他。他深刻反省、悔过，以发短信的方式向亲朋好友表示痛改前非，从而得到了亲朋好友的谅解与救援，最后转危为安。该篇缺少深度，如果能够进一步挖掘人性，那么就精彩了。

二、和谐与电视发展

电视艺术固然以表现各种各样的矛盾冲突为主要内容，矛盾冲突能够动人心弦、引人入胜，较多电视节目与电视剧以表现矛盾冲突取胜。冲突之后以一方战胜另一方或者同归于尽，这是一种构思方式。另一种构思方式是冲突之后往往归于和谐，而和谐常常被一些编导所忽视，或者没有被充分重视、充分表现。这的确是一个值得关注的问题。

冲突是一种美，和谐也是一种美。我们不能因为冲突而贬低和谐，也不能因为和谐而贬低冲突。冲突与和谐各有其妙处，不可偏废。

人类与自然有冲突的一面，也有和谐的一面。《老子·四十二章》："道生一，一生二，二生三，三生万物，万物负阴而抱阳，冲气以为和。"他深刻而精辟地阐述了：阴阳和谐，人与自然和谐，万物才会欣欣向荣。

汉代董仲舒的天人感应理论虽然有一些荒谬之处，但是在揭示人与自然和谐方面还是有一些合理因素。他说："三者（天、地、人）相为手足，合以成体，不可一也。"（《春秋繁露·天地阴阳》）天人之间相互感应，人能影响天，"天长之而人伤之者，其长损；天短之而人养之者，其短益。夫损益皆人，人其天之继欤？出其质而人弗继，岂独立哉？"（《春秋繁露·立元神》）"天亦有喜怒之气、哀乐之心，与人相副。"（《春秋繁露·循天之道》）在这里如果把天当作神灵来看待，那么当然是错误的。如果把天理解为自然规律，要求人们顺应自然、按照自然规律办事,那么这是具有一定价值的。

儒家提倡仁爱,提倡和为贵。墨家主张兼爱。基督教强调博爱。佛教倡导普救众生,宽大为怀,不杀生。总之,儒、墨、佛、基督各家都强调人类与自然的和谐、人类与社会的和谐。

如果人类与自然不和谐,如果人类违背自然规律而主观蛮干,那么受到自然规律惩罚的无疑是人类。如果温度太高,那么南极、北极冰雪会融化,上海会被淹掉。如果温度太低,那么会再来一次冰期。

我们认为,电视艺术既要表现人类与自然的冲突、人类与社会的冲突,也要表现人类与自然的和谐、人类与社会的和谐。人在某种特定环境下,生命经历与社会、与自然剧烈磨合,最终能与历史的、自然的必然要求保持和谐一致。和谐美具有拓展人的精神空间的力量,使人们既感受到生命的壮阔与沧桑,又感受到生命的尊严和可亲。

电视艺术的和谐美,通常指电视所表现的对象由过程的不和谐,最终达到结果的和谐;或者是指编导运用现代文明观念,在原本很传统、很平常的生活中,发现了新的、符合现代人需要的和谐,并把它摄录下来、表现出来。前一种和谐主要表现在人与社会关系的电视节目里,后一种和谐则主要表现在人与自然关系的电视节目里。这种和谐,显示出生命在正常状态下追求新境界、追求更高的文明、追求历史的必然与自然的必然的美。

和谐,不是说要表现从头到尾、从外到里、从过程到结果都是静止的、没有矛盾的、一潭死水式的生活。世界上没有绝对和谐的事物,一潭死水式的和谐等于不和谐,因为缺乏活力,所以谈不上美。风欲止而浪不静,流水不腐,户枢不蠹,这样才充满活力。和谐侧重于冲突之后的协调,矛盾双方或多方在统一体内的相融。

电视艺术表现和谐,不是粉饰太平,不是无冲突论,不是和稀泥。

电视艺术表现和谐往往比表现冲突难度大。鱼死网破或你死我活的斗争容易形成高潮,矛盾冲突容易形成细节和情节,容易表现人物的性格和作品的主题。而和谐常常是不露山、不露水,在风平浪静中塑造艺术形象,表现作品内涵,展示电视艺术的魅力;如果处理不好,那么会使作品变得没有波澜、平淡无奇甚至平庸乏味。

人与自然环境的和谐,包括人顺应自然环境的和谐与人保护自然环境的和谐。人顺应自然环境的和谐,例如电视剧《藏北人家》(四川电视台、西藏电视台),表现藏北牧民在西藏高原巨大的、压倒一切的自然力面前,他们始终与自然环境保持和谐一致的劳动与生活、家庭与宗教、审美与娱乐活动等。透过藏北牧民与大自然那恬静淡远、和谐安宁的关系,编导执着地追寻着藏北牧区文明的实质以及人类生命的本质意义等等这样一些永恒的命题。这种活生生的、从和谐的天人关系中体悟出来的关于生命本质、文明实质的答案，对于处在自然力仿佛已变得微不足道、却又莫名其妙地感到疲惫不堪的现代都市人来说，实在具有太多耐人寻味的东西。再如《最后的山神》（中央电视台），纪录东北大兴安岭中国境内鄂伦春族最后一位萨满、67岁的猎人孟金福的游猎生活。别人的山林是山林，而孟金福的山林则是有神灵的，是至高无上、不容侵犯的，是保障人类生存、保佑人类与万物共荣的监护神。在现代文明人看来仿佛很无奈、很落后的孟金福们的山林狩猎生活中，有着猎人们自己的理解与追求、尊严与乐趣。打破了这种和谐，也就打破了他们的追求与乐趣，拔掉了他们生命的根子。所以孟金福一下山过定居生活就生病。人本身就是大自然的产物，人从生命的根子上就离不开大自然，就象鱼儿离不开水、鸟儿离不开山林。

人与自然环境应该保持和谐。工业革命开始的现代社会对自然造成了太多的破坏，人类因而也受到自然严厉的报复，所以提出来要保护大自然。但是这种保护后面仍然有两种不同的认识和态度。一种是高高在上的、以大自然主人自居去保护自然的态度。另一种则是真正把大自然当作人类的朋友、当作人类生死之侣、生死之托。以这样的理性去表现人类保护自然，便蕴含着深刻的现代人文思想，展示出真正的和谐美。例如电视剧《刘老根》，龙泉山是个美丽精彩的场景，人们一边慢步一边说笑话，这时用了几个大全景镜头：群山在远处安安稳稳地矗立着，环抱着静静的河湾，人们的声音在山谷上空飘荡，空气纯净新鲜，声音清彻悦耳，人们融入了大自然，逼真地展示出山水之美，深刻地表现了人与自然的和谐之美。

人与动物的和谐。如电视栏目《动物世界》、《人与自然》等，各个国家各种各样的人，采用各种方式保护各种动物，喂养各种动物。既有宏大的场面，又有细小的场景。非洲雄狮，南极企鹅；大海长鲸，山林猛虎；成群大雁，结对蚂蚁；丹顶鹤昂首阔步，鸳鸯鸟对唱情歌；两个黄鹂鸣翠柳，一行白鹭上青天；大熊猫憨态可掬，小松鼠机灵可爱……一幅幅生动的画面展示在人们面前，真是美不胜收，让人留连忘返。这些镜头不仅表现了拍摄者与编导的勤快勇敢和各种生活情趣，而且突出了人类与动物的和谐，从而突出了人类的善良与博爱。

以文化的"和而不同"为准则，从本土发掘民族文化独有的特色和优势。著名文化学者汤一介提出，以"和而不同"作为21世纪处理不同文化关系的准则，他说："如何使不同文化的民族、国家和地域能够在差别中得到共同发展，并相互吸收，以便造成在全球意识下文化多元发展的新形势呢？我认为中国的和而不同原则或许可能为我们提供有正面价值的资源。"此语出自孔子的一段话："君子和而不同，小人同而不和。"（《论语·子路》）汤一介将此语延伸到民族与民族、国家与国家、地域与地域之间文化的交往中,他指出:"'和而不同'的意思是说,要承认'不同',在'不同'基础上形成的'和'('和谐'),才能使事物得到发展。"①这无疑是正确的,具有较大的现实意义。

张凤铸在"中国高等院校影视学会第三届中国影视高层论坛论文集"上发表了《中华文化的精髓——"和而不同"》,他指出:"和而不同"是中国历史上的一个哲学理念,也是中国人的处世、行事、治学精神。中国加入WTO后,"和而不同"成为我国内政、外交和跨文化交流的一面旗帜。"求同"是体现中国海纳百川、融入世界之气魄,"存异"是扬我民族特色,是中国影视艺术屹立于世界影视艺术之林的根基。中国影视既要借鉴"西洋",也要讲"固本"。"固本"是强化根本,强化"天人合一"、"和而不同"的优秀传统,强化影视文化的民族之魂,像费穆《小城之春》和吉林省电视台的《回家》那样洋溢中和之美、温柔敦厚之美。他的阐述很有道理。

人与社会的和谐,即人在特定社会环境中的生存发展与社会历史发展必然趋势和谐。例如电视专题片《远在北京的家》(中央电视台、安徽电视台)表现安徽省无为县五位女青年闯北京做保姆的过程,展示了普通人为争取美好生活而不懈奋斗、坚忍不拔、百折不挠的精神。正是这种精神,推动着每个个体生命追求着与社会历史发展必然趋势的和谐。再如电视剧《编辑部的故事》、《我爱我家》、《过把瘾》、《左邻右舍》、《带着孩子结婚》、《新同居时代》、《家有儿女》等,虽然有矛盾和斗争,但是不激烈;虽然有对立面和冲突线,但是不明显;虽然表现现实生活而涉及实实在在的矛盾,但是不尖锐。表现爱情、婚姻、工作,主人公与当时环境有一种潜在的冲突,但是这种冲突适可而止。表现改革开放,主人公与时代有不协调之处,但总体上是和谐的。导演和主人公皆不是剑拔弩张、锋芒毕露的人,因而采用这种比较温和的形式,更能突出编导和主人公有张有弛、追求和谐的特点。

乐感文化与电视艺术中的大团圆结局,这也是和谐美的一种表现。我国乐感文化源远流长,《论语·述而》:"其为人也,发奋忘食,乐以忘忧,不知老之将至云耳。""饭疏食饮水,曲肱而枕之,乐亦在其中矣。"在人生观方面,表现了乐感的心理倾向,无论何时何地,都要保持乐观的生活态度,以取得个体身心与社会存在的和谐。这种乐感原则,为中华民族心理结构的形成奠定了基础。王国维《红楼梦评论》:"吾国人之精神,世间的也,乐天的也。故代表其精神之戏曲小说,无往而不著此乐天之色彩。始于悲者终于欢,始于离者终于和,始于困者终于亨。""曲变虽久,大同于和。"他准确指出中华民族乐感文化在戏曲小说中的表现。

---

① 汤一介. 中国文化对21世纪人类社会可有之贡献. 文艺研究,1999,(3):38-39.

这种乐感文化在电视艺术中得到进一步的发展。例如电视剧《贫嘴张大民的幸福生活》，张大民带着两个弟弟、两个妹妹还有一个老母亲过着清贫的日子。生活艰辛，但也有天上掉馅饼的事。邻居李云芳，由于男友出国被甩，三天不吃不喝，危难之际张大民用三寸不烂之舌，使李云芳破涕为笑，从而投入了张大民的怀抱。为了安定团结地完成结婚大业，张大民进行了一番总动员，弟弟、妹妹和老母亲如同住集体宿舍一般挤在外屋，张大民终于有了自己的卧室。幸福的生活过了没几天，弟弟张大军带着媳妇向全家郑重宣布："我的春天也来了！"张大民急得冲张大军直嚷嚷："我搬进厕所住行吗？"气话说了，主意也得想，一张板凳将卧室一分为二，两对夫妻在一间屋里安顿下来，可新婚的张大军夫妇那声情并茂所引起的动荡使大民夫妇不堪忍受。张大民借酒壮胆与张大军进行了一次难以启齿的谈话……云芳怀孕了，为了下一代，张大民以挨一板砖为代价，在院子中央围着一棵大树盖起一间小屋。在有大树的屋子里，儿子张小树诞生了。事过境迁，张大民终于带着李云芳、儿子、母亲住上了宽敞的新楼房。家已是新家，可张大民还是既可气又可乐的张大民。他告诫儿子："好好活着，你就能碰到好多幸福，没事偷着乐吧。"张大民由梁冠华扮演，他的幽默风趣、善于找乐的特长得到了充分的发挥。这种没事偷着乐的精神正是乐感文化的表现。该剧关注普通百姓的生存状况，张大民以自己的贫嘴和乐观精神化解现实中的各种困难，张大民的妈妈说话生动有趣，李云芳、张大雨、张大雪、张大军、张大国等个性比较鲜明，这些看点把老百姓紧紧吸引在电视机前，人们从中发现生活的真谛，产生强烈的共鸣。

一些电视剧在表现人生苦难之后，常常以大团圆结尾。和谐之美不仅表现在中国电视艺术之中，而且表现在印度电视艺术之中。例如印度电视剧《阴谋与婚礼》，导演安努拉格·巴苏，主演瓦罗恩·巴多拉、桑德娅·姆瑞德尔。主要人物有卡佳拉、尼拉吉、罕纳、瑞卡、苏迪、伊山等。几个人都想控制经济权。为了争夺财产，瑞卡阴谋害死丈夫罕纳的父亲。苏迪看到另一个大家族因为分家而导致力量分散、衰弱，创业者因此萎靡不振。这给苏迪很大震动，他认识到大家庭团结的重要性。编导对瑞卡死的处理匠心独运，是让她自己去死，还是杀掉她？编导让她误吃毒药而死。这种处理方式表现了编导不赞成血腥暴力，而采用因果报应、咎由自取的形式，这与整部电视剧的基调相吻合。最后罕纳家族绝大部分成员仍然紧密地团结在一起、齐心协力共创大业，突出了家和万事兴的思想，该剧强调家族团结才能办大事。

和谐是一种特点，是一种风格，在哪些电视节目、哪些电视剧中可以采用和谐的方式？会产生什么效果？不同观众评价不同，这应该让大家自己思考、自己选择。

参考文献

[1] 高鑫.电视剧的探索[M].北京:北京广播学院出版社,1988.
[2] 路海波.电视剧美学[M].南京:江苏文艺出版社,1989.
[3] 苗棣.美国电视剧[M].北京:北京广播学院出版社,1999.
[4] 周安华.现代影视批评艺术[M].北京:中国广播电视出版社,1999.
[5] 孟繁树.戏曲电视剧艺术论[M].北京:北京广播学院出版社,1999.
[6] 张凤铸.中国电视文艺学[M].北京:北京广播学院出版社,1999.
[7] 黄会林.电视文本写作学[M].北京:北京广播学院出版社,2000.
[8] 周星.中国影视艺术理论研究[M].北京,中国电影出版社,2000.
[9] 桂青山.电影创作类型论[M].北京:中国电影出版社,2001.
[10] 彭吉象.影视美学[M].北京:北京大学出版社,2002.
[11] 宋家玲,袁兴旺.电视剧编剧艺术[M].北京:中国广播电视出版社,2002.
[12] 王迪,王志敏.中国电影与意境[M].北京:中国电影出版社,2000.
[13] 王一川.大众文化导论[M].北京:高等教育出版社,2004.
[14] 张智华.影视文化传播[M].北京:文化艺术出版社,2004.
[15] 大卫·波德威尔,克莉丝蒂·汤普森,电影艺术——形式与风格[M].彭吉象,等,译.北京:北京大学出版社,2003.
[16] 安德烈·戈德罗,弗朗索瓦·若斯特.什么是电影叙事学[M].刘云舟,译.北京:商务印书馆,2005.
[17] 樊尚·阿米埃尔,帕斯卡尔·库泰,美国电影的形式与观念[M].徐晓媛,译.北京:文化艺术出版社,2005.
[18] 张智华,史可扬.中国电影论辩[M].南昌:白花洲文艺出版社,2007.
[19] 陈默.刀光侠影蒙太奇——中国武侠电影概论[M].北京:中国电影出版社,1996.
[20] 贾磊磊.中国武侠电影史[M].北京:文化艺术出版社,2005.
[21] 曾庆瑞.中国电视剧艺术学学科论[M].北京:中国传媒大学出版社,2008.
[22] 朱良志.中国艺术的生命精神[M].合肥:安徽教育出版社,1995.
[23] 徐复观.中国艺术精神[M].桂林:广西师范大学出版社,2007.
[24] 童庆炳.文学理论教程[M].北京:高等教育出版社,1998.
[25] 倪震.中国电影伦理片的世纪传承.当代电影,2006,(1).
[26] 马军骧.结构与意义——谢晋电影分析.当代电影,1989,(4).
[27] 任仲伦.论谢晋电影.电影新作,1989,(3).
[28] 张智华.武侠片观念辨析.电影艺术,2004,(1).

作者简介

张智华,现为北京师范大学艺术与传媒学院教授、博士生导师。

出版《影视文化传播》(文化艺术出版社 2004 年)、《喜剧人生——走进卓别林的〈摩登时代〉》(北京师范大学出版社 2007 年)、《南宋的诗文选本研究》(北京师范大学出版社 2002 年)等专著四部、合著三部,参与编写教材三部。在《中国社会科学》、《文学评论》、《文艺研究》、《文艺理论研究》、《当代电影》、《电影艺术》、《北京师范大学学报》、《北京电影学院学报》、《中国广播电视学刊》、《中国电视》、《电视研究》、《现代传播》等核心期刊和重要学术刊物上发表论文 126 篇。完成国家社科基金青年项目《宋人所编诗文选本与诗文理论研究》(批准号为 98czw004,2004 年 4 月顺利结项,有证书)。主持教育部一般项目《电视剧叙事艺术研究》(项目号 09YJA760001)等。

2005 年,《武侠片观念辨析》(《电影艺术》2004 年 1 期)获中国高校影视学会(国家一级学会)第三届"学会奖"优秀学术论文奖。2005 年,专著《影视文化传播》(文化艺术出版社 2004 年)荣获第二届中国高校影视研究学术奖(论著奖)二等奖,由中国高等教育学会影视教育专业委员会颁发。2009 年 8 月《改革开放 30 年来中国电视剧类型的发展与变化》获得首届飞天电视剧论文二等奖(理论),由国家广电总局盖章,属于省部级奖。